探古鉴今

曲彦斌 | 著

社会生活史
考辨札记

九州出版社
JIUZHOUPRESS

图书在版编目（CIP）数据

探古鉴今：社会生活史考辨札记 / 曲彦斌著. --
北京：九州出版社，2022.1
　ISBN 978-7-5108-7944-9

　Ⅰ．①探… Ⅱ．①曲… Ⅲ．①社会生活－历史－中国
－古代 Ⅳ．①D691.9

中国版本图书馆CIP数据核字（2022）第015113号

探古鉴今：社会生活史考辨札记

作　　者	曲彦斌　著
责任编辑	肖润楷
出版发行	九州出版社
地　　址	北京市西城区阜外大街甲 35 号 （100037）
发行电话	（010）68992190/3/5/6
网　　址	www.jiuzhoupress.com
印　　刷	三河兴博印务有限公司
开　　本	880 毫米 ×1230 毫米　32 开
印　　张	21.375　彩插 12P
字　　数	500 千字
版　　次	2022 年 8 月第 1 版
印　　次	2022 年 8 月第 1 次印刷
书　　号	ISBN 978-7-5108-7944-9
定　　价	128.00 元

⊙曲彦斌所作内容设计的台儿庄古城中国运河招幌博物馆展区的情景照片。

⊙曲彦斌在书房"雅俗轩"。

⊙秋叶红了的时候曲彦斌在桓仁县采风。

⊙曲彦斌在大兴安岭天池（2011 年）。

⊙曲彦斌考察辽河文化途中考察辽西牛河梁红山文化遗址。

⊙甘肃嘉峪关新城魏晋墓葬出土的牛耕、牧牛、牧马、进餐、宴乐、博弈等题材的彩绘画像砖。

⊙清·嵩山道人《三百六十行图》的残存本（选辑）。

⊙曲彦斌在北京潘家园古玩市场探宝。

⊙在吴桥采风拜访的本地杂技专家当面向我推荐竟是本人的著作（此兄不知这是本人的书）。

⊙曲彦斌在吴桥杂技博物馆置身于一个壁上皆是书写杂技"春典"条幅的大展厅。

⊙ "国际人类学与民族学联合会第十六届大会"出席的部分学者合影纪念。

⊙ 凤阳县临淮关作民间隐语行话调查采风日记。

⊙曲彦斌在凤阳县临淮关作民间隐语行话调查采风摄于淮河畔。

⊙曲彦斌在看刚刚出版的《文化学刊》样刊。

⊙曲彦斌在"下市话"发生地"下市角"黄遵宪故居与其雕塑合影。

⊙曲彦斌在呼伦贝尔大草原。

⊙曲彦斌在主持世界人类学大会（昆明）"语言民俗、民俗语言与文化多样性的传承和变异"论坛的学术研讨会。

题记

　　宋人苏洵《辨奸论》中强调了《论语·为政》中的名言"见微知著，温故知新"。唐太宗评价直言敢谏的诤臣魏徵时曾感叹："以铜为鉴，可正衣冠；以古为鉴，可知兴替；以人为鉴，可明得失。朕尝保此三鉴，内防己过。今魏徵逝，一鉴亡矣。"（《新唐书·魏徵》）对于非政治家的大多数世人而言，则当是学史以明志，知古而鉴今。那么，理当探古鉴今耶。此即这本书书名的由来，主旨在于从这些有限的"社会生活史考辨札记"篇章中能有些许收益，亦即作者数十年研究的初衷和主旨所在。名之曰"札记"，在于申明皆属探析、考辨中一得之见的零散片什，并非系统的长篇大论。本题记，亦即解题者也。

　　需要说明两点：一是辑入的文章，有的篇什是当年发表时的一时所思，后来虽有更多更深入的探索，如《中国南北文化及其在当代的碰撞与整合》，囿于时间和精力，长期难以顾及再写新篇，只好暂存旧什。二是后来断续有了新的研究成果，则在本次辑入时充以新篇，如《"杂纂"：别一道语言民俗景观》《中国保安业史略》等。如此这般，一仍"札记"属性而已。

2021 年 6 月 15 日记于沈阳北郊邨雅堂

目 录

一、文化思考

中国经纪人史的"关键语"
与社会史研究的"套路"

——关于社会生活专门史研究及书写方法的思想轨迹

这是一篇似乎别出心裁的，完全以作者自己旧文摘抄连缀而成的特别序言。

"为何关注中国经纪人史"这个话题，乃至于为何关注乞丐史、典当史、保安史、招幌史，等等，这是作者每次撰写类似社会生活专门史著作时都必须认真并深入思考的核心问题。因而，本篇前言之所以如此，除了取其新颖之趣而外，更主要在于对作者多年间关于撰写社会生活史思想方法探索的轨迹的一次展示、梳理和总结。之所以采取以辑录作者自己旧文摘抄连缀而成这种形式，亦在于借说明"为何关注中国经纪人史"这个话题生发开来，体现作者一以贯之的思想方法以及锲而不舍的执着探索历程和心路。

一、关于本书的缘起

大约 20 世纪末，我应邀并约人与我合作撰写了一本小册子《市场经纪人》。在那篇题为《"抑商"传统感言》的代序中，我写道：

> 　　继完成中国典当史、中国保安史、中国招幌与市声等有关
> 传统经济、商业民俗史的专题研究之后，最近，山东学界和出
> 版社的友人又为我出了个新的题目，研究市场和经纪人。……
> 通过这些专题研究，我获得了一些虽说难免肤浅但可谓比较清
> 晰的认识。其中便包括：市场与商人、商业的出现，是社会发
> 展到一定阶段的产物。市场的发达，是经济繁荣的主要标志，
> 是社会进步的必需条件之一。商人呢，是一种社会职业分工。
> 从商，需要必要的知识、技能，需要相应的素质。商人的社会
> 作用和贡献，是其他职业分工所不能取代的。经纪人是商品流
> 通的重要环节，"投机"是经纪人的职业本分。至于不法奸商，
> 属于商人中的败类，不仅需要加强道德规范，还需要法律规范
> 的惩罚。商人使用招幌和市声之类广告促销，既是维护商业利
> 益，也便利了消费者。典当是一种高利贷行业，令人望而却步，
> 令人生厌，但它的调剂缓急作用适应着社会经济生活的要求，
> 因而有其市场，需要在有关法规的制约下适量存在。从冷兵器
> 时代传统镖行发展而来的保安业，其需求者主要是商业等经济
> 活动，商业的繁荣为它带来了复兴的契机和广阔市场。有人说，
> 不懂得历史就不知道现在。说起来，上述这些观点，除感性体
> 悟外，更主要是通过进行有关专项研究获得的，并通过发表著
> 作传播给了社会。
>
> 　　[《"抑商"传统感言》,《市场经纪人》代序，山东教育出
> 版社 1999 年出版]

　　《市场经纪人》是仅仅几万字的一本小册子。就当时要求交稿

的时限而言，就决定了那仅仅是个非常仓促的"急就章"，只能以粗浅的思考和少量的史料予以应对。特别是，为赶时间，还临时约了一位从未合作过的并非同道的年轻同事加进来。于是，留下了一件耿耿于怀的未竟心事。因而在其后的岁月也就始终跟踪这个专题的信息和研究动态，未敢稍弛。本人治学有个习惯，盯上某个选题往往一盯到底，而且往往是思考积累到一定程度时方才动笔。至今，仍有十几个累积多达二三十年的专题，在跟踪累积过程之中。如今付梓的这部经纪人史，便是这样持续关注累积了十几年的结果。

再次进入本专题研究，旨趣有二，首先是想回答关于为何关注中国经纪人史这个一直在探索中的问题，这是每项专题研究都必须面对的问题。再即借此过程结合其他社会史专题的研究，对研究"套路"或者说思想与方法做一次稍微深入一点的小结。

二、本书主要见解的关键语

通常说，"关键词"这个术语源自英文"keywords"，特指检索所使用的用以表示特定内容的专门词汇。学术著作编设"关键词"，是西方现代的规范。近年来，已为中国学术界广泛采用。一篇篇幅有限的学术论文编设几个关键词，颇便于概观了解论文的基本信息以及检索相关选题的论文。一部十几万字的学术著作，仅仅编设几个关键词则难以实现这个目的，往往是编制重要术语乃至人名、地名等的索引附于书后，与主要参考文献目录一并提供读者检索参考。

读者除了可从全书总目录略窥本书的基本内容和结构框架外，往往还习惯从作者的前言、后记之类了解作者撰写本书的主要学术思想和方法。那么，本书即参照当今学术论文编设关键词的方式，从本书正文各章之中摘录、选辑出部分作者自以为应引起读者关注的"关键话语"，省称"关键语"，提供给读者作为阅读参考。

这些看似凌杂的"关键语"，大体回答了作者"为何关注中国经纪人史"这个问题。

【无处不有市，凡市皆有牙】

从古老的集市贸易到现代集约化、规模化或专业化的商品大市场，都离不开经纪人这种中间商的经营活动。而且，社会越发达、市场经济越活跃，经纪人的作用显得越发重要。

中国的经纪人，早于周秦时代 [约公元前 770 年—前 206 年] 已见端倪，当时的"质人"，亦可见兼具经纪人职能。或言之，中国的经纪人执业者，可追溯至周秦时代的"质人"。《周礼·地官·质人》载："质人，掌成市之货贿、人民、牛马、兵器、珍异。"唐贾公彦疏云："此质人若今市平准，故掌成市之货贿已下之事……古人会聚买卖，止为平物而来，质人主为平定之。则有常估，不得妄为贵贱也。"对此，晚清经学大师孙诒让《周礼正义》，引惠士奇曰："质人，卖儥人民用长券，谓之质。王褒僮约，石崇奴券，古之质软，质许赎，鲁人有赇臣妾于诸侯者，而通逃之臣妾，皆得归其主焉，有主来识认，验其质而归之。"究其实，"质人"之职，主要是掌管平易物价，发放和监督管理交易契据的市肆小吏。其契据是具有中证效力的凭证，卖主可凭此质券进行赎买。即如郭沫若主编的《中国史稿》第三编第三章第二节认为："'质人'就是管理市场的经纪人，由他制发买卖的契券。"依此说，则中国经纪人已有约三千年的悠久历史了。

[《市场经纪人》第三章《滥觞与勃兴：中国经纪人行业流变轨迹踪痕例话》]

在异彩纷呈的古今商业贸易舞台上，诸行百业的经营者各显神通。

在批发商、零售商以及行商坐贾等各类经商者中，有一种活跃于诸行百业商品交易过程中的"二传手"——中间商，通称经纪人。

从古老的集市贸易到现代集约化、规模化或专业化的商品大市场，都离不开经纪人这种中间商的经营活动。而且，社会越发达、市场经济越活跃，经纪人的作用显得越发重要。

中国有着历史悠久的农业社会历史和深厚的农业文化。农业文化传统的一个负面意识，是重农抑商。由于重农抑商观念的作用，加之传统商品市场缺乏科学规模，"奸商"几乎成了社会对商贾的总体印象，即所谓"无商不奸"。个中，尤以对专事"投机倒把"的中间商印象最为恶劣。旧日俗语所说"车、船、店、脚、牙，无罪也该杀"，即可见一斑。

然而，历来社会的经济发展、市场繁荣都离不开商业活动和商贾的作用，当然也离不开中间商这一环节。中间商的历史，几乎从古代集市贸易形成就开始了。

[《市场经纪人》第二章《商业舞台上的二传手——经纪人概说》]

古今集市及各类市场为经纪人提供了生存的空间和展现才华的舞台。于是，经纪人们便在这舞台或说竞技的"战场""擂台"上尽情驰骋、演示，呈现了千百年来一幕幕正剧、丑剧和悲剧、喜剧乃至闹剧。这也是一种人生历史的大舞台，人生的生动历程。

[《市场经纪人》第二章《商业舞台上的二传手——经纪人概说》]

【中国居间经纪人行业及其发生发展轨迹与流变的基本规律和特点】

总括言之，中国居间经纪人行业及其发生发展轨迹与流变，基本的规律和特点有三：

同是牙商，因行有别。

常言说，"三百六十行，行行出状元"。就商业史而言，可谓"三百六十行，行行有牙商"。"牙商"并非"状元"，却是几乎任何商业行当都存在的专业行当和特定的商人角色。尽管牙商在总体上是个具有独自行业特点的独立行业，具有一定的共通性，但是，由于牙商分布于各个行当，在各个行当中实现自己特定的责权利，因而这是个分布广泛而又各具相对独立性、专业性很强的行业。行业格局，是一个干疏枝繁、干与枝纵横交错的结构。牛行、马行经纪与米行、木作行、古玩行等不同行当的经纪，同样是"隔行如隔山"。行行都有居间经纪人，各行经纪人都必须具有也必须精通当行的专业知识，方能够在当行实现其角色所赋予的责权利。也就是说，总体上居间经纪人同为牙商一行，但因所服务的行业对象不同而行行有别。

第二，行业枯荣始终与流变紧密伴随市场经济发展曲线共进退。居间经纪人行业的发生发展轨迹规律显示，市场经济商业活动秩序的需求，决定着其行业的生灭荣枯。以牛马为主要生产、交通工具乃至重要军事物资的时代，形成以驵侩为代表的居间经纪人并以"驵侩"约定俗成为行业或从业者的通用代称，即为那个时代市场经济商业活动秩序的需求使然。唐宋以来，随着社会职事分工和商品经济繁荣所致使的行业分工的逐渐专业化，居间经纪人的行业分工也相应愈发分明细化，几乎各种商业行当都出现了专业的经纪人。清末民初，伴随着广州、上海等地的外贸逐渐发达，捐客、买办亦空前活跃乃至形成"官僚买办资产阶级"。

第三，在经纪人行业文化史上没有形成大一统的牙商统一的行业共同习俗。

由于同是牙商，因行有别，所以在传统的行业群体语言习俗和言语习惯方面，除了部分通用行话用语外，居间经纪人很难形成统一的、通用的经纪人隐语行话。反而是一定要谙熟所经营行业的隐语行话，成为其从业所必需的基础知识和工具。否则，何以置身其中扮演其角色。究其缘故，不存在相应的功利性，无需求乃无必要，也就难以形成大一统的牙商共同行业习俗。

[《市场经纪人》第三章《滥觞与勃兴：中国经纪人行业流变轨迹踪痕例话》]

【中国居间经纪人行业、中国典当业形成与发展的历史发生发展轨迹与流变的"何其相似乃尔"】

笔者曾概括中国典当业形成与发展的历史轨迹为八句话，业内流传颇广，即《中国典当史歌诀》："初见萌芽于两汉，肇始于南朝寺库，入俗于唐五代市井，立行于南北两宋，兴盛于明清两季，衰落于清末民初，复兴于当代改革，新世纪有序发展。"

纵观中国经纪人行业的形成与发展历史轨迹，令人惊奇地发现，套用一句文言老话，那就是"何其相似乃尔"。再套用这个《中国典当史歌诀》并联系本行业的历史实际编成《中国经纪人史歌诀》的话，似可说是：

> 周秦质人汉邸舍，晋侩黑白履市廛；
> 隋唐牙郎本互郎，立行滥觞宋金元；
> 明清两季新常态，买办兴自行十三；
> 改革开放重登场，洗却铅华焕新颜。

何以如此相似？或许与两者均属于市场经济活动中的服务性行业这个属性相关。在此属性前提下，两者有着比较相近似的滥觞与勃兴乃至沉浮、枯荣的轨迹。

[《市场经纪人》第三章《滥觞与勃兴：中国经纪人行业流变轨迹踪痕例话》]

【以牙商为传统商业中介，是中国传统商业制度的核心】

中间商，几乎是各种商业行当自古以来就存在的一种商业活动和商人，是一大商业行当。

[《市场经纪人》第三章《滥觞与勃兴：中国经纪人行业流变轨迹踪痕例话》]

以牙商为传统商业中介，是中国传统商业制度的核心，也是颇具中国传统主要特色的社会经济制度。在中国商业史乃至经济发展史上，这是个具有十分重要作用的制度。

[《市场经纪人》第三章《滥觞与勃兴：中国经纪人行业流变轨迹踪痕例话》]

实际上，公元 13 至 16 世纪英国伦敦、法国巴黎、意大利佛罗伦萨等欧洲城市的贸易经营活动十分繁荣的所谓"商栈"，与中国历史上的邸舍、邸店、牙行、塌房等的性质、功能，十分相近。中国秦汉的邸舍，隋唐时代的邸店，宋元以来的塌房，明代的牙行，明清时期的歇家，清代广东专事对外贸易的"十三行""公行"，均属于集客店、经纪人、仓储、贸易甚至运输、借贷等多种功能于一体的商业运营模式的行商商务交易场所。牙商及其居间经纪活动自在其间，究其性质，无论官办或是私营，均当属行商商务交易活动场所，可以统谓之为行商商栈。

[《市场经纪人》第三章《滥觞与勃兴：中国经纪人行业流变轨迹踪痕例话》]

有人在检阅中华书局 1974 年版《明史》此处时指出，此处的"牙僧"当作"牙侩"，……明代牙商行业，还确实存在所谓的"牙僧"之说，是用以称谓充当牙侩或从事牙商活动的僧人。尽管可能尚属孤证 [明代其他文献是否还有同样用语尚未考知，待考]，尽管托称发生于"宋绍兴年间"的故事，但毕竟是明代的世情话本小说。可以据以认定，明代确有"牙僧"。

[《市场经纪人》第三章《滥觞与勃兴：中国经纪人行业流变轨迹踪痕例话》]

明代出于通过官府控制市场交易中介组织来调整市场秩序的需要，在制度上直接明确了关于"牙行""行人"的界定。

[《市场经纪人》第三章《滥觞与勃兴：中国经纪人行业流变轨迹踪痕例话》]

从民间开始逐渐到正式的进出口贸易过程中，陆续衍生出掮客、买办乃至集体性买办的十三行，实现了传统牙商向现代经纪人和居间经纪机构的蜕变。

买办主要以外贸和受雇于外商为本业，期间传统官私牙商与之并存。买办阶层的出现与形成，促进了突破闭关锁国的对外开放和近代化进程。

[《市场经纪人》第三章《滥觞与勃兴：中国经纪人行业流变轨迹踪痕例话》]

【牙商的技巧、智慧与"无商不奸"】

在我们这个农业文明历史悠久的国度，"抑商""轻商"一向是居主导地位的正统观念。历史上虽不乏"官商"和商人出资捐爵之例，但许多朝代的律例都对商贾及其子弟出仕为官加以严格限制。在官本位的文化传统中，限制商贾或其子弟为官便将"抑商""轻商"制度化了。其影响可知矣。因而，长时期便形成了这么一种含混的观念：投机倒把者为奸商，"无商不奸"，商人亦即"奸商"。这种观念，几乎成了过去许多年代的一种共识。"文革"风暴，当然地将其推向了极致。直到荒唐岁月终结，社会方才重新咀嚼"无商不活"这句俗训。于是，商海潮涌，铺天盖地而来，景象空前。商海诱人，争先恐后地下海，甘为"奸商"，不愿作"穷光蛋无产者"了。没多久，在中国销声匿迹几十年的、因高利贷而声名狼藉的典当业重新复兴，生意蛮红火。随之，"商中之商"的经纪人行当也应运复出。如此这般，还未来得及给商人正名或平反，一切就被决堤之势的时代大潮给推动着重新开始了。

[《"抑商"传统感言》，《市场经纪人》代序，山东教育出版社 1999 年出版。又见本书附录]

中国有着历史悠久的农业社会历史和深厚的农业文化。农业文化传统的一个负面意识，是重农抑商。由于重农抑商观念的作用，加之传统商品市场缺乏科学规模，"奸商"几乎成了社会对商贾的总体印象，即所谓"无商不奸"。个中，尤以对专事"投机倒把"的中间商印象最为恶劣。旧日俗语所说"车、船、店、脚、牙，无罪也该杀"，即可见一斑。

然而，历来社会的经济发展、市场繁荣都离不开商业活动和商贾的作用，当然也离不开中间商这一环节。中间商的历史，几乎从古代集市贸易形成就开始了。

[《市场经纪人》第二章《商业舞台上的二传手——经纪人概说》]

牙商首要是商品的"伯乐"。一如牛马畜市的驵侩，首要是必须具备"伯乐"的技能，否则如何鉴定优劣好坏，如何估价高低，无此即全无从业经营的资格。

[《市场经纪人》第六章《回看市井中，昂昂坐牙侩——中国经纪人史诗话（上篇）》]

诸行经纪人出于生计利益和居间经营交易之需，均要谙熟并会使用当行乃至相关行业的隐语行话，隐语行话是其必须掌握的经营工具和维护自身及当行利益、交流信息的基本手段。反之，这些隐语行话也是其当行行事乃至行业内幕别有天地的窗口，是其行业历史十分重要的语言化石。中国经纪人行业，主要是语词形态的有声的隐语行话和非言语形态的隐语行话。

由于历代牙商大都分散存在于诸行百业，除了部分通用行话用语外，很难形成统一、通用的牙商隐语行话。反之，确需谙熟所处行业的隐语行话，作为在该行业从业所必需入门基础知识和内部言语交际工具。

[《市场经纪人》第五章《中国经纪人的传统行业习俗》]

在民间口碑中，"无商不奸"原本是褒义的"无商不尖"。"市侩"原本是中国经纪人行业史上的"牙商"，却因其唯利是图不端的欺诈行为而蒙羞积垢，成为一个声誉不佳玷污世风的不良行业形象。于是，至明清，则逐渐演化成了善于营钻、道德伪善、作风粗鄙庸俗、蝇营狗苟的奸诈势利小人的代名词。

"市侩"语义演变的历史轨迹，显示着人们善与恶的双重本性在崇善惩恶的道德取向的博弈，是公序良俗法则的裁判与规范。

"市侩"语义演变的历史，正是人们善与恶的双重本性在崇善惩恶的道德取向博弈的结果，是公序良俗法则裁判与规范的结果。

[《市场经纪人》第六章《公序良俗的裁判与规范："市侩"演变故实》]

举凡古今中外商业活动行为，多以诚信商德和经营技巧亦即智慧取胜。如何坚守诚信商德，是业商的道德底线。如何把握商机与经营技巧，则属于商人的智慧。市场商界多投机行为，是否属于握商机与经营技巧的智慧呢？各类商人群体中，牙纪是采取"投机"行为谋求其以佣金为主的利益最大化的商人，是除了股份投资而外最为典型的"投机商"。

　　一如"市侩"之辨,亦需要对"投机"进行辩证分析。

　　作为经济学术语,"投机"是指利用市场出现的价差、时机进行买卖交易从中谋求利润最大化的市场商业行为。曾几何时,传统的观念认为,"投机"是靠不正当手段营私舞弊而谋求私利的行为。"我国曾把经济领域中的'投机'行为一律视为资本主义的东西去批判去打倒,严重地制约了国民经济的发展。长期以来思想的禁锢和理论的贫困,也把市场经济视为资本主义的'专利',如'买空卖空'这个资本主义的特定产物"。实际上,这是中国计划经济制度下的产物。计划内部分的物资实行国家统购统销,统一配价,同时允许部分企业超计划自销产品并按市场价格出售,于是形成了特殊的"价格双轨制",也就出现了"投机倒把"。当时有一个与之相关联的罪名,就叫作"投机倒把"罪,顾名思义,就是特指以买空卖空、囤积居奇、套购转卖等所谓"非法"手段牟取暴利的一种犯罪。中国改革开放初期,随着市场经济体制的确立,投机倒把行为出现了明显分化,有的已经成为正常市场行为,有的则上升至法律规范。1979 年 3 月 14 日第八届全国人民代表大会第五次会议修订的《刑法》取消了"投机倒把罪",8 年之后的 1987 年9 月 17 日,国务院发布的《投机倒把行政处罚暂行条例》公布实施;在这个《条例》实施了 20 年后,国家《刑法》取消了"投机倒把罪";29 年之后的 2008 年 1 月 23 日,国务院公布的《关于废止部分行政法规的决定》,被宣布废止或失效的 92件行政法规中,《投机倒把行政处罚暂行条例》在列。国务院宣布其失效的理由,是"调整对象已消失,实际上已经失效"。

　　[《市场经纪人》第五章《中国经纪人的传统行业习俗》]

中国历史上的 10 位与"驵侩"职业有所关联的人物，可分为三种类型。一是以驵侩为生计职业并因此而闻名于世的，如名垂青史的"相马"名家伯乐、九方皋，三国时长安有德的布衣市侩刘仲始；二是曾经出身于驵侩职业但并非因此职业而是因其他事迹而闻名于世的，如出身于"晋国之大驵"的著名政治家段干木，"种玉得妻拜大夫"的牙侩杨雍伯，"驵侩、无行、善盗"的乱世枭雄王君廓，曾经同为"互市牙郎"的逆臣安禄山与叛将史思明，元朝的掘墓人"盐场纲司牙侩"张士诚；三是由于变故或人生际遇失意后以驵侩职业为生计闻名于世的，如避世墙东"侩牛自隐"的王君公，差强人意亡命马侩汉将军吴子颜"亡命至渔阳以贩马自业"，卓有建树的启蒙思想家唐甄晚年却因生计而成了失败的牙商。诸人何以如此？首先自然在于此乃一种可以赖以谋生的古老的社会职业，其次则是各位自有各自的人生际遇使然。再次则是各位或以自己的勤勉执着获得世人的首肯而名垂青史，或是在把握各自的人生际遇中获得某种令世人瞩目的事迹而闻名于世，各有其故，各有千秋。因而，历代驵侩不乏高人奇士。

[《中国历代曾经的著名牙商故实考略》]

三、我的社会史研究思想与方法

我在九州出版社 2007 年出版的《中国乞丐史》增订本后记中写道："1990 年，《中国乞丐史》由上海文艺出版社出版，迄今已经面世第十七八个年头了。当初未曾料到的是，这本小书出版后，当即在海内外引起了较大关注。新华社、《解放日报》《新民晚报》《浙江学刊》等相继刊文评介。《文汇读书周报》不仅列入《每周一书》栏目向读者推介，还于同年七月二十一日发表上海文艺出版社原社长江曾培先生题为《开拓补缺，亦庄亦谐——读〈中国乞丐史〉》的评论，认为：'这是一本补缺的书，一本别致的书，一本颇富价值的书……有益于对整个社会文化作全面而深入的把握，表明我国社会文化专史的研究，明显地拓展到江湖下层社会了。'"不知这位著名出版家江曾培先生写这篇书评时是否想到过，他这段颇富见地的深刻评论，警醒我开始注意社会文化专史的思想方法和写作方法，对我此后 20 多年这方面的影响至为深刻。我此后的典当史、行会史等的研究与写作，均坚持了这个套路。同时，他对这个思想方法和写法的精辟概括与肯定，不仅仅影响了我这些年的执着探索，同时还做了有力的推广。此即当时上海文艺出版社民间文学编辑室以拙著《中国乞丐史》和《中国典当史》两种为开端，随即组织的《中国社会民俗史丛书》，先后陆续出版了《优伶史》《奴婢史》《风水史》《小妾史》《缠足史》《妓女史》《赌博史》《流氓史》《选美史》《医俗史》《年画史》《钱庄史》《商贾史》《流民史》《盗墓史》《贞节史》《刺客史》《丧葬史》《侠客史》《傩俗史》《媒妁史》《收藏史》《典妻史》《窃贼史》《盟誓史》《游戏史》，以及除《典当史》《乞丐史》外我随即接续撰写的《行会史》等，多达 20 多种，蔚为大观，一时犹若开社会文化专史的研究"风气之先"，令海内外学界耳目一新，影响甚广，甚至是纷纷效仿"跟风"。

　　如果用几句话简要概括一下《中国社会民俗史丛书》和我本人这些年来社会史的研究"套路"或者说思想与方法的话，似乎可以概要地说是：抉隐发微，正本清源；俗事探雅，雅题俗做；点面交集，立体通观；关注现实，辨风正俗；民俗语言，别有天地。

【抉隐发微、正本清源与点面交集、立体通观】

1991 年，拙著小书《江湖隐语行话的神秘世界》作为《中国民俗语言文化丛书》的一种出版后，著名的文化学者彭定安先生曾发表评论，对是书所显现的研究方法给予了学理性的评价。他认为：

> 《弁言》中还提到，此种学问，即关于隐语行话这个语言文化的一个神秘世界的事情，是"枝梢末节"，——他用了引号，或有转借、保留之意，然而，不管他的本意如何，我都是不同意的。当然，解释一两个隐语行话、揭破三言两语"黑话"，或考证一些隐语行话之类的出处来历，只能看作做学问的枝梢末节，但是，系统地、有独立见解地整理前人之学术积淀、收集这方面的历时性资料，进行分类研究，并且描述、提示这个语言的也是社会的秘密世界，这工作就绝不是枝梢末节了。这还是只就其"本体"的、直接的内涵与意义而言，如果连类而及、扩大关涉范围和作跨学科的思考与研究，那么，它就至少还有历史学、民俗学、文学、文化人类学、社会学、心理学、训诂学等等方面的意义。它可以帮助解读古籍、杂学，可以研究历时性和共时性的亚文化 [如书中所列三种分类形态的各种社会阶层、各行各业、各种秘密会社的隐语、行话、秘密语] 状况，研究历史上的现实和社会状况和阶层结构、"角色"状态以及社会心理，等等。从这些方面看，这就是一种"大系统"研究和"研究大系统"了，因此也就是一门大学问了。

　　这本书的专业性很强，但是，却又有知识性、可读性。它介绍了许多鲜为人知的语言的、社会的、历史的、文学的知识，它又介绍了不少人们熟知的各方面知识的历史渊源、来龙去脉。读来令人颇有兴味。……总之，我喜欢这部书，也认为作者收集了丰富的资料，且做了扶隐发微的工作，又对这些资料进行了独到的研究，做了开辟性的工作。我乐于向读者推荐这部书，并借此机会祝作者取得更多更好的研究成果。

　　[彭定安《民俗语言学的又一新著——谈〈江湖隐语行话的神秘世界〉》，《社会科学辑刊》1992 年第 1 期。曲彦斌（署名冷学人）《江湖隐语行话的神秘世界》，河北人民出版社 1991年出版]

历史不是简单的线性轨迹，亦非毫无来由的平面或截面图。历史的时空交错的多面体，是立体而且多维的存在。作为一种数学抽象的空间点阵，是指原子、离子或分子等组成晶体的粒子在三维空间中形成有规律的某种对称排列。个中，若以点来代表组成晶体的粒子，那么这些点的空间排列即为空间点阵。点阵中的各个点，则称为阵点。1850 年，法国晶体学家布拉菲（A.Bravais）曾经用数学群论的方法推导出十四种空间点阵，即：简单三斜、简单单斜、底心单斜、简单正交、底心正交、体心正交、面心正交、简单六方、简单菱方、简单四方、体心四方、简单立方、体心立方、面心立方。根据其对称特点，它们分别属于七个晶系。如果把人类社会生活史比作"点阵"的话，那么，这个"社会史点阵"所应展示的，就是一个通过扶隐发微、正本清源而出现的点面交集、立体通观的"点阵"。历史以其不同历史时空条件下所发生的各种事件，所产生的事物、人物（如时间、地点、人物、事件、因果以及各种关系的关联与制衡等要素）显现出的多维度、多层面的"阵点"，构成错综复杂的历史"点阵"。或言之，社会生活、社会史是以"社会史点阵"为基础按照不同历史时期的社会进程规则及其节点链接而来；社会史研究应特别关注那些由各种微观的具体的乃至一向被忽略的社会事物、事件和人物构成的"社会史点阵"。"抉隐发微、正本清源"，在于还原、辨析和解读"阵点"，进而"点面交集、立体通观"地廓清并解读其所处纷繁复杂交织而成的"阵点"。这个社会史的"历史点阵"，亦可根据需要"透析"为简单三斜、简单单斜、底心单斜、简单正交、底心正交、体心正交、面心正交、简单六方、简单菱方、简单四方、体心四方、简单立方等不同类型的点阵，乃至如不同层面专门史的"历史晶系"。

就此，本人的实践与思想轨迹，可见诸以下一些文字：

> 有一家报纸说我在"开拓"。冷静地回顾自己走过的学术之路，我所从事的课题大都是不为人所关注的冷角落，是"国粹"中的细微事物，以自己的认识从中爬梳出一点一得之见，远不敢妄称"开拓"。然而，我有一种作为人文科学工作者的责任感，有作为中华民族子孙的荣誉心，希冀能为发掘和科学地阐扬民族文化尽些绵薄之力，为人类文化史的长河增加一点浪花。

> [《中国民间秘密语》自序，三联书店上海分店 1990 年出版]

> 我多年的学术工作，大都是从事中华民族文化史 [主要是古近代民间文化] 的微观研究，这是有意识地通过一系列实证

性的微观研究，为来日的有关属于宏观现象的科学研究课题，做一些自以为是堪称扎实一点的基础性准备工作，力求使之言之有据、论辩成理而不流于浮泛空论。

在此过程中，我试图"别辟蹊径"，选择一些以往学人涉猎较少、鲜为人注重而又颇具固有价值的近似"空白"的课题，从抉隐发微入手，进行实证性的研究。我以为，这种坐冷板凳式的选择，非但是进一步研究的基础工作，亦兼可通过拓荒填补某些文化史的空白，为促进文化史的研究做些知识积累。显然，对于弘扬中华民族传统文化，乃至促进人类多元文化的交流，均有其一定的实际意义。个中，有些创造性学说如"民俗语言学"的提出，亦是由这类实证性研究中产生，并以实证性方法进行基本理论构建的。

作为被誉为"填补中国专题史学术研究空白"的一本小书，之所以获得如此青睐，甚至光明日报社主办的《文摘》杂志创刊之初编选摘了本书的片段。反思之下，其缘故主要在于本书的选题，恰是近年颇受学界关注的社会生活史、风俗史等专门史的空白。鲁迅在 1933 年 6 月 18 日致曹聚仁的信中说："中国学问，待从新整理者甚多，即如历史，就该另编一部。古人告诉我们唐如何盛，明如何佳，其实唐大有胡气，明则无赖儿郎，此种物件，都须褫其华衮，示人本相，庶青年不再乌烟瘴气，莫名其妙。其他如社会史，艺术史，赌博史，娼妓史，文祸史……都未有人着手。"[《鲁迅书信集》上卷第 379 页，人民文学出版社 1976 年出版] 我进行本选题研究的初衷，在于从专门史的微观视点切入社会文化的深层结构——民间文化和亚文化——之中，探析社会文化的本源、发生、发展以及流变的轨迹。因而，在此前后我曾经陆续涉猎了典当史、行会史、保安史、经纪史、拍卖史、生肖史、隐语行话史、招幌和招徕市声史、俗语史乃至流氓文化，等等，多属拾遗补阙之作。而且，大都采用业已形成的民俗语言学老办法，从与之相关的民俗语汇、关键词考索切入，逐步深入、展开。

[《中国典当史》初版跋，上海文艺出版社 1993 年出版]

民俗学是与社会学、人类学、文化学、历史学、语言学等多种人文社会科学有着广泛联系和交叉的"多缘性"学科，民俗学史也与这些学科的学术史紧密相关。英国哲学家休谟说，"历史不仅是知识中很有价值的一部分，而且还打开了通向其他许多部分的门径，并为许多科学领域提供了材料"[《论历史研究》]。可以相信，中国民俗学史不仅可以打开"通向其他许多部分的门径，并为许多科学领域提供了材料"；是对相邻科学领域的特别贡献，也是对中国文化史以及学术史的一种积累和推进。我想，这当是这部民俗学史之于中国民俗学学科本体而外的学术价值所在。

["钟敬文时代"的三部中国民俗学史——文宝先生《中国民俗研究史》序，《中国民俗研究史》，黑龙江人民出版社 2003 年出版]

就这样，在原有研究的基础上，我力求进一步扩视野，从纯数学到各种理数，天文、地理、卜筮，乃至俗语、敦煌变文、民间秘密语、儒道释三教之数、少数民族之数及古典诗文的数语言，尽可能广泛涉及，并尽可能在民俗语言学方法基础上运用更多一点可能借鉴的现代科学方法，诸如文化人类学、符号论等，使之有一个力所能及的深度和广度，给人以一个立体的数文化思想。这就是这部断续写成的《中国民族数文化》小书。

[《神秘数》，《中华民族数文化》自序，河北人民出版社1997年出版]

【民俗语言，别有天地】

我曾有论说，鉴于民俗语言学"这门科学的多缘性外部联系与学科间的交叉，随着基础理论的完善与深化和应用研究领域的不断开拓，势将展示出益见广阔的应用前途。除不断为相关学科和应用领域提供可资参证的专门材料，为之提供特定的科学视点或方法，更重要的还在于通过渗透与传通对有关学科理论建设、发展提供某些有益的启示"（《民俗语言学新论》，《民俗研究》1992年第1期）。因为，民俗语言文化不仅与社会生活息息相关骨肉相连，而且处于社会文化的深层结构。因而，长期以来，我把民俗语言作为探析和解读社会生活史的重要文本，把民俗语言学作为一个特定的研究视点和方法，在实践中获益良多。

一般说，"文化"与"语言"是两种不同的科学范畴。然而，它们却属"近亲"，有着千丝万缕的"血缘关系"。

20世纪初，美国观念主义语言学派的创始人爱德华·萨丕尔 [Edward Sapir，1884—1939] 即明确提出，文化这名称的定义可以是：一个社团所做的和所想的是什么；语言指的是人具体地怎样想。语言的内容，无疑与文化关系密切。语言的词汇多多少少忠实地反映出它所服务的文化，从这种意义上说，语言史和文化史沿着平行的路线前进，是完全正确的。然而，"语言有一个底座。说一种语言的人是属于一个种族或几个种族的，也就是说，属于身体上具有某些特征而不同于别的群的一个群。语言也不脱离文化而存在。就是说，不脱离社会流传下来的、决定我们生活面貌的风俗和信仰的总体"。

近半个多世纪以来，语言学和文化学的新学科、新学派不断出现，有许多即建立在这两门科学相联系的基点上，为这项宏观课题的研究，提供了更多的论据。以语言为视点考察传统文化和以文化考察扩大语言研究的视野，不仅会增强对两者关系的深入了解，更有助于为各自学科的建设和发展拓宽道路、增强活力。尤其是选取以前往往被人们所忽略或探讨发掘不够的语言与文化凝聚较强或沉积较深的典型"语言文化现象"或"文化语言现象"，加以剖析研究，无疑是极有意义的工作。

[曲彦斌《中国民俗语言文化丛书》总序，见冷学人《江湖隐语行话的神秘世界》卷首，河北人民出版社 1991 年出版]

关注语言与民俗之间相互浸染凝聚的"涵化"性密切关联，将"田野调查"所获方言土语、俗语谣谚等口碑资料纳入基本研究对象范畴，很早就是西方人类学、民俗学学者的基本研究方法。

[《采风问俗：古今中外源远流长的文化传统》，《葑菲菁华录：历代采风问俗典籍钩沉》导论，大象出版社 2015 年出版]

美国人类学家兼语言学家萨丕尔的《语言论》在论述"语言有一个底座"这个著名命题时还认为："语言是我们所知道的最庞大最广博的艺术，是世世代代无意识地创造出来的无名氏的作品，像山岳一样伟大。"

语言积淀于文化底座上最广博、最伟大的结晶之一，是历代社会生活中使用、流传最为广泛的民俗语言，也是最富有群体种族属性特征的语言文化形态。鲁迅《门外文谈》中所言意味深长、趣味津津、比"古典"还要活、使文学更加精彩的"炼话"，即属此类。

[《俚语隐语行话词典》前言，上海辞书出版社 1996 年出版]

使宗教经典、教义民俗语言化，不仅是普及教义的需要，也为入籍僧侣尽快掌握佛教知识、研习经典为再度传人提供了极大方便，因为历代僧众大多是出身寒微、识字不多、文化修养有限的下层社会中人。同时，相对文言的枯燥费解来说，民俗语言尤其适合于传经布道的口诵心记方式。

[《宗教与民俗语言文化》，原载《中国民间文化》第 9 辑，学林出版社 1992 年出版；全文收入社会科学文献出版社 2002 年出版的《二十世纪中国民俗学经典》"民俗理论卷"]

事实上，非但日本等海外汉学界如此，即或对中国学者来说，准确地理解、诠释唐宋以来民俗语言亦不是很轻松的事。正如王安石所谓："看似寻常最奇崛，成如容易却艰辛。"[《题新司业集》] 一如宋元话本、元明杂剧、明清小说，禅宗语录也是以白话写成的。其大量的民俗语言一向都是令人头痛而倍受学者关注的难点。究其原因，主要有三：首先是囿于崇雅抑俗传统观念的制约。人们一向注重经史等所谓正统典籍的发掘、积累和整理诠释，轻视以民俗语言语料为主的白话文献，至今犹然，累积为历史的偏误和欠账。其次，民俗语言多产生、流行于一时一地，具有较强的口头性、变异性、转换性等口碑性特质，虽生生不息，也在不断消亡，新陈代谢运动比较活跃。因而，许多为当时人们习见不殊的民俗语言，随着时间的推移，文化环境的变迁，便令人费解起来。第三，则是缺乏对有关文献的深入发掘、系统整理和全方位的综合研究。片面地、单一视点地就只言片语作孤立的考究，往往不免望文生义或产生误解。

[《关于禅籍俗语言的民俗语源问题》，原载日本《俗语言研究》创刊号 1994 年]

民俗语言学是综合运用语言学、民俗学及其他相关科学方法、材料，对语言、言语与社会习俗惯制等民间文化现象相互密切联系的形态 [即民俗语言文化形态]、性质、规律、机制、源流等，进行双向、多方位考察研究，从而给予科学解释并指导应用的人文科学。所谓"双向、多方位"，包含着"互动"与"相互"的含义。当时我谈到，民俗语言学"既从民俗学视点研究语言，亦从语言方面探讨民俗学问题，重点在于两者涵化的产物——民俗语言文化。因而，民俗语言学又可称之为'民俗语言文化学'"。在此语境条件前提之下，显然不好按照以往业已习惯的"相互交叉式"命名方法的程式，严格区别为"民俗语言学"和"语言民俗学"。如果需要突出哪一个视点的时候，也只能用特定的语境加以限定。

求索、研究民俗语言学的历程，使我获得一个已经成为习惯性的学术思维方式，就是从语言切入展开研究的研究方法。由此生发开去，其直接的收获，就是在关于中国典当史的研究，关于中国传统保安史的研究，关于中国传统广告艺术史的研究，关于中国经纪人史的研究，关于中华民族虎文化史的研究，以及关于中国乞丐史的研究等一系列有关中国社会生活史、民俗专门史的研究过程中，获益匪浅。例如，我从《金瓶梅词话》的有关描述及其用语考证认为，中国的传统保安业——镖行，至迟在明代就已经形成了，而并非以往有的著作所认为的肇始于清代。而且，还根据有关文献认定，"镖行"、"保镖"之"镖"，本字应是"标"，与"锦标"同源，均出自传统的民间"竞标"游艺民俗。而这一收获，反过来也进一步充实了关于民俗语言学的民俗语源问题的研究。

[《二十年求索与耕耘——关于〈民俗语言学〉（增订版）》，《民俗语言学》（增订版），辽宁教育出版社 2004 年出版]

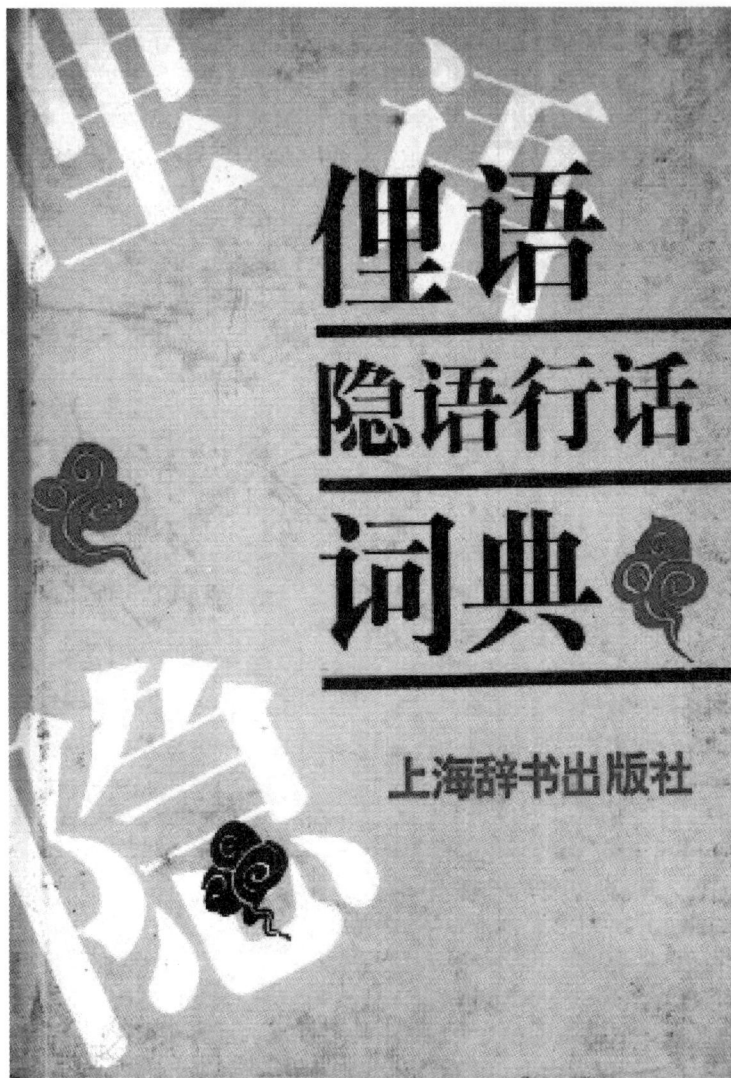

《俚语隐语行话词典》封面，上海辞书出版社1996年出版

《民俗语言学》(增订版)封面，辽宁教育出版社 2004 年出版

【俗事探雅，雅题俗做】

中国文化向有"趋雅避俗"的"崇古""尚雅"传统。似乎古者皆雅、雅者皆美。就连考释俗语，也向古代典籍寻源，以古人所云为本。诸如唐代的《匡谬正俗》《资暇集》《刊误》，宋代的《释常谈》和《古今谚》（周守忠），明代的《目前集》《俚言解》《常谈考误》《询荛录》《俗言》《谚原》《俗呼小录》和《（增定）雅俗稽言》，清代以来的《通俗编》《直语补正》《俚俗集》《土风录》《里语征实》《恒言录》《迩言》《恒言广证》《语窦》《吴下谚联》《乡言解颐》，清末民初的《俚语证古》等，皆然。其实，并不尽然。人在社会生活中最自由自在最本真的生态，是其日常的世俗生活状态。世俗生活是人类最寻常也最本真的社会生活生态。即或是宫廷权贵阶层，也不会脱离四时八节各种源自民间的人生礼俗、饮食起居等日常生活习俗而"难以免俗"，即在于此。历代宫廷园林可以创设的"买卖街"之类，表达的正是这样一种本真潜意识。所谓"俗事探雅，雅题俗做"，就是力图回归还原社会生活和社会史的本真本原。为此，首先就必须克服以往"趋雅避俗"的"崇古""尚雅"传统所制造的障碍，力求切近客观事实地构建起客观、理性记述与解读的相应知识源流。

除《圣经》外，诸如古巴比伦的《吉尔伽美什》，古印度的《摩诃婆罗多》《罗摩衍那》，古希腊的"荷马史诗"《伊利亚特》《奥德赛》，中古欧洲的《罗兰之歌》《贝奥武甫》《尼贝龙根之歌》，以及西非的《松加拉史诗》等史诗，这些流传至今的世界著名民间口头叙事经典，无不是多代人采录和传承的文化结晶，无不印证着采风问俗是一种世界性的、跨种族、跨文化的文化传统。

[《采风问俗：古今中外源远流长的文化传统》,《蓣菲菁华录：历代采风问俗典籍钩沉》导论,大象出版社 2015 年出版]

就诸行学问本身来说,有些是难以为人们雅俗共赏的,如核物理、高等数学,因其同世俗日常生活缺少直接的联系。有的,如民俗学、文学,则容易做到雅俗共赏。

科学知识是社会的共同财富,做学问者都有责任推广、普及这些知识。科学知识普及程度的高低,是考察民族文化和人的素质的基本标志。

学问、文章做得越精道、越深刻越佳,但绝非越玄奥越令人费解才好。只可孤芳自赏的作品之所以少有生命力,在于它难以获得世人的广泛注意和认同。

我曾说过,有的书虽是自己写的,出版后尽管同道亦给予许多褒誉,但自己却不甚喜欢,原因是缺乏文采,影响兴致。我非常钦佩一些能把科学道理说得层次分明,通俗流畅,清新有味,毫无迂腐做作的学问家、大手笔,能用随笔形式表达的未必一定写成专业论文。

于是,我想到“雅题俗做”和“俗题探雅”。

雅题俗做,或者说是“雅事俗写”,是力求把比较专门的理论知识,用比较轻松的笔调深入浅出地写出来,不故弄玄虚,以通俗的言语及风格“世俗化”地阐释记述,让人读得懂、读得进去。

俗事探雅,或者说是“俗事雅做”,是要把一些关于人们习见或不以为然的事物的研究,赋以科学的认识,入情入理的分析,既不故弄玄虚,又使人明了个中的学术问题,增长新知。

[《话说"雅"与"俗"》，署名艾珺，刊《文化学刊》2016年第 10 期《文化观察》]

无论俗语还是民俗语汇，都是涵化了民俗要素的语言文化符号，这是民俗语言最本质的内部特征。民俗语言的外部特征，主要表现在其功能方面，是言语交际活动中最活跃、最富民间社会生活色彩的通俗语言材料。

[《民俗语言学新论》，《民俗研究》1992 年第 1 期]

生活交际语言的粗俗化、浅薄化趋向，严重地污染了时俗风尚，有悖富有优良传统的语言文明和精神文明，对现实社会生活及其发展进步均具有不容忽视的危害性，亟须遏制和治理。雅与俗，是一对对应的概念；在此，是就生活交际语言的雅尚与俗劣而言。生活交际语言之俗劣不雅，则在于败坏了其所应有的诚、敬、美等传统的雅尚。日常生活中的言语交际，往往使用通俗、浅白的语言。然而，通俗不是俗野，浅白不应浅薄。生活交际语言的雅尚，主要应以诚、敬、美为标准和规范。

[《略论生活交际语言的雅与俗》，《语文建设》1996 年第 11 期]

我向所主张的"俗题雅作，雅题俗作"的思想，……在于有效地推广学术见解，传播科学知识。

然而，操作起来绝非易事。要想实现上述想法，除作者必备相当学识功底和相应的意识外，还需具备一定程度的文字水平。

[《生肖文化，人生一典——十二生肖丛书总序》，辽宁古籍出版社 1996 年出版]

一位师长在为我写的一篇书序中，对我的杜撰铭语"冷板凳自有冷趣"颇加赞赏，以为是做学问者应有的精神。我亦觉自得，感到了一点去官从学的慰藉。而所谓"冷板凳"，尚有另一层潜意识，即我所致力的都是一些向居冷清之隅的"冷学问"，如方言俗语、副语言习俗、俗语学史、民间秘密语、招幌、乞丐史、农业文化思想史之类，多为拓荒之事，要从中搞出点科学见解。"爆"这种"冷门"非甘坐"冷板凳"不可，其"甘苦"亦只有"寸心知"了。然而个中亦有乐趣，即每有一点新的发现和得到一个新的认识之时。这些若得学界反响，趣亦更浓。我在为一个书画展书写的杜撰联语中表达了这一心情："雅俗相间得高趣，跌宕起伏是文章。"所谓"跌宕起伏"，则指从那些"雅俗相间"的"冷学问"中所梳理、总结出的一点新见解，提供给人的新视野。兴之所至，同时又书了"冷趣"两个大篆字，款注"为学之乐"，以抒情尽兴。

[《神秘数》，《中华民族数文化》自序，河北人民出版社1997年出版]

【关注现实，辨风正俗】

应劭（约153—196年）提出的"辨风正俗"，语出其主要著作《风俗通义》的自序，"为政之要，辨风正俗最其上也"。大意是说，治国理政的首要关键，在于辨察风尚，匡正民俗。作为社会发展进程中的一种调控机制，辨风正俗是同社会文明进程相伴随的一种社会变革过程，也是社会稳定发展的必要条件。因而，需要通过辨风正俗、择优汰劣和移风易俗对民俗中的优良劣陋加以引导和规范。

宋代王安石也讲："变风俗，立法度，最方今之所急也。"于是他以"变风俗，立法度"，主导了政治、经济、文化等方面的改革。

历史是一种"过去时"时态。研究历史，即或是把讲述议论历史故实视为一种娱乐的话，也是基于现在和未来的需要，亦即探古鉴今。学术"入世"才有其意义，即或是一些所谓的基础性研究乃至"绝学"之类的学问，一无例外地都各有其与现实社会生活的各种关联，都有其对现实社会生活的不同担当。脱离如此担当与责任，那种同社会生活"全无干系"的学问便是"无源之水""无根之木"；那样的历史研究势必被历史所淘汰。社会生活史文化史研究尤其如此。因而，本人主持的《文化学刊》创刊伊始，便确定了以"瞩目学术前沿创新使学界瞩目，因关注重大理论问题让社会关注"为办刊方略。围绕现实社会文明进程和发展动态，至少可为社会提供一些事物、人物、事件的历史佐证、发展态势和探古鉴今乃至辨风正俗的史实文本。

在李商隐的《义山杂纂》中，"入境问风俗"被视为"有智能"；"入境不顺风仪"则是"不达时宜"。其所本，不过则是《礼记·曲礼上》的"入境而问禁，入国而问俗，入门而问讳"古训。文化是个复杂的事物，尤其是处于深层结构层面的底层文化或说是民间文化，不经深入了解和解析处于社会底层隐性层面的民间文化就难以客观地把握社会。古往今来，采风问俗一直是一种考察民间文化的有效方法，久而久之，则成为一种文化传统乃至文化制度。

[《采风问俗：古今中外源远流长的文化传统》，《蓂菲菁华录：历代采风问俗典籍钩沉》导论，大象出版社 2015 年出版]

民俗本身却是良莠并存十分复杂的社会文化现象，有必要从抉隐发微进行微观考察研究入手，在积累和介绍有关知识的同时，注意分别良莠、扬善祛邪和辨风正俗。世人无不生活于各类民俗活动和民俗事象之中，辨风正俗尤其应以具体细微或往往习焉不察的民俗作为标本。此即本文库所努力实践的立意所在和特点。

[《灵鹊报喜——"花喜鹊"民俗文库》总序，辽宁人民出版社 2000 年出版]

在考察研究世界史时，欧洲行会制度一向是颇引人注意的一个社会经济现象。遗憾的是，在考察介绍中国历史的时候，对于世界上历史最为悠久而自成传统特色的中国行会制度却未引起足够的注意。在鸦片战争之后的中国早期现代化进程中，中国传统行会制度借鉴了西方行会制度的优点，一定程度上适应了社会和经济进步的变革要求。而今，面对当代经济体制乃至政治体制改革的社会现代化新阶段，有一项课题已经受到国家决策行政机关和有关社会科学学者的关注，这就是中国传统行会制度与现代化行业管理。具体言之，是通过考察、研究、分析国际上行业管理经验得失和中国传统行会制度发展史，科学地认识和决定解决在市场经济条件下政府主管部门职能的调整与转变后，如何对经济等行业组织及其活动行为的调控监管。

[《行会史》前言，上海文艺出版社 1999 年出版]

社会进步离不开科学理论的指导，社会现象需要科学的阐释。在迅猛的时代大潮面前，某些领域的科学研究难免显得理论滞后，却未必就可认为尴尬。因为，科学是社会变革的主要力量，但科学研究绝非一蹴而就即可成功的事情或短期行为。爱因斯坦说："科学绝不是也永远不会是一本写完了的书。每一项重大成就都会带来新的问题。任何一个发展随着时间的推移都会出现新的严重困难。"亦如美国另一位学者乔治·萨顿在《科学的生命》中说的，"科学活动是累积和渐进的"，"是逐渐进步的"。对于近 20 年来商业大潮的出现，以及此间众多社会现象的发生、发展，科学家们有责任做出适时的、客观的理论阐释。这是时代为人文社会科学学者们提出的众多课题之一。

[《"抑商"传统感言》,《市场经纪人》代序，山东教育出版社 1999 年出版。]

时下，适值典当业刚刚复兴之际，亟须在充分调查研究的同时展开必要的理论研究，以利有关政策、制度的制定，指导其健康发展，在现实社会发展中发挥应有作用。在此意义上，本书的出版，正是在于完成一项基础性的准备工作。为现实服务，亦即我研究这一课题的初衷之一，期待它能发生这种效应。

[《中国典当史》初版跋，上海文艺出版社 1993 年出版]

我特别提出，"民俗"和"民俗学"的庸俗化倾向，同其他科学、理论的庸俗化同样可怕、可悲。民俗包括积极健康的成分，也同样混杂着大量的愚昧迷信，陋俗、恶俗。这是社会生活的多样性和复杂性所决定的。要揭露那些打着"民俗"招牌的愚昧迷信活动和各种伪科学、反科学的事物，遏制、打击各种陋俗和恶俗。对此，民俗学者必须有清醒的认识。

[《辽宁文化通史》跋，大连理工大学出版社 2009 年出版]

民俗学服务社会的最重要职责，是通过辨风正俗来推进社会文明进程。民俗学要直接与现实"对话"，解决现实社会生活中的"民俗学问题"。通过科学地"辨风正俗"来不断地"移风易俗"，推进文明进程，这是社会文明进程的永恒需要，是国家和地方政府在经济建设与精神文明建设中应予切实重视的事情，也是民俗学家们的首要社会责任。

已经走过了80多年发展历程的中国民俗学，应当尽快地从单一的抢救性、描述性研究，进入与思辨性的研究并举的新时代。这是民俗学理论建设的需要，是现实社会发展对中国民俗学发展的迫切要求。脱离这种现实需求，这门科学就不会前进，就难以发展。民俗学是民众的学问，是社会的学问，本应回报给民众，全力为社会服务。不仅要关注过去的民俗传统，准确地描述其状况，更重要的是分析论证其为什么那样，探讨其作用于社会生活的生成、传承的功能机制和发展规律，乃至如何辨风正俗、移风易俗，充分发挥其在社会生活中的积极、有效的制衡调控功能。

民俗学既是一门基础性学科，也是一门具有很强应用性的科学。倡导健康民俗，摒弃各种陋俗、恶俗，移风易俗，其前提是必须"辨风正俗"。汉代学者提出的"为政之要，辨风正俗最其上也"，把它提到了关系国家政治生活稳定、关系国家大政方针的重要地位，这本身就说明了民俗学应用性研究的重要性和特点。民俗本来就产生于民众之中，民俗学研究当然不应该脱离现实社会生活。不能把民俗学锁在学院和深闺，束之高阁。在走向现代文明的今天，在城市化进程发展迅速的今天，不应只把民俗学观点一味盯在乡村的"田野作业"，更应当直接关注都市民俗文化对现代化进程的深刻影响，及其传承扩布过程中对社会生活秩序的制衡调控功能，让民俗学研究直接为现实社会进步服务。

以社会民俗风尚作为基本研究对象的民俗学，是一门直接出自社会生活，并应为社会发展进步作出独到贡献的科学。这就要求民俗学研究应积极关注现实生活，关注中国民俗文化变革的现状，实行从与现实脱节的所谓"纯"学术研究向直接为现实服务的应用研究战略转移。这是关系民俗学前途命运的问题。因为世界上没有哪一门科学或学说的生成与发展，不是出自社会发展进步的需要。如果不是社会的需要，这门科学也就没有存在的必要，就难以出现，即或出现了也必然很快消亡。民俗学也不例外。

[《光明日报》2002 年 12 月 24 日《理论周刊•学者论坛》]

前面，谈到了一个"社会史点阵"的概念。那么，可以说"抉隐发微，正本清源；俗事探雅，雅题俗做；点面交集，立体通观；关注现实，辨风正俗；民俗语言，别有天地"这个"套路"，便是还原和解读"社会史点阵"的实践历程中所探索出的一个具有思想方法性质的心得。

唐代史官刘知几曾提出，史学家必须兼备史才、史学、史识这"三长"。换言之，就是要求史学家要具备必要的历史知识、历史见解以及研究能力与表述技巧。梁启超《中国历史研究法》乃强调，治史者要具备史德、史学、史实和史才"四要素"。因为，"有了史德，忠实地去寻找资料；有了史学，研究起来不大费力；有了史识，观察极其锐敏"。至于"史才"，则是"专门讲作史的技术"，"就是文章的构造"；因为，"要做出的历史，让人看了明了，读了感动，非有特别技术不可"。看来，治史谈何容易！

[《辽宁文化通史》跋，大连理工大学出版社 2009 年出版]

　　社会史研究是我此生兴致盎然的学术领域。尽管史德、史学、史实和史才"四要素"诸项功夫远未修炼到位，但始终是在上下求索的艰苦执着的攀登途中。余生有限，亦不甘虚度，学术之路永无穷期，孜孜不倦持之以恒就是。

丙申年七月十四中元节前夕

中国自然灾害研究的人文社会科学探索视点

　　人类社会生活史，始终伴随着与自然灾害的斗争。可以说，人类社会生活史就是一个抵御和防治自然灾害的艰苦历程。人类文明史，就是人类与灾难持续抗争的历史。从古巴比伦的《季尔加米士史诗》，古希腊的《荷马史诗》，古印度洪水传说《摩奴传》，到《圣经旧约》，到中国的盘古开天地、女娲补天、精卫填海、后羿射日、大禹治水、炎帝尝百草、夸父追日、愚公移山，可以说世界上众多著名的史诗、神话传说和宗教经典所刻录的轨迹，无不深刻地显示着这类惊心动魄事件的社会记忆，和对抗灾救灾先贤与英烈的崇敬。

　　灾难可谓双刃剑，既可给人类文明进程造成阻遏和破坏，还可以加速文明的历史进程。即如 1893 年 10 月 17 日，恩格斯给他的俄国朋友尼古拉·兰策维奇·尼尔逊的信中谈到俄国社会发展的命运时提出的，"没有哪一次巨大的灾难不是以历史的进步为补偿的"。[①] 人文社会科学应在抗灾赈灾过程中经受实践的检验，丰富自己的理论，获得长足发展。

---

①《马克思恩格斯全集》第 39 卷第 149 页，人民出版社 1974 年版，《致尼古拉·弗兰策维奇·丹尼尔逊》1893 年 10 月 17 日于伦敦。

一、问题的提出：灾害研究人文社会科学有自身的职责

人类灾害史首先面对的是自然灾害。追求"天人合一"，构建人与自然的和谐关系，是中国传统抗灾救灾思想的境界和对历史经验的深刻体悟。科学地抵御、防治，尽可能地减少自然灾害和有效救助，体现了对人类自身的人文关怀。有学者提出，"对于自然灾害的研究，很多学者都从不同的角度提出了不同的研究成果。但是在人文科学方面所做出的工作却少之又少。作为一种人文精神大讨论的产物，以及现实的需要，自然灾害的研究本应放在人文关怀的基础之上展开。……越来越多的自然灾害的发生，使得人文关怀在社会中的作用越来越重要，由于自然灾害的发生及影响给人类的生存和发展带来了一系列的问题，那么只有从人类的自身利益出发以一种人文关怀的观念来审视自然灾害，只有从社会文化和哲学等方面来探讨自然灾害，澄清人与自然灾害的关系，才能为人类带来一个真正幸福和光明的前途。因此，从人文关怀的角度来研究和反思自然灾害的发生，无疑在现今自然灾害频发，对人类造成如此重大损失的情况下具有十分重要的意义"①。

此间，也有历史学者就国内灾害历史学研究现状批评道，相对"至迟从中国第一部真正系统的史书《春秋》算起，中国之有关自然灾害的记述至少已有两千多年的历史，其数量之巨大、类型之丰富、序列之长、连续性之强，的确是世界环境史资料宝库中绝无仅有的"而言，"在中国灾害史研究中，以人文社会科学为职志的历

① 杨柏芳、胡志良《人文关怀语境下的自然灾害本质探析》，《自然灾害学报》2007年第4期。

史学家们……与自然科学工作者业已取得的成就相比，这些历史学家们所做的贡献殊属微薄。不管这是什么样的历史原因造成的，也不管近几年来历史学家们如何急追猛赶，历史学家的长期缺场以及由此造成的灾害史研究的自然科学取向乃至某种'非人文化倾向'，已经严重制约了中国灾害史乃至环境史研究的进一步发展"[①]。可见，理论与实践均急待灾害伦理学的尽早成熟和发展。

防灾、减灾、赈灾、抗御灾害是自然科学家和人文社会科学家的共同使命。面对重大灾害，人文社会科学不可缺位，应充分履行自己的学术责任，应做出自己独到的贡献。事实上，在以传统文化和高科技共同支撑的现代文明社会，面对危害人类生命财产和生存条件的各类自然灾害，人文社会科学始终在探索如何把握自身在抵御和防治自然灾害应有的科学职责定位，已经形成了一个比较系统的符合各个科学领域探索视点的科学谱系。[②]

二、人文社会科学对灾害的综合性、基础性探索视点

人文社会科学对灾害的综合性、基础性探索，主要体现为灾害政治学、灾害社会学、灾害伦理学、灾害人类学、灾害文化学、灾害历史学、灾害民俗学和灾害法学等视点有关防灾赈灾的理论探索。

---

① 夏明方《中国灾害史研究的非人文化倾向》，《史学月刊》2004 年第 3 期。

② 海内外关于人文科学与社会科学的分野界定，一向众说纷纭难得共识。在此，不做专门讨论，不去严格区分哪些属于人文科学或是社会科学，权且根据偏重基础性还是偏重于应用性来大略分作以综合性、基础性为主要特点的人文社会科学的探索视点，和应用性较强的人文社会科学的探索视点，以便分别阐述。

1. 灾害政治学

灾害政治学，亦即中国传统的"荒政学"。中国传统的"荒政学"源远流长。远在殷墟甲骨文文献中，已经发现迄今为止的有关灾荒的最早的文字记载。此后的《竹书纪年》《春秋》，也已有了比较专门的记录。从《汉书·五行志》起，以后的史书大都以相近的规范记载各个时期发生的各种灾荒。中国历代史书记载灾荒与荒政内容之翔实以及连续性之长久，在人类灾荒史和灾荒学史上均堪称非常稀见的珍贵文献。

至南宋，中国"荒政学"已经大体形成关于防灾赈灾、应对灾害危机维护社会稳定进而巩固政权的比较完整的思想体系。绍熙四年（1193 年）进士董煟对历代荒政做了系统研究，撰写出洋洋三大卷、堪谓中国历史上第一部荒政学专著的《救荒活民书》。中国历史上历代帝王无不从巩固政权的要求非常关注"荒政"问题，也涌现了一大批诸如范仲淹、朱熹、徐光启、左宗棠、林则徐、沈葆桢、李鸿章、郑观应等卓有成就的荒政学家。

至当代，形成了以传统"荒政学"为深厚积淀并科学借鉴外来理论的现代灾害政治学。在传统"荒政学"基础上创建符合国情的全新的中国现代灾害政治学。

2. 灾害社会学

灾害社会学，是用社会学观点与方法研究灾害的一门学科。它分析灾害发生的原因以及给广大人民群众带来的危害和政府应采取的防范措施。因此灾害社会学应属于应用社会学的范畴。[①]

自然与社会本应是一种有序的和谐互动关系。自然灾害直接危

---

① 马国泉等主编《新时期新名词大辞典》，中国广播电视出版社 1992 年版。

及人类社会安全有序的发展，人类防灾减灾赈灾是一个社会性过程，一种社会行为。灾害社会学主要研究包括自然灾害和社会人为灾害与社会发展过程中相互影响、相互作用的机制、规律、特点、与之相关的社会问题和对策。如社会在灾害中的双重地位，社会对自然的适应能力及化害为利，灾害的社会综合防御战略，如何强化人及社会的抗灾能力，等等。在社会学史上，作为分支学科的灾害社会学还不足百年历史，面对频仍的灾害，促进其尽快本土化已是当务之急。

3. 灾害伦理学

无论防御灾害还是救灾、赈灾，都会面对先后次序、轻重缓急、价值判断等关乎伦理性评价的选择，而且，往往是不容分说的快速选择。例如，在突发的危难面前，先救人还是先救物，先救老人还是先救儿童，先救国家一级保护动物还是先救人，作为一位担负领导职责的公务员如何做出紧急情况下的行为抉择，等等，社会对其选择都做出伦理性的是与非、适当与否的评价。在宪法规定的人道主义原则下，应把生命关怀优先、损失最小化优先、国家利益优先于个人利益、整体利益大于局部利益等伦理规范作为基本行为准则。这些无不关系着防灾救灾的基本秩序，甚至关系到民族的兴亡。即如有人指出的，"灾害伦理涉及生态伦理、区域伦理、代际伦理、工程伦理、救助伦理、制度伦理等多方面内容。中国是一个自然灾害多发的国家，灾害伦理文化的研究，对我国防灾抗灾工作具有重要的意义"[①]。弘扬中华民族传统美德，坚持以人为本，是构建和完善灾害伦理学所应恪守的理论原则。建立并形成符合现代文

[①] 刘雪松《构建具有中国特色的灾害伦理文化》，《光明日报》2007 年 4 月 9 日第 7 版。

明的防御和应对突发性灾害的公共伦理原则体系，是灾害伦理学最重要的社会责任。

4. 灾害人类学

自然灾害之所以成为"灾害"，主要是相对人类而言的。生命是大自然的造化。同其他生物一样，人类孕育于大自然的巨大变异，是自然界演进到一定阶段的产物。对于已经形成了的人类而言，大自然的不断变异运动往往就是危及人类生存的灾害。"对于某一特定的国家或地区来说，自然灾害对人类社会破坏和影响的程度，既取决于各种自然系统变异的性质和程度，又取决于人类系统内部的条件和变动状况，既是自然变异过程和社会变动过程彼此之间共同作用的产物，又是该地区自然环境和人类社会对自然变异的承受能力的综合反映。"[1] 自然灾害危及人类的生存环境和生命，危及人类生存和人类社会的发展。人类在生存和社会发展过程中，又往往促生一些造成自然灾害发生的因素。

灾害人类学至少强调三个理论原则，首要是强调珍视生命、热爱生命、尊重生命。抵御灾害的危难之际，首要是尽可能地抢救生命，救人是此刻一切努力拼搏的唯一而且也是全部的理由和动力。其次，是特别注重灾前、灾后和抗灾救灾全过程的人文关怀。提高国民的公共安全防灾意识，要强化生命至上、以人为本的根本理念。第三，追求"天人合一"，构建人与自然的和谐关系，并将此作为防灾减灾最基本的科学意识，成为全社会的共识。

5. 灾害文化学

灾害文化"是指人们的灾害观，人们的忧患意识、防灾意识，

---

① 夏明方《中国灾害史研究的非人文化倾向》，《史学月刊》2004 年第 3 期。

人们在地震时冷静的对应行动、防震的教育宣传等"①；是"在长期与自然灾害斗争的过程中，一个地区、国家或民族所积累形成的知识、观念（包括道德观、价值观等）和习俗，以及一个社会成员长期形成的防御灾害的一切能力和习惯"②，灾害文化学，是以灾害文化为研究对象所形成的一个专门的科学领域。日本学界倡导的灾害文化学主张，"灾害文化即是在靠自己的力量保护自身生命财产免受灾害破坏的活动中产生的文化"③。灾害文化具有较强的地域性，因为"对每一个地区社会来说，不管灾害的起因如何，其形成的灾害文化内容都不尽相同。但无论是哪种情况，灾害文化都是以社区为基础的。换句话讲，灾害文化是地区居民共有的文化"④。

存在于灾前防灾与灾后抗灾救灾以及灾害发生的全过程的灾害文化，核心是人的灾害观和社会的有关共识。发掘和弘扬优秀的灾害文化，是人类社会抵御灾害的人文需求。倡导先进的"灾害文化"，"就是通过对灾害与社会关系的研究，将灾害事件中人与人之间的关系进行适当调整与平衡，从而形成新的关系，并启迪、教化天下，逐渐使人们对灾害的理解更全面深刻。在灾发时，先进的灾害文化能使人们有一个科学合适的定位，即一方面正确对待自然，顺应自然，尊重自然规律；另一方面人的生命存在、尊严及对价值观终极理想的执着追求都能得到充分体现。……促使人类和社会形成正确的灾害观，使人类和社会的忧患意识、灾防意识得到显著增强与提高。在灾害发生时，先进的灾害文化能使人们多一些从容自

---

① 王辉《灾害文化的缘起》，《天津日报》2006年7月30日第7版。
② 李德《倡导先进的"灾害文化"》，《中国气象报》2008年2月29日。
③ [日]田中重好等《灾害文化论》，《国际地震动态》1990年第5期。
④ [日]田中重好等《灾害文化论》，《国际地震动态》1990年第5期。

信，少一些盲动慌乱，理性冷静地采取对应行动，从而将灾害损失与影响减轻到最低"①。开发与利用灾害文化资源，也是其主要的领域和学科社会功能之一。

6. 灾害民俗学

就笔者目前所见到的有关文献显示，日本学者是灾害民俗学的倡导者，先后出版有《灾害的传承和民俗》《灾害的民俗印象——从记忆、记录到表现》等学术专著。②

名古屋大学教授樱井龙彦的一篇专题论文中谈到，灾害的多发性引发人们思索和寻找多方面的解决途径。作为一门重要学问的民俗学也应该像其他学科一样来承担起应有的社会使命，引导人们以民俗学的视点来正确应对灾害。因此，要提倡、开拓"灾害民俗学"这一新的研究领域。通过分析探讨有关灾害社会记忆中的"知识"以及对各国家、地区的灾害观、灾害民俗的国际性比较，来考察其普遍性与多样性，最终对灾害民俗志进行系统化，以实现跨地区的国际性联合防灾抗灾的可能性。③对现实而言，灾害民俗学尤其应关注那些在应对重大灾害过程中出现的基于民俗因素或反映为民俗形态的危害社会公共安全的群体性非常行为，那些有碍防灾赈灾秩序和社会稳定的陋俗、恶俗，"辨风正俗"，用科学知识揭露愚昧迷信，维护非常时期的公序良俗，以积极向上的奋发精神面对灾难。

①李德《倡导先进的"灾害文化"》，《中国气象报》2008年2月29日。

②[日]野本宽一《灾害的传承和民俗》，讲座日本的民俗学（4）环境的民俗，（东京）雄山阁1996年出版；[日]樱井龙彦《灾害的民俗印象———从记忆、记录到表现》，京都历史灾害研究所，立命馆大学CEO推进机构／立命馆大学历史都市防灾研究中心／京都历史灾害研究会2005年版。

③[日]樱井龙彦著、陈爱国译《灾害民俗学的提倡》，《民间文化论坛》2005年第6期。

7. 灾害历史学

灾害历史学是一门关于灾害历史的学问，特征是跨越自然科学和社会科学两大基本学科门类，又兼具灾害学和历史学两领域的基本性质。[①] 中国灾害历史学的发端，可以追溯至源远流长的传统荒政史研究，积淀十分深厚。

当前的灾害历史学主要关注两大方面。一是收集整理历史文献进行分析评估和以便进行预测。"通过对历史上发生过的各种自然灾害时空分布、灾害程度及特征、相关因素等等内容的研究，寻找出其发生发展的统计规律。在此基础上对未来灾害作出具有一定概率性的预测预报"[②]。当务之急的学科基础建设之本是"搜集完整的灾害史料。经过考订和整理，按照适当的模式，建立起可以很方便地进行调取、分析、研究的资料库"[③]。学科理论建设方面，张建民、宋俭合著之《灾害历史学》[④] 产生了积极影响。有评论认为，该书"将历史上曾经发生过的灾害、历史上的减灾救灾思想以及减灾救灾措施分为采集渔猎时代、农业时代和工业时代三个基本时期进行系统的通盘性的考察，立足于当代灾害学研究的前沿，初步构建出历史灾害学的理论框架，提出了一系列颇值倾听的意见，在前人已有探究的基础上，将灾害历史学的研究推进到一个新的阶段"，"是在此领域内所取得的一项重要成果"[⑤]。

8. 灾害法学

近年来，世界各国纷纷制定并实施了预防和救助灾害的法律、

---

① 摘自《安全科学技术百科全书》，中国劳动社会保障出版社2003年版。
② 袁林《应当加强灾害历史学研究》，《中国减灾》1994年第3期。
③ 袁林《应当加强灾害历史学研究》，《中国减灾》1994年第3期。
④ 张建民、宋俭《灾害历史学》，湖南人民出版社1998年版。
⑤ 冻国栋《略评〈灾害历史学〉》，《江汉论坛》2002年第4期。

法规，用以应对各种突发性灾害事件。日本国先后制定了《灾害救助法》《灾害对策基本法》《大城市震灾对策推进纲要》《大地震对策特别措施法》等，用法律形式规定了一系列减灾措施，对提高减灾工作的效率和群众防灾、减灾的法律意识，发挥了良好的作用。作为"以同自然灾害的预防和救助有关的法和法律问题为研究对象的一门法学的分支学科"[1] 的灾害法学，对于运用法律法规等应对各种自然灾害、减少灾害损失具有重大现实意义。包括制定与赈灾相关的灾害行政法、灾害刑法、减灾程序法、灾害补偿法、灾害经济法、个人破产法以及灾后重建规划的审定程序、灾后安置等相应法律法规，形成符合社会实践要求的灾害法学科学体系，使抗灾救灾完全纳入法制化、制度化轨道，是建立和完善抵御灾害长效机制的必需。

三、人文社会科学对防灾赈灾的应用性探索视点

主要阐述的是灾害行政学、灾害经济学、灾害心理学、灾害管理学、灾害保障学、灾害旅游学、灾害区划学、灾害犯罪学等视点关于抗灾救灾的理论探索。

1. 灾害行政学

灾害行政学，不同于一般的灾害管理学，是行政科学研究面对灾害如何应对和作为的新课题，是研究政府对防灾救灾进行组织与管理的过程及其规律的专门科学。在防灾救灾过程中，政府涉及大量的有关防灾救灾的行政管理工作，从行政学基本原理的视点出发，

---

[1] 孙国华主编《中华法学大辞典·法理学卷》，中国检察出版社 1997 年版。

主要研究有关于政府的防灾救灾职能问题，政府防灾救灾的组织设计、机构设置及其运行秩序问题，政府在组织防灾救灾工作中的社会动员问题，以及政府防灾救灾管理的方法及其制度，等等。"如何进一步改进政府防灾救灾的行政管理方法，完善政府有关防灾救灾行政管理制度，是灾害行政学研究的重要内容之一……灾害行政学的研究，对于政府防灾救灾组织与管理工作的科学化、高效化具有十分重要的现实意义"①。

2. 灾害经济学

灾害经济学，研究灾害预测、灾害防治和灾害善后过程中所发生的一系列社会经济关系，是介于环境经济学、生态经济学、国土经济学和生产力经济学之间的边缘性经济学分支学科。

海外的自然灾害经济学产生于 20 世纪五六十年代，中国的灾害经济学是由著名经济学家于光远首先倡导，正在创建中的一门新学科，但由于现实的需要，一经出现就成了显学。1987 年 6 月由中国国土经济学研究会等单位发起了新中国成立以来第一次灾害经济学学术讨论会。②1988 年，杜一主编的《灾害和灾害经济》由中国城市经济社会出版社出版。1998 年，郑功成的《灾害经济学》由湖南人民出版社出版。2000 年，又一部何爱平著的《灾害经济学》专著由西北大学出版社出版。甚至，出现了农业灾害经济学的理论探讨等下一层次分支的微观研究成果，如 2000 年山西经济出版社出版陈文科等著的《农业灾害经济学原理》。

---

① 胡象明《灾害行政学：行政科学研究的新课题》，《光明日报》1999 年 9 月 17 日。

② 参见袁世全、冯涛主编《中国百科大辞典》，华夏出版社 1990 年版；张光忠主编《社会科学学科辞典》，中国青年出版社 1990 年版。

3. 灾害心理学

有研究认为 [①]，灾害不仅是一种自然现象，它还是一种社会现象，它与人类的心理和行为有着不可分割的联系。灾害事件由于其突发性和紧急性，会使人出现心理失衡，从而产生思维不清、意志失控、情感紊乱等心理危机。心理疾病一旦得不到及时的疏导，轻者将导致神经衰弱，重者将可能导致抑郁症或精神分裂等严重的精神疾病。对受灾人员和救灾人员进行必要的心理干预将是一项提高我国的防灾、抗灾、救灾工作水平和减少灾害带给人类的身心影响的不可或缺的工作。

灾害心理学，是研究灾害心理产生机理、类型、规律以及如何诊治的一门应用科学。灾害心理学关注灾害心理的发生、灾害心理结构、灾害谣传的心理机制、灾民意识与精神救灾、灾时道德心理与道德行为，以及有针对性地对有关个人和群体及时进行心理干预、心理辅导，消除灾害给心理上造成的伤害。

1993 年，国内就有学者倡议建立灾害心理学 [②]。实践证明，灾害心理学在现实抗灾救灾中有效地发挥了应急救援的作用，是一个应用性较强、日趋成熟完善的学科。在深化学术研究和学科建设的同时，还应加强灾害心理学知识的普及，让更多的人了结、掌握相关科学知识，做到能够当看到别人在灾害面前出现的心理问题时，也可预见到自己将来可能出现的心理问题，可自我咨询、自我诊断、自我调理、自我安慰、自我训练，同样属于心理素质提高的标志。

---

① 胡辉莹等《灾害心理学在灾害应急救援中的作用》，中国中西医结合学会灾害医学专业委员会成立大会暨第三届灾害医学学术会议学术论文集，2006 年。

② 胡秋良《灾害心理学——一门亟待开拓和研究的学科》，《赣南师范学院学报》1993 年第 2 期。

4.灾害管理学

灾害管理学是通过对灾害进行系统的观测和分析，改善有关灾害防御、减轻、准备、预警、恢复对策的一门应用科学。灾害管理学主要从宏观上、战略上研究灾害问题，包括灾害预测、灾害决策、防灾规划、减灾战略及经济政策研究等范畴。灾害管理学运用灾害科学的理论研究如何通过行政、经济、法律、教育和科学技术等各种手段，对破坏环境质量的活动施加影响，调整社会经济可持续发展与防灾减灾的关系，通过全面规划合理利用自然资源达到促进经济发展并安全少灾的目的。灾害管理的实践说明，为了便于更好地管理和协调指挥，在政府系统内设置专门负责管理灾害的机构，可以提高政府对突发性重大灾害的反应能力，确保决策指挥的及时、合理与高效，一旦灾害发生，能组织协调有关单位及时抗御灾害。无论是中国减灾规划还是中国 21 世纪议程都应从学科及科学两大侧面去完善灾害管理学问题。[1] 据研究归纳[2]，灾害管理通常为七大方式，即行政管理、法律管理、商业性管理、条件控制性间接管理、引导性管理、科技制约性管理和协商、协助或指导性管理。

首届世界灾害管理大会于 1989 年举行，从 1994 年起每年举办一次，会议内容涉及紧急情况应对、紧急情况处理、紧急医疗、风险管理和安全等问题。1999 年以来，中国政府曾多次举办"自然灾害管理国际研讨会"。灾害管理的能力、管理体制、管理系统、监测预警和应急决策等，是灾害管理学研究的重心。

5.灾害保障学

通常，提起灾害保障，人们往往就会联想到灾后救助赈济。灾

---

① 《安全科学技术百科全书》，中国劳动社会保障出版社 2003 年 6 月版。
② 见贤武摘编《新东方》2003 年第 4—5 期。

后救助赈济是一个即时而又需较长时间完成的工作。灾后救助赈济要通过各种专项保险等相应的社会保障制度，为受灾的社会成员提供必要的财物帮助，保障其具有最基本的生存条件，并帮助其重新创业恢复正常生活。所谓完善的社会保障体系，是社会安定的"稳定器"，经济运行的"减震器"和实现社会公平的"调节器"，是安邦兴国的根本大计。灾害保障尤其是这样。只有建立完善的灾害保障体系，才能构建和谐稳定的社会秩序，促进社会健康发展。

以灾害保障为研究对象的灾害保障学，系统地研究灾前防御、发生灾害过程的抢险救灾和灾后救灾赈济的完整的"全面保障"问题。为此，必须建立完整的法律法规体系，严密而具有操作性的制度体系，基金、资金体系，行之有效的行政指挥体系。曾国安的《灾害保障学》[①]是国内出版较早的一部灾害保障学专著。是书系统地探讨灾害保障的含义，灾害保障同社会保障、商业保险的关系，灾害保障的必要性与作用，灾害保障学的研究对象及主要内容等一系列灾害保障学的理论和实践问题。

6. 灾害区划学

防灾、减灾的理论与实践促生了一门以"灾害区划"为主要研究对象的学科——灾害区划学，这是一门应用性很强的学科。有关研究指出[②]，自然灾害区划的目的主要是正确认识不同地域自然灾害的发生、发展及其演化规律，人类掌握其规律以便预防灾害，把灾害的损失减到最小。

如何综合借鉴和运用人文社会科学与自然科学相关成果，收集、

---

① 曾国安《灾害保障学》，湖南人民出版社 1998 年版。
② 傅志军、卫旭东《自然灾害区划的理论与方法》，《陕西师范大学学报》（自然科学版）1998 年第 26 卷增刊。

鉴别各种有参考价值的社会人文信息和历史地理信息，使灾害区划更科学、准确符合地域性灾害的历史与规律，为防灾、减灾、救灾决策提供客观信息，是检验灾害区划学理论、方法科学与否的试金石。近年来，国内有关专家，依据灾害系统理论和中国自然灾害数据库，构建了综合城市化水平（Cl）指标和综合自然灾害强度（QC）指标；运用数字地图技术，在模型与图谱互馈过程中，实现了中国城市承灾体与致灾因子的综合定量评价，编制了中国城市自然灾害区划图。将中国区划为3个一级区，即沿海城市灾害区、东部城市灾害区和西部城市灾害区，以及15个二级区和22个三级区，为城市灾害风险管理和中国自然灾害救助区划提供了科学依据。①

7. 灾害旅游学与旅游灾害学

一些著名的自然灾害、人为灾害发生地已被人类开发为旅游地，另一些有潜力但目前尚未开发的可视为潜在的旅游资源。另一方面，人们在旅游过程中也会引发各种灾害事故的发生，找出旅游灾害发生的条件、规律，制定防灾措施及灾后赔偿处罚条款等是旅游灾害的研究对象。② 于是，分别以"灾害旅游"和"旅游灾害"两个领域为研究对象，形成了"灾害旅游学"和"旅游灾害学"两个直接与旅游、灾害相关联的学科。

灾害旅游学，以"灾害旅游"及其相关特点、规律和社会实践为主要研究对象，是一个具有较强应用性的学科。反之，旅游灾害学，以"旅游灾害"及其相关特点、规律和社会实践为主要研究对

---

① 王静爱等《中国城市自然灾害区划编制》，《自然灾害学报》2005年第6期。

② 秦志英《灾害旅游与旅游灾害的构想与探讨》，《贵州师范大学学报》(自然科学版)2000年第1期。

象，同样是一个具有较强应用性的学科。后者，更具有灾害学学科属性。

在灾害旅游学的视野中，"一些灾害发生地经过开发后已成为著名的旅游地。灾害旅游就是研究这些灾害遗迹、灾变场景与旅游的关系，将那些可能产生较大吸引力的灾害旅游资源开发出来，这不仅可以增加旅游活动的内容，丰富旅游学科应用和研究的范围，而且充分利用大自然赋予人类的各种资源，实现灾害资源化"①。而"旅游灾害学"主要是研究"旅游过程中各种灾害发生的条件、机制，灾害的防治措施与对策，以及灾害发生后的赔偿等问题"②。

8. 灾害犯罪学

自然灾害的突发性强，破坏力大，危害范围广，往往还发生次生灾害而延滞期较长。从灾害预警到抗灾救灾和灾后赈济，是一个很长而又复杂的过程。灾害犯罪学，就是突出研究如何防控、打击这个复杂过程中的社会犯罪，有效地保证社会秩序控制和抗灾救灾的及时性、有效性。灾害发生期的犯罪预防，是横跨灾害学与犯罪学的重要课题。其研究意义不仅在于减轻灾害的损失，还能够通过对社会控制力量瞬间弱化后人们行为特征的剖析，寻求在常态模式下的最佳社会控制方案。

自然灾害中常见的刑事犯罪现象及危害，主要是扰乱社会秩序犯罪，制造散布谣言，以盗窃、诈骗及抢物资为主的侵犯公私财产犯罪，渎职不作为和贪污或者挪用救灾款物职务性犯罪，哄抬物价扰乱市场经济秩序犯罪，以及借机实施报复性伤害等其他的侵犯人

---

① 盛作建、谢宾《浅谈灾害旅游及其开发》，《地理教学》2006年第5期。
② 秦志英《灾害旅游与旅游灾害的构想与探讨》，《贵州师范大学学报》（自然科学版）2000年第1期。

身权利犯罪。^① 有研究认为，在灾害发生期的不同时间进程中，犯罪预防工作有不同的重点和策略。灾害预报已经发出，灾害破坏作用尚未显露时，防范的重点是造谣惑众及封建迷信活动。灾害爆发时，对犯罪的首次打击效应十分重要。灾害爆发后，一定要迅速恢复和强化政法机关的职能活动，组织群众开展群防群治。随着灾害的持续或衰减，财产类犯罪开始抬头，且暴力倾向明显，此时应采取坚决措施，从重从快予以打击。^② 面对有些灾害犯罪尚无特别立法予以规定，目前还只能以普通刑事案件论处，显然难以依法从重从快地给予有力打击。灾害犯罪学在理论与实践过程中，还需适时提出法律诉求并为相关立法提供必要的论证。

在有关以"灾害"为核心关键词的研究中，还有一些人文社会科学与自然科学双边交叉性较强的探索视点。主要为，灾害心理学、灾害统计学、灾害行为学、灾害信息学、未来灾害学、城市灾害学和农业灾害学。此外，还有军事灾害学、行为灾害学、减灾决策学、灾害战略学以及巨灾学，等等。

以灾害为主要关键词的人文社会科学与自然科学双边交叉探索视点所形成的学科，除"灾害旅游学"与"旅游灾害学"外，这些学科属性方面几乎有一个共同点，那就是主要分属于各自的学科本体，是其本体学科的分支领域。例如，灾害经济学、历史灾害学、灾害心理学，分别属于经济学、历史学和心理学的分支学科。同时，也正是这些各自领域的分支学科的整合，合而构建了围绕灾害学的人文社会科学视点谱系——一个灾害学研究不可或缺的、由灾害学

---

① 姜杨《自然灾害中刑事犯罪的法律应对》，《检察日报》2008 年 5 月 23 日第 3 版。

② 张滋生、汤啸天《灾害发生期的犯罪预防》，《自然灾害学报》1994 年第 4 期。

研究需要所催生的交叉学科新体系，人类抵御自然灾害的一个同样非常重要的科学体系，一支队伍庞大的人文社会科学家方面军。

中国南北文化及其在当代的碰撞与整合

无论就时间或空间而言，中国文化的总体构成，都反映着多层面复合结构这种多维性的特点。其中，以长江文化与黄河文化为代表的两大本土文化圈，亦即南北两大文化板块，则是中华民族文化史所积淀、造就的一个令人瞩目的重要层面结构。

国人抒发热爱祖国、热爱民族情怀时，每每要讴歌长江、黄河，因为她们是中华本土两大主体文化的发祥地。两大文化板块几乎覆盖着全中国，早已成为中华民族古老文明的象征。

中国社会发展与进步的历史轨迹，既显示着同外来文化因子的相互作用，而更主要的还在于本土内部文化因子的复杂运动，相对而论，本土南北文化板块的积淀、碰撞与整合，显然是长期以来促进中国社会进步的一种至为重要的文化基因。

以农耕文化为基础的古老传统思想意识，和与此相应的固有文化传统，至今仍是推进改革开放、加速社会进步所必须冲破的消极羁绊。旧的文化传统中的自我封闭的守成意识，不止单一地体现于对外来文化的顽强排斥力，而且还反映在本土文化内部南北文化的碰撞与整合运动之中。或言之，长期以来南北文化的碰撞与整合，在一定程度上也包含着守成与进步两种文化意识的反复运动。

以往的历史轨迹和未来发展的态势均表明，南北文化间的这种相互运动，将在中国社会发展进程中长期发生作用，是同社会进步直接相关、不容忽视的文化现象。因而，认识和把握这一文化现象，其意义不仅在于将之作为一种阐释历史的视点，更重要的还在于面对现实和未来。

一

中国南北文化是一种客观存在的文化现象，这种观念由来已久。

文化人类学理论认为，在特定的历史及自然环境条件下，一种文化就是一种同自然界和其他文化发生相互联系的开放系统，其地域特征会影响它的技术成分，并通过技术成分再影响到它的社会成分和观念成分。① 中国的南北文化板块，是自古以来长江流域和黄河流域人类在适应当地自然地理环境和文化共同体间的相互作用中，创造、积淀并传承扩布的历史文化产物。中国历史上的征战与割据不计其数，南北文化的交流、碰撞与整合，始终处于积极活跃的运动状态，两者相互补充、促进或融合，在中华本土全社会的发展进程中，发生着一次又一次至为重要的促进作用，有时甚至出现超乎固有层面的主导性功能。

早于汉代，人们即明确地意识到了"水土"因素对地域文化的

---

① 参 [美] 托马斯·哈定等《文化与进化》中译本第38页，浙江人民出版社1987年版。

影响。《汉书·地理志》说："凡民函五常之性，而其刚柔缓急，音声不同，系水土之风气，故谓之风。"北齐颜之推则据南北水土之别来解释语音差异等文化现象，《颜氏家训·音辞》云："南方水土和柔，其音清举而切诣，失在浮浅，其辞多鄙俗。北方山川深厚，其音沉浊而化钝，得其质直，其辞多古语。然冠冕君子，南方为优；闾里小人，北方为愈。"个中，尤应注意的是，其所称南北两地的标志，恰即地处长江岸畔、东吴以来的南国古都金陵南京，和位于黄河之滨、东周以来的北国古都洛阳，两座历史文化名城分别是南、北文化的主要荟萃之地。没有语言很难说存在文化，语言是文化的要素之一，不能说文化就是语言，但可以说语言就是文化和文化的主要载体，甚至说"是一种出色的文化现象"，[①] 这几乎已是当代文化人类学家的共识。通过识别语言要素间的差异来考察文化的异同，这种现代人类学的科学方法，我们古代的先贤已有过实践性认识。因而，颜之推根据他的考察提出了这样的观念："……南北音韵锋出，各有土风，递相非笑，指马之谕未知孰是。共以帝王都邑，参校方俗，考夏古今，为之折衷。摧而量之，独金陵与洛下耳。"这一事例表明，在隋朝以前，国人即以长江、黄河文化为标志来划分南北文化区域了。或言之，在公元 6 世纪时，人们业已形成了中国南北文化的基本观念。

20 世纪初，著名作家兼学者林语堂曾用英文撰写了一部旨在向西方社会介绍中国文化的《中国人》[②]。书中，他直观地描述了分处南北文化中的中国人形象与性格。在他看来，北方人"习惯于简单质朴的思维和艰苦的生活，身材高大健壮，性格热情幽默，吃大葱，

①[日] 田中春美等《语言学漫步》中译本第 221 页，陕西人民出版社 1986 年版。
② 浙江人民出版社 1988 年版中译本。

爱开玩笑。他们是自然之子……他们致使中国产生了一代又一代的地方割据王国，他们也为描写中国战争与冒险的小说提供了素材"。相反，在他看来，南方人则"习惯于安逸，勤于修养，老于世故，头脑发达，身体退化，喜欢诗歌喜欢舒适。他们是圆滑但发育不全的男人，苗条但神经衰弱的女人"。因而，其总体印象是"粗犷豪放的北方，温柔和婉的南方"，同北齐颜之推所说颇有相近、切合之处。

此外，林语堂还注意到这样的历史现象，即"北方人基本是征服者，而南方人基本上是商人"。他认为，在历代以武力夺取政权、改朝换制的政治领袖，"没有一个是江南人"。而且，除唐与后周的开国帝王出自甘肃东北外，余皆来自"以陇海铁路的某一点为中心画一个方圆若干里的圆圈"之内。即或是"今天除了蒋介石是浙江人，其家谱系仍然待考以外，大部分将军们是从河北、山东、安徽、河南来的，仍然是陇海线周围"。尽管林氏讨论问题的视野堪谓较宽阔，仍难免偏狭或历史的局限。在蒋介石之先，孙中山的中华民国领袖集团，业已多系南方籍人氏。此后，以毛泽东为代表的中华人民共和国一代开国元勋中，仍然以南方人居多。

无独有偶，几与林氏同时，鲁迅也发表了一篇《北人与南人》的文章。鲁迅说："北人的卑视南人，已经是一种传统。这也并非因为风俗习惯的不同，我想，那大原因，是在历来的侵入者多从北方来，先征服中国之北部，又携了北人南征，所以南人在北人的眼中，也是被征服者。"他从风俗习惯之别和战争的历史因素，来说明南北文化的差异与文化观念的冲突。他关于南北文化观念所表现出的特点的分析与评价，似比林氏要精辟、深沉得多。他说："据我所见，北人的优点是厚重，南人的优点是机灵。但厚重之弊也愚，机灵之弊也狡，所以某先生曾经指出缺点道北方人是'饱食终日，无所用心'，南方人是'群居终日，言不及义'。就有闲阶级而言，我以为大体是的确的。"尤其至为可贵的，鲁迅以其深邃、敏锐的洞察力看到了南北文化相互借鉴、补充与合璧的潜在功能。"缺点可以改正，优点可以相师"。

相书上有一条说，北人南相，南人北相者贵。我看这不是妄语。"北人南相者，是厚重而又机灵，南人北相者，不消说是机灵而又能厚重。昔人之所谓'贵'，不过是当时的成功，在现在，那就是做成有益的事业了。这是中国人的一种小小的自新之路"。显然，他看到南北文化的碰撞与整合，是促进中国社会发达、进步的一种动力，一种"自新之路"。

南方文化与北方文化，是中华本土文化同一层面上相互依存的两大文化板块。自春秋战国以来，两者长期相互补充、相互促进，有冲突碰撞，也有兼容整合，在不同时期各领风骚，共同推动着全社会的进步。有人描述说，南方的长江文化，以道铸魂，以水表意，以"诗"寄情，覆盖着整个南中国，而北方的黄河文化，则以儒铸魂，以山表意，以"诗"寄情，覆盖着整个北中国，两者共同构成民族文化的主体结构层。[1] 这种描述，也从南北文化个性差异这一视点说明了两者互相对应、互为补充的整合关系。事实上，正是这种固有的文化整合关系，将两大文化板块系结、整合为全民族文化共同体。

历史上，向有"儒道释三教"之说，显然未必准确。不过，却不妨权借以象征北方文化、南方文化和外来文化，三者的整合运动，

---

[1] 肖云儒《中国民族文化的结构和活力》，载《文艺报》1991年11月30日第3版。

在中国社会发展史上的作用，可谓轨迹鲜明。

二

南北文化板块或说文化圈的形成，是中华本土人文地理与民族政治经济的历史造化。

《礼记·王制》云："广谷大川异制，民生其间者异俗。""因地制宜"之说，虽然退至汉代才见诸文字记载①，却是古代人类长期同自然斗争的经验积累与总结。远古人类因地制宜择水土而生息繁衍，是产生不同社会共同体文化"异俗"最基本的要素。

历代政治家、统治集团，无不看重安邦治国之策中的人文地理要素，因为它关系着整个社会共同体的兴衰存亡。公元7世纪时，《管子·地员》就明确地提出了一个著名的见解"地者政之本也，辨于土而民可富。"同《孟子·公孙丑下》"天时不如地利，地利不如人和"的思想，互相映照。古往今来，人类在不断地为寻求适宜的栖息繁衍之所而探索、奋斗。

长江、黄河流域，同为中华民族优良文化的摇篮，也正是先民们经数代探求、多方比较而择定的两大生息繁衍之地。

长江是中国首屈一指的最大水系，早在《诗经·小雅·四月》中已有咏及"滔滔江汉，南国之纪"。郑玄笺云："江也，汉也，南国之大水。"据考古发现得知，远在距今约七千年前，长江流域及岭南的远古居民即与中原及北方的居民，几乎同时进入了原始母系

---

① （汉）赵晔《吴越春秋·阖闾内传》，"召夫筑城郭，立仓库，因地制宜，岂有天气之数以威邻国者乎"。

氏族社会。

然而，也毋庸讳言，黄河流域文化的发达，要早于长江流域若干个世纪。据载，大约相当于公元前三世纪之际，大致于今河南北部、东部和山东西部一带的黄河流域，即传说当时以著名的炎、黄部落为代表的华夏集团栖息活动的区域，亦即《尚书·禹贡》所谓"禹别九州"的"兖州"地域，当时这里正值"汤汤洪水方割，荡荡怀山襄陵，浩浩滔天，下民其咎"①，历经共工氏和夏后氏的鲧的治理未果，最后由鲧之子禹采用"疏川导滞"之法获得治理。

相对而言，黄河流域是中华民族文化最早成熟的发祥地。换言之，北方文化不只是包括南方文化在内的中华本土文化的基奠。这一点，从中国旧石器时代人类化石和主要古文化遗址的分布，以及中国新石器时代文化遗址的分布格局，乃至夏、商、西周、春秋、战国时代的部落、都邑和郡治的布局来考察，都是显而易见的。②战国时，汉民族的政治和文化活动，以黄河及其最大支流渭河的河谷为轴线，是东西向的。长安、洛阳及开封等几个著名古都，均分布于这一轴线上。从上古至西晋末年，亦即公元前，北方的经济、文化发展水平，都远远超过南方。因而，"汉文化的核心地带，一直在黄河的中、下游流域"。③

由于时地等条件的制约，使得以黄河流域为发祥地的北方文化的形成，早熟于以长江流域为发祥地的南方文化。早期的北方文化是以本地域固有文化为本，而南方文化则是在本地域文化基础上广

---

① 见《国语》卷三《周语下》。
② 详参张传玺、杨济安《中国古代史教学参考地图集》图1—7，北京大学出版社1984年版。
③ 陈正祥《中国文化地理》第2—3页，三联书店1983年版。

泛涵化了北方文化从而优化了本土特色的融合型文化。然而，在春秋战国前的许多世纪里，中国政治、经济、文化的重心完全在黄河流域，如夏、商、周三代，即均在此地域。南北之间，众多山脉、水系阻隔，交通艰险，加之民族冲突及农耕与游收文化的对立，自然地造成了南北文化交流的困难，久而积淀成为风俗习惯、思维方式和观念取向等相互错落的两大文化板块或说文化圈。即如有的海外学者所说，中国古代政治地理的大势是"南北冲突，东西交流"，①大概如此。

三

南方文化在两大文化板块的碰撞中迅速成熟，逐渐崛起。

俗话说，长江后浪推前浪。但就南北文化的错落发展态势而言，既有过黄河浪推长江浪，亦不时发生长江浪赶黄河浪，两浪多次汇聚为促进社会进步的狂涛大潮。

南方文化的迅速成熟和逐渐崛起，首先是在北方文化南下的浸染和刺激下，进而吸收、优化并兼容了两大板块而外的海外文化而发生的。也就是说，南北文化的碰撞运动，首先是因北方文化的主动、积极南下而启动的。

远在上古时代，北方的华夏部落集团曾试图征服南方的苗等少数氏族部落，要他们接受自己的信仰教化，于是发生了长期的冲突。结果，南方的驩兜、三苗等氏族被击败了，北方的大巫长祝融深入

---

① 据肖兵《山海经四方民俗文化的交汇》，见《山海经新探》，四川社会科学院出版社 1986 年版。

南方传播教化。当时文化发展迟滞的苗等少数氏族"对北方高级的宗教完全接受，至于北方所受他们的影响还不显著"①。就是说，据认为属于炎黄后裔的祝融曾一度以当时颇为先进的北方华夏文化征服了南方文化，并成为那里的首领②。此即《淮南子·时则训》所说的"南方之极，自北户孙之外，贯颛顼之国，南至委火炎风之野，赤帝炎帝、祝融之所司者万二千里"。

上古时代，活动在北方的帝王或重要首领，一向视南方为辖域，如传说舜帝晚年巡视南方各地，途中死于苍梧，在今广西境内，此即《史记·五帝本纪》所记的帝舜"南巡狩，崩于苍梧之野"。《绎史》卷十一还引《尸子》所记："帝舜弹五弦之琴，以歌《南风》。其诗曰：'南风之薰兮，可以解吾民之愠兮，南风之时兮，可以阜吾民之财兮。'"舜帝之后，以疏导治水著称的禹在继任帝位之先的治水过程中，虽说不可能广治长江水系之患，但曾赴部分邻近地域考察巡访却是可能的。因为，祝融业已先行深入过南方，具备了一定的政治地理基础。

凡此，可以说，北方文化的南下及南北文化的碰撞与整合，远在上古时期即已发生，只不过，当时南方文化板块尚未成熟，主要表现为居主导地位的北方文化对其他本土文化的开发性冲击与融合。毫无疑问，这一历史过程，对于促进后来南方文化板块的形成与成熟，对于推进全民族的文明与进步，都具有深远的积极意义。

中华民族文化发展进步的历史，是多民族、各地区文化不断融

---

① 徐旭生《中国古史的传说时代》（增订本）第8、第125页，文物出版社1985年版。

② 徐旭生《中国古史的传说时代》（增订本）第8、第125页，文物出版社1985年版。

合、优化的运动过程。其中，南北文化的碰撞、整合，是比较突出的主体运动。在过去相当长的历史时期里，这种运动往往因历代政治、经济等的需要，主要是以对南方的开发、利用为操作形式进行的。这一总体态势和运动过程，极大地刺激了南方文化的成熟、发达和崛起，使这块实际覆盖地理面积远莫如北方广阔的文化板块，融汇、积聚了相当深厚的精华能量。

在中国历史上，曾因政治形势，造成了三次较大规模的政治、经济与文化中心的南迁，同时也是三次对南方较大规模的开发与利用。

首先是魏晋南北朝时期，尤其是从"永嘉之乱"至晋室从洛阳迁都建康建立东晋。此间，黄河中下游流域战乱频仍，经济衰退，外加北方匈奴贵族的侵略，一时时局动荡。据《晋书·孝愍帝纪》说，当时"长安城中户不盈百，墙宇颓毁，蒿棘成林"。《晋书·孙绰传》亦称，当东晋桓温北伐收复旧都洛阳时，业已残败至"河洛丘墟，函夏萧条，井堙木刊，阡陌夷灭"程度。在此形势下，中原人口因避难之需而大规模南迁求生。于是，国难给南方经济文化的开发与进步带来了一次历史契机。南方文化迅速吸收、优化北方文化，并不失个性。一如有人评论南北朝教化时所认为的，治学上"南人约简，得其英华；北学深芜，穷其枝叶"[1]，恰为各自思维方式、观念取向的一种分别。这一遗风，仍可见诸当世。

第二次，是唐末"安史之乱"之后。北方地区天灾人祸，内忧外患，藩镇割据，民不聊生。相反，从东晋至盛唐，南方的经济文化得以持续开发，逐渐繁荣，已发达到于国家举足轻重的地步。

---

[1] 邓子琴《中国风俗史》第89页，巴蜀书社1998年版。

第三次，即北宋末年，经过"靖康之难"，金兵的侵入迫使宋室从开封迁都临安建立南宋偏安小朝廷。北方人口大规模南迁，国家政治、经济与文化中心向南转移。这时，国家的经济已经完全依靠南方了。

每一次大规模的人口南迁及政治、经济与文化中心的南移，都伴随着北方的衰落和南方的进一步繁荣。虽然每次在北方建立统一王朝都伴随着南方的相对落后和北方的恢复与飞跃，但南北朝以来南方的开发与进步始终处于稳步进取的态势。因而，明清以来南方文化的迅速成熟和崛起，乃至时或跃居主导地位，并非偶然的突发现象，而是逐渐积淀的结果。

中国自然地理和政治历史发展的大势，在古老北方文化基础上以两千多年的功力造就了南方文化板块，从而建构起以南北文化的碰撞、交流、互补和整合来促进东亚大陆社会进步的机制与格局。

四

南北文化观念的碰撞与导向的转换，势必将中国社会发展推进到一个新飞跃的历史时期。

人文地理环境是造就一种文化个性的重要基因。尽管南方文化的开发与发达得力于对北方文化的吸收、融合与涵化，但终究不失其固有的因人文地理要素制约的个性特质。无论在生产、生活方式和风俗习惯方面，还是思维模式、观念取向等人文意识方面，南北文化均存在着固有的差异。其中，文化观念的差异，尤其深刻，这正是南北文化碰撞乃至发生观念导向转换的突出切合点。

不同的文化结构存在不同的文化观念，许多文化方面的思维活动和外显的行为、态度，都是在这种深层的文化观念的驱动下进行的。因而，文化观念的差异，是不同文化共同体最根本的深层区别，不同文化的冲突，最重要、最尖锐、最显著的，是文化观念的碰撞。

在近代辗转抄传的《辽左见闻录》这卷小书中，我们可以看到如下一些迄今仍不乏启迪价值的片段：

> 辽左风俗，喜新而厌故。一切术者至，则远近惊传，奔走如鹜，皆获厚利。居数月，则门可罗雀矣。阅数年复至，其尊奉如初。

> 铁岭城南五十里地名石山子，遍山坡皆奇石，欹斜偃卧，不可名状。若在吴越间，定当著名，今埋没于荒烟蔓草间，石因有幸有不幸也。

> 铁岭县令许志进行取将入京，偶遇高丽馆贡使，揖之入，接谈良久，忽问盛京藏书家有几许，援笔大书"本朝以马上得天下，精甲百万，皆起于辽左。盛京为丰沛重地，尚武而不尚文，故藏书家绝少。若江浙诸省，则比户皆藏书家矣，岂能以数计乎"。贡使相顾失色。

> 锦州府塔山西四五里海边，有一处，背枕层峦，列如屏帏，湾而前，面临大海，左右旗鼓峰数十，重重环抱直入海中。正中一岛，顶平而长，宛然几案，东西各一岛，锐而上耸，列几案两旁，而大小远近甚均。其前则远岛无数，罗列于外，苍翠在缥［缈］间，规模甚大而气局紧严。余不知青乌术，意其中必有王侯将相之地在焉。使在江浙间，万金亦未易得此也。

据考知，《辽左见闻录》作者王一元，字碗仙，江苏无锡人，清初曾客居辽沈，"此书记明末、清初沈阳一带的社会风俗，内容颇为翔实"。① 姑且不论上述所录示的几段书中文字其中是否含有多少因客居关外的游子思乡恋里情感成分，其中的对比不能不引起我们对南北文化观念差别的思索。其谓"辽左风俗，喜新而厌故"，实在是当时这一方乡土文化浅薄、闭塞的写照。如今虽非昔比，仍远莫如中原、南土。至于就当时本地"藏书家绝少"状况比较而言，"江浙诸省，则比户皆藏书家矣"，所反映的文化积淀与观念虽如今已大有转变，亦绝非数日之功可就。尤其某些自然景观，"若在吴越间，定当著名"，"使在江浙间，万金亦未易得此也"，至是清晰地显示出南北文化观念的反差，难免其产生"石因有幸有不幸也"之感慨。因为，在他所持有的南方文化观念视点中，如此珍奇的景观不得看重、开发，却至"今埋没于荒烟蔓草间"，实在是不可思议、甚为惋惜的事。

南北大运河的开通，近代铁路交通的出现，极大便利了南北文化的交流，也进一步促进了南方经济、文化的发达。明清两季，徽商、晋商大批涌向长江流域、岭南地区，乃至东南沿海城乡经商。可以说，南方的商业文化，相当程度是对北方商业和海外贸易经验的融合与优化。因而，以宁波、广州、福州等帮系所代表的南方商人，显得格外精明、机灵，至今仍不失其遗风。可以说，南方的商业同其文化结构一样，是江、河、海水三合一融合、优化的产物。因而，她洋溢着鲜活、清新的自动力和外向力。相形之下，古老、深厚的北方文化，则不免显得持重、沉稳有余了。事实上，这些正在一定程度上转化为缺乏活力的惰性和守成性。南北文化的当代碰

---

① 谢国桢《江浙访书记》第 32 页，三联书店 1985 年版。

撞，亦即由此显著反差中不断发生。

如果说，道教的南北分宗、佛教南北禅宗的出现，或中国画论出现南北宗非以人分，均属南北文化碰撞的痕迹，那么现代"京派"与"海派"的论争亦不例外。至当代，尤其是随着深圳、珠海以及上海浦东等一批东南沿海经济特区、开发区的创建，进而又将南方文化观念具体化为改革开放、开拓进取意识了。这种为南方率先实践了的现代化意识，正逐渐在南北文化的碰撞中获得广泛认同，无疑是个整合的过程。不过，当代南方文化意识所涵化海外文化的比重，已远远超过了历代任何时期。如今南方文化的内涵，相当程度上是对一切有利于促进本土经济腾飞、社会发达的海外现代科技文化，大胆引进、优化吸收的开放搞活意识。认同这种主导观念，将使古老的中华文化走上当年鲁迅所谓的"自新之路"，国富民强的振兴之路。北方文化是中华民族赖以发祥、崛起的最早的母体文化，继之而起的南方文化的发达，以及南北文化的整合，则是这个古老民族再度崛起的重要基因和希望。"南方吹来的清凉的风啊，可以消除人民的愁烦啊。南方吹来的风啊，可以增长人民的财富啊"。[1] 当年舜帝所唱这首《南风》歌，如果抒发的是对南方居民的挚爱、关怀之情的话，那么，如今这"南风"却可视为当代南方文化意识的象征。当代南北文化整合的结果，首先便是让改革开放、开拓进取这股现代化的"南风"吹拂华夏大地的山山水水。

这是一次关系中华民族未来前途命运的南北文化的历史性碰撞与整合，其结果必将于两个世纪交替之际产生巨大而深刻的社会变

---

① 据袁珂《中国神话传说》上册第 272 页译《南风》诗，中国民间文艺出版社 1984 年版。

革与进步，无论对本土还是世界文明，都将产生深远影响。

略论口述史学与民俗学方法论的关联：
民俗学视野的口述史学

一、作为"新史学"的口述史学的性质与方法论

几年前，有文章谈到，"从某种意义上说，口述史学和民俗学是新史学和总体史学影响下的产物，其鲜明的社会性是广为人知的"。① 其实，未必尽然。"其鲜明的社会性"自不待言，但民俗学绝非与口述史学一样是"新史学和总体史学影响下的产物"。由于这也是关系这两门学科由来历史正本清源的问题，所以权且借为由头略作简述。

"民俗学"这个术语，早在1846年即由英国民俗学会创始人之一、考古学家汤姆斯首创；世界上第一个民俗学会，1878年10月创建于英国的伦敦。英国文化人类学的先驱学者E.B. 泰

---

① 初雪《口述史学与民俗学基本理论管窥——性质、对象、目的、方法比较》，《国外社会科学》1997年第1期。

勒，更是早在1871年出版的学术巨著《原始文化》书中①，就把民俗纳入了"文化"的范畴。著名的英国女民俗学家C.S.博尔尼的《民俗学手册》②，在1914年已经出版了增订本，并于20世纪20年代末就受到中国知识界的注意被译成中文。十八九世纪在欧洲大陆知识界关注民族精神和民间文化的思潮并试图进行系统的解释，则是当时民俗学赖以产生的主要学术背景。

尽管"口述研究的起源及其他口述史学本身所具有的悠久的文化和历史传统，可追溯到远古时期。较之于其他历史学科，口述历史是历史学最古老的形式，起源于远古时代的民间传说或口头传说"③，也仅仅是就其传统而言，并非这门学科的实在形成。"口述史学"是20世纪中叶随着西方被视为"史学革命"的以年鉴学派为代表的"新史学"崛起而涌现的诸如心智史学方法、新政治史学方法、计量史学方法等新史学方法之一。具体言之，口述史学正式作为历史学的一门分支学科创建于1948年。口述史学的创始人A.内文斯教授在1938年出版的《通往历史之路》一书里，率先提出了开展口述历史研究。1948年，其创建的美国学术史上第一个口述史的专门研究机构——哥伦比亚大学口述历史研究室，成为被学界所公认的口述史学进入全新的发展阶段的主要标志。

可见，民俗学比口述史学大约早出现了200年。当然也就不会是同一时代的学术背景下的产物了。

关于所谓"口述史"和"口述史学"（Oral history），有人简洁

---

① [英] E.B.泰勒《原始文化》，中译本，连树声译，上海文艺出版社1992年版。

② [英] C.S.博尔尼《民俗学手册》，中译本，邹名诚、乐英译，上海文艺出版社1995年版。

③ 杨雁斌《口述史学百年透视》[上]，《国外社会科学》1998年第2期。

地指出，是"对有关某个个体之过去的口述证词的记录与解释"，或是"通过对当事人的面对面的访谈来重构历史"①。在于沛主编的《现代史学分支学科概论》中，是这样表述的："口述史学又称作口碑史学或口头史学，是以口述史料和口述史作为主要研究对象的史学，从形态上与文字史学并列，在实质上与文字为主的史学一致。口述史料是指通过口述所收集的史料，可以是录音形式，也可以是文字形式，但文字形式一定要有录音为依据。以口述史料为主编写成的历史为口述史。即口述史可以是以文字形式所反映的口述历史，但必须有录音作依据。……口述历史是受访者与历史工作者合作的产物，利用人类特有的语言，利用科技设备，双方合作谈话的录音即是口述史料，其可信度与文字史料相等，可以归入档案类别。将原录音整理成文字稿，再经研究加工，可以写成各种口述历史专著。判断口述史书可以用两个标准：一是要有原始录音，以供核对；二是要符合史学的基本原则，排除幻想乱编的内容。"②

我认为，现代所谓的"口述史"或"口述史学"，简言之，是以同被访谈者有目的访谈的录音、录像所记录的口述资料，作为构建或复原历史原貌的重要史料文本的一种科学方法。就其基本的科学属性而言，是历史学的分支学科。就其科学性质来讲，我认为首先是一种科学方法论。

值得注意的是，由于"口述史"和"口述史学"这种科学方法论所注重的并不仅仅是文字记录文本，更注重或说强调的是以音像

① 均转引自高琴《民族志和口述史的内在类同》，《民俗研究》2001年第1期。

② 于沛主编《现代史学分支学科概论》第229—230页，中国社会科学出版社1998年版。

记录文本作为"首要的、必需的"实证，其文字记录文本是建立在音像记录基础上的资料。所以说，"口述史学"这种科学方法是以现代音像技术作为支撑的历史科学。正如美国口述历史协会的一份报告指出的那样："口述史是在 1948 年作为一种记录历史文献的现代技术而确立自己的地位的，当时哥伦比亚大学的历史学家 A. 内文斯开始录制美国生活中的要人们的回忆。"而"美国的口述史研究在 50 年代发展缓慢，究其原因，一方面是该学科的发展仍处于筹建阶段，另一方面，音像技术尚未普及也是一个至关重要的缘由"。①

二、民俗学的研究文本与方法论

就形式而言，"口述史"与世界各国都十分丰富而又生生不息的"口头传说"（Oral tradition）比较相近。事实上，除却现代音像技术的支持的文本之后而单纯的文字记录或追述，"口述史"很可能就"还原"或说之"回归"为"口头传说"了。世界各民族文化史上的各种民间口头文学，如谚语、谜语、歌谣、史诗、民间传说、民间故事、童话，等等，以其所能透析、折射或印证的历史文化而论，则可谓非现代"口述史学"性质的、传统的、原生态的"口述史料"。

在中华本土堪与西方这种发端于"新史学"的"口述史学"相媲美的，当属学术史和政治史上的"采风"传统。这种传统，既是学术的，文学的，同时也是具有政治色彩的，甚至一度曾引起现实

① 杨雁斌《口述史学百年透视》[上]，《国外社会科学》1998 年第 2 期。

的功利性需要而被设置为一种政治制度。汉·应劭《风俗通义·序》提出的"为政之要，辨风正俗最其上"的论点，正是以史为鉴、从考察社会生活实际而提出来的。在此之前，古代的先哲们业已认识到民俗在社会发展进步中的特别作用。例如，《诗·周南·关雎序》谈到的"美教化，移风俗"；《荀子》说的"习俗移志，安久移质"；《乐论》说的"心气和洽，则风俗齐一"，等等。此后，宋代的司马光在《资治通鉴》中感慨道，"风俗，天下之大事也"，"教化安慢，风俗安可忽"。苏轼在《上神宗皇帝书》亦进言说"国之长短在风俗"。王安石不止上书宋神宗要"变风俗，立法度"，还在《风俗》这篇专论中谈到，要使人民生活安定、富裕的关键是端正风俗，"风俗之变，迁染民志，关之盛衰，不可不慎"。如何"美教化，移风俗""辨风正俗"，首先当然是要通过采风来了解风俗。

在中国古代史上，《诗经》《乐府》《方言》《山海经》等，都是出于采风的硕果。周秦之际，朝廷每于秋季派出一些使臣乘坐一种轻便小车至各地采辑民歌、童谣与方言，作为考察风俗民情的材料。这也就是《方言》全称《輶轩使者绝代语释别国方言》的由来。对于这一背景，汉·应劭《风俗通义·序》里交代的尤为清楚："周秦常以岁八月遣輶轩之使采异代方言，还奏籍之，藏于秘室。及嬴氏之亡，遗脱漏弃，无见者。蜀人严君平，有千余言，林间翁孺才有梗概之法。扬雄好之，天下考廉卫卒交会，周章质问，以次注续。二十七年，尔乃话正，凡九千字。"这是关于《方言》成书背景始末记载最早也最全面的一份史料。稍后，晋常璩在其《华阳国志》卷十《光贤女士总赞》中提供了一节重要佐证："考八方之风雅，通九洲之异同，主海内之音韵，使人主居高堂，知天下风俗也。扬雄闻而师之，因此作《方言》。"而且，《华阳国志》的这一记载，比《风俗通义序》更为明确地阐明《方言》之作，在于"使人主居高堂，知天下风俗"。显然，采风、采集"方言"，在先秦时代是出于"使人主居高堂，知天下风俗"的统治需要的一项政治制度。再如《礼记·王制篇》的记载，"天子五年一巡守。岁二月，东巡守……明大师陈诗以观民风"，亦属此类。此后的《汉书·食货志》亦载，"孟春三月，群居者将散，行人振木铎徇于路以采诗，献之大师，比其音律，以闻于天子"，也属于制度化了的采风活动。

在古代文学和史学的主流经典中，《楚辞》和《史记》所采用的有些事例，便出自古代采风所得文本。战国时期楚大夫屈原的《离骚》《九歌》《天问》《九章》等楚辞篇章里，融进了大量的从民间采集来的传说故事，如今这些借助楚辞所保存下来的资料，业已成为研究古史、研究民族文化史弥足珍贵的历史文本。近人梁启超关注到了口述史料的重要。他在《中国历史研究法》的第四章《说史料》，讨论"现存之实迹"和"传述之口碑"时谈到，现实发生的众多事件"渐渐已成陈迹者，例如三年前学界之五四运动，如四年前之张勋复辟，如六年前之洪宪盗国，如十年前之辛亥革命，如二十年前之戊戌政变……躬亲其役或目睹其事之人犹有存者。采访而得其口说，此即口碑性质之史料也"。为此，梁启超又举司马迁著《史记》采用口碑史料之证，云："司马迁作史多用此法，如云：'吾如淮阴，淮阴人为余言，……'（《淮阴侯列传赞》）；如云：'吾视郭解，状貌不及中人，言语无足采者。'（《游侠列传赞》）凡此，皆用现存之实迹或口碑为史料之例也。"[①] 司马迁从 20 多岁起就先后游历、访问过浙江、江西、山东、湖南等地，进行实地考察采风。

---

① 梁启超《中国历史研究法》第 43 页，上海古籍出版社 1987 年版。

因而在其所著历史经典著作《史记》的有关部分之中，杂糅了一些上古民间传说之类的"野史"，便不足为怪了。例如，《五帝本纪》中的轩辕、炎帝、蚩尤的阪泉之战、涿鹿之战，《夏本纪》里面记述的鲧和禹治水的传说，《殷本纪》记述的简狄取吞玄鸟堕卵而怀孕生契的传说，《周本纪》中的姜原履巨人之迹得孕生子传说，等等。

从一定程度而言，如若除掉古代文学和古代历史典籍中出自采风所得文本的内容，文学史和历史都将会残缺不全、支离破碎。事实证明，考古发掘的出土文献、越古远越稀少的文字史料，与古代口碑史料的合璧，才是构建和复原历史文化本来面貌的基础依据。这种"三合一"，缺一不可。

可以说，中外民俗学史大都显示着一种几乎是共同的发展轨迹，就是说，各国的民俗学大都是从收集、考察民间口头文学升华而来。民间口头文学是民俗学研究的当然的也是最主要的文本之一。从历史学而言，那民间口头文学是民间口碑文献。在这点上，民俗学亦不例外。作为现代科学的民俗学的基本研究方法，首先仍然是采风，亦即文化人类学与社会学所谓的"田野调查"。著名人类学家摩尔根的《古代社会》这部被许多学科视为经典的论著，正是以其长期地深入到北美易洛魁人部落进行"田野调查"所得资料与切身的感悟作为坚实的立论基础，加之严谨的科学思考的结晶。

对于民俗学而言，其研究文本主要为两大方面。

第一方面，是历史上留存下来的有文字记载的各种文献。除业已公认并熟知的那些经典性文献之外，还有许多有待进一步发掘整理和利用的文献，例如《目前集》等四种（明·佚名等）、《俚言解》（明·陈士元）、《墨娥小录》（明·佚名）、《（增定）雅俗稽言》

（明·张存绅）、《通俗编》（清·翟灏）、《证俗文》（清·郝懿行）、《俚俗集》（清·福申）、《土风录》（清·顾禄）、《里语征实》（清·唐训方）、《壹是纪始》（清·魏崧）、《谈征》[清·外方山人（西厓）]，以及《清俗纪闻》[（日）中川子信编述，以 600 余幅白描图录为主] 等。这些已经包括在我正在编选的《雅俗轩选辑民俗语言文化珍稀文献文库》里面，从唐代以来直至民初的古近代文献中初选了大约 50 种珍稀文献。

第二方面，是田野调查所得的文本。田野调查，既包括历时性的，同时也有共时性的。钟敬文先生在《二十世纪中国民俗学经典》的前言（原题为《写在前面》）语重心长地指出，当今中国的民俗学"缺少田野作业"。他认为，"中国典籍丰富，又有考据传统，因此，考据便成了中国民俗学的一大特色。但中国民俗学也存在许多问题，其中最大的问题之一，就是田野作业的欠缺。首先，从数量上看，与文本研究相比，我们的田野作业明显偏少，其结果，自然影响到研究范围的拓展和人们对民俗事项的整体把握。其次，由于搜集者多半是热心民俗但又缺少学术训练的民间人士，他们所关注的是文本本身，而对相关语境则缺少起码关注，所以在搜集质量上便不能不打上许多折扣。田野作业的欠缺，不但失去了许多宝贵的第一手资料，同时也使民俗学研究失去了一个非常重要的学术生长点而只能在文本之中徘徊"①。而国内许多民俗学研究生限于经费等因素的困扰，一些需要实证文本论据支持的毕业论文，由于不能进行田野调查而空泛、淡薄，缺乏必要的实证论据，也是不争的事实。

尤其可怕的是，由于缺少必要的田野作业机会和条件，每天乃

---

① 苑利主编《二十世纪中国民俗学经典》，社会科学文献出版社 2002 年版。这里所说的钟敬文先生的前言，在书里题为《写在前面》。

至每时每刻都有众多的难以数计的珍稀口碑文献在不断地消亡。时下，国际语言学界纷纷提出抢救濒危语言。我要说，民间隐语行话也是一种亟待抢救的、濒危的特殊的民间语言文化。2001年，当我奔赴淮河流域古镇临淮关镇进行淮河流域民间隐语行话田野调查时，当地的一位渔民兄弟十分遗憾地告诉我说，镇上一位能说各种行当隐语行话的老渔民，刚刚在我到达那里的十多天前去世了。闻之，令人不禁扼腕而叹。

基于对于上述这两个方面的研究文本的科学需要，也就相应地形成了民俗学研究的两大主要方法论，即文献研究法和田野调查法。

三、口述史学与民俗学方法论的关联和借鉴

社会史的研究，大体可分别为上古史、古代史、近代史和现代史。因为，历史不仅仅是"历时性的"，那些每日发生的"共时性的"社会事物，在时间的推移之下随即也就变成了历史。田野作业调查的范畴，不仅仅包括亟待抢救发掘的历史性口头文献，和与研究课题相关的有针对性的内容，同时也包括稍纵即逝的"共时性的"现实发生的口碑文献。例如，我在谈"民俗学研究要密切关注现实生活为社会进步服务"问题时说道，在社会城市化进程发展迅速的今天，不应只把民俗学视点一味盯紧在乡村的"田野作业"，更应当直接关注都市民俗文化对现代化进程的深刻影响，及其传承扩布过程中对社会生活秩序的制衡调控功能，让民俗学研究直接为现实社会进步服务。密切关注现实社会生活，努力让学术贴近现实生活，

适应时代发展的需要。①

　　民俗学研究一向注重社会生活中的个人间的微观互动过程，强调对个体或群体行为者的主观意图的感悟和理解。这也正是在方法论上发展和充实了一代著名社会学家 M. 韦伯理解的社会学理论思想。同样还是民俗学的这种本能的（或说是固有的）理论基点，也直接影响了"新史学"，促生着口述史学的形成。口述史学不只是现代国际历史学界的一场"革命"，一场方法论的"革命"，更主要是历史学观的进步。即如英国口述史学家保尔·汤普逊（Paul Thompson）说的，"确实，从田野工作开始会有一种良好的感觉，口述史的实践经验本身就诱使人们去追问有关历史学本质的更深入的问题……探索历史学家掌握证据的不断变化的途径，从口头传说的原始显赫地位到文字文献和磁带录音的新纪元"。②

　　口述史学的出现对于民俗学而言，我认为，既是对本学科田野调查方法论的支持，同样也提供了技术层面、方法论乃至科学观念方面的借鉴与变革。仍如保尔·汤普逊所言，"口述史的办法也被许多学者所用，特别是社会学家和人类学家，他们不认为他们自己是口述史学家"。③ 显然，个中自然也包括民俗学家。

　　口述史学与民俗学有着方法、目的、内容和形式等多方面的关联与差异。

　　首先，口述史学与民俗学的采风形式的相似与近缘关系。

　　口述史学在形式上与民俗学的采风亦即田野调查相似，属于近

---

　　① 载《光明日报·情况反映》2001 年第 107 期。
　　② [英] 保尔·汤普逊《过去的声音——口述史》，中译本，覃方明等译，辽宁教育出版社 2000 年版。引文见保尔·汤普逊的第一版序，第 1 页。
　　③ [英] 保尔·汤普逊《过去的声音——口述史》第 89 页，中译本，覃方明等译，辽宁教育出版社 2000 年版。

缘关系。两者在方法论方面存在着历史的传统渊源，即如口述史学所认为的，"口头传说（亦即民间传说）可以说是历史学最古老的形式，它既是口述史学的历史渊源，同时也是民俗学永恒的研究课题"；"历史与文化的交叉点是口述史学和民俗学最为明显的相异之处，那么反过来讲，叙述性则是二者最为显著的相同之点，几乎都是通过口述的形式才得以保留或流传下来"①。口述史学对于历史科学之所以被视作一场"革命"，主要在于两个方面，一是口述史料被正式采纳进入"正史"作为历史实证；二是从此可以允许许许多多的平民阶层中人、民间人物、民间事象成为历史见证乃至"历史人物""历史事件"加载史册。这也是口述史学所认为的，历史英雄和社会精英未必都出自各种上层领袖人物，也同样包括平民人物。口述史学同以往史学研究视野的一个重要区别是特别关注到了平民百姓，把更多的目光投向了人民大众。通常把口述史学说成"面向大众的历史学"，就在于此。

　　显然，在此前提下，民俗学的许多内容也将通过"口述史学"这个渠道随之进入"新史学"的视野，堂而皇之地进入所谓"正史"。事实上，任何一部没有民间社会生活史内容的历史都是不完整的历史。

　　其次，口述史学与民俗学的田野调查在目的、内容方面的差异。

　　尽管口述史学为历史科学关注下层社会生活和平民提供了新视野，而其关注范围的广泛性不能也不会排除对主流社会生活事物、人物的特别关注。这正是口述史学与民俗学的田野调查在目的、内容方面的差异。例如，唐德刚教授是现代最早从事中国口述史学的

---

① 初雪：《口述史学与民俗学基本理论管窥——性质、对象、目的、方法比较》，《国外社会科学》1997年第1期。

美籍华人，他从 1957 年开始在哥伦比亚大学口述历史研究室中国口述历史学部先后完成了《胡适口述自传》《李宗仁回忆录》《顾维钧回忆录》，以及《口述实录——张学良世纪传奇》等口述史学专著，真实地记录、介绍了这些中国近现代著名人物的家世、主要经历和成就，为复原中国近现代史的一些重大事件提供了当事人的直接的资料。再如美国历史上第一个开始口述历史项目的总统图书馆杜鲁门总统图书馆，自 1961 年起就雇用了口述历史学家对杜鲁门总统和与之相关的人员进行口述访谈，受访者包括来自欧洲的某些领导人。每个访谈的抄本的都大约 20—200 页不等。到目前为止，总共已经做了 500 多个这类口述历史访谈。再如由哥伦比亚大学口述历史研究室完成的艾森豪威尔总统图书馆的口述历史总共 500 个访谈中，记录了艾森豪威尔内阁主要成员、家庭成员以及对那些与之有关的重大历史事件的观察家们等的回忆，访谈的对象主要有总统顾问、白宫工作人员、各部部长、新闻记者、科学家、国会成员和大使等。由于这类口述史项目的人物与专题的关系，就很少把平民列为主要的访谈对象。至于民俗学则几乎把全部的视点放在中下层面人物及其日常的生活方式上面。即或是关注到上层社会的人物和他的生活习俗，这一点，也正是口述史学与民俗学有所区别之处。

再次，民俗学的采风比口述史学更强调现场的、实时性的"话语语境"。

民族学者巴瑞·托尔肯（Barre Toelken）在研究美洲北方土著居民（印第安人）的传统时注意到，"在美洲本土，一个独立于语境之外的笑话文本，几乎不能再具有完整的意义，因为正是在其语境之中，某些共享着文化价值的重要层面，通过口头讲述而得以戏剧化"①。显然，如果脱离讲述者讲述内容所必需的、现场的和及时性的"话语环境"，仅仅依靠单纯的面对面访谈形式的记述所获得的文本，仍然是静态的，脱离所讲述的事物的应有的具体环境的文本。非实时性的现场的那种声情并茂的实际情境，没有演示者与观众的情境交流或是观众即兴的参与，也就没有原汁原味的直观氛围，就不能认为是"全息性"的科学文本。这样的文本，在无法复原或再现原有"话语环境""场景"的情况下，只能视为"回忆录"性质的文本，是无奈的"抢救性"文本。而更多的现存事物的采集则应当是现场的、实时性的，尽可能非常自然的调查和记述，这就是民俗学所要求的最理想也最需要的科学文本。至于一些部落群体出于自身的风俗习惯制约，"人们认为在陌生人的面前开玩笑是有失礼节之举"（如美洲本土的印第安人）②，因而难以进行实时性的现场"全息"记述，除了采取必要而又可能实行的技巧之外，也只能不无遗憾地进行"一对一"式的和集体性的访谈了，亦即新史学常用的"口述史"录制了。其结果，只会是"一个独立于语境之外的文本"。

那么，民俗学该如何面对口述史学的冲击或说"挑战"呢？我以为，至少应注意三个方面问题。

第一，口述史学的冲击和"挑战"促使民俗学的田野调查全面更新技术手段。

民俗学传统的田野调查、采风，主要是把访谈的见闻直接用文

①[美]巴瑞·托尔肯《美洲本土传统（北方）》，中译本，巴莫曲布嫫译，《民族文学研究》2000 年增刊。
②[美]巴瑞·托尔肯《美洲本土传统（北方）》，中译本，巴莫曲布嫫译，《民族文学研究》2000 年增刊。

字记录下来，以此作为研究文本。其缺陷，则是难以出示所记录的文字内容全无访谈、记录着的主观意识掺杂其中。事实上，也很难做到所记录的文本之中不掺杂进一些采风者本人的理解、感悟，甚至是拟测的成分。因为，在记录的过程中，自然而然地就存在着访谈者的理解与思考的过程。如果对此文本再进行二次整理或加工，其斧凿之痕也就更为显然了。这样的研究文本，若提供给非亲身采风者使用，则难免再次经历第二次、第三次，甚至更多次的理解、感悟、拟测等"加工"过程。当然，不仅民俗学如此，以往的人类学、民族学、社会学等学科，也莫不如此。

相反，采用现场直接录音、录像等技术手段采制的访谈文本，不仅可以长期保存，可以无限制地复制，更重要的是可以重现原本的场景、语境及访谈内容的过程和原貌。由于使用和传播的需要，把这些音像记录文本"转换"为文字表述文本，是必要的。不过，据此记录、整理的文字文本，由于有可复原的音像原始文本作依据，可以复查，因而其真实性、可靠性，是有保证的，可谓一种接近原貌的文本。这种现场全景采制的可复原性，真实性，可原貌复制性，正是口述史学所看重的关键所在，是口述史学赖以成立的技术支持。

有鉴于此，民俗学研究的田野调查、采风，必须借鉴口述史学的成功经验，全面更新技术手段，别无选择。而且，还应在实践中逐渐探索更为科学、规范，更为先进的技术手段。在有关技术已经接近普及的今天，民俗学的田野调查记录文本，至少要有现场录音作为依据。除特定情况外，没有录音作依据的田野调查文字记录，其可信度则应大打折扣，在使用时，也应予特别声明。这一点，应成为当代民俗学的一种科学规范。

第二，口述史学的冲击和"挑战"改变了民俗学研究文本和田野调查的观念。

　　民俗学研究的对象民间文化，应是最能反映社会生活本来面目的。口述史学家认为，"出于种种缘由，民俗学的许多研究课题却难以成为口述史学的研究对象，如传奇、传说、神话、寓言、史诗、谚语和部分民间故事，这也许是民俗学本身所固有的文化传统所致"；其关键显然在于，"口述史学的客观性是不容置疑的，而对于民俗学（尤其是民俗史）来说，其客观性能否经得起人们的检验，这的确是一个亟待解决的问题"；等等。[①] 这一点，也是民俗学家所认同的事实。民俗学家 S. 汤普森便认为，"民俗研究的成功与否在很大程度上取决于原始资料的搜集。然而，民俗研究内容的庞杂直接导致了研究人员的庞杂，由于研究角度和方法不尽相同，搜集到的口述资料不可能是完整的。此外，有限的文学资料必然显得杂乱无章，既缺少条理性，也缺乏系统性"[②]。

　　尽管这些并非只是民俗学一个学科的历史状况，但我认为，口述史学家上述所言极是，如"对于民俗学（尤其是民俗史）来说，其客观性能否经得起人们的检验，这的确是一个亟待解决的问题"，这也是"口述史学的客观性是不容置疑的"理由。在现代相关技术的支持下，使民俗学田野调查手段为其所获文本像口述史学文本那样具有"现场全景采制的可复原性，真实性，可原貌复制性"，不止是个技术手段的更新问题，更重要的是在于保证民俗学研究文本的可靠性、规范性和科学性，也是民俗学田野调查方法论的一次重

---

①初雪：《口述史学与民俗学基本理论管窥——性质、对象、目的、方法比较》，《国外社会科学》1997 年第 1 期。

②初雪：《口述史学与民俗学基本理论管窥——性质、对象、目的、方法比较》，《国外社会科学》1997 年第 1 期。

要变革。只有这样，才能让自此之后的民俗学田野调查文本经得起客观推敲，经得起历史检验。这正是我们值得借鉴的《现代史学分支学科概论》中提到的判断口述史书两个标准的第二条，"要符合史学的基本原则，排除幻想乱编的内容"①。

没有科学、规范的方法论和科学的田野调查技术手段，就难以采制出科学、规范、客观真实的研究文本。没有科学、规范、客观真实的研究文本作为实证和论据，再能够自圆其说的理论命题或结论，也难以让人信服。尤其是民俗史研究，则无必要做到历史与现实的统一，靠什么，首先是要靠科学、规范、客观真实的研究文本作依据，包括田野调查文本。

口述史学的出现，使现代史学领域发生了一场深刻的变革。同时，由于口述史学同民俗学的种种关联和方法论的先进性，也势必促使民俗学领域发生深刻的变革。这种变革，将有力地强化民俗学视点的民间文本调查与研究，推进民俗学理论的深化。当然，在强调民俗学借鉴口述史学手段和理论之际，也应清醒、理性地继续肯定民俗学的文献研究方法的不容忽视，民俗史研究尤其如此。没有历史上积累的大量历史文献，同样不能还原和"复制"数千年的社会生活史。

---

① 于沛主编《现代史学分支学科概论》第229—230页，中国社会科学出版社1998年版。

晚清以来报刊图画的社会生活史意义

一般说，画报是"以刊载摄影图片、绘画为主要内容的期刊，它用形象的直观的图像传播信息和知识"。[①] 画刊，即报纸中以绘画、摄影照片等图片为主的版面。画报，是以刊登图画和照片为主的期刊或报纸，或者是图画版面比例较高的期刊。也有人提出，"画报，是绘画、摄影和印刷三位一体的大众媒介"。[②] 本文所探讨的中国晚清以来的"报刊图画"文本所指，涵盖了这里所说的"画报"和"画刊"之类图文并茂的新闻时事媒介，两者兼而有之。

报刊图画这种图文并茂的媒介形式，是中国近代史上晚清以来的一件新生事物。一当其进入公众的社会生活，就"一发不可收拾"。尽管如今已不如其繁盛时期那样火爆，在"读图时代"却仍然不失其相当份额的读者群，不失其特有的阅读魅力。为什么？是其比单一的文字记述更为直观和形象地贴近和反映社会生活。换以

---

① 《中国大百科全书·新闻出版卷》第 149 页，中国大百科全书出版社 1990 年版。

② 吴果中《中国近代画报的历史考略——以上海为中心》，《新闻与传播研究》2007 年第 2 期。

历史的视点观之，则在于其特有的社会生活史意义。

在中国美术史、新闻史、报刊史乃至文化史长河中，报刊图画的历史还仅仅只有一个半世纪左右，但其所具有的中国近代和现代社会生活史意义，却是十分显著的。近年来出版的众多近现代社会生活史著作之大量选用、插配这些报刊图画的事实，足为显证。

随着研究的不断深入，人们已经发现晚清以来报刊图画多方面的历史文献价值。本文试图以全国图书馆文献缩微复制中心从国家图书馆收藏的清末民初画报类刊物中遴选、辑集而成的《清代报刊图画集成》《清末民初报刊图画集成》及其续编为主要文本，兼及其他笔者所见所知报刊图画文献，略论晚清以来报刊图画的社会生活史意义。

一、晚清以来报刊图画发生的源头和时代背景

中国美术史、书籍史和报刊史的发展轨迹显示，晚清以来报刊图画的发生和发展，有其深厚的历史渊源和深刻的时代背景。

注重图像的视觉效应，是中国史学的优良传统。就社会史意义的源头而言，其最直接的源头则在于中国史学的以图释文、释史、解史、注史的史学传统。在中国文献史上，插图本典籍层出不穷。明代王圻、王思义父子撰写的百科式图录类书《三才图会》，可谓一大典型。清代的《古今图书集成》更是打破类书不收绘图的常规，图文并录。南宋·郑樵《通志·图谱略》云："图，经也；书，纬也，一经一纬，相错而成文。图，植物也；书，动物也，一动一植，相

须而成变化。见书不见图，闻其声不见其形；见图不见书，见其人不闻其语。图，至约也；书，至博也，即图而求易，即书而求难。古之学者，为学有要，置图于左，置书于右，索象于图，索理于书。故人亦易为学，学亦易为功。"一部《山海经》，若非图文并茂，后人特别是今人，很难从那些简略的文字记述中很准确地认知所描述的具体事物。历史上的插图本《尔雅》《诗经》等等，都在于帮助解决此类问题。显然，晚清以来报刊图画社会生活史意义的发生源头，就是"索象于图，索理于书"的以图释文、释史、解史、注史的历史悠久的史学传统。

　　就图画形式的基础而言，晚清以来报刊图画发生的最终基础在于源远流长的中国绘画史。中国书籍文献插图的历史，可谓晚清以来报刊图画形式发生的源头。《中国古代插图史》的研究显示[①]，"古人以图书并称，凡书皆有图"，图文并茂是中国书籍的优良传统。插图几乎与书籍同时出现，源远流长。图书起源于简帛。《说文》云："箸于简帛，谓之书。"在最早的简帛上，人们可以看到最早、最原始的插图。在 2000 多年前的秦简《日书》上，就有一幅人形图，上面画着两个小人。另一幅是简单的方框图。在西汉和东汉出土的简上也有插图被发现。简非常狭小，不适宜画图，所以，画在简上的插图不多见。帛是绘制插图的很好的载体，所以在帛上的插图非常多，最著名的就是楚《帛书图像》。它比秦简《日书》的年代更久远。雕版印刷术的发明，使书籍插图从手绘插图升级为印制插图，新技术给书籍插图带来了发展机遇，尤其是明代的雕版插图，达到巅峰。书籍插图涉及的内容非常广泛：上至经史通鉴、治国要

---

① 详参徐小蛮、王福康《中国古代插图史》，上海古籍出版社 2007 年版，引述者系该书的内容简介。

略，下至天文地理、百科常识，内容包罗万象，可以作为启蒙读物、教化图说、形象纪录。

晚清以来报刊图画发生的时代背景，可以上溯至明清时期新的印刷插图技术传入中国，促使了中国的书籍插图在绘制、内容和制作等方面都发生了新的变化。特别是晚清以来传统的木刻、石印等的雕版插图逐渐式微，但也为书籍、报刊的插图技术革新与发展提供了新的发展机遇，进而促发了晚清以来报刊图画的出现与繁荣。1907 年，《世界画报》作为在中国新闻摄影史上最早采用照相制版的铜锌版技术印制的画报的出现，与传统插画技术在报刊图画中合流，标志了中国晚清图画报刊的成熟，进入了新发展的里程碑。这一点，《点石斋画报》发刊词曾有过一种来自海外视点的表述[①]：

> 画报盛行泰西，盖取各馆新闻事迹之颖异者，或新出一器，乍见一物，皆为绘图缀说，以征阅者之信，而中国则未之前闻。同治初，上海始有华字新闻纸，厥后《申报》继之，周谘博采，赏奇析疑，其体例乃渐备，而记载事实，必精必详。十余年来，海内知名，日售万纸，犹不暇给，而画独阙如，旁询粤港各报馆亦然。于此见华人之好尚，皆喜因文见事，不必拘形迹以求之也。仆尝揣知其故。大抵泰西之画，不与中国同。盖西法娴绘事者，务使逼肖，且十九以药水照成，毫发之细，层叠之多，不少缺漏。以镜显微，能得远近深浅之致。其傅色之妙，虽云影水痕，烛光月魄，晴雨昼夜之殊，无不显豁呈露。故平视则模糊不可辨，窥以仪器，如身入其境中。而人物之生动，犹觉栩栩叫欲活。中国画家拘于成法，有一定之格局，先事布置，

然后穿插以取势，而结构之疏密，气韵之厚薄，则视其人学力之高下，与胸次之宽狭，以判等差。要之，西画以能肖为上，中画以能工为贵，肖者真，工者不必真也，既不皆真，则记其事又胡取其有形乎哉？

形象、直观、一目了然的图像在报刊媒介的传播中体现出前所未有的优势。即如戈公振在 1920 年创刊的主要以市民阶层为读者对象的新闻图片刊物《时报图画周刊》的发刊词中明确指出："世界愈进步，事愈繁颐，有非言语所能形容者，必借图画以明之。"

显然，正是上述这主要的历史渊源和现实的时代背景，孕育和促生了晚清以来报刊图画发生和发展繁荣。

二、晚清以来报刊图画编目所见的社会生活史映像例析

对于《点石斋画报》，鲁迅在《二心集》的《上海文艺之一瞥》中曾有过大段的评论性言论：

在这之前，早已出现了一种画报，名目就叫《点石斋画报》，是吴友如主笔的，神仙人物，内外新闻，无所不画，但对于外国事情，他很不明白，例如画战舰罢，是一只商船，而舱面上摆着野战炮；画决斗则两个穿礼服的军人在客厅里拔长刀相击，至于将花瓶也打落跌碎。然而他画"老鸨虐妓"，"流氓拆梢"之类，却实在画得很好的，我想，这是因为他看得太多了的缘故；就是在现在，我们在上海也常常看到和他所画一

般的脸孔。这画报的势力，当时是很大的，流行各省，算是要知道"时务"——这名称在那时就如现在之所谓"新学"——的人们的耳目。前几年又翻印了，叫作《吴友如墨宝》，而影响到后来也实在利害，小说上的绣像不必说了，就是在教科书的插画上，也常常看见所画的孩子大抵是歪戴帽，斜视眼，满脸横肉，一副流氓气。

鲁迅所谈，只是《点石斋画报》的一个侧面，可以视为对以《点石斋画报》为代表的晚清以来报刊图画所产生的深远文化影响的评论。单就现存洋洋四千幅《点石斋画报》图像所见，就展示着非常丰富的各个社会层面的生活影像。且以后来汇辑的《点石斋画报》①第一集的部分画题为例：

三足蟾蜍

瞽者盛会

演放气球

假武松

點贼有智

误僧为尼

煞神被弄

烟馆知几

大枣疗饥

借书笑柄

龟鸨游湖

---

① 此据上海文艺出版社，1998 年 10 月出版的汇集本。

山神灵异

以酒饵贼

地下楼台

出尔反尔

良马通灵

武夫失色

秃奴狡狯

财神降临

耆英复会

大放爆竹

放鸠示惠

香闺韵事

海舶呈奇

鹿寨

古道犹存

拖钩雅戏

白粥迎神

一本万利

骆驼临阵

铜街走马

奇疾

修德获报

馈贫粮

树神显形

黠媳巧计

人立鸟笼

枪炮致雨

案元被黜

豕人异种

一骗再骗

美人计

乞儿异相

酒鬼该打

梦书祭春牛文

日有戴气

别岁

镕金卜

青鸟衔书

京师放灯

天庆节

御明堂

饯贺监

因疑酿祸

邮政局肆筵速客 顽固党放火戕官

假传虎节召倭兵 威逼鸾舆迁别院

中奸谋韩廷飞碧血 避乱党关庙泣青磷

云屯雾沛大帅鹰扬 海阔天空藩王豹隐

奋天戈奸臣授首 投华寨弱主潜身

犯众怒避祸走仁川 普皇恩送孥归济浦

电报飞传求保卫 星轺移指壮声威

霜铤雪铤海上观兵　玉敦珠槃城中立约

良马抽角

新年团拜

绅僧聚讼

斗牛为乐

饱暖思淫

难裔飘零

枷犯互殴

醉汉殴尼

梨园先生

贪小失大

甬江战事

剧盗就擒

江豚为祟

新人落水

法兵叛

骸垢想浴

采茶入贡

猝遭剪径

消受不起

歌舞升平

幸获生还

吞烟遇救

卖野人头

财神被殴

拦舆伸冤

小孩捕贼

鰕觫可悯

冰玉两伤

走索翻身

愚人自愚

擒象二法

登高罹祸

官体何在

九华进香

伪为贞木

邑宰仁厚

洋枪自毙

挑选内使

法人残暴

贞节可贵

好勇斗狠

服之不衷

宜其毒死

陈平再世

入山遇蟒

显然，仅此百余幅报刊图画内容所反映的当时社会事物和社会生活的各个层面，涉及官府、时政、道德、信仰、节日风俗、社会治安、国外时事、考古游记、探奇志异、奇闻怪事，以及官宦、平民、僧道等的市井生活故事和诸生相，正是这些鲜活的世俗生活情景画面，构成了中国近代社会生活史的映像集合。至今看来，似乎仍历历在目，鲜活如初。其之所以产生如此效果，便在于文图并茂的结果。

再如侯杰、王昆江编著的《醒俗画报精选》①，从 1907 年 3 月由著名社会活动家温世霖等人发起创办的《醒俗画报》各期中精选出的 200 多幅图片，按内容辑为 10 辑。从其各辑编目，即足以展现该画刊所保存的当时社会世俗生活诸生相。且移录如下：

逢年过节 人神同乐——年节习俗巡礼

父母之命 媒妁之言——婚姻习俗扫描

靡费三千 往者为重——丧葬习俗透析

消灾避祸 巫风盛行——信仰习俗解码

三年清知府，十万雪花银——官场现形记

五毒俱全 百弊全丛生——病态众生相

社会人心 两有妨害——不良风习写真

强国保种，开启民智——文明风尚日兴

慈为予乐，悲为拔苦——慈善赈济真精神

小家庭 大天地——"围城"中的故事

全国图书馆文献缩微复制中心除辑集有《清代报刊图画集成》《清末民初报刊图画集成》及其续编，还另行辑集了《民国画报汇编》的上海卷、天津卷、北京卷、港粤卷和综合卷。这些，无疑将为考察研究中国近代社会生活史提供一个别有洞天而又十分珍贵的

① 天津人民出版社 2005 年版。

广阔视角和图像资料。

三、晚清以来报刊图画的立意和宗旨所展示的社会生活史意义

由于办刊时间早晚、停刊复刊时间地点复杂、海内外文博单位收藏有限而且分散，以及社会动荡的变数等缘故，晚清以来，以刊登图画和照片为主的报刊、画报等图画报刊虽曾如雨后春笋地出现，火爆一时，但总计有过多少种？目前存世有多少？有哪些？一向都是令许多专家、收藏家都十分困惑的一件事情。

然而，有一个不争的共识，那就是，随着时间的推移，这类图画报刊及其刊载的大量图画的社会生活史意义越发显得重要、珍贵，历史与艺术的文化史价值、文献价值越来越发凸显出来。这一点，尤其体现在其办刊的立意和宗旨所展示的社会生活史意义。尊闻阁主人（美查）的《点石斋画报缘启》①，阐述了其最初的办刊宗旨：

然而如《图书集成》《三才图会》，与夫器用之制，名物之繁，凡诸书之以图传者，征之古今，不胜枚举。顾其用意所在，容虑夫见闻混淆，名称参错，抑仅以文字传之而不能曲达其委折纤悉之致，则有不得已于画者，而皆非可以例新闻也。虽然，世运所至，风会渐开，乃者泰西文字，中土人士颇有识其体例者，习处既久，好尚亦移。近以法越构仇，中朝决意用兵，敌忾之忱，溥海同具。其好事者绘为战捷之图，市井购观，恣为谈助，于以知风气使然，不仅新闻，即画报亦从此可类推矣。

①见《点石斋画报》1884年5月8日第1号。

爱倩精于绘事者，择新奇可喜之事，摹而为图，月出三次，次凡八帧，俾乐观新闻者有以考证其事。而茗余酒后，展卷玩赏，亦足以增色舞眉飞之乐。倘为本馆利市计，必谓斯图一出，定将不翼而飞，不胫而走，则余岂敢。

因《点石斋画报》而画名大振的吴友如，于1890年11月另起炉灶自行创办的《飞影阁画报》（1893年春出至百期后易主改出《飞影阁画册》），但因其"着意刻画仕女人物，新闻则止于一般社会现象"①，淡化了读者所关注的现实社会生活，脱离了社会生活史的意义，也就不会有像《点石斋画报》那样的广泛读者群。

1912年6月5日创刊《真相画报》旬刊（1913年3月出版第17期后停刊），发刊词性质的文字，开宗明义就是要关注社会各界所关注的社会生活，"监督共和政府、调查民生状态、奖进社会主义、输入世界知识"为宗旨。其所探讨的"真相"，即中华民国的真相；"舍实行监督之外，决难为功。然非洞明政府之真相，则监督亦无从措手。此本报之设所以真相名也"；"以文学图画构成，或庄或谐，或图或说，社会状态时局变迁无微不显，无幽不著"；"特集合躬亲患难，组织民国之知己相与讨论民国之真相，缅述既往，洞观现在，默测未来，以美术文学之精神为中华民国之前导，分类制图，按图作说"，云云②。该刊还发表有《本报图画之特色》，用以专门说明该刊刊载的图画以历史画、美术画、地势写真画、滑稽画、时事写真画、名胜写真画和时事画七大类型图画为主，也从图画题

---

① 阿英《中国画报发展之经过》，《晚清文艺报刊述略》，古典文学出版社1958年版。

② 分别见于胡汉民撰《发刊祝词》《真相画报出世之缘起》，载《真相画报》1912年6月5日第1期。

材上反映了办刊的旨趣所在。因而，全刊以时事写真画、新闻摄影、时事评论为主，以历史画、美术画、滑稽画为副，发表了一系列抨击时政的新闻图片与漫画，被誉为"我国近代史上著名的一份大型革命画刊"①。

刊物的征稿启事是最具体、最清晰、最直接体现刊物的立意、定位和旨趣的文本。再以曾经一时影响颇大的《良友画报》为例。《良友画报》是 1926 年 2 月 15 日创刊于上海的一份大型综合性画报，图文并茂，报道当时政治、经济、军事、社会和文化事业，在海内外华人世界产生了很大的影响。有研究发现，"《良友》刊载的照片类稿件主要有三类：（1）时事新闻报道；（2）娱乐休闲介绍；（3）科学文化解说。此三类题材的刊载量在各期《良友》中各不相同"。其据以分析的"重要参考本文"，主要就是《良友画报》第 15 期稿约所言"图画适用的有：中外最近时事摄影，美术作品，富有意义的各种零碎照片"；以及 1934 年第 9 期的《征稿启事》所言："凡时事摄影，美术作品，珍奇事物，风土人情，体育戏剧名人，妇女儿童生活，及一切能增人见识或美感之摄影，皆所欢迎投稿。"这一稿约涵盖了此前《良友画报》各类图片题材②。亦正如曾任《良友画报》主编的马国亮所言，"《良友》畅销的重要原因之一，是它对时事的重视，每月发生的重大新闻，几乎都可以从画报中找到如实报道的照片"。③ 这种旨趣取向，符合或说迎合了当时读者普遍关心时事、关注社会发展的阅读需求，因而也就赢得了读者的青睐，

① 见丁守和主编《辛亥革命时期期刊介绍》第五集第 159 页，人民出版社 1986 年版。

② 李康化《〈良友画报〉及其文化效用》，《上海交通大学学报》（社科版）2002 年第 2 期。

③ 马国亮《良友忆旧录》，《良友》（香港）1987 年第 4 期。

这为《良友画报》的生存与发展带来的自然是一片商机。

凡此种种，可以略窥晚清以来报刊图画之所以具有社会史意义的根本所在。

但是，也应该理性地看到，晚清以来报刊图画关注并以社会现实生活、新闻时事为主要题材，当中也包含着迎合读者阅读口味需求而失度的一面，例如过度娱乐化甚至低俗化、庸俗化乃至出现不少色情之类图画，曾在一些报刊图画中占有较大的篇幅，有伤风化。当然，时代的局限，不可苛求，却不可不清醒地理性对待。历史所选择的，还是诸如《点石斋画报》《良友画报》等一大批积极意义的优秀报刊图画，这是中国文化史上不容埋没的一笔珍贵文化遗产。例如《上海画报》从1925年6月6日创刊一直出到1933年2月26日，8年间共出版858期，若论其出版时间之长、发行期数之多、影响报坛之广，当时众多画报无出其右。它开创了一种新颖独特的画报形式，其发表的近2万篇文章，1万余张照片，为那个时代留下了一部忠实的图文写真集①。因而，研究、整理、重印晚清以来报刊图画，理应成为人文社会科学界、出版界十分关注的文化建设工程。

---

① 张伟《上世纪二十年代的图像新闻战》，《新民晚报》2007年6月17日。

《清俗纪闻》说略

——十八世纪末一位日本地方官编纂的中国古代风俗百科图典

今所见之《清俗纪闻》，全书按照礼、乐、射、御、书、数亦即古人所谓的"六艺"之序，总分为礼帙、乐帙、射帙、御帙、书帙、数帙六部，以及年中行事、居家、冠服、饮食制、闾学、生诞、冠礼、婚礼、宾客、羁旅行李、丧礼、祭礼、僧徒等，凡十三卷。除序跋和少量文字说明之外，全书主要是有关这些内容的600余幅白描图。同时，《清俗纪闻》对于当时的一些民俗事象，有的部分还做了比较系统、全面和详尽的记录和描绘。

一、一部值得关注的仿《三才图会》之作

在中国古代类书中，文图并茂者，当首推明代王圻汇集众书图谱为一编的《三才图会》。日文图书文献中仿《三才图会》的著作，则有日本正德三年（公元1713年）寺岛良安著的《和汉三才图会》。此外，成书于18世纪末的《清俗纪闻》，也是一部值得关注的仿《三才图会》之作。尤其值得注意的是，《清俗纪闻》并非根据有关

历史文献编纂而成，而是由编纂者在日本本土采访当时在日的闽浙商人以口述资料编绘而成。也就是说，这是一部由日本地方官员根据当时中国商人口述资料编绘而成的《三才图会》式的中国古代风俗百科图典。简略明了的文字，细致、丰富的图像，不仅是当年日本人了解中国风土民情的重要参考工具书，时至今日，也为我们研究中国清代社会世俗风情提供了很有意义的参考。

《清俗纪闻》十三卷，中川忠英编纂，日本宽政十年（清嘉庆三年，亦即公元 1798 年）七月朔初刻，次年东都书林新刻本。系日本宽政初年（中国的清代嘉庆初年）中川忠英出任长崎布政使期间，邀请当时苏州、湖州、杭州、嘉兴和福建等地旅居当地经商的孟世焘、蒋恒、顾镇等闽浙一带的七位商人口述故里风土人情，由十六位"通事"（又称"译吏"，即翻译）专事翻译记录的同时，还请两名画工根据口述情形绘制成图像，然后整理、分类编订成书。此即成书后"雪堂黑泽惟直"序中所说，中川忠英在公务之暇"命译吏就清商于馆，问彼民俗吉凶之仪节，及其名称度数，即使侍史国字记之，又命画师一一图之。编次成书，名曰《清俗纪闻》"。卷末，一一注明高尾维贞等十七位大小通事（译员），石崎融思、安田素教两位画工以及接受访谈的孟世焘等七位来自"清国"的华商口述人的姓名和籍贯。另还刊出是书出版者东都书林的地址本石町四丁目大横町，以及出版人"堀野屋仁兵卫"。

二、《清俗纪闻》所描述的丰富内容

《清俗纪闻》所描述的内容颇为丰富。现按各册各卷内容依次作一简述。

"礼帙"一卷，为"年中行事"。帙，本指用布帛等制成的书、画的封套，在此用作卷、册、函等线装书籍的量词。礼、乐、射、御、书、数，系古人所谓的"六艺"，是古代教育习用的六门知识。在此，"六艺"则是用作代替 1、2、3、4、5、6 的序数词。"礼帙"，借指第一册。

卷一"年中行事"描绘的主要内容，是一年里各个时节的民俗活动和相关事象、事物。例如，太岁春牛迎春、太岁庙打牛、福建竞渡船、乞巧奠、潮生日官祭以及月宫奠等民俗活动，三宫菩萨、五路财神、六神等民间信仰中的神祇，全名帖、单名帖、名帖封筒、请帖、请帖封筒等民间交往活动用的帖子，彩灯、灯笼、灯棚、行灯、纸鸢、龙船、筝琴、见踢、花炮、欢乐纸等民俗活动用品，健符、金银锭、桃符、响炮和粽子、登糕、年糕等民俗器物、食品，等等。

"乐帙"一卷，即"居家"。

在卷二"居家"中，描绘的主要是日常生活相关的各种建筑、家具、日用物品之类。

居住建筑，如小户平房、五进楼房、书房和外门正面、外门侧面、内房、睡房、厨房、浴室、茅坑、粪窖、仓房，门上装饰和供奉的门神画神荼、郁垒，日用家具障子、屏风、杌子、靠椅、榻、板凳、马踏子（一名"胡床"）、案、桌，以及皮箱、衣箱等。官署办公建筑，如公堂的正面、公堂的侧面和廊下。商业服务业建筑，如平房铺面、剃头店、浴堂。

日用物品，可谓五花八门。如书房常见的文具，即有书架、笔、笔架、笔筒、笔床、墨匣、墨床、裁刀、镇纸、洗笔（即"笔洗"）

以及文具箱等。棋类游艺用的围棋棋盘、棋子、棋筒，还有象棋盘。乐器方面，如三弦子、琵琶、胡琴、云锣、拨子、月鼓、金锣、唢呐、笛、拍板、小钹、铜角（一名"悖啰"）、喇叭等。冬季室内取暖的用具，如厅炉、手炉、火箸、炭斗、脚炉等。茶具如茗壶、小碟、茶盅、烘篮（一名"茶焙"）、茶瓶、茶罐等。照明用具如挂灯、书灯、灯台、蜡剪、檠灯、火把等。洗漱用具，如面盆、漆盆、面盆架等。夏凉用具，如葵扇、扇袋、扇坠、凉伞、藤席等。当然，扇子也是旧时随身饰物和手上把玩的物品之一。随身饰物和用品又有爪杖、香袋、香包等。床上用品如幔、毡条、簟枕（一名"方枕"）、布枕（一名"绣枕"）、坐褥、被褥、簟、帐，炊具餐具如暖锅、铁锅、平底锅、蒸笼、菜刀、肉墩、食篮、盘、箸、调羹、饭桶、铜杓、铁杓、大盆、菜碗、碟儿，还有木杓（一名"水管"）、水缸、水瓮、酒坛、油坛、酒缸、酱缸、油壶、漏斗、棕帚、笤帚、竹帚等。取火用具火镰刀，便溺用的溺瓶（一名"夜不收"）、马桶（一名"净桶"），遮雨具蓑衣、斗笠、雨伞。计量器具天平、法马、秤子（一名"等子"）、等子匣、锤、秤子、量升、量斗，收藏物品的夹饭箱（一名"金银柜"），钥匙、锁、簿子、账箱、套，夜间值更用的更梆、更鼓（一名"筒鼓"），汲水设施和用具如井、桔槔、井车（一名"滑溜"）、吊桶、扁担、提水桶等。日用杂物剪刀、量尺、火斗、熨斗、砧、砧杵、露台走水漏斗，小物件消息子、爬耳朵、镊子、牙签（一名"挑牙"）。与司法活动有关的衙门听讼、告状略式、卖身文契样式等。

书中亦绘有当时所用药箱、套子、药研、药刀、脉枕、脉褥、脉床、膏药刀、膏药器、摊板等传统中医药常用器具。

中国自古是以农耕为主要生产方式的社会，以所谓之"男耕女织"为主要特征。该书所绘图像，也保存着有关的事物、器物及其形制。农事活动者，如犁田、插苗，农具有水碓、犁、拖把、木斫、鉏、耘把、连枷、铁搭、乔杆、簸箕、积苫、草畚、包银筒等；"女织"所用的缫车、织机、梭、布撑、筬（chéng，织具）、绩桶、筹儿等。

"射帙"三卷。卷之三冠服，卷之四饮食制，卷之五闾学。

卷三"冠服"，描绘的是男女服饰，如官员的穿用的蟒袍、文武冬朝帽及夏朝帽、黼子、云缎披肩、帽顶、帽架，藤胎、帽箱，日常的大带、袍子、外套、马褂，背身、大衫、短衫、披风、裙子、围领、女袍、浴衣、衣架、袜子、护膝、鞋子、钉鞋、草鞋、履筐、暖帽、凉帽、睡帽（一名"小帽"）、毡帽，笠儿（一名"草帽"）、顶子、帽缨、纬帽、雪帽，等等。此外，还把日常交通工具大轿、小轿和车的图形也划入了此类。

卷四"饮食制"，选绘了藕粉糕、蓑衣饼、糖糕、雪粉糕、饺子，以及制作、盛放的器具，做馅器、锡匣、切片刀、杆棒、连环、杆皮棒、压子、点心盛器、像花生等。

卷五"闾学"，描绘了乡村市井及学馆的图景。其建筑如祠堂、石牌坊、下马碑、学馆、居宅。其行事，如赞修仪、赞仪束脩包法、开馆票（开馆告示兼学规）、招饮先生图、书生礼拜之图、学馆诸生列位之图，拱手、跪、拜诸礼仪形式。其学馆器物、用品，如书包蓝带、封筒、块头字、功课单、戒方、竹片、拜匣（放置"名帖"亦即"名片"的匣子）、拜匣盖、罗纹斗方纸、格纸、白地红格、谢帖，等等。

"御帙"三卷。卷之六生诞，卷之七冠礼，卷之八婚礼，描述诞生礼、成年礼和婚礼事象与事物。

卷六"生诞"，描绘了婴儿诞生时的一应事务和器物。如接生时的产屋、草纸、胎衣器，育婴用的褓襁、肚带、衣服，肚兜袜子、鞋子，产妇分娩之后用的汤饼、鸡蛋等食品，小儿周岁时的拿周图，还有云髻、簪笄、包头、缠脚布等属于冠礼的内容误入此类。

卷七"冠礼"，绘制的是男女少年举行成年仪式的一应装束和物品。如辫子、花帽、总角，更多的则是误归入卷六的云髻、簪笄、包头、戴包头图，缠脚布、浩然巾等。相关的日用物品，则有剃头刀、木梳、竹篦、须（鬓）盘、斜掠、抿子、油刷等。

卷八"婚礼"。订婚礼帖、礼帖封筒、珠玉匣，女家帖式、女家送妆奁帖式、男家迎娶三帖式、男家回谢帖式等文书样式，同心钏、戒指、耳环、钮钩、手镯、拜盒、针线匣、镜子、镜台、香水瓶、粉盒、栉笥、衣箱、皮箱、纸狮子等新婚必备的物品，授茶、试才、吉期、亲迎花轿、媒人新郎进门之图、新人花轿、女妇送出内房之图、亲迎归路行位、鼓乐待客、新人拜天地、合卺等，从订婚直至迎娶举行婚礼大典的过程，全都绘入了图中。

"书帙"三卷。卷之九宾客，卷之十羁旅行李，卷之十一丧礼。

卷九"宾客"。描绘的是请帖样式、封筒样式、邀请用的书函样式、结彩挂灯、门前迎客、宾客坐位、桌子排设，乃至宴会用的酒瓶、爵杯、箸包、箸子包式等等事物。

卷十"羁旅行李"，描绘的是因公或因私与出行有关的一应事物，如驿站、车轿、骡轿、盔甲箱、搭连（褡裢）、被囊、食兜、马棚、槽、铃袢、常灯（长明灯）、起马牌式、银鞘、鞘盖、鞘身、鞘锁、鞘箍、公馆、官船、桨、通船人名册（关防）、粘线牌挂号、宪照，等等，个中，还特别摹绘了一幅当年的浙海关商船宪照样式。

卷十一"丧礼"，描绘了丧礼的情形和相关事物，如斩衰、七星板、棺材、盖棺、棺材架、帷、褥、灵柩、木主、出葬日枢前排式、鼓乐、铭旌、大金纸、冥衣纸、坟墓、权厝、銮驾（执事）等等。

"数帙"两卷。卷之十二祭礼，卷之十三僧徒。

卷十二"祭礼"，描绘的是民间祭祀活动所涉事物，如城隍庙、土地宫、天后庙、关帝庙等庙宇，关帝神像、城隍神像、土地神像、天后圣母像等神像，神主列位、灵签、签诀牌和娱神的戏台等设施，以及反映祭祀活动情景，如家庙祭祀、坟墓祭祀、请城隍神郊祀等等。

卷十三"僧徒"，以佛教为主描绘了寺院情景。如寺院布局位置图、禅堂之式、山门外石牌，僧人服饰的法衣、袈裟、僧帽、道冠、志公巾、僧鞋、毗卢帽、五佛冠；僧人常用的器物如禅杖、如意、铁钵、拂子、锡杖、柄香炉、法镜、法台、法尺、宝错、金刚降魔杵、洒水器、甘露瓶、幡、禅堂前客版、座具、椅子，寺院常见的乐器小钟鼓、云板、铙钹、引磬、斋堂前饭梆、铜磬、中座铃、扶座铃等，小沙弥、游方僧、道士等的形象，以及焰口坛排式、水忏排式、斋堂吃斋等寺院举行法事活动和日常生活的情形。

三、《清俗纪闻》所录所绘是当时鲜活的民俗事象和名物

凡此可见，《清俗纪闻》所录所绘清代民俗事象和民俗名物，大者如婚礼仪式场景、福建端午龙舟竞渡、家庙祭祀之图、请城隍神郊祀、太岁春牛迎春、学馆诸生列位之图等诸项民俗活动场景；

细微者如小户平房、门神、天花板、插屏、杌子、磁鼓凳、手炉、脚炉、调羹、茶罐、煎药器、灯台、蜡剪、面盆、面盆架、葵扇、扇袋、扇坠、爬耳朵（掏耳勺儿）、镊子、剪刀、量尺、牙签儿、熨斗、衣箱、凉伞，雨伞、火把、簟枕、坐褥、被褥、溺瓶（一名"夜不收"）、马桶（一名"净桶"）、厨房，浴室、茅坑、柴仓、饭桶、饭斗、汁瓶、铜杓、木杓、铁杓、菜碗等等民俗名物。据中川忠英于是书卷首的《附言》和散见于书中的记述文字得知，是书所描绘的，主要是他们亲眼看到的那些旅居长崎的闽浙客商例行的实际活动场景，辅之以通过翻译的访谈记录。其他未能亲见的事物情形，则是根据访谈由画师描绘出来，再请旅日华商们确认。因而，尽管《清俗纪闻》出自日本人的笔下，但所依据的却是当时编纂的"鲜活"资料。

《清俗纪闻》对于当时的一些民俗事象，有的部分还作了比较系统、全面和详尽的记录和描绘。如"婚礼"卷，婚礼过程所涉及的礼俗、器物，十分详尽。

中川忠英当年不惜费时费力费精神地访谈，请人翻译，请画匠绘图编纂这部《清俗纪闻》，初衷何在？这在他自撰的书跋里，并未言及。倒是他所邀人撰的三篇序文里面，透视出许多相关的信息。例如，"述斋林衡"序中写道，"我邦之于清国也，壤地不接，洋溟为阻，屹然相峙，不通使聘，各为区域；则其土风之异，俗尚之殊，何预我耶！然闽浙之民，航海抵崎，贸易交市，以彼不足资我有余，国家亦不禁焉。朱明以还，因仍已久。其间，不能黜贾奸商于纪之虞，则亦不可委之小吏也。于是，官特置司以治之，岂得已乎！是故，承斯任者，非知彼土风俗尚以洞晓利害情伪之所在，则无以宣我之政而服彼之心焉。此则其所当留意也"。而在另篇"蕉园处士津国中井曾弘序"中，认为中川忠英"其意有二。西陲之政，回易莫重焉。清之客，犹我之民矣。非审其风俗，明其好恶，察其情伪，不可得而治也。斯书而成，后之奉职者，长官小吏，咸将知所向焉。一也。诵法圣贤，究博致远。细大弗遗者，民俗名物，固不可以不参诸后世。而草野琐屑，罔有详载，不亦阙事乎！刊书而成，后之学者，其或捃什一知千百焉！二也"。

或言之，当年编纂《清俗纪闻》的功利性目的，首先在于更为有效地管理赴日经商的中国商人，从而更好地开展中日间的经济贸易。其次，则是为未到过中国的日本人了解中国社会风土人情，提供一个便利。尽管他所采访的仅仅是闽浙一带的七位商人，口述的也仅仅是其故里的一方风土人情。但是，在他们看来，闽浙风俗较好地保持了中华传统文化，透过一方风土人情，亦可概观中华古俗的大概了。即如中井曾弘之序所言，"北京、盛京之间，民俗文物重为满也，纯矣。西南方，或大满而小汉矣。其小满而大汉，可以观唐宋遗风者，独有闽浙而已"。再如雪堂黑泽惟直的序中也这样认为，"斯编所载清国风俗，以夏变于夷者，十居二三，则似不足以贵重。然三代圣王之流风余泽，延及于汉唐宋明者，亦未可谓荡然扫地也。又清商志来琼浦者，多系三吴之人，则其所说亦多系三吴之风俗，乃六朝以来故家遗俗确守不变者，就斯编亦可以见其仿佛也"。凡此，可见其虽非出自专业学者之手，虽说不乏明确的现实功利性目的，却也立意深远、用心良苦。正因如此，也就可以作为后世研究中国清代社会世俗风情的较有价值的参考文献。

就目前所知，《清俗纪闻》在中国尚流行未广。除少数几家图书馆藏有是书外，通常则很少见之。台北大立出版社曾于1983年5月以所谓"清嘉庆五年刊本"出过影印本，然而，这个"影印本"

在编目等项舛误纷出，如内封所属"景日本宽正十年（清嘉庆五年一八〇〇年）刊本"，就至少出现了两处错误。个中的"日本宽正十年"，显系"日本宽政十年"之误，而"日本宽政十年"，亦非清嘉庆五年、公元1800年，而是清嘉庆三年、公元1798年；另外，版权页称是"景清嘉庆五年刊本"，亦即"日本宽政十年"刊本，但所影印是书之末却署"宽政十一年己未八月所镌"，所据底本当系"宽政十一年"亦即清嘉庆四年（公元1779年）刊本，等等，皆常识性错误。看来，翻译、整理、印行个新本《清俗纪闻》还是颇有必要的①。

《清俗纪闻》日本宽政十七年（1799）尚古堂版封面

① 2006年9月中华书局出版了方克、孙玄龄中译本。

《清俗纪闻》中华书局中译本封面

《清俗纪闻》卷一《太岁春牛迎春》图

《清俗纪闻》卷三《蟒袍》图

《清俗纪闻》卷一《彩灯》图

《清俗纪闻》卷一《风筝见踢》图

二、探微识小

形如箭撞似鹤毛，细软由能入耳曹：除耳垢的卫生器具"消息"考略

——一种"形如箭撞似鹤毛，细软由能入耳曹"的除耳垢卫生器具

众说纷纭：关于"消息"的异读与误读

先看大约三十年前的龙潜庵《宋元语言词典·消息》词条的释文①：

（一）机关，关棙。《铁拐李》二折："火坑里消息我敢踏，油镬内钱财我敢拿。"董君瑞《哨遍·硬谒》套："消息汤着犯，你便辘轳井口，直打的泉干。"亦作"消息儿"。《东堂老》一折："你把他门限上蹉着，消息儿汤着。"按：《武林旧事》卷六"诸色伎艺人"："消息：陆眼子，高道。"此当指用关棙变戏法等技艺。（二）窍诀，秘密。《水浒传》四十七回："却又不认这

---

① 龙潜庵《宋元语言词典》第 786 页，上海辞书出版社 1985 年版。

路，只拣大路走了，左来右去，只走了死路。又不晓的白杨树转弯抹角的消息。"

显然，"诸色伎艺人"中的"消息：陆眼子，高道"之"伎艺"，既非"机关，关楗"，亦非"窍诀，秘密"，本书证于此不伦不类，与两个义项皆不相合。再看数年前关于《武林旧事》中的"消息"的注释，有人说"即金属机关"；其"消息子"是"金属制作的捕鼠夹"。[①] 对于《志雅堂杂钞》之"今之消息者，不知起于何时"之"消息"，有人认为"此例'消息'即指按摩，与表'斟酌'义者又有所不同，大约按摩须一揿一放，亦'消长'义之引申"[②]。这东西寻常而又奇妙，既属于生活器物的精致，亦从其被名曰"消息"显现着古人的语言智慧与幽默。

甚至，一个小小的"消息"，几乎被误读为"打听和收集最新消息的人"，"诸色伎艺人"中的"陆眼子""高道"二人，俨然成了南宋都城临安的新闻记者，成为"人类信息史上最早出现的两个有名有姓的专业人士"，"不是临安城内从事'消息'行业中的杰出人士，便是从事'消息'行业的首领或老板"，显然是中国乃至世界新闻史的发端与先河。据一位记者写的一篇题为《世界上最早的日报产生于南宋临安？——〈试论南宋临安的新闻事业〉提出世界近代报业起源新论》的专题报道甚是隆重地写道[③]：

世界近代报业产生于 17 世纪初的西欧，而中国近代报业

---

① 李小龙、赵锐评注《武林旧事》插图本第 177 页，中华书局 2007 年版。
② 王锳《唐宋笔记语辞汇释》修订本第 269 页，中华书局 2001 年第 2 版。
③ 童颖骏《世界上最早的日报产生于南宋临安？——〈试论南宋临安的新闻事业〉提出世界近代报业起源新论》，《新闻实践》2011 年第 6 期。

产生于 19 世纪前期，报刊印刷最早也起源于西欧国家……这些都是国内外相关论著、教材和辞典里所写的"定论"。这些"定论"，有的已历经几个世纪。然而，浙江大学新闻系教师何扬鸣研究发现，以上这些"定论"有商榷之必要。何扬鸣的研究成果，发表在中国社会科学院新闻研究所的《新闻与传播研究》上，题目为《试论南宋临安的新闻事业》（下简称为"何文"）。笔者试作一些介绍。南宋临安已经有了新闻事业。中国历史上有进奏院、进奏官，也有"朝报"和"小报"。这是众所周知的常识。然而，人们对这一切的了解有些就事论事。类似的情况还有：研究宋史，我们知道临安曾是南宋的都城；研究新闻理论，我们熟悉新闻事业等概念。多少年来，国内外不少研究就这样互不相关地研究这些领域，得出类似"豆腐青菜"与"青菜豆腐"式的结论。由于人们对进奏院、进奏官，对"朝报"和"小报"，尤其是对南宋临安的进奏院、进奏官，以及"朝报"和"小报"，缺乏全面、深入和综合的研究，国内外都存在着种种误解，不少专家学者不承认这一切与新闻传播有关系。

有学者谈到[①]：

　　研究南宋方方面面的论著汗牛充栋，但是专门研究南宋临安新闻事业的论著极少，笔者孤陋寡闻，到目前为止看到唯一的一篇专文，是尹韵公先生的《南宋都城临安的"卖朝报"与"消息子"及其他》，文中多有十分敏锐而又发人深省的观点，

---

① 何扬鸣《试论南宋临安的新闻事业》，《新闻与传播研究》2009 年第 3 期。

对笔者的探索和思考很有启示。

值得一提的是，除了以上各种媒体记者外，南宋临安民间还有大量从事信息传播的人们和行当。这些民间从事信息传播的人们和行当，即典籍上所记载的"消息子""簇头消息""闲人""喜虫儿"等。"消息子"和"簇头消息"，就是打听和收集最新消息的人，这些人头脑比较灵活，交结比较广泛，信讯灵通，并将收集和集中到的最新消息提供给有关需要的人士、商家，甚至官方机构。《武林旧事》在列举南宋临安中的各行杰出人物时，还特地指出，当时从事"消息"这一行业的人中有"陆眼子""高道"二人。"陆眼子""高道"如果不是临安城内从事"消息"行业中的杰出人士，便是从事"消息"行业的首领或老板。这又是人类信息史上最早出现的两个有名有姓的专业人士。

这里说的"消息"，与现代汉语所指的内容几乎大相径庭。

再如一部杭州地方新闻史专著几乎同样的阐释[1]：

除了上述各种"兼职记者"和"专职记者"外，杭州民间还有大量从事信息传播的人们和行当，也就是典籍上记载的"消息子""簇头消息""闲人""喜虫儿"等。"消息子"和"簇头消息"，就是打听和收集最新信息的人，这些人头脑比较灵活，交结比较广泛，信息灵通，并将收集和集中到的最新消息供给有关需要的人士、商家，甚至官方机构。《武林旧事》在列举杭州各行杰出人物时还特地指出，当时从事"消息"这一

---

① 张梦新等著《杭州新闻史》第 17 页，中国社会科学出版社 2011 年版。

行业的人中有"陆眼子""高道"二人。"陆眼子""高道"如果不是杭州城内从事"消息"行业中的杰出人士，便是从事"消息"行业"消息"行业的首领或老板。这是人类信息史上最早出现的两个有名有姓的专业人士。

一如上例所说，如此言之凿凿，其实不然。

先引几段相关史料权作开篇铺垫

明代陈所闻编辑的《北宫词纪》卷三辑有元人汤舜民一首散曲《赠钱塘镊者》，描述当时的理发匠：

【北南吕一枝花】三万六千日有限期，一百二十行无休息。但识破毫厘千里谬，才知道四十九年非。这归去来兮，明是个安身计，人都道陶潜有见识。谁恋他花扑扑云路功名，他偏爱清淡淡仙家道理。

【梁州】打荡着临闹市数椽屋小，滴溜着皱微波八尺帘低。自古道善其事者先其器。雪锭刀揩磨得铦利，花镔镊拎弄得轻疾，乌犀篦雕镂得纤密，白象梳出落得新奇。虽然道事情修一艺相随，却也曾播芳名四远相知。剃得些小沙弥三花顶翠翠青青，摘得些俊女流两叶眉娇娇媚媚，镊得些忱郎君一字额整整齐齐。近日，有谁？闲遥遥寄傲在红尘内，虽小道莫轻易。也藏着桑拓连村雨一犁，到大便宜。

【尾声】从今后毕罢了半窗夜月樗蒲戏，洗涫了两袖春风蹴鞠泥，兀的般自在生涯煞是伶俐。你觑那蝇头利微，也须是

鸡肋味美，不承望陈七子门徒刚刚的快活了你。（原载《北宫词纪》;《全元曲》卷七页 5215）

相当于中国元代时期的朝鲜汉语教科书**《原本老乞大》和《老乞大谚解》**有段如下完全相同的对话文字：

> 我引着你买些零碎的货物。红缨一百斤。烧珠儿五百串。玛瑙珠儿一百串。琥珀珠儿一百串。玉珠儿一百串。香串珠儿一百串。水精珠儿一百串。珊瑚珠儿一百串。大针一百帖。小针一百帖。镊儿一百把。苏木一百斤。毡帽儿一百个。桃尖棕帽儿一百个。琥珀顶子一百副。结棕帽儿一百个。面粉一百匣。绵胭脂一百个。腊胭脂一百斤。牛角盒儿一百个。鹿角盒儿一百个。绣针一百帖。枣木梳子一百个。黄杨木梳子一百个。大篦子一百个。密篦子一百个。斜皮针筒儿一百个。大小刀子共一百副。双鞘刀子一十把。杂使刀子一十把。割纸细刀子一十把。裙刀子一十把。五事儿十副。象棋十副。大棋十副。双六十副。茶褐栾带一百条。紫绦儿一百条。压口荷包一百个。剃头刀子一百把。剪子一百把。锥儿一百个。秤三十连。等子十连。那秤等子都是官做的。秤竿秤锤。毫星秤钩子。都有。

记述所及，包括"镊儿一百把""枣木梳子一百个、黄杨木梳子一百个、大篦子一百个、密篦子一百个"，以及"剃头刀子一百把"等梳剃"动使"（器具）。这一点，恰可与稍晚于此的《遵生八笺》相关所记相互印证：诸般梳剃器具不仅仅是梳剃匠人的"动使"，也是时人日常生活所常备的日用器具；梳剃是时人日常生活所习以为常的卫生与化妆习俗。

再看明代高濂的《遵生八笺》，是中国历史上著名的养生学经典著作。《遵生八笺·压尺》既历数了书房客厅常备的文具文玩，还开列出了"内藏抽斗"中的镊刀、指锉消息，挖耳等日常梳剃器具：

> 有玉作尺，余见长二尺，厚六分，阔一寸五分者。人云"尺璧为宝"，然玉有径二三尺者一时可见，有二尺长玉如意，三尺六寸长玉剑，皆奇货也。有玉碾双螭尺，有以紫檀乌木为之，上用古做蹲螭玉带、抱月玉兔、走兽为钮者。又见倭人鏒金银压尺，古所未有。尺状如常，上以金鏒双桃银叶为钮，面以金银鏒花，皆绦环细嵌，工致动色。更有一窍透开，内藏抽斗，中有刀锥、镊刀、指锉、刮齿、消息，挖耳，剪子，收则一条，挣开成剪。此制何起？岂人心思可到。谓之"八面埋伏"，尽于斗中收藏，非倭其孰能之？余以此式令潘铜仿造，亦妙，潘能得其真传故耳。论尺无过此者。有金银石嵌秘阁、界尺、图匣、文具等物，终是不雅。有竹嵌尺傍四转，内以黄杨、乌木、紫檀、象牙，挽嵌如意，形制虽工，久则必败。

而且，在文人雅士自行设计用作出游携带的"备具匣"中的"文具"，也包括诸般日常梳剃器具。亦如《遵生八笺》卷八《备具匣》所载：

> 余制。以轻木为之，外加皮包厚漆如拜匣，高七寸，阔八寸，长一尺四寸。中作一替，上浅下深，置小梳匣一，茶盏四，骰盆一，香炉一，香盒一，茶盒一，匙箸瓶一。上替内小砚一，墨一，笔二，小水注一，水洗一，图书小匣一，骨牌匣一，骰

子枚马盒一，香炭饼盒一，途利文具匣一，内藏裁刀、锥子、挖耳、挑牙、消息，又修指甲刀、锉、发刷等件。酒牌一，诗韵牌一，文诗筒一：内藏红叶或笺以录诗。下藏梳具匣者，以便山宿。外用关锁以启闭。携之山游，似亦甚备。

开篇引述至此，本文要说的是提出其中尤其《遵生八笺》两处开列的"消息"，到底是何物件？就其前后文罗列的物件名称，似可揣测该不是日常整理个人卫生的什么小器具吧？是的，这是一种清除耳垢的器具。

《净发须知》中的一种梳剃器具

为此，需要从《永乐大典》所保存的一部宋元理发业典籍《净发须知》说起。《净发须知》总有六处述及"消息"。

首先，应关注《净发须知》所辑三首咏"消息"的诗，即"消息诗"：

（1）消息诗：耳作蝉鸣似有琴，身无气脉不通风。妙手精玄轻一镊，教人快乐自玲珑。

（2）消息第十二：形如箭撞似鹤毛，细软由能入耳曹。响镊相依似蝉噪，得人清爽意惶惶。

（3）消息诗：凤凰落了一枝鬃，高士取来在手中。此个神仙藏妙用，为人净耳见闻听。

其次，再看《净发须知》中其他几处与此相关的记述：

（4）更连十件，各有异名。照子二尊，闪烁团圆秋月皎。镊儿三位，玲珑清彻晚蛩吟。四加荡石取锋针，五是帮皮锋粉瓦，六数古须盛水，七添眉子威严。八有蜂腰，更称燕尾。[帮榜]九般镽子，并号黄龙。木梳撩乱爽精神，宜该第十。凤笔豁惶消息好，排过五双。（《净发处士大阐城子论》）

（5）镽耳鹧鸪天：一用镽子刃如锋。二用匙头不见踪，第三挑瘼须还笔，四用鹊嘴取教通。观里面，了然空，真珠撞子顿其中。轻轻敲作蝉声响，六般消息耳内攻。

（6）鹧鸪天：钮钗起致自罗真，七子初传本姓陈。仙艺不凡奇手段，道箓结束把头名。双六伴，若珠珍，个中色色有来因。若能会得真消息，便是江湖物外人。

《遵生八笺》两处开列的"消息"，正是《净发须知》多处言及的梳剃器具。清·刘家谋《台海竹枝词》写道："夜深轧轧响牛车，盼断东风消息花。月影朦胧郎识得？绿珊瑚里是侬家！"其"消息花"是以"消息"的形状命花名。对此，可有清·朱筠园竹枝词《瀛涯渔唱》注云："刺球花，枝干多刺，花黄色而朵小，细攒如绒，每露气晨流，芬香袭人，冬月盛开。人家篱落多植之，一名'消息花'"。再如清·黄继光《婆娑洋杂咏》竹枝词咏道："冒雨闲寻栗里芽，迎年迟我吐寒葩。金铃擎得秋风信，一簇篱东消息花。"诗家自注："迎年菊与秋花无异，一种紫色者开历冬春，又有献岁菊立春始开。莿球花身多刺，土人植以为篱，秋冬开黄花，如小铃，细碎攒绒类治耳器，颇似菊，谓之'消息花'。"如此数来，那"消息花"形状便大概犹若"形如箭撞似鹤毛"和"凤凰落了一枝鬓"了。

生动的隐喻：明清"市语"中的"消息子"

　　明清市语中的"消息子"，许多属于隐喻性的，有如谜语，是"素面荤底"，需要"荤破素猜"。"破"者，破闷儿，即猜谜。明清市语中的"消息子"，假借作为搔耳器具"消息子"之名作为"素闷儿"亦即无情色的素谜，行的乃是"荤破素猜"之道，用指男根或替代男根的自慰器具。《山歌》卷六《咏物·消息子》"我里情哥郎好像消息子能"之"消息子"，刘瑞明释云："耳捻子。"即属于隐喻性的"荤破素猜"之道①。

　　明·冯惟敏《仙子步蟾宫·八美·耳簪》曲：

　　　　马蹄金造就耳挖儿，蝉翼鬓单铺满面丝，螺头青细绾香云鬓，倒别着簪一枝，倩佳人央挽多时。抬贵手轻轻摘取，转秋波低低窥视，启朱唇款款斜吹。须要经心，莫得离嘻。俺则索叉手躬身。交头接耳，苫眼铺眉。吓的俺不转睛斜佥着坐地，尽着他不住手两下里施为。好个消息，几阵昏迷。俺已心痒难挠，他还待手下偎随。（原载《海浮山堂词稿》；谢伯阳编《全明散曲》页 1983）

　　明清民歌时调的隐喻。明清民歌时调有三首"消息诗"，具体为：

　　　　消息子，我的乖。你识人孔窍，挨身进，抽身出。堲上几遭，抇一抇，眼朦胧浑身都麻到。抇重了把眉头皱，抇轻时痒又难熬，抇到那不痒不疼也，你好把涎唾儿收住了。（《挂枝儿》

---

①《冯梦龙民歌集三种注解》第 462 页，中华书局 2005 年版。

卷八《咏部·消息子》)

消息子，都道你会知人的趣。疼不疼，痒不痒，这是甚的？寻着个孔窍儿你便中了我意。重了绞我又当不起，轻了消我又熬不得。睡梦里低声也，叫道慢慢做到底。(《挂枝儿》卷八《咏部·消息子》)

消息子，我里情哥郎好像消息子能，身才一捻骨头轻，进来出去能即溜，教我小阿奴奴关着子毛头便痒死人。(《山歌》卷六《咏物·消息子》)

民国时海上说梦人（朱瘦菊）的章回小说《歇浦潮》第61回写道：

当时摇断电话，两人急急忙忙出来，坐着华老荣的马车，径往卡德路。俊人早已命人在门口守候，如海是往来惯的，不须通报，带着老荣，一直到俊人书房里面。俊人身披狐皮一口钟，面前放着两只电气火炉，口衔雪茄烟，正在煨火。见了老荣，点点头，说声请坐。又对如海说："你什么事，见神见鬼，话长话短，害得我至今耳朵内，还痒痒的难熬呢。"如海笑道："别难熬了，我便是个消息子，你耳朵发痒，我一来包你适意就是。"俊人大笑。华老荣也陪着笑了。如海坐了，把老荣的姨太太因与姊妹们在家赌钱，被巡捕房捉了去，现在押着不放出来，托他从中设法等情，细细说了。俊人皱眉道："你们家中赌钱，又在房间之内，巡捕房如何知道？常言无鬼不死人。我看这件事一定有人放风的。"

个中如海笑道"别难熬了，我便是个消息子，你耳朵发痒，我一来包你适意就是"的"消息子"，亦然，是以采耳器具隐喻男根。

刘瑞明在注解《挂枝儿》卷八《咏部·消息子》"消息子"的释语为：

> 消息子：又叫做"消息儿"。陈刚《北京方言词典》："消息儿：用软毛或棉团做的掏耳垢的器具。也叫'耳撼子'。""消息"本是消长义，宋代时指按摩。《志雅堂杂钞》卷上载："今之消息者，不知起于何时。然药方《千金方》自有按摩之术，如十段锦之类也，唐时有按摩博士。"宋陈叔方《颍川识小》："今市井间有为人消息者，其按摩之余术也。"《西湖老人繁胜录》"诸行市"条："细扣子、闹城（娥）儿、消息子、揪金钱。"消息子即耳撼子，宋时已有此名。明·冯惟敏《仙子步蟾宫·八美·耳簪》："马蹄金造就耳挖儿，……尽着他不住手两下里施为。好个消息，几阵昏迷。俺已心痒难挠，他还待手下偎随。"苏州方言作"捎息"。据《苏州常言俗语》："捎息：挖耳子。"捎，转动义。

这个释语则似嫌有点儿混乱。如其已得见并引述了宋·陈叔方《颍川识小》卷下所云："有以筋力治病者，唐之按摩博士是也。今市井间有为人消息者，其按摩之余术也"一项书证，则不当在于前面断言"'消息'本是消长义，宋代时指按摩"矣。末尾，再引证《苏州常言俗语》"捎息：挖耳子"，"挖耳子"与"耳撼子"并非同一清除耳垢器具，如此便令人感到混淆，则又似嫌添足矣。

同"消息子"隐喻相类的"广东消息子""景东人事"

同"消息子"同类物件，还有"广东消息子"。如"取百狐之腋，聚而成裘"，钱德苍编选的之《缀白裘》所辑梆子腔《打面缸》中有一段言及"消息子"：

《全图缀白裘全传》封面书影

（净执灯笼上，四边看介）可惜周腊梅，错配与张才；差往山东去，那得就回来？奶奶不在家，私下走出来；且到他家去，落得把心开。……（开门见介）老爷在上，周腊梅叩头。
（净）起来，起来。（袖内取出红毡帽大脚鞋介）一块胭脂，一
双大红鞋子，都是我奶奶的；我偷来送你，权当个贺礼（贴）
多谢老爷。（净又取出金锣锤介）还有一个广东消息子，送与
你杀痒。（贴）休得取笑。

个中，"广东消息子"，显为女用"杀痒"的仿男根的淫器。又
如，在《醒世姻缘传》第六五回《狄生遭打又陪钱　张子报仇兼射
利》亦可见之此说：

> 偷儿喜不自胜，又磕了四个狗头相谢，走进房内，翻砖倒
> 瓦。两个姑子睡得烂熟如泥，一个老白睡得象个醉猪死狗。揭
> 开他的箱子，止有衣裳、鞋、袜、汗巾、手帕之类，并没有那
> 诓骗的百两多银。偷儿先把那精美的物件卷了一包，又在房内
> 遍寻那银子不见，放出那两只贼眼的神光，在白姑子床上席背
> 后揭开一看，只见墙上三个抽斗，都用小镀银锁锁住，外用床
> 席遮严。偷儿喜道："这个秃科子，倒也收藏的妙！"扭开第一
> 个抽斗，里面止有千把散钱。偷儿又把第二个抽斗扭开，却好
> 端端正正那百十两银子，还有别的小包，也不下二三十两。偷
> 儿叫了声"惭愧"，尽数拿将出来。衣架上搭着一条月白丝绸
> 搭膊，扯将下来，将那银子尽情装在里面。又将那第三个抽斗
> 扭开，里面两三根"明角先生"，又有两三根"广东人事"，两
> 块"陈妈妈"，一个白绫合包，扯开里面，盛着一个大指顶样
> 的缅铃，余无别物。

关于这种形似男性阴茎的女性自慰器具"广东人事"如何使用，

《竹林野史》第七回则有具体的细微描述："其长四五寸，先用热水浸泡，使其慢慢发硬，然后以绳束其根部，并以绳的两端绑在脚跟上，动其双脚，以手助其出入吐纳。"此物之名为何有广东二字？是广东人发明的？是广东人用得最多？是首先从广东传入的？这个问题不解决，真是委屈了全体广东人民。

还有"景东人事"

《金瓶梅》第十九回："初时蒋竹山图妇人喜欢，修合了些戏药，门前买了些甚么景东人事，美女相思套之类，实指望打动妇人心。"

到底何为"消息子"？

有人认为，"'消息'当为净发梳剃所用的一种可发出声音的器具"①。但也有人提出异议，认为这是一种"由柔软的细毛做成的"，"使用时，是捻进捻出，从而带出耳内被鐓刀刮下的碎屑"的"去除耳垢的工具"②。愚意以为，后者的辨析与论断成立。所谓"消息"，是一种由软毛性物质制成的，理发时用以清除耳垢器具。所谓"凤筅豁惶消息好"，以"凤筅"谓"消息"，乃缘自其形制"凤凰落了一枝鬃"。

此外，再如与《老乞大》同时代、同类性质读物之《朴通事谚解》所说"将那铰刀、斡耳捎［消］息来，掏一掏耳朵。以禽鸟毳

① 邓子勉《〈净发须知〉、净发社及其他》，《中国典籍与文化》1998 年第 2 期。
② 邢益火《说"消息"》，《中国典籍与文化》2000 年第 4 期。

翎安于竹针头，用以取耳垢者，俗呼为消息"之"消息"，亦正是此器。

最后，再联系《净发须知》所载"凤笓豁惶消息好"，试对《四快图》诗中的"消息"信息作一"别解"式的解读："笓耳"与"凤笓"——以"凤笓"亦即"消息"作为"笓耳"器具。

以年寿最长、官位最高和成就最大著称的南宋江湖诗人刘克庄（1187—1269），以其词风豪迈慷慨而被视为辛派词人的重要代表。这位豪迈词人亦曾作有著名的生活情趣小诗《四快图》，细腻地捕捉、吟咏了日常生活中的四种"快意"小事儿：笓耳，抓痒，捉发虱，打喷嚏，充满了日常生活的情趣。诗云：

> 一人笓耳手不柱，一人坦背抓痒处。一人理发虱禽获，一人喷嚏虎惊去。
>
> 余鼻久塞耳骤聋，虱无附丽头已童。惟背负暄觉奇痒，麻姑之爪未易逢。
>
> 吾闻气泄如堤溃，枕高唾远道家忌。且留眼读养生书，莫将身试快意事。

"一人理发虱禽获"，描绘了理发篦虱的快意。"一人笓耳手不柱"之"笓耳"，亦与理发有关，说的是用"消息"清除耳垢。笓，本指"笓帚"，一种以竹等做成用作刷锅、碗用的器具炊帚，亦即《山歌·门神》"拿个笓帚来支我，我也只弗做声"所说的"笓帚"，显为日常生活常见的那种竹制炊帚、刷帚。于此，《四快图》诗"笓耳"之"笓"当属动词，指以笓帚"笓耳"。那么，此"笓帚"则非炊具，而是"耳笓"矣。"耳笓"者，"凤笓"也。以其形制、功能，亦即传统理发业清除耳垢之"动使"——"消息"也。清·孔尚任《桃花扇》第七出："（末看旦介）你看香君上头之后，更觉艳丽了。（向生介）世兄有福，消此尤物。（生）香君天姿国色，今日插了几朵珠翠，穿了一套绮罗，十分花貌，又添二分，果然可爱。（小旦）这都亏了杨老爷帮衬哩。"其"消此尤物"，则即消夜，夜间消遣享用。如元曲所谓"他有那乞巧的泥媳妇、消夜的闷葫芦"。[1]隐喻语境下的"消息子"亦自当属供女子夜间消遣享用"尤物"矣。

作为本义本元功能的梳剃器具耳捻子起源于何时？宋·周密《志雅堂杂钞》卷上《医药》："今之消息者，不知起于何时，然药方《千金方》自有按摩之术，如十段锦之类是也，唐时有按摩博士。"以采耳器具"消息"亦即耳捻子于耳中捻动自当属于一种局部按摩之术。至于"起于何时"，在孙思邈的《千金方》中亦载有"按摩之术"，周密依此推断当不晚于唐代。但是据晋葛洪《抱朴子·备阙》篇："摘齿则松槚不及一寸之筳；挑耳则栋梁不如鹪鹩之羽。"就此，邓之诚《骨董琐记》卷二《挑耳》云："即今之搔耳。"[2]由此推知，此器远于晋代即当有焉。或可更早，然迄今尚未见有出土实物佐证。此器由毛毛等易朽物固定于杆儿上制成，很难流传久远。

综上可见，此器名曰"消息"，即缘上述三种隐喻而来，既属于宋元梳剃业行话，亦是宋元以来的市语。

---

[1]（元）孟汉卿《魔合罗》第一折。
[2] 邓之诚《骨董琐记全编》第 65 页，北京出版社 1998 年版。

何以称作"消息子"？

那么，这种理发清除耳垢的采耳器具何以命名"消息"呢？余之考辨认为，以此器名曰"消息"，或缘三种隐喻而来。

其一，隐喻使用这种耳挖器过程中的毛端之蓬缩形态之"消长"，一如《易·丰》所谓"日中则昃，月盈则食，天地盈虚，与时消息"，又《易·剥》："君子尚消息盈虚，天行也。"即如清·黄师琼《题谢梅庄侍御军中学〈易〉图》诗所咏："愿君进退持以正，消息盈虚任卷舒。"系就以此耳挖器掏耳过程的形态变化而言。

其二，始创于柳永的词牌《永遇乐》又谓"消息"，宋·晁补之（字无咎，1053—1110 年）词《消息·端午》自注云："自过腔，即越调'永遇乐'，端午。"此乃借以隐喻掏耳"教人快乐自玲珑""得人清爽意惶惶"之舒坦快乐——取"永遇乐"之"乐"也，系就掏耳的效果而言。

其三，明清民歌时调的隐喻。显然，前述三首"消息诗"中的"趓""拈""捻"，本为采耳时使用"消息子"（亦即鹅毛棒、耳捻子）的采耳动作，于此则隐喻性器和性行为，反之亦可认为以性行为过程中的男根动作与形态以及效果反应隐喻此器。《净发须知·耳笓诗》："三分兔毫在尾头，入人耳内闹啾啾。至老不长三寸短，皱眉缩眼是风流。"即古代一种长柄兵器"狼笓"，杆柄之前端周围密附数层多刃刺枝。戚继光《纪效新书》"惟笓则枝茂盛，遮蔽一身有余，眼前可恃，足以壮胆助气"之"笓"即此。

"消息子"：宋代兜售和伎艺表演的两个市井行当

宋·周密《志雅堂杂钞》卷上《医药》："今之消息者，不知起于何时，然药方《千金方》自有按摩之术，如十段锦之类是也，唐时有按摩博士。"以采耳器具"消息"亦即耳捻子于耳中捻动自当属于一种局部按摩之术。

宋·周密《武林旧事》卷六《小经纪（他处所无者）》载："磨镜、弩儿、弩弦、弹弓、箭翎……劀截段尺、出洗衣服、簇头消息、提茶瓶……消息子、老鼠药、蚊烟、闹蛾儿、纽扣子、接绦、修扇子。"此处的"簇头消息"，亦即《西湖老人繁胜录·诸行市》说的"促头消息"，和此处的"消息子"一样，均指采耳器具。

宋·西湖老人《西湖老人繁胜录·诸行市》："京都有四百十四行，略而言之：闹慢道业、履历班朝、风筝药线、胶矾斗药、五色箭翎……细扣子、闹城儿、消息子、揪金线、真金条、香饼子、香炉灰、打香印、卖朝报。"此处说的是作为采耳器具的"消息子"。

又，宋·西湖老人《西湖老人繁胜录·诸行市》："十三军大教场、教奕军教场、后军教场、南仓内前、权子里贡院前、佑圣观前、宽阔所在扑赏，并路岐人在内作场，行七圣法，切人头下卖符，少间依元接上。水田食敖饯子，吞剑，取眼睛，大裹捉当三钱。教鱼跳刀门，乌龟踢弄，金翅覆射斗叶，猢孙老鸦下棋，腊觜舞斋郎，鹌鹑弩教能使捧相扑。王宣弄面，打一丈方饼。唱涯词只引子弟听，淘真尽是村人打硬底，擘破铁橄榄。戾家相扑猎户，卖山风药铺虎皮、虎头、虎爪，黄显贵没眼动清乐，林遇仙圣花撮药，天武张石球，花马儿掇石墩，廊介酒李一郎，野呵小说，处处分数别，亦有促头消息。扑弄个爪涨上桃，婺州角儿。孟秋行幸，同前。"此处说的"促头消息"，是作为表演性伎艺的"消息"。

宋·周密《武林旧事》卷六《诸色伎艺人》，在历数御前应制、御前画院、棋待诏、小说、影戏、唱赚、杂剧、弹唱因缘、唱耍令、踢弄、傀儡、乔相扑、散耍、吟叫、放风筝、烟火、说药、捕蛇、七圣法等五十余种伎艺的代表性艺人之末，则记述了陆眼子和高道两位"消息"表演伎艺人。

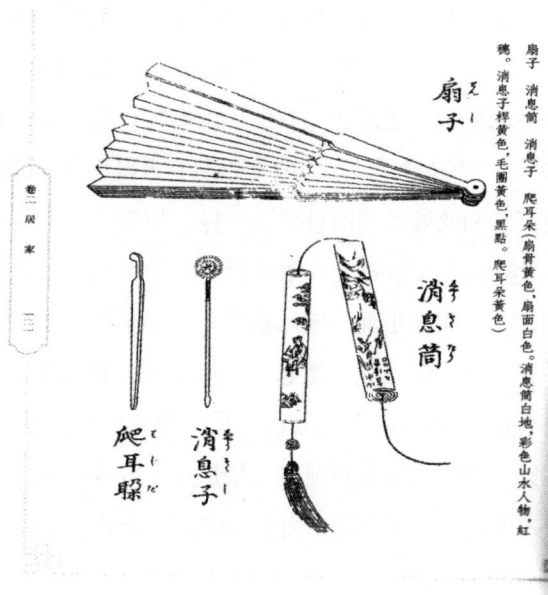

《清俗纪闻》的"消息子""消息筒"和"爬耳朵"图

大似宫人话天宝 笺释精详胜剧评

——近代戏曲音乐学家方问溪其人其书其事故实

百年歌调盛皮黄，乐用胡琴最擅场。

妙理何人能阐发，眼中吾许合肥方。

这是历史学兼戏曲学家张次溪赞誉方问溪所著《胡琴研究》的题诗。

"如今，提起京胡前辈王晓韶、李春泉、贾祥瑞、樊景泰、田宝林，以及清末的名琴师梅雨田、孙佐臣、陈彦衡、陆彦廷、王云亭等……人们也许觉得生分了。"[①] 同理，如果提起方问溪及其《梨园话》和《胡琴研究》等著述，知者还能有几人呢？

方问溪是谁？时下的确也是已经很少有人知道了。即或一些重要的专业辞书，有关方氏的信息亦甚微少。

《中国大百科全书》（第二版）"戏曲教育"条目中写道："随着戏曲艺术的发展，出现了为民间戏班培养人才的'科班'。……如方问溪〈梨园话〉所说：'科班之组，多由伶工自动发起，招外界股东供给资财。然亦有独资经营，不招外股者，维其少耳。'"（案：

---

① 刘曾复《中国京胡与琴师》序，上海远东出版社 2011 年版。

"维其少耳"，《梨园话》本作"惟甚少耳"，显系本题目作者未见是书原本而转引之误。）再检视笔者手边的 20 世纪的《中国戏曲曲艺词典》①和 21 世纪初出版的《京剧知识词典》(增订版)②《京剧文化词典》③三部专门辞书，均设有《梨园话》条目，除《京剧文化词典》立有"方秉忠"条目外，均无"方问溪"专条。

依愚之见，包括《中国大百科全书》在内，非但《梨园话》，就连其作者方问溪，各书亦应单立条目予以详述。

何以作如此言说？出身数代相承戏曲世家的方问溪，将这个艺术世家和业内数代人仅凭口传心授难以获得学术层面解读和传播的艺术之道，推上艺术学术的殿堂，成就卓著，贡献独到，实在应予彰显，在中国近现代戏曲史上应予一席得体之地。让学界重新发掘、认知和评价方氏其人、其书、其事，使之不被湮没，并得以传播与使用，具有学术史、文化史的重要意义。此即笔者躬行发掘、整理方氏文献资料，着手辑集、编纂《方问溪文集》过程所感，以及倡议并力促方氏研究之初衷。

方问溪：艺术世家的第五代薪火传人

方氏竟然还是齐白石的及门弟子。齐白石在忆及及门弟子时谈道："……方问溪，名俊章，安徽合肥人，他的祖父方星樵，名秉忠，和我是朋友，是个很著名的昆曲家。问溪家学渊源，也是个戏

---

① 上海艺术研究所、中国戏剧家协会上海分会编，上海辞书出版社 1981 年版。
② 吴同宾、周亚勋主编，天津人民出版社 2007 年第二版。
③ 黄钧、徐希博主编，汉语大词典出版社 2001 年版。

曲家兼音乐家，年纪不过二十来岁。他的姑丈是京剧名伶杨隆寿之
子长喜，梅兰芳的母亲，是杨长喜的胞妹，问溪和兰芳是同辈的姻
亲，可算得是梨园世家。"①

　　张次溪是著名的戏曲史专家兼文史专家，其辑录的正续两编
《清代燕都梨园史料》，为其赢得了巨大的学术声誉。他在是书自序
中述及了门生方问溪的贡献和友谊："余少岁随宦燕京，侨居既久，
视此土不啻第二故乡。凡名胜、古迹、人物、遗事，皆似与我以极
亲爱之印象，故好从事搜集。独此梨园事迹最多，因史料难觅，鲜
有能致力此者。故平时喜向冷摊搜觅，凡遇此类书籍发现，虽索多
金亦不少靳。共和十七年革命军北伐，个人环境为之一变，不获已
谋食津门，乃以此事属诸友人方问溪。而方君搜集之勤又过余，
先后寄赠者凡若干种。"②

　　方问溪者，一位出身于至少四代从事京剧艺术梨园世家的中国
戏曲学者，家学渊源不可不谓深厚。"古人学问无遗力，少壮工夫
老始成。"作为晚齐如山一辈的戏曲专家，当其不足30岁之际，即
已经至少有三部开山性戏曲专著十几篇专业文章问世，不可不谓成
就卓著。然而，遗憾的是，如此"少更成"的一位学者却名字久不
见经传，几湮其名。实可谓"千载贤愚同瞬息，几人湮没几垂名"
（唐·殷尧藩《端午日》）也。

　　本人在题为《论方问溪〈梨园话〉及其戏剧史意义》的另篇专
论中，曾提出："方问溪所出身的数代相承的戏曲世家，以及其本

------

　　① 齐白石口述，张次溪笔录，《白石老人自述》第128页，生活·读书·新知三联
书店2010年版。

　　② 张次溪辑、吴启文等点校《清代燕都梨园史料》（正续编）第19—20页，中国
戏剧出版社1988年版。

人艺术志趣和勤奋好学，再加之由此而联结的几代戏曲界从业者乃至张次溪这般卓有建树的专家学者的互动关系，为其编撰《梨园话》提供了坚实的学术基础和丰厚的专业资源。"同时，通过考证概要地梳理了方氏的"世家"、生平等，且移录如此：

> 我们现在可以了解到的方问溪简略生平及其家世概略为：方问溪（1911？—？），名俊章，以字行，安徽合肥人。其家族世系脉络显示，他生长于一个家学渊源颇为深厚的梨园世家。除其高祖方德荣事迹待考外，曾祖方国祥、祖父方秉忠（1856—1927），均为清升平署乐师。尤其其祖父方秉忠（号星樵），是光绪年以来最享盛名的京剧场面笛师，被业内奉为宗师。据业内老辈艺人记忆，溥仪民国初年新婚时，曾邀戏班进宫庆贺作堂会演出，方星樵与茹莱卿、锡子刚同为场面主师。父辈的方宝泉、方宝奎，以及兄弟方少泉（1925—），子侄辈的方士良等，均为卓有成就的京剧艺术家。
>
> 再有其姻亲方面，姑丈杨长喜本人、长喜之父亲杨隆寿，长喜之子杨盛春（1913—1958），长喜之孙杨少春（1940—），乃至长喜之外甥梅兰芳（1894—1961），梅兰芳的父亲梅竹芬（1872—1898），几乎都是著名的京剧艺术家。即如齐白石先生所言，实在"可算得是梨园世家"矣。
>
> 就目前所知见，方问溪在其年仅28岁时，就总计撰写并出版了三部著作，分别是《梨园话》（1931）、《撷笛述义》（1933）和《胡琴研究》（1938）；此外，还在《北平晨报》、《东方文化》（月刊）等报刊发表《昆曲与皮簧之板眼》、《昆曲宫谱之研究》等戏曲艺术类文章十余篇，这也是我们目前所能

见到的他的全部著作和所能了解的全部生平事迹。至于其学业、职业、婚姻等情况，乃至其生父确否为方宝泉，等等，还缺乏必要的信息进行考察和确认。尽管如此，仍不影响我们对其在中国近现代戏曲史上所做的贡献作出基本的评价。

方问溪其书：珍稀可贵

就笔者所知见，方问溪至少有三部开山性戏曲专著存世，即《梨园话》（1931）、《撇笛述义》（1933）和《胡琴研究》（1938）。且分别略作评述。

其一，《梨园话》，中华印书局1931年出版。

是书最初拟名《京班术语》或《皮黄戏班术语》，齐如山题写的是"皮黄班语"，于付梓前最后定现名。从钱景周、陈勉安题诗识语"题问溪仁棣二十初度造像集耐辱居士诗韵两则"推知，方氏撰著、出版本书时，年仅20岁上下。尽管未以"辞典"名之，却可谓之为最早的一部京剧辞典。被盛赞"可与齐如山先生之《中国剧之变迁》《中国剧之组织》，鼎足而三"（陈墨香、张次溪评语）。

是书竖排，每页11行，题词、序跋等26页，正文136页，总计162页，约4万余字，辑释京剧名词术语400余条，条目正文以笔画为序排列，封面书名，由著名京剧老生时慧宝（1881—1943）题写。卷首依次为京剧四大名旦之一的程艳（砚）秋（1904—1958）再题书名，著名戏曲理论家齐如山题写的"皮黄班语"四字，作者方问溪的肖像、自序和钱景周、张绍先、谢苏生、林小琴等25位人士的诗词和序文，卷末戏曲理论家傅惜华之兄，曾与梅兰芳、余叔岩、齐如山等发起成立"北平国剧学会"的著名学者兼报人傅芸子（1902—1948）撰写的《梨园话书后》。"大似宫人话天宝，笺释精详胜剧评"，《梨园话·王蟫垒题辞》中的这两句诗，可谓对方氏《梨园话》的概括性评价。

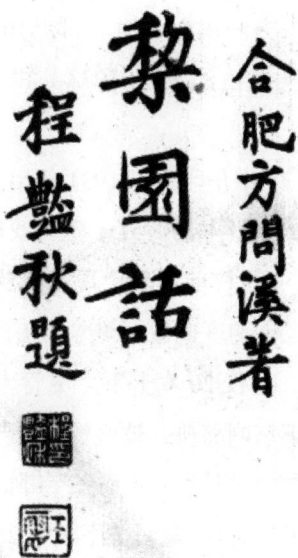

《梨园话》初版程砚秋题笺

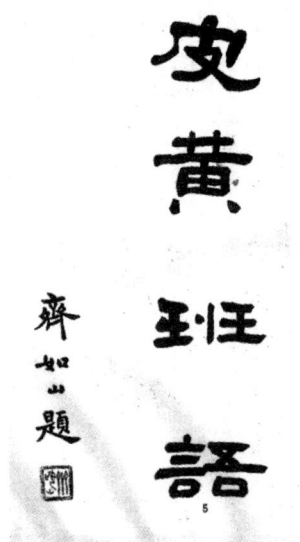

《梨园话》齐如山题笺《皮黄班语》

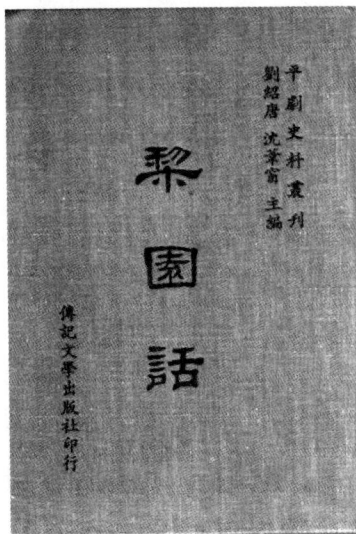

《梨园话》台湾传记文学出版社版封面

《梨园话》初版版末页和作者《梨园话书后》

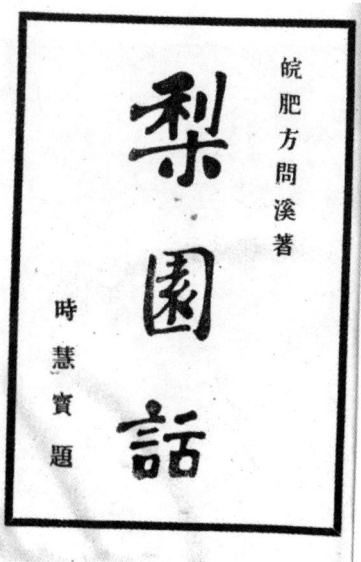

《梨园话》初版封面时慧宝题笺

《梨园话》初版版权页

《梨园话》初版作者照片和张绍先题词

其二，《撅笛述义》，中华印书局 1933 年 12 月出版。

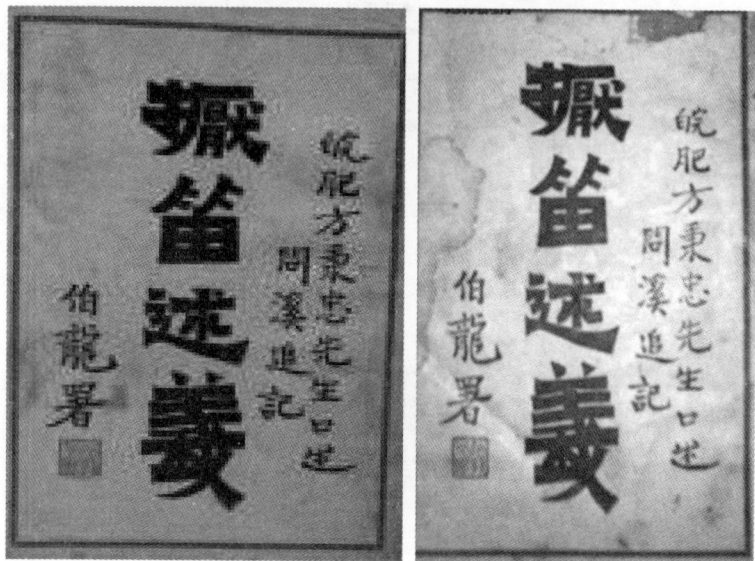

《撅笛述义》封面书影

据时人《撅笛述义》管之枢（运衡）序记述，"尽得乃祖之秘"的方问溪"不愿以技艺见称于世，虽名重当时，久已辍而弗奏，一心讲学读书。记曰，'先祖有美，知而费传，不仁也'。又曰：'显扬先祖。所以崇孝'。问溪明乎此，曾追记乃祖之论曲说笛诸说为一书，曰《星樵余韵》，以明著之后世，冀免数典忘祖之诮也"。另外，还可知书名《撅笛述义》原曾拟名《星樵余韵》，系后改今名。原拟名《星樵余韵》者，显为纪念其祖父方星樵，但就其书内容而言，则未免不够直切主题一目了然令人费猜，或因此而定今名。

《撅笛述义》卷首方秉忠祖孙合影和梅兰芳题词"柯亭遗韵"

是书为方秉忠口述，方问溪笔记整理。关于是书的写作缘起和内容，其自序所述甚是清晰，移抄如此：

清乾隆时，天下承平，物阜民丰。故内廷例于每年元旦日，设筵宴宗族，撒演《膺受多福》一剧，谓之宴戏。特设中和乐太临，声望事于剧前奏《雁儿落》乐曲。然此《雁儿落》与他剧中所吹《雁儿落》谱，完全不同。盖此乐曲，乃凡调之流水板，全谱吹打仅三分钟，且极难拍奏。承应之太监，往往不能协合。乾隆帝南巡过皖，乃召乐师十二人，即撒笛者二人，司鼓者二人，操弦者二人，击大锣者二人，小锣者二人，铙钹者二人，共十二人也，随驾北来（寓内廷银丝沟苏州街，每人颁房四间），用以专承奏此大宴之《雁儿落》乐曲。时吾高祖德荣公，以工昆曲、善撇笛，声播江南，亦蒙召来都，为帝供奉。德荣公殁，吾曾祖国祥公，袭其职，深得帝宠。帝每行园，吾曾祖往往随侍左右，撇笛奏曲，厥职颇重。至先祖秉忠公，艺更精进。年十八，即入内廷承差，垂四十年。凡内廷诸御制腔及诸承应戏，皆赖秉忠公为之撇笛。德宗景皇帝，更召之拍曲，颇邀宸赏，尝以所食之馂余，赐之食。又赏以御书"大利"二字，使镇家宅。清亡后，先祖遂不复弹此调。然知之者，又多来请业质疑。先祖不忍重拂其意，乃尽将所知，授之就学者。如北方昆曲家钟秋岩、赵子衡、庄清逸、刘鲤门、颜慎夫、世哲生、包丹亭诸先生，皆尝从游。梨园中人，更多来求教者，若杨小楼、尚小云等是。至从学撇笛者，亦以梨园人为多，然能传其衣钵者，则寥寥可数。余髫龄时，侍秉忠公，辄教吾习此，谓家学不可绝也。每思录其口诀，公之同志，未果，而秉忠公逝矣。其后，友人多向吾询撇笛法，谓坊间无专书，请撰文述之。故余曾将旧所习闻者，陆续为文，披之报章，惜未详尽。兹于读曲之余，重加整理，复参以他人论笛之说，撰成十二章。一曰笛之孔位。二曰笛之选择。三曰笛之芦膜。四曰笛之吹法。五曰笛之执法。六曰笛之七调。七曰笛之练习。八曰笛之音节。九曰笛之杂记。十曰笛之歌诀。十一曰笛之保护。十二曰笛之乐谱。虽不足当大雅一哂。要亦为初学撇笛者一助。至于笛之源流，与夫沿革变迁，坊间已有专书，兹不复赘。民国第一癸酉年孟冬皖肥方问溪识于三拜楼。

是书除卷首题笺、题字序文和图片约 28 页外，正文 40 页，总 68 页。其封面题笺为王伯龙，内封题笺为张厚璜、齐如山等三位，次为方秉忠公祖孙合影和梅畹华（兰芳）题字"柯亭遗韵"（语出宋·周邦彦词《月下笛·月下行》句"想开元旧谱，柯亭遗韵，尽传胸臆"），再即王宗义、姚华、陈勉安、吴东园、王荫斋、黄保锟、刘谷僧、吴清丽、曾小鲁、管运衡、吴承烜等业内专家和社会名流的题词，以及管之枢、林琮、于非厂、王伯龙、张次溪诸家的五篇序言和方氏自序。凡此，是书虽篇幅不大，但题笺、题字、题辞和作序者阵营之大、规格之高、所用篇幅之多（几占三分之一还强），足显其声势之隆，自显其颇为各家所看重。尤其是，方氏艺术世家之影响之大，略窥一斑。

其三，《胡琴研究》，北京文岚簃 1938 年 9 月出版。

上海《十月戏剧》1939 年第 2 卷第 9 期刊载的一篇无署名的售书广告性短文《介绍〈胡琴研究〉》，于是书作有比较详赡简介，不妨节略移录如此：

> 留京合肥古乐名宿方星樵之文孙问溪先生近撰《胡琴研究》一书。中分上中下三编。上编内述胡琴之起源、构造及已故名家小传、逸闻，中编奏法，下编乐谱。全书百页。印刷精美。
>
> 兹为提倡音乐，阐扬艺术起见，仅就研究所得，参以诸家论说，撰成《胡琴研究》一书，详述胡琴之起源，派别，构造，奏法，乐谱及近百年来琴师之轶闻遗事，以备爱好胡琴而未得其门径之同志，研究参考之用。

是书封面以席与承绘图为衬图、徐兰沅题笺，卷首印有王芷章序文一篇，景孤血、林霁融、张次溪的题词，以及王松龄（本书赞助人）、徐兰沅、方问溪三位的近照。卷首各项 12 页，上中下三编分别为 44、28、46 页，合计 130 页，中间插有本书赞助商兼总销售商药物广告 4 页。上编《胡琴概论》，分四章讲胡琴起源、构造、名家和逸闻；中编《胡琴奏法》，六章，分别讲胡琴执法之姿势、定弦之规律、弓法之运用、指法之按奏、胡琴板眼之类别和胡琴练习之步骤；下编《胡琴乐谱》，六章，分别讲西皮调谱、二簧调谱、四平调谱和南梆子调谱。除本文开篇所录，张次溪为本书写的另首题诗赞云："大都戏剧发源地，嗜曲遗风传至今。若欲无师能自得，胡琴研究是南针。"

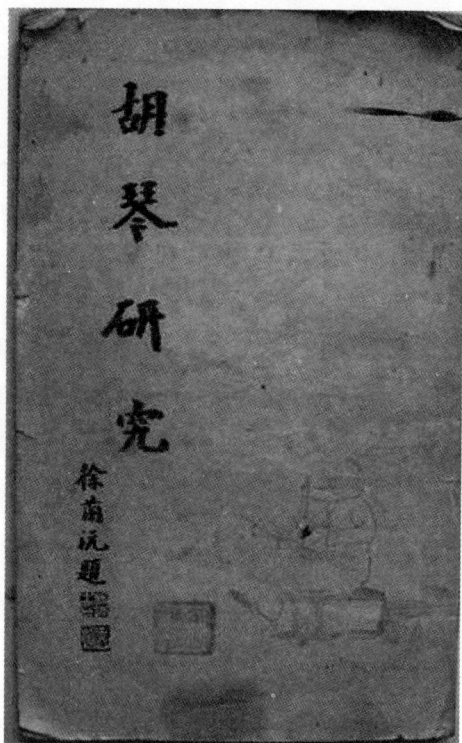

方问溪《胡琴研究》一书封面书影

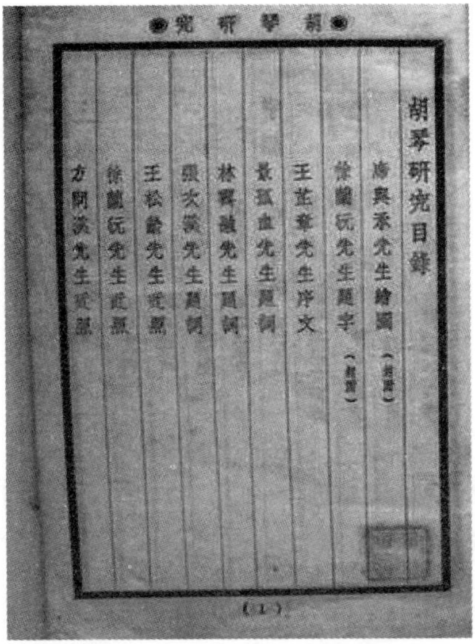

方问溪《胡琴研究》一书目录页书影

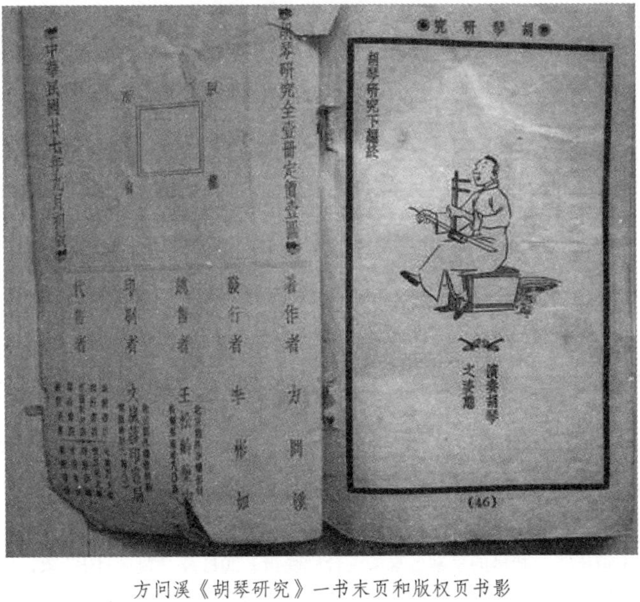

方问溪《胡琴研究》一书末页和版权页书影

　　方问溪何以著罢《撅笛述义》又著《胡琴研究》？要者有二。

　　首先，胡琴是京、昆的主要伴奏乐器。《梨园话·场面》有道，"惟'场面'第一注重昆腔，其次则为胡琴。胡琴拉之优劣，并无关紧要。不工昆腔者，即不能充为'场面'也。清光季年，因能吹昆腔戏者甚多，唱者极少，置昆腔于度外，胡琴乃渐渐时兴，场面亦随改拉胡琴。自此以后，伶工演皮黄戏者，日见其多，场面乃将昆腔置之脑后，不甚注意。如昆腔中《回营》、《姑苏》二折，今之'场面'多不能吹，其他昆戏，则更所不能矣"。据业内相传，"嘉庆做皇帝时，乾隆为太上皇，是为'二皇'。而被称为'簧'的胡琴弦，拉拉是要断的，于是，此二簧犯了彼"二皇"之忌讳，胡琴拉戏亦因此而一度被清宫废止。胡琴废止，京剧伴奏则以笛代琴"①。但是，自有其独到艺术魅力的胡琴艺术，却并不会因此而消逝，不久又恢复为昆曲、京剧的主要伴奏乐器。

　　再即作为艺术世家的传人，方氏具有撰著史书的深厚学养与兴致。一如以著有《清升平署志略》《腔调考源》《清代伶官传》《中国京剧编年史》等著作著称学界的戏曲史学者王芷章（1903—1982）之序所云："问溪先生幼从南皮张厚璜前辈为声律之学，对于乐理，夙有研究，悯市上流行胡琴乐谱之罕见善本，乃努力为此，既阐乐理之奥蕴，复便学者之练习，有功艺界，岂浅鲜哉。"亦如当时任《新民晚报》副刊编辑的作家林霁融为本书题诗所云，"二黄生命在胡琴，顾曲谁知演奏心，喜得方君传妙诀，当场一二指金针"。林氏并有序云，"方问溪先生，为古乐名宿方星樵先生之文孙，著述等身，邃精音律"。故此，方问溪撰著《胡琴研究》适当其时，

---

　　① 王道庆《合肥籍的京剧名家》，《合肥晚报》2011 年 7 月 8 日 B7 版，作者系徽京剧院琴师。

意义非凡也。

　　除上述三书外，方问溪还有十数篇专业文章散见于一些报刊。主要有：《昆曲之宫调》（1932）、《工尺字谱读法》（1933）、《昆曲与皮簧之板眼》（1933）、《昆曲廿一韵出字收音之口法》（1935）、《昆曲衰微之趋势》（1935）、《谈"大十番"乐曲》（1935）、《盘丝洞戏剧之研究》（1938）、《戏剧中吹打乐曲之研究》（1938）、《中国戏曲腔调之一斑》（1938）等等。

方问溪其事之憾与慨

　　由管之枢《撅笛述义·序》可知，方问溪"尽得乃祖之秘"能够"撅笛度曲"，但"不愿以技艺见称于世，虽名重当时，久已辍而弗奏，一心讲学读书"，乃才艺学养俱佳者也。

　　方问溪其人其书之所以久湮无闻，究其缘故，要者不外乎三点。

　　首先，戏曲伴奏的乐器和乐师在业内属于"傍角儿"。

　　《梨园话·场面》："为伶工司乐者，谓之场面。"方问溪附记释云："梨园固以伶工为重，而司乐者，亦于演戏有重大关系焉。盖伶工度曲时，须授乐师之指教，如腔调之高低刚柔，莫不由司乐者操纵焉，故伶工实与乐师相依为命者也。……早年之'场面'，无所谓'傍角'，仅分为前后工。工力精者，次者作前后工，再次者即作开场戏也。……此等'场面'，充任一生，亦是掣肘，故内行多呼其为'半边人'。"《梨园话·傍角儿》谓"与名角配演者，谓之'傍角儿'"。一如近代以来的各类舞台艺术明星，均属于前台尽展风姿的"主角儿"，备受观众关注。至于后台人物，毕竟是依托

"主角儿"而存在的"傍角儿"，自然居于附属地位。

其次，以往演艺界疲于生计，学术研究意识淡薄，匮乏专业研究人才。

与京剧史上著名旦角演员王瑶卿被并誉为梨园"通天教主"的"超级戏迷"刘曾复（1914—2012）先生，自从4岁那年第一次被抱进戏园子看梅兰芳的《麻姑献寿》、余叔岩的《八蜡庙》的演出，与京剧结下了90多年的不解之缘。当其年近百岁时，在《中国京胡与琴师·序》中十分感慨地谈道，"中国京剧史历经二百余年，纷呈的流派、闻名的角儿，在京剧舞台留下了辉煌的痕迹，让京剧艺术的追随者喝彩叫好"，但是"如果没有京胡这一极具个性化的乐器及操奏它的琴师，我们不知道京剧会是怎样一种状态。浩瀚的京剧史料里，单独记录京胡的来历、发展、演变的篇章少之又少，一鳞半爪，只字片言，没有系统"（楼庄东《中国京胡与琴师》，远东出版社2011年出版）。尽管方问溪"以技艺见称于世，虽名重当时"，其可因"一心讲学读书"而备受有识之士赞誉，但其所从事的著述却不能作为安身立命的生计，《胡琴研究》要仰仗有财力的有识之士赞助方可印行面世，当然也就难以在业内成为"主角儿"了，只能居于从属地位。在方问溪的艺术世家中他自然是"傍角"角色，在张次溪等前辈师友面前仍属"傍角"角色。然而，正是这个"傍角"角色为中国戏剧史做出了业内数代人难以成就的独到贡献，将这一凭口传心授的艺术之道推上艺术学术的殿堂，获得学术层面的解读和传播。然而，如此"傍角"，岂非功莫大焉！

再次，行当式微，英才早殁。由于作为方氏所致力研究的文本——京剧行当的起落和式微，加之正当其一系列具有开创性的著述陆续面世之际，却天不假年，刚刚有所作为却不幸英年早殁，出版的一些著述很快即被后起的新成果所淡化，从而渐渐淡出了相关视野。

　　学术史上的这类现象，似乎并不罕见。但于人于事未免不公，对于学术史尤其是不应有的缺憾。鉴于上述，可以肯定的是，莫说是近现代戏曲史，就是中国戏曲史殿堂亦应当有《梨园话》《撅笛述义》和《胡琴研究》及其作者方问溪的一席之地。曾经被忽略过没关系，需要通过发掘发现其存在与价值，进行重新认识和评价，还其本来面貌和价值，自会有其一席之地矣。

"注水肉""到此一游"等三种陋俗探源：读外国人早年中国游记小札

近日，笔者浏览了几部 19 世纪末和 20 世纪初国外学者游历当时中国所见所闻和感受的著作，心情很不好受，有一种"跨世纪的滑稽感及沉重感"。在此，且就手头正读的一本《中国风情》略发一点感慨。这本书的原名，直译是《在中国的一个澳大利亚人：关于一次穿越中国到缅甸的安静的旅行》，是出生于澳大利亚的著名英国旅行家乔治·沃尼斯特·莫理循（George Ernest Morrison），于1894 年作为伦敦《泰晤士报》特派通讯记者撰写的游记作品。莫理循不仅是著名的旅行家，还是曾经被袁世凯聘为总统顾问的著名的中国问题专家。在读他这本游记时，我不禁由其中所写到的"注水肉"与"到此一游"，引发了心底的一种"跨世纪的沉重感"。

虽说笔者已逾"知天命之年"①，但生来也晚，也仅仅是经历了刚刚成为历史的那个 20 世纪的半个世纪。在我的印象中，关于风

---

① 本文原曾以《市井陋俗之传统》为题刊于《书屋》杂志 2005 年第 7 期，此所言时间乃就当时而言。而后本文历经数次修订。2016 年 7 月 20 日谨识。

景名胜旅游场所"到此一游"之类的胡涂乱划现象，还是 30 多年前"大串连"时才第一次注意到并感到愤恨的事。而"注水肉"，则是最近 20 来年才亲眼所见，也是媒体经常"声讨"的不法商贩们的恶劣行径。读了莫理循此书，方知原来这"注水肉"和"到此一游"也都渊源有自，也都是"悠久历史""三十晚上没月亮——盖有年矣"的事情了。

1894 年 3 月，莫理循在游经重庆附近乡村时写道，"猪肉一般都注射了水——用注射器从大静脉里把水注射进去，这样，猪肉显得很重：这就是中国人通常所说的'注水肉'"。这年的 4 月 12 日，莫理循一行数人又来到了距昆明不远的一个叫作杨林镇的地方。他写道："太阳下山前，我们到达了繁荣的市镇杨林，我住进镇上一家设备较好旅店的楼上一间干净的房间里。这间客房的墙上潦草地写着：'×××到此一游'几个汉字。有人告诉我说，这几个汉字是中国游客写的，滑稽地向他人表明他们曾经旅行到过此地。"

老实说，乍一发现这事儿时，对于一向有寻根探源"考据癖"这样的"职业病"的我来讲，第一时间所想到的，当然首先觉得是一种"新的发现"了。不曾想，如此细微，不为人所看重的事物，竟然也能在 100 年前外国人的文字记载中见到，岂不令人惊叹。不过，继而则不禁为一种"跨世纪的滑稽感和沉重感"所震骇，心情立时沉痛起来。

其实，国人的"注水肉"与"到此一游"陋俗的历史，远比莫理循一行所见早得多。

据明代田汝成《西湖游览志余》卷二五《委巷丛谈》载："（杭人）喜作伪，以邀利目前，不顾身后，如酒掺灰，鸡塞沙，鹅、羊吹气，鱼肉贯水，织作刷油粉，自宋时已然，载于《癸辛杂识》者可考也。"《癸辛杂识》著者周密，系宋末元初人，曾久居杭州并卒于此，著有《武林旧事》等有关杭州历史风情的著述，《癸辛杂识》书名之"癸辛"，即因宋末他所寓居的杭州癸辛街而得名。可知，作为南宋京城的杭州，远在800多年前的当时就早已经有了诸如"注水肉"之类的奸商技巧了。而且，酒、鸡、鹅、羊、鱼，甚至丝帛，各有各的掺假作伪谋利之道。陋俗由来已久矣。

如果再往前溯之，这陋俗恐怕还要早得多。且以五代时的"铁胎银"故事为例。据《新五代史·慕容彦超传》载："（镇宁军节度使）彦超为人多智诈而好聚敛，在镇，尝置库质钱。有奸民伪银以质者，主吏久之乃觉。彦超阴教主吏夜穴库垣，尽徙其金帛于佗所，而以盗告彦超，即榜于市，使民自占所质以偿之，民皆争以所质物自言，已而得质伪银者，置之深室，使数十余人日夜为之，皆铁为质而包以银，号'铁胎银'。"这段记载的大意是说，慕容彦超为人不仅十分聪明、富有计谋，还好聚敛钱财。在谋反之后在兖州据守的时候，曾经经营着一个质库。一次，有个奸民，拿了一些外表用银皮包裹而里面却是铁块的"铁胎银"前来质库质钱。当时，并没被识破，过了一段时间，质库才发觉受骗上当。怎么办？慕容彦超不动声色，暗地里指使主吏在夜间把质库的墙挖个洞，把库中收当的金帛都转移到别的地方去。然后，公开向慕容彦超报告，说是质库失盗。同时，对外发布这个消息，促使人们纷纷前来赎取质押物品。结果，从赎当的人当中发现了用"铁胎银"前来质钱的那个人。然后，慕容彦超把他安置到密室里，要他教所组织的十多个人日夜制造这种"铁胎银"。原来，慕容彦超之所以设计找出那个骗当的骗子，目的在于要他为自己制造"铁胎银"。不曾想，他也正是因此而害了自己。不久，当他驻守的兖州城池被朝廷所派平叛官兵围困之际，他声称可用数千锭银子奖赏守城的兵士。然而，知道底细的守城兵士都私下里议论说，"你那些个铁胎银子再多又有什么用呢"。次年五月，周太祖率军亲征，攻下了慕容彦超的守城兖州，慕容彦超夫妇双双投井自尽，他的儿子慕容继勋率500亲兵外逃也被擒获，结果被灭了九族。正所谓"机关算尽太聪明，反害了卿家性命"。可怕的"铁胎银"啊！凡此可知，如此作伪谋利比南宋还要早许多，迄今可达1000多年。

　　说起来，与"注水肉"这类奸巧牟利伎俩相似而有异曲同工之妙的，还有诸如"大斗进，小斗出"这样在量器上做手脚的功夫。而且，也已早就进入了外国人的视野。18世纪著名的法国启蒙思想家孟德斯鸠，在《论法的精神》里写道，"中国人的生活完全以礼为指南，但他们却是地球上最会骗人的民族。这特别表现在他们从事贸易的时候。虽然贸易会很自然地激起人们信实的感情，但它却从未激起中国人的信实。向他们买东西的人要自己带秤。每个商人有三种秤，一种是买进用的重秤，一种是卖出用的轻秤，一种是准确的秤，这是和那些对他有戒备的人们交易时用的。我想这种矛盾是可以解释的"。[①]"地球上最会骗人的民族"，也就是不讲诚信啊。如此"夸赞"实在是国人的耻辱，是推脱不掉的一个无奈的耻辱。据孟德斯鸠的原注得知，这个事情，他根据的是一位叫郎治的1711和1722年的《日记》，刊载在一部名为《北方旅行记》书的第八卷第363页。也就是说，"轻重两秤"这种俗话所谓在"秤头儿"上做手脚的奸商技巧，至迟在清初的康熙五十年（1711）时就

---

　　①[法] 孟德斯鸠《论法的精神》第十九章《法律和构成一个民族的一般精神、风俗与习惯的那些原则的关系》第二十节《为中国人的一种矛盾现象进一解》（上册）第316页。

已经存在于国人的商业活动中了，而且还被外国旅行家记录了下来。

说到了"轻重两秤"这种"秤头儿"上做手脚的奸商技巧，就自然会让人又联想起历年都不时见诸媒体曝光和声讨的卖鱼蟹五花大绑外带注水的吊诡事儿来。鲜鱼鲜蟹绑以粗草绳，再往草绳里注水或浸个透湿，虽有一定保鲜作用又便于抓拿，但是分量也跟着成倍地翻番啦，水与绳倒比鱼蟹值了银子。总不该是买椟还珠那般黑幽默吧！鱼蟹再鲜也未免过于奢侈了。说起来，鱼贩蟹贩如此利欲熏心欺诈之举还真就由来有自，直可追溯至古代鱼牙惯用的奸巧伎俩。例如清人陆遵书《先泽残存·练川杂咏》竹枝词所咏："担担黄花束草绳，晓来人市过田塍。少年羽翼喧相接，常见牙行早挂灯。""黄花束草绳"者，即属以粗草绳捆黄鱼充鱼价的奸巧伎俩。甚至，非但有绳蟹还有绳鳖呢。再如曾主政过朗江书院的乾隆举人王煦《空桐子诗草·虞江竹枝词·市侩乾没》亦写道："入市休嫌物价腾，蟹连草缚鳖连绳。玉堂桥畔鸡鹅鸭，饭拌泥沙塞满膛。"如此看来，"担担黄花束草绳""蟹连草缚鳖连绳""饭拌泥沙塞满膛"种种奸巧欺诈伎俩，与宋代奸商之"酒搀灰，鸡塞沙，鹅、羊吹气，鱼肉贯水，织作刷油粉"一脉相承，真真是渊源有自矣，不可不谓源远流长也。

《虞江竹枝词》诗题"市侩乾没"，何为"乾没"？清·顾炎武《日知录·乾没》谓"大抵是徼幸取利之意"。翟灏《通俗编》、郝懿行《晋宋书故》皆谓钻营取利。唐·颜真卿《李司空碑》谓："乾没之赃，一征百万；缮完之利，费省巨亿。"以及《宋史·河渠志三》："每兴一役，乾没无数。"乃谓贪求侵吞公家或别人的财物。所释语义，皆指从中贪取不义之财。足见这类作为，古今均不乏其例，文化传统中之糟粕者也。

再说"到此一游"陋俗。事实上,"到此一游"陋俗,可推溯到古来文人墨客喜好到处题壁的"雅兴"。苏东坡那首题在庐山西林寺壁上著名的《题西林壁》:"横看成岭侧成峰,远近高低各不同;不识庐山真面目,只缘身在此山中。"苏老夫子非但一代名人,其诗词书画也都是千秋有数的高手哇。如此题在名山、名寺上的名人名诗,只会给名山、名寺增色千古,岂是那些"到此一游"之类涂鸦所能比拟的呢!据明代蒋一葵《尧山堂外纪》记载,唐代诗人卢仝的儿子幼时喜欢用笔墨涂抹诗书,他作了一首名叫《示添丁》的诗形容说,"忽来案上翻墨汁,涂抹诗书如老鸦"。于是,后来的文人往往借此典故来自谦自己的文章书画拙劣。尽管苏东坡也会自谦那首《题西林壁》为"涂鸦",事实上,古往今来能有多少这样的"涂鸦"天才呢?说起来,兴致勃勃地到处涂抹"到此一游"者,几乎全无自谦"涂鸦"的资格。

无论是义乌的茅盾故居,承德的避暑山庄,还是沈阳的福陵,我每到一地游览,总会注意选拍几幅"到此一游"之类涂鸦的照片作为"留念"。但不久前借讲学之便回蓬莱故里,游蓬莱阁时,却没发现"到此一游"之迹,想是加大了管理的力度的成效。因为,许多年前来游时,曾经有过"满目疮痍"的感叹。这次来游,我还联想到一个建议,祛此陋俗公害,除要辨风正俗、严加管理惩处之外,就是干脆在各旅游景点都专门设立供游人题字签名留念的处所,可分别为收费的和不收费的多种形式和载体,供有此好的诸君选用,一展身手,岂不快哉。可谓"疏导"之法也,大概不妨一试。

尽管,当时作为制造"注水肉"工具的注射器,未必像当今这般精巧、先进;那涂划"×××到此一游"的笔,当然还是老式的"写管"——毛笔。但是,却说明着一个共同的话题,——这种显现了鲁迅当年猛烈抨击的"国民劣根性"的事物，远非"一日之寒"矣。更令人困惑也更为可怕的是，100 多年之后，当人们欣喜进入 21 世纪之际，"注水肉"仍然屡禁不绝，非但猪肉，连牛肉、鸡肉也在注水之列；至于"到此一游"之类的"旅游污染"，依然是旅游景区迄今难以禁绝的一种"公害"。

尘元（陈原）先生在一篇题为《拍马屁和马屁精》（见《万象》2001 年第 3 期）的随笔里写道，著名科学家吴大猷在游览名胜古迹时，每每看到有人或写或刻的"某某到此一游"，气愤地写过一首打油诗，"如此放大屁，为何墙不倒；这面也有屁，把墙顶住了"。就此，尘元先生赞曰，"绝妙"。接着，又写道："因而报上有人提出，不如在名胜古迹的某处修建一堵墙，名之曰'屁墙'，让所有过往骚人雅士都留下他的大屁，岂不两全其美？或如现今所谓，岂不'双赢'哉？"当年，在莫理循看来"滑稽地向他人表明他们曾经旅行到过此地"的"滑稽"，仍在"滑稽"着啊！按照莫理循所见所闻的时间，那"注水肉"和"到此一游"还是 19 世纪末的事情。事实上，至今已经跨过了三个世纪了。难道，这些还将留作 21 世纪里外国游记中的"中国风情"话题吗！是否还真的需要在无数个旅游景点修建起无数堵"屁墙"吗？那样的话，不是有些"臭气熏天"、未免叫人"堵心"地更大煞风景了吗？

唐·李商隐《义山杂纂·煞风景》类数了十多种煞风景的现象，什么"松下喝道""看花泪下""苔上铺席""斫却垂杨""花下晒裈（裤子）""游春重载""花架下养鸡鸭"等等。其实，"注水肉"和"到此一游"陋俗也是现代文明社会的一大煞风景之事。若李商隐有知，一定会补进到他的《义山杂纂·煞风景》里去。旅行在外，尤其恐怕为"注水肉"所害。岂不知"到此一游"之类的涂鸦，同样也是与之同类大煞风景的社会公害么！国人一向有崇尚侠义的传统。岂不知，那隐藏在"侠义"后面的另一面，则是置社会公德于不顾的流氓意识。如果进一步探析"注水肉"和"到此一游"共同的渊源的话，正是这种置社会公德于不顾的流氓意识，亦即鲁迅抨击过的"国民劣根性"。说到底，究其实质，这一点，同当前社会上的种种黑、丑、恶现象，在渊源上也是相互关联的。想到这儿，你能说这种"滑稽"不是非常沉重的历史包袱吗？人们一向所谓的"传统""文明"，都十分强调"时间"这个要素。但愿"注水肉"和"到此一游"可别真的继续成为"传统"。这个已经跨越了三个世纪的"传统"，实在要不得。窃以为，如此言之，未必"小题大做"或是"耸人听闻"。不信，还可再三深思。至于应当如何面对这些，则非此小文之事。

　　"注水肉""轻重两秤"和"到此一游"陋俗可以休矣，切莫任其继续煞风景下去啦。

"三寸金莲""水晶鞋"及其他

　　如果说潘金莲与灰姑娘有何关系的话，显然不搭界，未免会有许多人认为风马牛不相及。但若说到三寸金莲与灰姑娘的水晶鞋，似乎就多少能搭上点界，当然也只能说是脚与鞋的一般性逻辑关系，也似乎有点牵强。不过，我正是要就此发一点未必是谬说的议论。

　　恩格斯曾说道，"自从我熟习德国北部草原之后，我才真正地懂得格林童话，几乎在所有的这些童话里都可以见出它们产生在这种地方的痕迹"。18世纪以来，灰姑娘与水晶鞋的故事随着格林童话的流传，几乎在世界各地家喻户晓。不过《格林童话全集》中的灰姑娘故事，只是孳生于德国北部草原的一种版本。据知，几乎各国都有自己的灰姑娘故事，全世界大约有500多种版本。最早的，是公元前7世纪古埃及的灰姑娘传说；除格林兄弟记录的版本外，比较著名的还有法国人查理·佩罗1697年整理的版本。国外学者也注意到，"中国早在公元9世纪就有自己的灰姑娘故事，它也许在某种程度促进了几个世纪以后中国人的裹脚习俗的形成"（《脚·鞋·性》）。说起来，其说对了一半。对者，公元9世纪时，中国确已出现了灰姑娘类型的民间故事，亦即收录在唐·段成式

《酉阳杂俎》续集卷一《支诺皋上》中的叶限故事。除少数有关学者外，通常很少有人注意到这则历史悠久的、发生于中国唐代广西民间的灰姑娘故事。原文不长，且迻录如此：

南人相传，秦汉前有洞主吴氏，土人呼为吴洞。娶两妻，一妻卒，有女名叶限。少惠善淘（一作"钩"）金，父爱之。末岁父卒，为后母所苦，常令樵险汲深。时尝得一鳞二寸余，赪鬐金目，遂潜养于盆水，日日长，易数器，大不能受，乃投于后池中。女所得余食，辄沉以食之。女至池，鱼必露首枕岸，他人至不复出。其母知之，每伺之，鱼未尝见也，因诈女曰："尔无劳乎，吾为尔新其襦。"乃易其弊衣。后令汲于他泉，计里数百也。母徐衣其女衣，袖利刃行向池呼鱼，鱼即出首，因斫杀之。鱼已长丈余，膳其肉，味倍常鱼；藏其骨于郁楼下。逾日，女至向池，不复见鱼矣，乃哭于野。忽有人被发粗衣，自无而降，慰女曰："尔无哭，尔母杀尔鱼矣！骨在粪下，尔归，可取鱼骨藏于室，所须第祈之，当随尔也。"女用其言，金玑衣食随欲而具。及洞节母往，令女守庭果。女伺母行远，亦往，衣翠纺上衣，蹑金履。母所生女认之，谓母曰："此甚似其姊也。"母亦疑之，女觉遽反，遂遗一只履为洞人所得。母归，但见女抱庭树眠，亦不之虑。其洞邻海岛，岛中有国名陀汗，兵强，王数十岛，水界数千里。洞人遂货其履于陀汗国。国主得之，命其左右履之，足小者履减一寸。乃令一国妇人履之，静无一称者。其轻如毛，履石无声。陀汗王意其洞人一非道得之，遂禁锢而拷掠之，竟不知所从来，乃以是履弃之于道旁，即遍历人家捕之，若有女履者捕之以告。陀汗王怪之，乃搜其室，得叶限，令履之而信。叶限因衣翠纺衣，蹑履而进，色若天人也。始具事于王，载鱼骨与叶限俱还国。其母及女即为飞石击死，洞人哀之，埋于石坑，命曰懊女冢。洞人以为媒祀，求女必应。陀汗王至国，以叶限为上妇。一年，王贪求，祈于鱼骨，宝玉无限。逾年，不复应。王乃葬鱼骨于海岸，用珠百斛藏之，以金为际，至征卒叛时，将发以赡军。一夕，为海潮所沦。成式旧家人李士元所说。士元本邕州洞人，多记得南中怪事。

在这个中国版本的灰姑娘类型故事中，其鞋不是水晶鞋，是"金履"，但同格林童话版本的灰姑娘故事相同的是，均有偏心恶继母人物形象和虐待养女而终获恶报下场的情节。至于说叶限故事"也许在某种程度促进了几个世纪以后中国女人的裹脚习俗的形成"，则未免纯系误解，是毫无根据的。尽管这两种版本均透过那鞋由贵重材料制成来隐含或折射对女性纤足的赞美之意，而在相去200多年的南宋，业已形成缠足风俗，但在当时的历史条件下流传于边地广西的叶限故事，远无可能对内地形成缠足风俗产生什么影响。而且，据文献所记，即或在广西，也只是到了清初才流行缠足。此外，在我国西南少数民族中，也流行有多种版本的灰姑娘类型故事，如壮族的《达架和达仑》、苗族的《欧乐与召纳》、纳西族的《宝妹》、佤族的《两姊妹》、彝族的《阿茨姑娘》等，但也大都只是在清季受汉族风俗影响才在部分少数民族上层妇女中出现缠足现象，即如《滇黔土司婚礼记》所谓"土官女有缠足者"而"民间多不然"（《兰苕馆外集》）。

　　时至今日，中外灰姑娘故事中的纤足和水晶鞋或金履仍然是人们心中的美好事物。相反，曾一度被国人视为女性美的标志的美其名曰"三寸金莲"的缠足风俗，已作为一种陋俗被现代文明所淘汰。在现代汉民中，虽然不乏缠足旧俗的"语言论石"，但其审美价值取向已多取贬义。诸如"懒婆娘的裹脚布，又臭又长""穿小鞋""小脚女人走路，扭扭捏捏（或左右摇摆）"之类，考其词源，均出自缠足这一民俗语源。"风俗移人，贤者不免"。甚至像毛泽东、邓小平这般当代伟人的语言中亦不乏其例。公元1955年7月31日，毛泽东在《关于农业合作化问题》中批评说："在全国农村中，新的社会主义群众运动的高潮就要到来。我们的某些同志却像一个小脚女人，东摇西摆地在那里走路，老是埋怨别人说，走快了，走快了。过多的评头品足，不适当的埋怨，无穷的忧虑，数不尽的清规和戒律，以为这是指导农村中社会主义群众运动的正确方针。"不做"小脚女人"的结果，出现了"总路线"、"大跃进"、人民公社"三面红旗"运动。个中，所谓"评头品足"一语，也出自缠足民俗语源。"品足"者，品评三寸金莲合乎时人审美标准乎。30多年之后，即公元1992年初，邓小平在武昌、深圳、珠海、上海等地视察的谈话中再次借用"小脚女人"批评人的时候，意在推进改革开放的进程。他说："改革开放胆子要大一些，敢于试验，不能像小脚女人一样。看准了的就大胆地试，大胆地闯。"凡此，不是对缠足旧俗的直接批判，却也显示了世人对其俗审美取向的转变。

　　缠足习俗之兴，之流行近千年，反映着传统文化审美观念中的"阳刚阴柔""女以柔弱为美"的意识。贾宝玉视女人为水做的，也是这个思想，绝非在赞颂洪水猛兽式的河东狮吼。且不论缠足一种致人体残的畸形审美，单就儒家讲求阴阳和谐这一理念而言，那也是扭曲的和谐。宋代理学大师朱熹为官漳州时，极力倡导以缠足来"别男女，正民风"，相反另一理学大师程颐则极力反对缠足，其家族女性皆身体力行。严格说来，缠足的本身也完全违背儒家的孝道，因为"身体发肤，受之父母，不敢毁伤，孝之始也"。所以，程氏家族女性非但不缠足，而且不穿耳佩环。世事悖论丛生，社会在悖论矛盾中行进。林语堂在《吾国吾民》中将缠足看成"邪恶怪证的习俗"的同时，还注意到"俄罗斯芭蕾的脚尖舞是人类自我折磨的又一例，不过这个例子可以在艺术的美名下得到赞赏"。其实，这个悖论是容易获得合理解释的。芭蕾舞足尖舞是少数艺术家的表演，不是俄罗斯女性中流行的风俗习惯，"曲高和寡"也，"阳春白雪"也。不久前，一些新闻记者在云南通海县九街乡六村采访时发现，这里存在一个"中国最后的小脚群落"；而且，这个群落的"小脚迪斯科队"还刚刚获得省级老年人文艺调演大奖。此前，在全国老年人运动会上，还是这个老古董似的冠名为"六一村三寸金莲地掷球队"的老奶奶们，力克上海、四川等强队，爆出了"大脚不敌小脚"的新闻。在这块以盛产云烟著称的土地上，缠足之风盛于清代，当时每年正月十六都举办盛大的赛脚会，优胜者以其金莲之小、尖软钩和小鞋之精致获誉。连清末沪上出版的《申报》副刊《点石斋画报》也作过"云南通海，有洗足大会"的报道。如今，这些大都70多岁的金莲女们，业已成为印证近千年缠足旧俗的最后一批"活化石"，他们把历史的悲哀和民族的屈辱踩在脚下，跳起别具风格的金莲迪斯科舞来健身和自娱，展现了新时代的风尚。有记者叹道："试想，有哪一国的妇女能如此由衷地将民族屈辱、国家兴亡和个人命运与体育紧密相连呢！"无独有偶，在这20世纪最后一个戊寅年的青岛老年运动会田径比赛中，78岁的老太张玉美，以历史为之造成的三寸金莲一气跑完 800 米赛程，赢得了全场观众情不自禁的喝彩和掌声。人类总是向往文明发达的社会。一如创造芭蕾舞之美妙，金莲迪斯科是在努力摆脱历史重负的过程中创造着美——不过，芭蕾舞艺术将要传承下去，金莲迪斯科只能是一个时代的绝唱，历史使然。

可以说，缠足自宋元盛兴之初便毁誉不一，然而终于还是蔚成风尚遗患近千年。从清代起，虽然有政府明令禁止，仍然禁而不绝难以切实奏效，还是遗留下一批通海金莲女们。可见，历史的进步谈何容易，尤其我们这个封建传统深重的民族迈向现代文明的步履一向十分艰难沉重。林语堂不仅由金莲联想到芭蕾舞，还联系到女人流行的高跟鞋子。他在《谈天足》文中谈道："吾尝窃笑中国女子缠足，袁子才攻之不倒，李汝珍攻之不倒，俞正燮攻之不倒，独高跟鞋攻之始倒，于是中国女子舍弓鞋而就高跟。论其作用，使女子臀部突出，步伐娉婷，使足大若小，身矮若长，弓鞋高跟，有以异乎？无以异也。"虽道千年缠足旧俗并非因"高跟鞋攻之始倒"，时下高跟鞋为女性风尚也是事实，有一点也可以肯定，旧时女子缠足自三五岁而始，以人为残疾作为审美的代价，穿高跟鞋则为成年妇女，弊病小于缠足许多。林语堂氏议论这些的用意是在于感叹"思想上缠足运动正在开展下去，甚为得势"，在于倡导彻底摆脱封建传统束缚的思想解放和民主。他在借题发挥，且看其说：

德谟克拉西倒霉，中国人之思想，缠了二千年的小脚，际此西洋思想输入之时则放了足，该是恢复一点先秦思想自由景象，朝着自由解放路开展下去。无奈二千年缠惯了脚，无形中还有道统二字留在脑后，排也排不动，割也割不清。由是皇室虽已灭亡，道统虽已失势，而钦定观念仍然在脑中作祟。打倒旧道统，又扶新道统出来，今日左右派思想，都有朕即国家之意，非把你的脚再缠上不可，于是所谓一道同风，也不过一道同脚臭气味而已。

我想，一部缠足史，一部民俗史，都会在给人以许多社会文化史知识的同时引发深思。林语堂氏缘缠足史而引发的上述议论，恐怕至今仍不乏警世和启迪意义——思想的解放谈何容易？不解放思想社会又何以进步？尽管艰难，还是必须解放思想。突破封建传统樊篱的武器，还是科学与民主。否则，裹足不前或徘徊观望的结果，就难以自拔。"裹足"者，缠足也，无异于作茧自缚。

近代学贯中西的大学者辜鸿铭是颇赞赏缠足者，视之为"国粹"，如今已成为年轻学者的谈资笑料。应该说，如此笑料之中充满着苦涩，林语堂的深沉思考发人深省。宋元以来文人士子有关缠足的议论文章一向有一些，有清以降也印行了几种专门著作，近几年也出了几本，仁者见仁，智者见智，看来这类文章还应作下去，更重要的是通过研究缠足史引发更深层次的思考。学术界、思想界尤忌裹脚不前。

（1999 年 1 月 21 日初稿于冷趣斋，2000 年 10 月 27 改定于雅俗轩）

帝王专制下的后宫畸形怪胎：太监文化

大约数年前，当"老公"这个用以表示丈夫的称谓刚刚从沿海向内地蔓延流行之初，内地人大都感到有点莫名其妙——怎么好把丈夫叫成太监了呢？尤其是在北方，"老公"这个词儿，一向都是对帝王后宫里宦官尊称"公公"的民间俗称。宦官是人为地废掉了性能力的阉人，妻子竟然称丈夫为宦官，未免实在有点儿滑天下之大稽了吧。不过，时尚的力量毕竟是太猛烈了。伴随着性保健药广告的铺天盖地而来，以及"疲软"也成了经济滑坡的代名词在媒体上堂而皇之地频频出现，"坚挺"同样成了整天挂在男女"股民"们嘴上的满载期盼的诱人术语，一时间，真个好像阴盛阳衰、男人个个都性无能了似的。没多久，人们也就习惯叫丈夫为"老公"了。"时尚力量猛如虎"呀。

需要说明的是，本文所要谈的"老公"主题，绝非丈夫，倒是中国历史上真正的宦官，切入的角度——帝王专制下的后宫畸形怪胎：太监文化。

一、中国的太监制度

1995 年，新华通讯社播发了一条具有历史意义的社会新闻：中国最后一位太监孙耀庭老人因病辞世，享年 94 岁。这条消息的"新闻点"——历史意义，显然在于它标志着从西周到清末，有着 2700 余年历史的中国古代宦官制度及其遗绪的最后终结。

一如"阉人"古今中外皆有，《圣经·马太福音》中就写道，不仅有"天生的阉人"，还有"被人阉的，但也有为了天国而自阉的人，能够接受他就接受他吧"；宦官呢，也并非中国独有的"土特产"，古埃及、希腊、罗马、波斯等一些国家宫廷的后宫，都曾存在过类如宦官的阉奴供人役使。只不过，由于中国封建帝制以及一夫多妻制的历史比较悠久，因而，宦官存在的历史也就比较长了一些。

在中国历代的典籍文献中，除去"公公""内相"之类尊称而外，关于太监的各种称谓甚多，诸如宦官、宦者、阉宦、刑臣、中宦、内侍、内宦、内官、内监、阉人、中涓、内竖、中贵人，等等。其中，内侍、中官、军容、司官、太监，是指在宫中任职以官职称谓的，还有以其服饰来称谓的"貂珰"，以及用作贬称的阉奴、阉竖、阉官、阉宦、宦孽等。个中，始见于周代的阉人、巷伯、司宫、寺人等，当是中国历史上宦官最早的称谓，而现今通常所说的"宦官"称谓初见于汉代，"太监"称谓则始于明代。

在中国，根植于君主专制和一夫多妻制的宦官制度，形成于大约公元前 8 世纪的周朝。据《礼记·昏义》的记载，按照周朝的礼制，天子可立一后、三夫人、九嫔、二十七世妇和八十一御妻。

历代宫廷均设置有繁简不一的专门宦官机构，乃至专门由宦官担任的官职。例如，东汉以后，中常侍、小黄门、黄门令、黄门、画室、玉堂、丙等署长、中黄门冗从仆射、中黄门及掖庭、永巷、御府、祠祀、钩盾等令，就是专门由宦官担任的职务。隋、唐、宋朝，均设置有总管宦官的内侍省。明朝，宦官总数最多时曾达 10 万之众，单是宦官机构就有二十四衙门之多，如司礼等十二监、惜薪等四司以及兵仗等八局。此外，还另有内府供用诸库。当时，分属二十四衙门的太监还经常被派往外地充任守备、织造、镇守、市舶、监督仓场、诸陵神宫监，以及采办、矿税、粮税、监军、关隘等使。到了清朝，先是沿用明制，把十四衙门省并为十三衙门，后则予以裁撤，改由隶属内务府的敬事房办理宫内一切事务，设总管太监、首领太监统领众宦官。

清朝末代皇帝溥仪在《我的前半生》中谈道，"讲我的幼年生活，就不能少了太监。他们服侍我吃饭、穿衣和睡觉，陪我游戏，伺候我上学，给我讲故事，受我的赏也挨我的打"。可以说，皇宫里的一切日常事务几乎都由太监们包揽下来了。太监们的这些工作，都是在相应的制度规范下各司其责有序地逐项完成，不得有丝毫差误。例如，敬事房的太监，专司宫中太监的升、降、调、补和巡视宫中各门的启闭关防等项；乾清宫的太监，专司供养列祖实录和圣训等项；昭仁殿兼龙光门、弘德殿兼风彩门的太监，专司陈设、洒扫、坐更等项；交泰殿的太监，专司供奉御宝、收存勋臣档案和陈设、洒扫、坐更等项；坤宁宫兼坤宁门的太监，专司神前香烛陈设、洒扫、值班等项。又如，四执事和四执事库的太监，专司皇上用的衣冠、腰带、鞋子的管理；奏事处的太监，专司传宣谕旨、接奏等项；御茶房的太监，专司茶、果品以及各地的上贡品等项；御膳房的太监，专司皇上用膳月羞，各宫的馔品及贡献等项；御药房的太监，专司带领御医到各宫请脉并制药饵等项；鸟枪处的太监，专司皇上用的鸟枪保管；还有古董房太监，则专司收存古玩器皿，等等。

同时，在帝王专制的各个朝代，拥有太监的规格与数量，也是一种身份地位的标志。因而，除帝、后、嫔妃之外，各亲王、郡王、贝勒、贝子及公主府中，也都拥有不同数量的太监。即或晚清衰败时期的醇亲王奕譞府中，仍然拥有首领太监、回事太监、小太监以及散差太监等二十多名太监。

历代宫廷需要那么多的太监，他们又都是哪里来的呢？大略说来，历代的太监主要有三个来源。一是将罪犯或俘虏处以宫刑作为太监的补充；二是向各地公开征集自行净身而后入宫者，如唐代时广东、广西、福建等经济、文化落后地区，便是当时太监的主要供给地；第三是通过被进贡、拐卖再经挑选被强行阉割而成了太监。

别看好男儿谁也不情愿当太监，若真正当上太监也不易，还要接受专门的训练。每个新进宫的太监，都得由被指定的老太监充当训练的师傅。师傅从宫里的纷繁规矩礼法教起，包括对宫里各类人等的称呼，如何忌圣讳，如何行跪拜礼，如何请双腿安、单腿安，如何回话，等等。光是斟茶、倒水、摆膳、递东西这类细小事务就有种种讲究，最起码的是不能把东西直接拿过去就算了事，也不能捧在自己的脑前递，必须是先侧过去自己的身子再把东西捧在身前，还不能高过自己的眉心处。稍有一点差错，就很可能丢了身家性命，不是闹着玩儿的。"出徒"了，若被挑中"上岗"，还得拜那里的顶头太监作师傅，接着学。

二、宫廷弄权与阉党宦祸

在中国历史上，通常把太监结成党羽，或是依附于太监而结为党羽者，谓之"阉党"。由于阉党的肆意宫廷弄权，几乎给历代都造成了许多惊人的宦祸。

明末清初的著名思想家顾炎武指出，"后宫皇妃众多，宦官因此得势"。自秦汉开始，太监在宫廷弄权干政的事例历代均层出不穷，成为中国政治史上的一大灾患。先秦、两汉、魏晋直至唐宋元明清，凡皇权旁落、宦官弄权的时代，大都必然朝政混乱、政治黑暗，甚至是王朝灭亡。

出身赵国贵族的赵高，因罪被施以宫刑之后，其母亦受牵连沦为奴婢。于是他连同弟兄数人都当了太监。随着赵国为秦王所灭，赵高被掳到了秦国，受到了秦始皇的重用并很快博得了秦始皇和胡亥的赏识和信任，成了受到偏爱的宠臣。于是便发生了"指鹿为马"的千古笑话，埋下了日后宦官干政直至断送大秦江山的祸种。

汉光武帝建立东汉政权之后，由于设尚书台总揽朝政，"虽置三公，事归台阁"，致使权力更为高度地集中于皇帝一身。这样一来，特别是宫廷的内官悉数均由宦官充任，使得太监成了皇帝身边唯一依赖和役使的对象。也就为外戚、宦官们扩展势力干预朝政直至乱政，创造了最根本的条件。如东汉延光四年（125年），32岁的汉安帝死了，当时孙程等18个宦官便聚谋杀掉了江京等人以扫清障碍，从而如愿地拥立了废太子刘保即位成为汉顺帝。这样一来，随着拥立有功的孙程等的封侯，宦官权势大为增长，甚至发展到能够随意妄行任意寝奏、矫诏控制朝政的地步。

唐代，自太监高力士帮助唐玄宗获得政权，特别是唐肃宗之后，宦官得势，气焰嚣张。他们对外勾结藩镇，朋比为奸；对内结交重臣，加深党争，掌握禁军、管理枢密，甚至达到了能够左右政权废立皇帝的程度。

宦官弄权干政发展到极致并最终毁于其手的，是明代。明太祖朱元璋立朝之初，"尝镌铁牌置宫门曰：'内臣不得干预政事，预者斩。'敕诸司不得与文移往来"。对宦官干政者深恶痛绝。但是，自明成祖朱棣之后，明朝皇权空前膨胀，宦官制度也发展到顶点。当时的宦官机构庞杂，人员冗滥，但司礼监掌印太监"权如元辅"，而秉笔太监则可代替皇帝批朱，实权凌驾于内阁首辅之上，足见其权重一时；由司礼监太监掌管的东厂作为"朝廷心腹""权如总宪"，权之所至可侦察甚至处置王府以下臣民。短短200多年里，既出现了像"三宝太监"郑和以及刘若愚等一些有才华、有作为的太监，同时也涌现出了历史上著名的"立皇帝"刘瑾、"九千岁"魏忠贤等一批权倾朝野的显赫的宦官。到了后期，阁臣获得朝廷任命之后，首要的事情是先行拜见司礼"大珰"（太监）。据明·赵士锦的《甲申记事》中记载，李自成于明末进京之前，偌大一个帝国的国库存银竟然不足4000两。反之，居然能从恶太监魏忠贤府上查抄出成千上万两白银来，这还不算其他珠宝珍玩等细软。难怪崇祯皇帝曾多次痛心疾首地怒斥众太监，你等已经"将我祖宗积蓄贮库传国异宝金银等，盗取一空啦！"俟明亡前夕，都城的城防大权尽在宦官控制之下，最终乃是由太监开门迎降，画上了一代王朝的句号。

三、芳名千古的太监

太监的社会地位低下、名声不好，但历史上也出现一些很有作为的太监。例如汉代音乐家李延年，可谓个中有所建树者。出身于乐舞世家的李延年是中山（郡治今河北正定）人，其父母兄弟都是当时的乐人。他本人因犯法被处以宫刑，发到后宫的狗监为汉武帝养狗。他被选入宫中的妹妹"李夫人"，颇受武帝宠爱。鉴于李延年不仅善歌还善于创造新声，于是改派到"乐府"担任了协律都尉。当武帝兴建祭祀天地诸祠堂，司马相如等为之作出《汉郊祀歌》新诗 19 首，李延年则据颂诗配以新曲调为之制成祭祀之乐。此后，又仿张骞自西域带回的《摩诃兜勒》曲，作新生二十八解"横吹曲"用作军乐。李延年的这些乐曲不仅在当时颇受赞誉，也对后世音乐产生了一定的影响，丰富了中华艺术的宝库。

再如明万历年间太监刘若愚（1541—?　），是个很有才华也有成就的太监。《明史》上说，他"善书、好学、有文"，曾入内直房管理文书笔墨之事，后因故被捕入狱。囚禁之中，由于"痛己之冤而恨体乾、文辅辈之得漏网也，作《酌中志》以自明"。原书 23 卷，后经人节选其中较有史料价值的第 16 至 20 卷加以校勘，题为《明宫史》行世。刘若愚著书的目的在于为己辩冤，但由于他身为长年在内宫活动的太监，对于常人无法窥视的宫中巨细事务均可能看到或经历，书中所记基本接近实况，从而为后世留下了翔实的"第一手"史料，足以补充正史著作之不足。如在该书的《火集·饮食好尚》，甚至还逐月逐日记录下了宫内的衣着服饰以及各味应时饮食的细节，如正月过年时吃的炙羊肉、牛乳、乳皮、炙蛤蜊、炒鲜虾、笋鸡脯、鲨鱼筋、（西暴）腌鹅鸡、炸铁脚雀、卤煮鹌鹑……虽道有些琐碎，但甚为详细，从中尽显当时宫廷的饮食和节日时尚。

若论其中最是大名鼎鼎、流芳千古至今仍妇孺皆知的，当数一生里七下西洋的"三宝太监"郑和。郑和是云南昆阳（今晋阳）的回族人，世代信奉伊斯兰教。他本来姓马，自幼年开始在燕王朱棣宫内做太监，曾在燕王府书堂学习过不少有用的知识，后来在燕王同建文帝的 3 年战争中屡立战功。明成祖朱棣登基之后，赐他姓郑，以身居四品派作内宫监太监，职掌宫室、陵墓、冰窖营造等事，能够有较多的机会参与朝廷大事。从明永乐三年（1405 年）至宣德八年（公元 1433 年）的 28 年里，郑和七次下西洋，比哥伦布航行美洲还要早 87 年，足迹几乎遍及南海和北印度洋沿岸地区以及阿拉伯半岛和非洲东岸的数十个国家和地区，可谓人类早期征服海洋的空前壮举，在世界航海史上谱写了光辉的一页。在极大地增进了同各国人民的友谊的同时，也有力地促进了中国同亚非各国的政治、经济与文化交流。郑和七下西洋远航过程中，随行人员撰写的《瀛涯胜览》《星槎胜览》《西洋番国考》重要的文献，记录了他们所经历的亚非各国的山川地理、气候环境、风土人情，以及所绘制的中国最早的一份远洋航海图，均为后世东西方之间的海上交通提供了第一手珍贵资料。

四、怪异的弄色者及其所终

"残躯雪耻入深宫，险峻人生白发翁。养心殿里怀逊帝，储秀宫中忆旧容。浪迹江湖云游道，面壁山林苦行僧。百年沧桑皆一脉，好即了时了即空。"这是"中国最后一位太监"孙耀庭老人 1987 年他85岁时感叹自己一生写的一首律诗。太监的最大的人生耻辱，在于是个阉人。但是，当了太监也并非就与性完全绝缘了。尽管太监丧失了直接的性行为能力，但也需要生理和心理上的发泄。因而，在历史上，一向不绝太监们的变态性生活趣闻、故事。他们不仅通过性虐待来进行性发泄，也会通过同女人"结婚"——娶妻纳妾，来实现心理上的平衡。甚至，还获得皇上的认可。例如，明代叶盛的《水东日记》写道，宣德时，宦官陈芜因功被明宣宗朱瞻基赐升为御马监太监，赐姓名为王谨，赏赐其他各类物品无数，此外还唤出两名宫女，赐之王谨为夫人。至于，太监同宫女以及其他宫中仆役结成"对食""菜户"过类似家庭生活的情况，更是极为普遍的事情。

那么，一旦太监老病和晚年会怎样呢？历代的太监晚年出宫之后，大都落得个无家可归的下场。因为，谁家里都以其当太监为耻，甚至都使之难以归土还乡。怎么办，病老的太监们大都只好寓身京华的道观等死。同紫禁城相邻一墙之隔的兴隆寺，便成了清宫大多数老太监出家的安身之所，在此了此残生，这里也就成了出宫太监的"集体宿舍"。位于北长街上的这座始建于明朝的古寺，相传原本是明朝大太监王振的"家庙"。来此出家的太监，大多数是无依无靠、无财无势的老太监。按规矩，进寺养老的太监，在出宫前至少要向寺里交纳20两银子，叫作"纳坎"。到了清朝末年，这座占地面积很大的古寺收留的太监越来越多，乃至少数由于违犯了宫规害怕受到处罚而携带着一些钱财到寺里来避难，出家成了"方外之人"，宫里也就不好再继续追究啦。甚至还有个别皇族中人也因种种缘故来此出家，兴隆寺的香火一时甚旺。像这样的寺院，北京还有一些，如地安门钟鼓楼后的宏恩观，曾经集中着一大批老弱病残的太监，几乎是个太监的养老院。其他还有一些太监自己出资修建的寺庙、购置下来群居的宅院等等。太监死后，有钱的修豪华墓地，没钱的也就草草地一埋了事儿。

北京以其作为五朝古都的先决条件，有一座世上独一无二的宦官文化陈列馆设在明司礼监掌印太监田义的墓园。这座建于明万历三十三年（1605 年）的太监墓园，位于石景山区模式口大街西段，坐北朝南，由显德祠、寿域及慈祥庵组成，占地约 6000 平方米，葬有田义及附葬太监墓 5 座。慈祥庵为其附属建筑。田义墓墓园建筑以石雕、石刻为主，并其以规格高、石雕精巧细腻、内容丰富而著称。墓园里雕刻的图案精美绝伦，题材无论神话传说还是历史典故，大都构思新颖别致，雕刻得更是惟妙惟肖、栩栩如生，以及所显示出的手法之娴熟、技艺之高超，堪称中华石刻艺术瑰宝。旧时京城的太监集中、太监的墓也自然多，如著名太监李莲英、王振的墓，都比田义墓规模大，但大都没有保存下来，或像田义墓保存这样完好。

坐落在北京市石景山区东部的八宝山南麓的当今中国声名最著、规格建制最高的园林式公墓——八宝山革命公墓，其前身，就是一座太监墓园和寺院——褒忠护国寺，是为礼祭和护守刚炳墓而建。明代的司礼监太监、大将刚炳（亦名刚铁）北征瓦剌，战死于八宝山，明成祖敕建祠寺于此，寺内曾供奉佛祖、伽蓝、天王诸神。护国寺于永乐初年建成之后，不仅明清两代的内宫太监们曾多次捐献俸资重修、重建，还有很多的明清太监附葬于此。到了清同治年以后，这里增设了关羽、山神等道教神位，逐渐成了当时无家可归的太监们聚集和养老送终之所。又如位于北京城西北海淀区北安河乡大觉寺南 500 米处、明代始建的莲花寺，一座由并列的三座院落组成较大寺院，也是清末的一处著名的太监养老送终之所。

五、太监文化的随感

鲁迅在《坟·寡妇主义》谈道："至于因为不得已而过着独身生活者，则无论男女，精神上常不免发生变化，有着执拗猜疑阴险的性质者居多。欧洲中世的教士，日本维新前的御殿女中（女内侍），中国历代的宦官，那冷酷险狠，都超出常人许多倍。别的独身者也一样，生活既不合自然，心状也就大变，觉得世事都无味，人物都可憎，看见有些天真欢乐的人，便生恨恶。尤其是因为压抑性欲之故，所以于别人的性底事件就敏感，多疑，欣羡，因而妒忌。其实这也是势所必至的事：为社会所逼迫，表面上固不能不装作纯洁，但内心却终于逃不掉本能之力的牵掣，不自主地蠢动着缺憾之感的。"

且不论鲁迅说这番话的背景对象如何，但就文字直接表达的意思而言，不难使人想到，因阉割而使人失去性能力，可谓非人道的残忍之术。若给一种思想、一种事物"去势"，如此阉割使之失去原本的性质或作用，则无疑也会使之发生实质性的改变。这种实质性的改变，有时是必要的，例如给某些禽畜去势，是人类生活的需要，因而取了个好听的名称，谓之"阉洁"。明·罗颀《物原·技原》："轩辕始医兽，少昊始阉洁六畜。"反之，有时则属于无益或是有害的，不符合事物本来性的，是对本性的反动，其后果十分有害，甚至十分可怕。

葡萄牙传教士奥伐罗·塞默多（1585—1658，汉名曾德昭）在

1637 年写的《大中国志·中国的皇帝和皇后以及太监》中写道，一些太监是被"他们的父母阉割"。那么，亲生父母何以对儿子这般残忍呢？他接着写道，原来是"想由此获利，可以把他们卖得好价钱，或者可以从他们身上得到好处，因为他们在宫中可以得到迁升，或者因其他原因这类人能得到便宜"。殊不知，每年进得宫中的太监几乎就有 3000 多人，其中该会有多少被残酷的宫廷纷争、一不留神的龙颜大怒、无情的惩治以及疾病等天灾人祸夺取这一番以终生伤残换的苦心和性命。再何况，当年那种技术水平下的"阉割"，也如赌博一般啊。每年都不知有多少自宫或受宫者就在阉割的过程中痛苦地死去。

清初的著名进步思想家、文学家唐甄在《潜书》中对太监有个非常形象的描绘："望之不似人身，相之不似人面，听之不似人声，察之不近人情。"对此，他具体地解释说，他们生得臃肿、弯曲，就好像生了瘿结而鼻子里呼呼作响，如同牛和猪一样，干脆不像似人的身体；他们虽然生着男人的颊骨但却已不是男人了，虽说没有胡须却也不是女人，虽然面如美玉却没有一点生气，所以哪里像是人的面容；再听其声音，好像儿童那样稚细却不够清脆，好像女人那样尖细却不够柔媚，说是嘶哑吧但还能成声，说如猩叫吧但还能成人语，所以也不像正常人的声音；这些人可以对人很有爱心，同时也真能狠下毒手害人，当他们怜悯你的时候可以表现得流涕而语，一旦其憎恶你时，则会视杀人如斩草芥，所以就很难说他们具有正常人的感情。

为什么会这样呢？显然，是生理上的缺欠致使其心理上变态、畸形。因而会出乎意料地做出一些有悖常理的事情。就是这种遗憾终生的缺欠，也使之形成许多禁忌。比如，他们对于可以直接或间接影射，或者容易使人引发同"欠缺"相关联想的事物都极为敏感。同他们在一起时，假如看到没尾巴或尾巴被切短的猫狗等小动物时，只能委婉地说是"鹿尾巴狗"或猫之类。如若遇到缺柄的茶壶时，也不可声张，要装作若无其事。因为，太监们对"割""切"之类字眼儿极为敏感、忌讳。当然，他们最大的一个忌讳，即是以他人看到自己有缺欠的阴部为奇耻大辱。这是他们终生的"心病"。即或是当年阉割下来的阴茎睾丸，都要当即经过防腐处理之后置于小匣子里藏进家祠。一旦这位太监死后，还要把这个"宝贝""请"出来缝到原处，意思显然在于做个弥补，使之像个堂堂正正的男人"归天"。清代北京有一条"尽忠胡同"，是太监们闲暇聚居之所，胡同中不仅设有剃头店、裁缝店、吸烟房（清朝的太监几乎都吸鸦片），连浴室中的伙计也是被净过身的，他们有自己专用的浴池，原因便在于决不允许非阉人看到他们的下身。

太监们娶妻纳妾不仅仅在于满足变态的性心理，更在于恪守"不孝有三，无后为大"的祖训。《后汉书·宦官列传》里就记载说，汉顺帝时，允许宦官收养子，以承袭爵位。其养子可为亲属、他人，甚至还可以是奴隶之子。宦官收养子，也要像常人那样继嗣。据《末代太监秘闻》说，清代，尤其是清末，"大凡太监几乎没有不认过继子以承香火的"。李莲英收有4子，曰福恒、福德、福立、福海，皆捐三品衔郎中，共花费银子一万两。说来说去，仍然是——虽非常人也追求像常人那样的心理平衡。像司马迁那样遭受宫刑之后，仍能忍受阉割的耻辱与痛苦最后写成《史记》的志士，毕竟还是少数精英啊。

周作人曾惊叹：日本模仿中国文化，却能唐朝不取太监、宋朝不取缠足、明朝不取八股、清朝不取鸦片。

清代用来阉割的专用手术刀

　　清代用来阉割的专用手术刀，刀长 20.7 厘米，材质为铜与金合金。据说，用此材质的刀阉割不易感染。

清宫太监在三伏天洗象

神秘的史前巨石文化群

在世界文化史上，"巨石文化"始终是个众说纷纭的未解之谜。例如，著名的英格兰西南部索尔兹伯里巨石阵，法国西部的卡尔纳克巨石长阵，日本秋田县鹿角市的"巨石之钟"——大汤环状列石，日本北九州福冈县的高良山"神笼石"，以及埃及金字塔、蒂瓦纳科神庙的太阳门和中国浙江的龙游石窟，等等。

旧石器时代，喀左牛河梁红山文化的发现，把中华文明史向前推溯了1000多年，向全世界显示了辽宁这块热土的深厚文化积淀。辽宁阜新的"查海文化"，同仰韶文化、马家窑文化、龙山文化、大溪文化、良渚文化共同组成了中国新石器时代的六大史前考古文化系统。被考古学家视为新石器时代晚期至铜器时代史前文化遗迹的辽宁巨石文化群，在这块土地上分布之多、之密集，居亚洲之首。然而，它却同世界上众多巨石文化遗迹一样，在向世人展示其文化底蕴的同时，一直披着神秘的面纱，迄今仍然是个远古先民留给后世众说不一的未解之谜。

在道家文化仙话传说中，辽宁是早期"得道成仙"的丁令威的故里。

辽宁是满族文化和中国最末一个王朝"大清帝国"的"发祥地"。

比仙话中丁令威传说早上数千年的，居亚洲之首的辽宁史前巨石文化群，堪谓"关东文化"乃至中华文化主要源头之一，同样也是辽沈大地应予珍惜的一笔历史文化遗产。

密布辽宁的巨石文化遗迹

在辽阔的中国版图上，分布着大大小小众多的巨石文化遗迹。例如，坐落于湘桂公路旁的黄田铺老街口的湖南永州石棚，坐落于温州平阳县钱仓镇垂杨村的龙山头石棚墓。在国家文物局公布的第五批全国重点文物保护单位中，温州除龙山头石棚墓外，苍南县的石棚墓和瑞安的棋盘山石棚墓，也一道榜上有名。

此前，在国家文物局公布的第四批全国重点文物保护单位22处古墓葬中，编号为第582号的，则是坐落在辽宁省营口市所辖盖州市的石棚山石棚，是先于温州的三处石棚被列入全国重点文物保护单位的巨石文化遗迹。

石棚文化，是从新石器时代到铜器时代辽宁古代文明的一页重要历史。

石棚形状远望又好像是古代帝王的冠冕，因而汉代时曾有"冠石"之称。早在《三国志·魏志·公孙度传》中，已有关于辽宁省辽阳冠石的记载，书中说，东汉末年，"襄平（即今辽阳）延里社生大石，长丈余，下有三小石为之足"。由此可知，这些石棚过去是埋在土中的，后来才逐渐露出地表。而且，不明就里的古人还把它视为一种祥瑞之兆。即如《三国志·魏志·公孙度传》记载的，发现襄平（辽阳）冠石之后，有人对公孙度解释说，这是"汉宣帝冠石之祥"。金代的王寂在其所著《鸭江行部志》中，也曾记述到辽宁的这种巨石文化遗迹。书中写道，"己酉游西山石室。上一石，纵横可三丈，厚二尺许，端平莹滑，状如棋局。其下壁立三石，高广丈余，深亦如之，无瑕隙，亦无斧凿痕，非神工鬼巧不能为也。土人谓之石棚"。史称"文学、政事，为时所称"的王寂还作诗赞叹道，"人力不至疑天成"。据辽宁的考古学家研究认为，王寂所考察到的这处石棚，"就在辽南瓦房店市境内"（见辽宁省文物考古研究所编《辽东半岛石棚》第1页，辽宁科技出版社1994年出版）。

此后，数百年过去。19世纪末，亦即日本政府胁迫清政府签订不平等的《马关条约》4个月之后，日本人类学家鸟居龙藏等人就进入辽东半岛开展考古活动，相继发现了金县小关屯、盖州石棚山、海城析木城和大石桥石棚峪等地的巨石文化遗迹，十数座大大小小的石棚，被视为"中国近代考古学萌芽时期的开始"。尽管如此，如上述历史文献所记载的那样，最早发现这些巨石文化遗迹者，仍是中国古代的智者，包括金代官员王寂。只不过，当时还没有形成现代这样的考古学罢了。至于对本地这些巨石文化的大规模系列发掘和考察研究，则是20世纪50年代以来中国辽宁和国内其他考古学家们的功绩。

鸟居龙藏在辽阳发掘调查

辽宁省的东部地区这类石棚古建筑颇多，如营口石棚峪、岫岩兴隆沟、夏县台子村、金县亮甲店，以及大连、海城、盖县、开原、庄河、清原、新金等地，都有这种古建筑。可以说，辽宁是个古石棚文化遗迹比较集中的省份。其中，仅营口地区的石棚遗迹就有近百座，在规模、数量和种类上，被一些专家认为当属全国之最，甚至位居亚洲之首。

在新金县俭汤乡代家村石棚沟北山上，有由一大三小四座石棚构成的石棚群。这个小石棚群，完全是花岗岩石建造。位于山顶南端的大石棚，呈南北向，长方形盖石南边出檐，其余三面壁石套合而稍微内敛，棚内的铺底石板上存有黑土堆积。三座小石棚分别位于大石棚的东、东北和北面，其中一座小石棚为东西向，但盖石和南、北两面石壁已残，在棚里曾发现红褐色夹砂陶罐。另外两座小石棚，如今都仅存一块壁石。

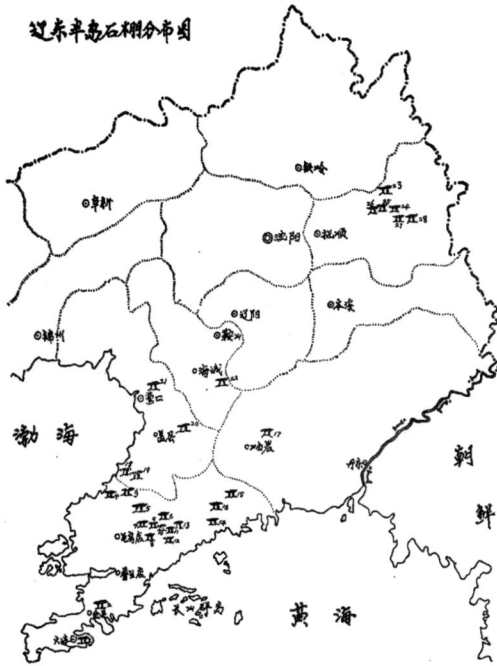

图 注

1.大佛山石棚　　2.小关屯石棚　　3.石棚沟石棚
4.刘屯石棚　　5.新金杨屯石棚　　6.台前石棚
7.双房石棚　　8.三台子石棚　　9.王营石棚
10.安平寨石棚　　11.台子石棚　　12.榆树房石棚
13.铧铜矿石棚　　14.白店子石棚　　15.大荒地石棚　　16.庄河杨屯石棚　　17.兴隆沟石棚　　18.石棚山村石棚　　19.仰山村石棚　　20.石佛石棚
21.石棚峪石棚　　22.析木城石棚　　23.曾家沟石棚　　24.仙人堂石棚　　25.付家坟石棚　　26.赵家坟石棚　　27.南嘉禾石棚　　28.南沟石棚

辽东半岛石棚分布图

（引自许玉林、许明钢《辽东半岛石棚综述》，原载《辽宁大学学报·哲学社会科学版》
1981.1）

1963 年被辽宁省人民政府定为省级重点文物保护单位的析木城

石棚，又叫"姑嫂石"，位于海城市区东南29公里，析木城东南8里许，石板建筑，形状如棚，故名石棚。据考证，析木城石棚是新石器时代晚期和铜器时代早期，亦即奴隶社会初期或奴隶社会发达时期的巨石建筑。就现存的石棚遗址可知，这里原本有两座相邻的石棚，当地合称为"姑嫂石"。至今，当地民间仍流传着古代二女登石成仙的美丽传说。不过，现仅"姑石"保存完好，而"嫂石"已毁。"姑石"周围的四块壁石，每块平均高2.3米，宽2.4米。石棚的"棚盖石"，长6米、宽5.6米。整个儿的"姑石"石棚，由六块青石板对榫而成，高2.8米，形状呈长方形。从远处眺去，有如长方形石几。

居亚洲之首的营口石棚山石棚

营口石棚山石棚

营口地区的石棚遗迹分布范围很广，尤以盖州市、大石桥市境内比较密集。这些远古石棚，大都建在山脊或山的坡角处。有的是孤设的一座，也有的是两座相邻，还有三五座乃至数十座石棚聚集的石棚遗迹群。营口地区现存的上百座石棚遗迹，其建筑规模各不相同，若依规模的大小，可分别为大石棚、中石棚、小石棚和半地下石棚四大类。个中，大石桥的石棚峪石棚仅次于石棚山石棚规模的大石棚。介于大小石棚之间的中等规模石棚，大多高约 1.3 米，如盖州市十字街乡的连云寨石棚。盖州市杨运乡、十字街乡大多数石棚，大都高在 1 米以下，石棚的盖石长宽约 2 米，壁石之间的套合也大多不够整齐，这种规模的都被视为小石棚。至于半地下石棚，当然也就半埋于地下，通常大都长宽 2 米左右，石棚的棚壁石露出地面大约半米，铺底石和挡石均建在地表之下。这类石棚一般规模比较小，如盖州市九寨镇的老牛台石棚即属此类半地下石棚。

迄今发现的亚洲规模最大的石棚，是国家文物局公布的第四批全国重点文物保护单位的营口石棚山石棚。此前，它已被列为辽宁省的文物保护单位。石棚山石棚位于盖县南 45 公里浮渡河北岸石棚山上，此山也是因此得名。石棚山石棚，坐北面南，由六块巨大的花岗岩石板建成，平面呈长方形，一块巨大的石板铺作地面，上面的四周由四块厚约 0.2 米、高约 2.4 米的石板围成四壁。壁上，平放着一块长 8.6 米、宽 5.7 米、厚 0.7 米的大石板作盖，石棚盖的棚檐状若飞展之态，颇为壮观。整个颇像是一座石屋，但如今南壁的封门石板已经不存。石棚的内壁、顶部，均依稀可见经风雨剥蚀后的彩绘。

这座石棚曾在清乾隆年间被改建作古云寺，寺里供奉着地藏王、瘟神爷、三霄仙子和倒坐观音，石棚外的一侧植有一株两围粗的古松，松枝遮盖着半座石棚，再外面还有逶迤的寺院围墙。显然，那彩绘未必是修建之初的作品，而是后世把它用作古云寺之类宗教活动场所所补绘的装饰。不过，在遭受那场"文革"的洗劫之后，这里又回归到了石棚初建时的原始状况。

关于营口石棚山石棚，在《金牛山人的故园》（辽宁教育出版社1995年出版）书中，有着美好的描写。他们写道：

"石棚古迹"乃营口地区有名的"熊岳八景"之一。

登石棚山观石棚，恰值阳春黄昏时分。所谓石棚山其实不过是一座高仅二十米的小丘，坐落于盖州市二台乡境内。三月里，春雨过后，石棚山周围大片大片的果园里，苹果花素似雪潮，桃花明若云霞，晚风吹过，在这起伏的绚丽花潮的簇拥下那杂花如星碧草茵茵覆盖下的小小石棚山真的宛若一座玲珑碧透的小岛浮在花海中，于是便让人想起一句熟悉的歌：这绿岛像一只船……可不是么，看山上临风屹立的那一座硕大的石屋般的石棚，不正是这碧玉船上的仓棚么。远处夕阳卸山，金色的晚霞燃烧在天际，亮丽的天光为绛紫色峰峦勾出凝重曲折的身影。山也很宁静，苍茫的暮霭正从山岗下、果园里雾一般向石棚山漫来，而此刻那一座硕大的石棚正被夕阳镀得金壁辉煌。稍知一点石棚历史的我此刻凝望这石棚夕照，不禁伸手触摸一下那被晚霞染成橘红似乎烫手的石头，却觉得它很凉，那是一种只有凝固了很多很多岁月以后才有的让人心灵颤傈的苍凉，于是恍然中便会觉得脚下这"小船"在花海中浮荡起来，茫茫然向远古漂去，漂去……

举目天边幽兰的东方一点两点星星正遥遥地亮起来，像历史又神秘又宁静的航标灯，一闪一闪把石棚山黄昏的意境闪耀得很古很古。

据专家统计，包括我们脚下盖州石棚山这座亚洲最大的石棚在内，营口地区已发现有石棚大小百余座。事实上石棚山确实也很古了。

据专家考证，营口地区遗留下来的石棚无论从数量上、种类上、规模上看，都是全国乃至亚洲之最，石棚是我们祖先遗留下来的最早的地面建筑物，是我们祖国一份十分宝贵的文化遗产。

暮霭渐浓，夜幕沉落，东山一轮洁白的月亮升起来。石棚山上，如水的月色将那宏伟硕大的石棚漂洗得洁白如昨。它似乎是一位慈祥的老者故意逗我们这些后生小子，故意为我们道出了谜语，却偏又不肯揭示出谜底。不错，石棚老人为我们设计的谜真是很深奥了，在测解中，我们心中也同时涌动着感慨、自豪、敬仰。那么，我想数千年后，当我们也成为先人的时候，我们是不是也该给子孙们留下一些足以让他们自豪敬仰感慨的"谜"呢？

不过，我们今天所看到的石棚山石棚，有如一座小型金字塔，单是石棚上面那块据测重达 60 多吨巨大棚盖石，是如何从其他地方运送过来，又是怎样安装上去的？而且，建造这种石棚所用的巨大石材，大多至少是几十里之外才有的。在缺乏必要的采掘、打制加工、起重、运输条件和设备十分落后的远古时代，完成如此浩大工程，实在令人不可思议。即如金代王寂诗中赞叹的那样，"人力不至疑天成"啊。百思不得其解之际，人们也只能把它归功于云霄娘娘的神力天工了。

关于神秘巨石的美妙传说

据《水经注》《四川通志》等历史文献的记载和四川等地的民间传说，三国时名相诸葛孔明著名的"八阵图"，传说是得益于史前这种"巨石阵"的启示，似乎也同这种巨石文化有着某种神秘而又难以确认的关联。

新宾仙人洞石棚

古人不解"冠石"的发现，无端地与当时发生的社会事物或现象联系到一块，误把它视作奇异的祥瑞征兆。《汉书·刘向传》："物盛必有非常之变（变，奇异、怪诞）先见，为其人微象。孝昭帝时，冠石立于泰山，仆柳起于上林。而孝宣帝即位。"孝宣帝即位，与"孝昭帝时，冠石立于泰山"，实在是风马牛不相及的两回事。

中华传统文化向有崇拜石头的情结。古人之所以形成一种崇拜，原因有多种多样，而由于事物的神秘不解，进而产生恐惧或无端地猜测，则是最基本的因由。北周庾信诗中所云"暗石疑藏虎，盘根似卧龙"，正是一种符合常理的想象意境。古代神话女娲炼五色石补天，把石头崇拜推向了极致。古往今来，有关石头的神话和民间传说，诸如昆明池织女石传说，唐代时就进入了诗人的诗句，"一片昆明石，千秋织女名"（童翰卿《昆明池织女石》诗句）。刘禹锡《望夫石》也咏道，"终日望夫夫不归，化为孤石苦相思，望来已是几千载，只似当时初望时"。

中国古人传说神仙大都以石室、石屋为居所，即所谓的"神仙洞府"。汉代刘向的《真君传》说，昆仑山上有西王母居住的石屋，亦即清末黄侃和章太炎《游仙联句》诗所咏的"石室坐王母"。晋代陶渊明在《搜神后记》卷一写道，"始兴机山东有两岩，相向如鸱（音chī，鹞鹰）尾，石室数十所。经过，皆闻有金石丝竹之响"。

"更将织女支机石，还访成都卖卜人"，这是唐代诗人宋之问《明河篇》的诗句。在古代，相传汉代的张骞奉命去寻找河源，乘槎（音chá，筏子）经月亮去天河，在月亮上看见了织女，还有一个男人在天河边上饮牛，织女随手就把她支撑织机的石头给了张骞。那石头，就是后世传说的巨大神石"支机石"。但是，到哪里去找那神石呢？宋之问说"还访成都卖卜人"，其实谁也找不到，因为它根本就不存在。而今，辽宁等地、世界各地的巨石文化遗迹赫然在目，只是还难以作出合理的解释。

石棚建筑遗迹所在，大都山光水色十分优美。许多风景名胜，都伴有各种神奇美妙民间传说或掌故。在辽宁省盖州市的石棚山石棚的所在地，民间传说，很久以前，有云霄、琼霄和碧霄三姐妹，一同修道成仙，人称"三霄娘娘"。有这么一天，老大云霄、老二琼霄和老三碧霄姐妹三人都想显示一下各自的本事神通。三姊妹相约当夜各修一座石庙。是夜万籁俱寂的三更时分，村里人忽见空中飞沙走石，云雾大作，并伴有石击雷鸣和人喧马嘶，一直闹腾到鸡叫。当天色破晓之后，只见晴空万里碧透如洗，就像是夜里什么事情也没发生过似的。不过，村里人却好不惊讶地发现，邻近二台子、仰山、榆树房附近的三座小山之上，各都分别出现了一座用巨大石板建筑的新庙宇。其中，就属二台子附近山上的那座石棚庙最大，据说，那是老大云霄娘娘修的石庙。这座云霄娘娘庙，便是当今仍矗立在那儿的石棚山石棚。可想而知，当年的古云寺供奉有三霄仙子，亦当与这民间传说有所关联。再如，位于海城市区东南 29 公里析木城石棚，当地村民之所以把它叫作"姑嫂石"，同样源自民间传说。相传，从前这里一户农家的姑嫂二人和睦相处，她们相携修炼，双双得道成仙，化为巨石之后仍然相邻为伴。显然，也是人们把美丽的传说赋予了这神秘的巨石建筑。"姑嫂石"传说的社会意义，在于张扬人们所期望的，在数代同堂的大家庭里姑嫂和睦相处才会带来全家上下的生活安宁美满这种乡土社会民俗心理。

　　凡此种种，这种巨石文化的理念，显然同远古先民以及后世的"巨石崇拜"或"石神崇拜"有着千丝万缕的关联。

世界巨石文化语境下的巨石建筑之谜

　　产生于新石器时代的，作为人类史前创造的文化类型之一的巨石文化艺术，其分布遍及世界的许多地方。以欧洲的巨石文化为例，这种巨石建筑大体上可分成四种类型。

　　一是石圈，由大块石头围成，主要分布在爱尔兰和英国，尤以英国南部的斯通亨奇最为著名。在古英语中，"斯通亨奇"意为"吊起来的石头"。它在等距离的直立巨石上，设置巨石横梁，以中间的石祭台为圆心共建有 3 圈竖立的石块构成的圆圈，外围的一圈壕沟里面，洒有白土，壕沟与立石圆圈之间，还有些经过计算而后设置的零散石块。东面 2 块立石的间空与靠近壕沟另 1 块石块所构成的直线，正好对准夏至日出的方位。据考古推论认为，斯通亨奇是与太阳崇拜有关的举行宗教仪式的场所。

二是石柱。这种石柱由几块聚立在一起的直立巨大石块组成，最高的石柱高达 20 米，重约 300 吨。最为壮观的，首属位于法国布列塔尼省的由多达 3000 多块巨石间隔排列 3 公里长石柱行列。关于建筑这种石柱的目的，或说是作为举行宗教仪式的场所，或说是界石，或说是用来纪念死者的纪念物，说法不一。

三是巨石坟墓。分布在法国北部和斯堪的纳维亚、英国、爱尔兰的这种巨石坟墓，有建在地面上的，也有埋在大土丘下面的，通常是某一个家族的坟墓。其结构，大多是采用梁柱式墓顶的水平砌筑。在墓壁和部分石柱上，往往刻着呈现云雷纹、螺旋纹、菱形纹、同心圆纹等几何图案的花纹。

四是神庙。这种神庙，是以马耳他岛的巨石神庙最有代表性的，用石块构筑的里面供奉神像的一种巨石建筑物。此外，巨石文化遗迹还应包括同时期的按石头原来的形状稍加凿刻而成巨型石刻人像，和巨石神庙的小型雕刻神像——强调生殖器官的女性人体像。

1992 年，在位于中国浙江省西部钱塘江上游的龙游县小南海发现了一座令世人瞩目的大型古代石窟——龙游石窟。有人认为，龙游石窟与世界巨石文化的遗迹颇有相似之处。如果说，龙游石窟也属于这种类型的巨石文化遗迹的话，那么则应属于洞窟类型的巨石文化遗迹了。

巨石文化所带给人们的神秘性和好奇，主要在于两个方面千百年来始终是令人费猜的未解之谜。一是在当时各种条件都十分落后的情况下，这种建筑是怎么建成的？二是这种今天看似怪异的建筑在当初是用来干什么的？

首先，是在当时各种条件都十分落后的情况下，这种建筑是怎么建成的？

这些历经数千年风霜雨雪的巨石建筑，大多至今仍完整存在于世，仍显精美风采，表明祖先的建筑艺术已具有相当高的水平。但是，依靠当时的技术条件能做得到吗？

不仅仅前面谈到的营口石棚山石棚建筑，几乎所有的巨石文化遗迹都给人们留下了类似的疑问。又如瑞安岱石山石棚墓群的舌状石棚盖石，面积大、分量重，大者 10 到 15 吨，小的也有 3 到 4 吨，如何想象人们当年是怎么造起来的呢？

又如，浙江省龙游县的龙游石窟的建造，亦然。石窟中，整齐排列巨大的鱼尾状石柱，洞壁、洞顶分布着凿痕匀称整齐、朝向一致的纹理。平均每个石窟多达 2 万立方米的巨大空间，均设置在地下岩石之中。由于洞窟中的很多凿痕都像是采用精密机械挖掘而成，很难想象出会是远古时人的手工劳动所能做得到的。特别是，凿出这石窟的先民们是如何知道石岩背村下的岩石是块绝无一丝裂缝、不会渗水的整体的呢？他们在如此原始的生产力情况下，使用了什么仪器进行测量呢？实在叫人百思不得其解。乃至有人大胆地猜测，龙游石窟该不会是外星人留在地球上的遗迹吧。

再比如，位于英国首都伦敦 130 公里的索尔兹伯里"巨石阵"，由几十块巨石形成一个大圆圈，巨石高的可达 6 米，每块重达数十甚至数百吨，是一个迄今为止仍难解其奥秘的史前建筑奇迹。据估算，以当时的生产力水平，建造这个"巨石阵"至少需要 3000 万小时的人工，相当于 1 万名工人整整工作 1 年。且不论当时的技术和工艺水平怎样，单就当年如此大的工作量，或是如此多的人力，又是如何组织施工的呢？

再即，这种今天看似怪异的建筑在当初是用来干什么的？除了少数巨石建筑遗迹可直观地显现其建筑功能外，有的是远古墓葬，有的是祭祀场所，有的是古人用来确定节气的天文历，也有的类似当代建筑的"多功能厅"可综合利用。但是，由于年代久远，缺少相关文献记载，或已经严重地残损，世界上很多这种巨石建筑的功能都难以确认，都是费解的谜团。辽宁省盖州市的石棚山石棚，在国家文物局公布的第四批全国重点文物保护单位中，被列为 22 处古墓葬之一。因为，大多数专家认为，它是古代氏族部落酋长、首领或奴隶主贵族的巨石坟墓。然而，这处石棚确否就是古墓葬，学界仍有不同见解，还有待进一步的研究确认。据《金牛山人的故园》一书介绍：

> 关于这些石棚的性质多少年来一直争论不休，有专家认为这是一种古代宗教祭祀建筑物；也有人认为它是氏族公共活动的场所。而近年来国内外一些专家学者有一种比较趋于一致的意见，人为石棚乃是古代的巨石墓葬。其理由有二：第一，经对一些石棚进行考古发掘，有的石棚中已出土了火烧过的人骨及其随葬品如陶罐、陶壶、石斧、玉石凿、石镞等，其中团山一号石棚中出土的还有青铜短剑、石纺轮、鹿角锥、鹿角针等。其二即石棚有一棚独存，二棚双立者，但也有三四个或几十个聚建于一处，如是宗教祭祀建筑或氏族公共活动场所，那么只要一两座即可，何以要群建呢？故此石棚系古墓葬说较为可信。

但 1990 年专家在考察石棚山大石棚时发现其东石壁上尚有没破碎的古文字并一个刻在盖石上的人头像，这一发现，又给石棚罩上了一层神秘色彩。如果石棚仅是墓葬，又何必在壁上刻字作画，于是又有人认为石棚可能上述三种性质功能兼而有之。总之，迄今关于石棚性质仍是人们有待研究判定的一个未了的课题。

爱因斯坦说：亲爱的神灵不要玩把戏

据报道，"巨石阵"在 20 世纪 80 年代修复后，立即成为英国每年多达 100 万游客的最热门的一个旅游景点。其中，甚至还有一些自称是古代英国柯尔特人的后代——他们认为相信多种神灵的古柯尔特人即是"巨石阵"的设计师兼建筑师的游客。他们在那里举行宗教仪式、解决法律纠纷或向公众发布政令。不过，据认为，古柯尔特人早在 1500 年前就从英格兰消失了。就此，旅游学专家温顿博士却希望，关于"巨石阵"的考古研究暂且不必进行得过分"深入"，留有"悬念"的"巨石阵"才会对国内外观光的游人形成"难以抗拒"的魅力。由此看来，能否解开巨石文化之谜与何日解开巨石文化之谜，都存在着众多的无奈，是否这也是另一个未解之谜呢？还不得而知。阿尔伯特·爱因斯坦说过，"亲爱的神灵不要玩把戏"。巨石文化之谜，恐怕也是"神灵"们向人们玩的一个小把戏。电视剧《木鱼石的传说》歌词唱道，"这里的石头会唱歌"。人们真诚地祈愿这些巨石文化遗迹"会唱歌"，早点开口，帮助我们解开这世界性的千古之谜。

　　在国外的考古学界，曾有一种说法，认为全世界的巨石文化只有一个发源地，那就是地中海；这种史前文化是由地中海逐渐扩散到世界各地的。其实不然。世界各地几乎都经历过新、旧石器时代，都有着各自的本土文化的发育、起源、发展与流变轨迹。世界文化是多元的，世界各地的巨石文化以其各自独具的特质而异彩纷呈，也同样呈现着多元文化形态。至于，辽宁这么密集的史前巨石文化遗迹是怎么回事？古代先民们弄这些巨石建筑都是做什么用的？可以说，这迄今仍是众口不一的谜。置身于世界巨石文化语境之中，探析这些的巨石建筑之谜，尽管仍然难以彻底解开谜底，却也是很有趣的思考。

　　无论如何，有一点比较明确，那就是，以居亚洲之首的营口石棚群为代表的辽宁巨石文化，是这块乡土不可多得的宝贵的历史文化遗产，应予善待之。解谜需要智慧和时日，需要耐力和耐心，但保护好这些巨石文化遗迹却时不我待，不可掉以轻心。一当失去了"谜面"，那"谜底"就更难解开了。

2002 年 12 月 2 日于雅俗轩

清明小史

　　清明，本是季春时节的一个节令，传统的二十四节气之一。《月令七十二候集解》说："物至此时，皆以洁齐而清明矣。"所谓"清明"，意思即指此时自然万物皆呈"清新明洁"之貌。这时节，气候温暖，雨水充沛，万物复苏发育，大自然一派生机。"清明谷雨两相连，浸种耕种莫迟延""植树造林，莫过清明"等农谚，均以经验积累反映着这一节气的气候特点。

　　清明作为一个传统节气，古已有之。然而，将其作为一个独立的传统岁时民俗节日，却是唐宋以来逐渐兼容了上巳、寒食两个古老民俗节日的活动内容而出现的。此前的古代文献中，除有关这一节令天文、物候、农事之类的记载外，如《通纬·孝经援神契》的"春分后十五日，斗指乙为清明"等，迄未见到其他节日民俗活动的内容。如今清明节的祭祖扫墓、踏青春游等节俗，原本是清明之前的上巳节、寒食节两个古代民俗节日的节俗。

　　上巳节，本在夏历三月的第一个巳日，是汉代始兴的民俗节日，魏晋后改定为三月初三，因而别称"三巳""重三"或"三月三"。关于上巳节的源起，说法不同，但都以为源于周代。其一，认为源于周公于曲水宴饮，如《续齐谐记》说的，"昔周公卜成洛邑，因流水以泛酒"，故而逸诗述其事道，"羽觞随波流"。汉代的《三才图会·上巳》亦引《十节录》所载："昔周幽王淫乱，群臣愁苦之，于时设河上曲水宴……从此始也。"于是相沿成习，以南北朝时为盛，南朝时梁人宗懔在《荆楚岁时记》中便记述道："三月三日，士民并出江渚池沼间，为流杯曲水之饮。"其"流杯曲水"即"曲水流杯"，是数人聚饮于溪流弯曲之处，各自排开，将盛有酒的杯子浮置水面任其漂流传送，漂至谁处即取而饮之，作为一种饮酒之趣。这一酒俗，曾进入宫宛建筑，即流杯池、流杯亭之类。其二，是说源于上巳是在水边修禊之俗。所谓"修禊"，即修整、沐浴。虽是一种沐浴的卫生保健活动，古人却将其视为祛邪巫术，因为当时巫与医往往不分，科学尚不发达。持此说者，依据的是《周礼·春官·女巫》所记"女巫掌岁时被除衅浴"，以及汉代郑玄的注解："岁时被除，如今三月上巳如水上之类。衅浴谓以香薰草药沐浴。"据《诗经·郑风·溱洧》所咏，春秋时的郑国，每逢上巳日，人们便在溱水和洧水之滨，招魂续魄，执兰草，被出不祥。

到了汉代，世人将上巳的"曲水流杯"饮乐同水滨沐浴活动合为一体，形成了"上巳节"。《后汉书·周举传》载："六月三月上巳日，商大会宾客，宴于洛水。"《后汉书·礼仪志》又载："是月上巳，官民皆絜（洁）于东流水上，曰洗濯被除，去宿垢疢（病），为大絜（洁）。"近代王羲之作《兰亭集序》，记述了当时上巳节在兰亭沐浴及聚饮、吟诗情景，随其书法文章一直流传至今，倍受称道。唐宋以后，上巳节的民俗活动又相继增入踏青、求子、流卵、流枣、戴柳圈和吃青精饭等内容。如唐·孙思邈《千金月令》说："三月三日踏青。"又如《太平寰宇记》载："四川横县玉华池，每三月上巳有乞子者，漉得石是男，瓦即是女，自古有验。"即以流石、流瓦来占卜生男或生女。元代白朴著名的杂剧《墙头马上》中亦写到上巳节："今日乃三月初八日，上巳节令。洛阳王孙女士，倾城玩赏。"其说"上巳节令"在"三月初八日"，也说明当时洛阳的上巳节仍沿用古制，而未改为三月三。至近代，上巳节的民俗活动，除踏青外，多已淡失不存。现今，汉族的大部分地区已不过上巳节了，但其古老的节俗遗风，仍在许多少数民族的"三月三"节中得以流传。

寒食节，别称"禁烟节"或"冷节"等，在冬至后的 105 天，一说 103 或 107 天不一。关于寒食节的起源，流传最广的说法，是为纪念春秋时晋文公的恩人介子推而来。当初晋公子重耳流亡外国时，介子推曾割股肉为他充饥。重耳贵为文公后，子推偕老母隐居位于今山西介休的绵山，任凭文公恳请而坚决不出。晋文公便焚山以迫其出，结果子推抱木而死。文公将其厚葬山上并修寺供奉，下令每年子推忌日禁火寒食以寄哀思。此即《后汉书·周举传》所记："太原一郡，旧俗以介子推焚骸，有龙忌之禁。至其亡月，咸言神灵不乐举火。由是士民每冬中辄一月寒食，莫敢烟饮。老小不堪，岁多死者。"直至东汉末年曹操大军占领并州后，曾下《禁绝火令》，方使这一旧俗有所改变。据东晋陆翙的《邺中记》说，这时"并州之俗，"仍"以冬至后一百五日，为介子推断火"，但已非"一月寒食"，而是"冷食三日"了。事实上，"冷食三日"虽远少于"一月寒食"。亦有碍健康，当属陋俗。此俗后世渐为世人摒弃，亦正在于此。"寒食节"名称的来历，显然是因其间禁火冷餐而来。

然而，远在晋之前的周代，业已存在逢仲春禁火冷食而春季出火的习俗惯制，即《周礼·秋官·司烜氏》所说的"仲春以木铎修（休）火禁于国中"。寒食禁烟断火，至清明出火，其反为几天时间。唐人诗句"内官初赐清明火""朝来新火起厨烟"等，均为清明出火情景。究其实，这一风俗滥觞于古代的星宿观测。被世俗化为"烟火"之"火"，本是星名，即商星，又称大火星。商星与参星以 180 度之差相对，每年八月至次年二月，黄昏时均见不到大火星。至清明方可初见。为观测大火星以判定季节，夏朝以前专设有名"火正"的职官。《夏小正》一书所记的三月"参则伏"，亦即大火星出（出火）。天人感应，是古人普遍的原始宗教观念，星宿崇拜，即属这种观念的产物之一。他们把天象同世间社会生活联系起来，于是大火星的出没便成了寒食节禁火·清明出火的风俗。

古来的寒食节，除焚火冷餐而外，还有打毬、荡秋千、斗鸡子等民俗活动。其中，颇重的一项内容是扫墓活动。朱熹《通礼》中说："寒食及霜降节，拜扫圹茔，届期素服诣墓，具酒馔及芟剪草木之器，周胝封树，剪除荆草，故称扫墓。"吴自牧《梦粱录》中亦有关于寒食"出郊省坟，以尽思时之敬"的记载。有人推测，寒食扫墓或源于上古时春分祭祀生育之神高禖，寒食节的原本日期在二月下旬，同古代祀高禖时节相合，故唐宣宗立寒食为祀祖节。但是，古代习俗中祀高禖的主要民俗活动是踏青野合。而寒食扫墓之俗当由晋文公以来纪念介子推的习俗逐渐流变而生。民间以寒食节源于怀念介子推而出的传说虽为口碑，却流行广泛深远，几至掩没了本源，其所造成的民俗心理和文化氛围，恰是衍生祭祖、扫墓节俗的动因。寒食节祭祖、扫墓的应时供品，多出于该节食俗。例如，有的地方于寒食节前夕，做飞燕状枣饼，用柳条串插于门楣，谓之"挂子推燕"，已属祭祀性的招魂行为，其"子推燕饼"，则是应节令供品。这在宋代高承的《事物纪原》中已有记述："以面为蒸饼样，团枣附之，名为子推。穿以柳条，插户牖间。"

清明与寒食节甚近，加之寒食禁火冷餐旧制消失较早，于是便逐渐融会为一。唐代诗人白居易《寒食野望吟》写道："鸟啼鹊噪昏乔木，清明寒食谁家哭，风吹旷野纸钱飞，古墓累累春草绿。棠梨花映白杨树，尽是生离死别处，冥寂重泉哭不闻，萧萧暮雨人归去。"杜甫《清明》诗句："清明时节雨纷纷，路上行人欲断魂。"亦反映了这一事实。及至后来，甚至因民俗活动内容的兼容或融合，甚至将寒食节与清明视为一事了，如《燕京岁时纪》便载称："清明即寒食，又曰禁烟节。古人最重之，今人不为节。但儿童戴柳、祭扫坟茔而已。"足见其衍变之巨。

至今，清明插柳之俗，亦缘自寒食节，即沿袭讹传以插柳为介子推招魂。在宋代赵元慎的《寒食》诗中说："寂寂柴门村落里，也教插柳纪年华。"同《事物纪原》所记述的"挂子推燕"同属一事。同时，杨韫华《山塘擢歌》亦载："清明一霎又今朝，听得沿街卖柳条，相约毗邻诸姐妹，一株斜插绿云翘。"说的是清明插柳。及至明清，则多见于清明插柳了。如明代田汝成《西湖游览志余》中所说，清明时节，"人家插柳满檐，青茜可爱，男女亦咸戴之。谚云：清明不戴柳，红颜成皓首"。

清明适值暮春，大自然生机勃发，正是人们开展户外活动以及春游的时节。较之稍早些的上巳节、寒食节民俗活动移至清明，无疑顺应了自然规律和人们活动的方便。因而，即在唐代扫墓民俗进入清明节俗之际，亦兼容了上巳节的踏青春游民俗。杜甫《清明》诗所描述的，"着处繁华矜是日，长沙千山万山出；渡头翠柳艳明眉，争道朱蹄骄啮膝"，便为当时清明踏青景象。在宋代著名风俗画《清明上河图》卷中，清晰、生动地描绘了当时东京城居民于清明时节出郭扫墓、踏青归来的情形。

显然，清明以其暮春宜人的自然之利，兼容了上巳、寒食两个与之比较邻近的民俗节日，从而使之从一个普通的岁时节令发展成一个重要的季春民俗节日。

除踏青、扫墓两大主要民俗活动外，各地清明节的活动丰富多彩、各有情趣。

浙江、福建的南部地区，每逢清明节前，家家户户都要到郊外采集苦苣、泥胡、苣荬等野菜，谓之"采青"；洗净切碎后和以糯米粉或蕃芋粉，以素丁、卤味丁或豆沙作馅包成小团。清明节这天祭祖扫墓时，一方面将之作为供品，同时分送孩子们享用，叫"分清明丸"。浙江有的地方，是采集野茅、青蓬等浸泡去汁，切碎后和入面粉揉成面团，谓"清明馃"。还有的做成畚斗形状，称"畚斗馃"；有的做成犁头或羊、狗形状，称"清明羊""清明狗"。清明日，乡间妇女往往怀抱婴儿向邻里讨清明馃，称作"讨清明"，系借谐音关系而讨口彩，即"讨聪明"，因而，清明节在当地又称"聪明节"。至于祭祖扫墓，清明馃则是必不可少的供品。

在江苏泰县（今姜堰市）的溱潼镇一带，清明节还有举办撑会船的传统。据史志记载，此俗可追溯至南宋绍兴元年（1131 年）。当时，山东义民张荣、贾虎率众在这一带大战入侵的金兵，虽然获胜，但义民伤亡亦很大。当地百姓安葬了阵亡义民，并每逢清明节都为这些将士坟扫墓，以示怀念。由于当地系水乡，河多沟多，人们撑船从四面八方赶来祭扫，于是逐渐形成了既有祭奠意义的清明节娱乐活动——篙子会船，即举行赛船活动，也在船上祭祀、演出文艺节目，热闹非凡。既有自娱的性质，亦不乏古代祭祖误神的遗风。

时下，大小城镇，清明节民俗活动的主要内容，仍是扫墓、春游。只不过扫墓已多为擦拭骨灰盒，春游已不限于郊外，足迹更远了。

三、"风俗画"三论

解码古今画论类型学序列的"风俗画"

——"风俗画"三论之一

引言：探源作为类型学的"体"

在哲学意义上，中国的类型学观念至少有三个应予关注的节点，一是"类"，二是"属"，三是"体"。汉字"类"的初义为犬种之别。《说文解字》："类，种类相似，唯犬为甚。从犬、頪声。"汉字"属"的初义，通指一些社会事象的分别。《说文解字》："属，连也。从尾、蜀声。"《说文段注》："连者，负车也。今字以为联字。属，今韵分之欲市玉二切。其义实通也。凡异而同者曰属。郑注司徒序官云。州党族间比者，乡之属别。注司市云。介次市亭之属别小者也。凡言属而别在其中。如秔曰稻属，秏曰稻属是也。言别而属在其中。如稗曰禾别是也。从尾。取尾之连于体也。蜀声。之欲切。三部。今作属。"汉语的"体"，由人类"身体"的初义，逐渐引申为本质、法式、准则、规矩等意义。中国传统文化是以"体"制"礼"，以"体"为绳施行"礼治"。分别品类的目的，在于"理百物，辨品类，别嫌微，修本末者也"（汉·董仲舒《春秋繁露·玉英》）。

考之将文体比之于人体的形质体相的形成轨迹，同样源出于对《说文解字》关于"体"本义的引申解读这个路径。追溯汉字"体"的本义，《说文》谓："體，总十二属也。"《说文段注》注云，"十二属者：顶、面、颐，首属三；肩、脊、臀，身属三；肱、臂、手，手属三；股、胫、足，足属三也"。丁福保编《说文解字诂林》云："十二属，谓十二经络也。""总十二属"者，十二类属也。在此引申意义上，"体"是一种类别现象。作为类别现象，汉语所谓的"文体"，是个比较模糊而且很宽泛的概念。

"体态"的意义，既指人体的姿态、样子，亦泛指其他物体或现象的形态。可以说，汉语的"文体"是一个"大小由之"的业已用来泛指多种层面文化形态的概念。例如，《周礼·地官司徒·保氏》："养国子以道。乃教之六艺：一曰五礼，二曰六乐，三曰五射，四曰五御，五曰六书，六曰九数。"亦即"通五经贯六艺"之"六艺"，是一种国家层面文化形态的类型概念。色彩形态的七种颜色，赤、橙、黄、绿、青、蓝、紫，堪谓一种色彩视觉层面文化形态的类型概念。味觉形态，酸、甜、苦、辣、咸、香、臭，堪谓一种味觉或嗅觉层面文化形态的类型概念。市井社会"五行八作"，作为职事行业分工，则属于社会文化形态的类型。各种各样的"体"（类），无不基于相应的形态类型文本的"体态"而存在。

考之"文体"应用场域的各种解读，主要还是用指书面的、以文学文体为主要文本的概念。文学的文体，是以其语言表达的样式之特色而存在的类别现象。书面的文学的文体，亦包含着诗词歌赋吟诵、吟唱等是有声的文体形式。因而，戏曲文体，尽管是有声的文体，但其戏文文本仍属文学性的文字。这样，戏曲学家在考察戏曲文体特征时，往往需要关注到与考察诗、词、文、赋既相同但又相异的方法与角度。绘画文体，是视觉艺术为本位的文体。由于追求"诗中有画，画中有诗"[1]境界的绘画理念，同样要关注到多种传统文学体裁和题材的意境与题旨情趣。凡此种种，"风俗画"画论与艺术实践，并非置身于"三界外"，尽在其中。"风俗画"之"体"或说"科"、"风俗画"所在序列及其所属各体，均属于不同层面的类别现象；或言之，主要是以其绘画艺术语言表达的题旨情趣亦即题材而存在的类别现象。

一、确定"风俗图"类属的前提：本质特征

确定"风俗图"类属的前提，是其本质特征。那么"风俗画"的本质特征是什么？

考察如今被视为"风俗画"的历代作品，我们看到，"风俗画"的绘画形式、工具、载体材质、技艺等必备的基础要素，与其他画种都是共同的。例如，呈现的形式，均属平面画，包括圆、弯等形状载体但经处理展开后仍可视为平面的画；载体材料，举凡石（含玉石）、绢、帛、砖、纸、木、漆、陶瓷、金属乃至玻璃等，均可；常用绘制工具，有石（刻），刀，笔，颜料等；色彩不拘，可彩色，可黑白色，亦可载体材质原色；绘制方法，有刻、画、涂抹、雕（不含雕塑）、指绘（指画）、蜡染、剪纸（刻纸）乃至手撕等；作

---

[1]（宋）苏轼《东坡题跋·书摩诘〈蓝田烟雨图〉》："味摩诘之诗，诗中有画；观摩诘之画，画中有诗。"

为体裁类型，国画，版画，砖画，壁画，烟画，水彩画，白描画，漫画（含涂鸦）等等，大都属于绘制技法范畴。

除了作为"画"的绘画形式、工具、载体材质、技艺和题材等必备的基础要素之外，"风俗画"，之与各种绘画作品"与众不同"的最主要区别，在于"题材"。或言之，作为"题材"核心点的"风俗"，是"风俗画"作为"画"的本质特征。绘画的题材与文学的题材的一个共同点，均为其社会性所制约的属性。因而，以题材而论的"风俗画"的本质特征，亦正是其社会性属性所在。反言之，题材的社会性属性决定了风俗画的本质特征。或可言之，"风俗画"本质特征最核心的关键词，是"风俗"。英国艺术史家 E.H. 贡布里希在论述尼德兰风俗画时谈道，"画家有意识的画一些画来发展某一分支的题材或某一种类的题材，特别是日常生活场景，这种画后来就叫做风俗画"。[1]诚如《中国大百科全书》所言，风俗画是"以题材划分的绘画类别名称，指以人物为中心展现世俗风物为题材的绘画门类"（第二版第 6 册），即很是切合其题材的本质特征。

"风俗"亦即民俗，是人类社会长时期相沿积久而形成的习俗惯制、礼仪、信仰、风尚等民间文化传承现象的总和，是经群体或社会约定俗成并流行、传承的民间文化模式，是规范个体行为、社会秩序和调解社会心理的非主导性生活模式。民俗作为社会物质生活与精神生活样式的复合模式，是在一定程度上制约社会文明进程的基本要素，具有对社会生活的制衡与调控功能。

简言之，风俗即民间风俗习惯，是人类社会长时期相沿积久而形成的习俗惯制、礼仪、信仰、风尚等民间文化传承现象。

---

[1][英]贡布里希，范景中译《艺术发展史》第 295 页，天津人民美术出版社 1991 年版。

古代画论通常将"风俗画"归类于以社会生活风习为题材的人物画，似乎失之于不够完整。"风俗画"的题材类型：人物，历史，宗教（神话），仪式（人生礼仪），风物（地方特有的景物），民间传说，年画，民俗器物画（如茶具、博具、玩具、消寒图等世俗生活日用器物，耕织工具、市井招幌），以及"涂鸦"等等。

风俗画，是以表现人在特定民俗场景情境的活动，各种民俗事象，以及与之密切关联的堪谓民俗活动"道具"的民俗器物（如"器物谱"和关于特定器物的故实掌故等）为题材和题旨情趣的绘画。作为绘画语言艺术的风俗画，是以绘画或刻写的图画语言创制的以风俗画为载体和艺术形式的语言民俗景观。

中国的风俗画，滥觞于岩画、彩陶画、绢帛画三个源头，三个递进的开先河历史时期；以绘画、版画为主体形式，以唐宋元明清为成熟和高峰期，至近现代得以普及。

二、从韩滉及其"风俗图"说起：寻迹探析中国画类型学轨迹

唐·裴孝源《贞观公私画史》著录的南朝画家顾宝光的《越中风俗图》，是迄今历史文献记载的最早的"风俗图"之说。或言之，仅就画题用语而言，言语所表达的中国的"风俗画"意识，至少可以推溯至南北朝时期。

为什么从韩滉说起？两个缘由。一是，韩滉是中国风俗画成熟期的主要画家，再即后世评述其画事中再次使用了"风俗图"之说。

新旧《唐书》的韩滉传，皆未及韩滉画事，无由否其原有的题旨例则。但是，亦不能因此而否定韩滉在中国绘画史上作为一代卓

有成就的主要画家这一历史事实。史实所据至少有二：唐·朱景玄《唐朝名画录·妙品上八人》，宋人《宣和画谱》卷七《人物》二中关于韩滉画事的记述。而且，两者评价甚高。如《唐朝名画录·妙品上八人》：

> 韩滉，德宗朝宰相。当建中末，值兹丧乱，遂兼统六道节制，出为镇海军、江浙东西兼荆湖洪鄂等道节度使、中书令、晋国公。按《唐书》："公天纵聪明，神干正直，出入显重，周旋令猷，出律严肃，万里无虞。"然尝以公退之暇，雅爱丹青，词高格逸，在僧繇、子云之上。又学书与画，画则师于陆，书则师于张；画体生成之踪，书合自然之理。时车驾南狩，征天下兵。虽两浙兴师，劳心计，而六法之妙，无逃笔精。能图田家风俗，人物水牛，曲尽其妙。议者谓驴牛虽目前之畜，状最难图也，惟晋公于此工之，能绝其妙。人间图轴，往往有之，或得其纸本者，其画亦薛少保之比，居妙品之上也。

唐·郑国公韩滉像

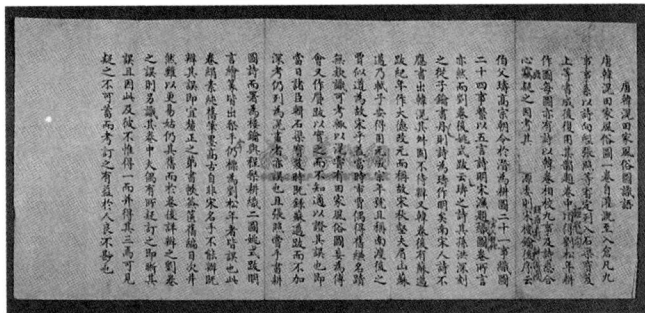

清乾隆年间韩滉《田家风俗图》识语

继《贞观公私画史》的著录之后，古代画论还出现了一个类似"风俗画"的说法，叫作"风俗图"。此即宋《宣和画谱》卷七《人物二》中关于韩滉画事的记述。由于后面还将言及，且移录如下：

> 韩滉字太冲，官止检校左仆射，同中书门下平章事。退食之暇，好鼓琴，书得张颠笔法，画与宗人韩干相埒。其画人物、牛马尤工。昔人以谓牛马目前近习，状最难似，滉落笔绝人，然世罕得之。盖滉尝自言："不能定笔，不可论书画。"以非急务，故自晦不传于人。今御府所藏三十有六：李德裕见客图一，七才图一，才子图二，孝行图二，醉学士图一，田家风俗图一，田家移居图一，高士图一，村社图一，丰稔图三，村社醉散图一，风雨僧图一，逸人图一，尧民击壤图二，醉客图一，潇湘逢故人图一，村夫子移居图一，村童戏蚁图一，雪猎图一，渔父图一，集社鬭牛图二，归牧图五，古岸鸣牛图一，乳牛图三。

而且，历代诗文亦可见载类似事迹。如宋人蔡肇《大港即事次韵》其一："村落家家有酒沽，黄童白叟醉相扶。恨无韩滉丹青手，更作丰年几幅图。"元人苏伯达认为，晋国公韩太冲所画《田家风俗图》"神气迥出，笔不停毫，真得探微一笔之妙。历唐以来出探微之右者其太冲耶！虽张僧繇、展子虔亦奚过焉"。明代杨荣《题韩滉田家移居图》："平生称善画，笔法真能工。值兹多难余，出镇观民风。公退展毫素，天机发心胸。偶为田家图，情态谁能同。策蹇仍跨牛，前行忽匆匆。萧然村野姿，有此媪与翁。"至清，又有弘历《题韩滉丰稔图真迹》："开元贤相有肖子，书传张旭画孙繇。老笔萧萧写村牧，不异丙吉问喘牛。"

凡此，这些记述所著录的身为一代名相兼著名画家韩滉的绘画作品，大多属于现代美术学视野的"风俗画"界域。特别令人关注的，是在由官方主持编撰的具有官修色彩的《宣和画谱》中，首见"风俗图"之说。

历史文献记载韩滉创作了很多画作，可惜罕有传世。除《五牛图》外，即或有清代弘历皇帝题诗题识的《题韩滉田家风俗图用旧题者韵》（九首）和《田家风俗图识语》两段题记，真伪尚属存疑。弘历题诗识的所谓"田家风俗图"之谓并非画题名称，疑似为其就今藏于北京故宫博物院的《丰稔图》内容的概括性说法，并非画题。

通过中外画论比较研究，有绘画学专家在讨论"画体的内涵与创造"时提出，"画体是画家经过画法实践后最终完成的、可见的作品的体态；它是画意的定态寄托，是画法的物化成品；也是画家与观众进行精神交流的具体媒介，并标志着作者的风格面貌。故画体的意义也有两层：一是具体的作品体态，二是画家的风格体态"。"画体体现着作者的具体感受、构思、技巧，同时也体现着作者的风格特色。成熟的画家每件作品都各具形态，而所有作品又有总的统一形态，具有明显独特的作风，自成一家之体"。① 显然，如此以作品本身及其风格"体态"的"画体"，尚非直指传统画论以"画科"为说的类型学。

"风俗画"之说，是现代美术画论的术语。顾名思义，是描绘"风俗"的画。"风俗画"题材源远流长，但其在传统画论尤其是"画科"分类中，所受关注却较晚。

中国画的"画科"思想，是基于习画、识画和赏画观念的，以题材为本位"画体"类型学分野。例如，唐·张彦远《历代名画记》所分六门，即人物、屋宇、山水、鞍马、鬼神、花鸟；北宋《宣和画谱》分十门，即道释门、人物门、宫室门、番族门、龙鱼门、山水门、畜兽门、花鸟门、墨竹门、蔬菜门；南宋·邓椿《画继》所分八类（门），即仙佛鬼神、人物传写、山水林石、花竹翎毛、畜兽虫鱼、屋木舟车、蔬果药草、小景杂画；元代汤垕《画鉴》的"世俗立画家十三科，山水打头，界画打底"；明代陶宗仪《辍耕录》所说佛菩萨相、玉帝君王道相、金刚鬼神罗汉圣僧、风云龙虎、宿世人物、全境山林、花竹翎毛、野骡走兽、人间动用、界画楼台、一切傍生、耕种机织、雕青嵌绿等"画家十三科"。凡此种种，"风俗画"皆不在其列。

三、画论类型学视野的"风俗画"

现代绘画学按不同的标准有不同的类别。例如，按使用工具与材料可分为中国画、油画、版画、水粉画、水彩画、铅笔画、木炭

---

① 李德仁《东方绘画学原理概论》第 77、78 页，山西人民出版社 2016 年版。

画、钢笔画等类；按所描绘的对象和表现的内容可分为宗教画、历史画、军事画、风俗画、人物画、肖像画、人体画、风景画、静物画等；按其功能用途，则可分为年画、宣传画、电影广告画、商业广告画、电影动画、装饰画、建筑画、服装画、书籍插图、漫画乃至舞台美术和电影美术绘画。

美术界通常把"风俗画"归类于花鸟画、山水画、人物画"三大画科"中的"人物画"，并非切合事实。因为，风俗画不仅仅表现人物的民俗活动，还包括民俗事象的特定场景情境，以及与之密切关联的堪谓民俗活动"道具"的民俗器物，如"器物谱"和关于特定器物的故实掌故等，是以表现民俗生活内容为题旨情趣的绘画。

"传统中国画是根据所描绘对象、题材、内容的不同，将绘画分成若干个科类的"。[1]有人注意到，"我们有理由相信对于中国美术史的研究潮流越来越趋向多元化、全面性、定位精准的发展，风俗画成为一个独立画科的专门研究趋势亦更为明显。因此，必须从各种可能的研究方向中汇整出一个系统，使得中国古代的风俗性水墨绘画能够具备有效的理论信度"。[2]20 世纪 30 年代，有的画史学

---

[1] 杨国平《从画科整合谈中国画创作的发展趋势》，《创作与评论》2014 年第 11 期。

[2] 胡懿勋《中国古代风俗画的研究方法概述》，《艺术百家》2004 年第 5 期。

家曾使用过"画门"分类法，①然仍未跳出以往窠臼。那么，画论类型学序列的"风俗画"应当是一个怎样的类属呢？

"夫人善于自见，而文非一体，鲜能备善，是以各以所长相轻所短。"（曹丕《典论·论文》）文有"文体"，字有"字体"，史书有"史体"（如"通史体""断代体""专门史体"等），画亦当有"画体"。辨析清楚"风俗画"所在层面之"体"及其"体性"，方可不"失本体"（借用"杂纂"语）。张彦远《论画体工用拓写》中并未阐述"画体"这个命题。"画体"或是画的"品类"分别。或说是"品"之"类别"，因"品格"而区分的"类别"。"品格"，亦即"品性"（指品质的性格和特征；"品质"，本质，事物本身所固有的根本的属性，事物存在的根据），区别于其他的特别"品性"。以往的画论，对"风俗画"的界定一向语焉不详。关键在于，时至今日"风俗画"尚未"入流"古今画论类型学序列，基于画坛画史事实，需要让其"入列"，这样才有利于画坛画史的有序。当然，也有益于"风俗画"画论研究和推进其发展。这是古今画论亟待解码的一个"结"，一个应予关切的话题。

因此，风俗画的类属，主要是根据风俗画题材的本质特征，基

---

① 郑午昌《中国画学全史》："自中唐之季，及于晚唐，在时事上论，似非艺术发展之时期，其实不然。盖当时画家，虽不能如阎、吴、李、王之集大成，亦能择其一端焉而专习之。其中有独到者，正不乏人。如山水画中之瀑布、海涛、松石，人物画之婴儿、仕女，兽类之龙、兔、犬、马，禽类之鹤、雀、鹭鸶，乃至水、火、云霓、盘车诸类，无不各有专家。此种分工专习之画风，前时亦有其例，要至唐代后期愈见显著。是殆我国画如人物山水花鸟诸大画门，至唐中期或发达已极，其头角崭露后起诸画家，欲兼习之自难独出，而又不甘无所表见，故多择一而专习之。"（第92页，东方出版社2008年版）又云："凡我国各种重要之画门，于唐代已皆褎然有集大成之势，其后如五代如宋诸朝之绘画，要无不以此为昆仑而分脉焉。"（第93页，东方出版社2008年版）

于人类学、社会文化学视野的分类。即如有学者谈到的，"风俗画是以表现社会生活风习而获得独立的一个画种。受社会生活习俗特殊性的制约，风俗画形成了自身独特的艺术品格与审美取向。民俗风习的集体性决定了风俗画的通俗化特点；民俗活动的程序性决定了风俗画的情节性特点；社会生活风习的丰富性决定了风俗画形式语言的多样化特点；民俗事象的主体决定了风俗画人的主体性特点。基于民俗学视域研究风俗画，可以丰富风俗画的理论建设，活跃风俗画的创作实践，促进风俗画健康良性发展"①。

基于风俗画的本质特征，并综合前所言及的多种绘画类分，若将风俗画纳入绘画类型学序列的话，与"风俗画"处于同一层面的按题材类型分类的绘画类别即为：人物画（如仕女画，像赞），人体画（如春宫画），肖像画（如写真），风景画（如山水风光），动物画（如唐·朱景玄《唐朝名画录》："汉王元昌善画马，笔踪妙绝，后无人见。画鹰鹘、雉兔见在人间，佳手降叹矣。江都王善画雀蝉、驴子，应制明皇《潞府十九瑞应图》，实造神极妙。嗣滕王善画蜂蝉、燕雀、驴子、水牛，曾见一本，能巧之外，曲尽情理，未敢定其品格。"亦包括唐·韩滉《五牛图》），植物画（如松梅兰竹，《出水芙蓉图》），花鸟画（如明王渊《花竹禽雀图》），历史画（如《帝鉴图说》），军事画（如清宫廷画家金昆等奉命所绘的《八旗阅阵图》、郎世宁《平定准部回部得胜图》），静物画（文人生活中的如文房器物，书册、清供图、博古图以及宫苑图、村寨图等），白描画（如北宋·李公麟《免胄图》），等等。

基于风俗画的画史，将之突破传统"画科"界域，归位于现代

---

① 张放《从民俗学视域看风俗画的艺术品格》，《淮阴师范学院学报·哲学社会科学版》2018 年第 2 期。

绘画类型学的应有系列，视为一个独立的种类，显然顺理成章。那么，风俗画亦存在其自身种类的"种属"问题。风俗画以题材跻身于现代绘画类型，其"属类"便首当以题材分类，亦即风俗的各种事象，如人生礼仪、游艺娱乐、节庆活动、民间信仰、民俗器物、餐饮、亲族、生产方式、市商集市等等方面的习俗惯制内容。

此外，除前述如人物画、人体画、肖像画等题材分别之外，与风俗画构成各种体裁"类型关系"的，还有关涉绘画工具与载体材料的中国画、油画、版画、水粉画、水彩画、铅笔画、木炭画、钢笔画等；乃至技艺层面的，如刻、画、涂抹、雕（不含雕塑）、指绘（指画）、蜡染、剪纸（刻纸）乃至手撕，等等。

事实上，除了"题材"这个本质特征的画种类型之外，风俗画并不可能脱离作为绘画的其他基本构成要素。否则，即不成其为"绘画"这一根本属性了。

中国风俗画史纲要

——"风俗画"三论之二

引言

举凡人生礼仪、游艺娱乐、节庆活动、民间信仰、民俗器物、餐饮、亲族、生产方式、市商贸易、集市庙会等方面的习俗惯制，各种风俗事象，均属风俗画的题材范畴。风俗画以其题材之专门区别于其他画种，而其绘画载体材料、形式、绘制工具与方法，与中国绘画史上的其他画种，表现各种题材的画种，多种多样，五彩缤纷。这也正是中国风俗画发生发展流变，得以生生不息从成熟走向繁荣的所必要的基础条件。除前述作为中国风俗画初始化发端的岩画、彩陶画和绢帛画之外，在不同历史时期的风俗画史上，还有砖画、纸质绘画、木版画、石版画、漆画、陶瓷画（含瓷板画）、蜡染画、水粉水彩画、金属画、指画、手撕画以及玻璃画等等数种。

除了绘画艺术的表达与鉴赏意义外，风俗画的文化价值更体现为以其写实性表达与记述还原、印证社会生活史的场景情境。即如有画史专家将之直接命名为"史实风俗画"①。本文，主要是以社会文化史和文化符号学的视点探析、梳理中国风俗画史的主体历史轨迹，试图发现其本元的规律性特点。

纵观中国风俗画的发生、形成与流变轨迹的各个节点，所显示的历史规律，首先是，其核心点始终是以"民俗"为本质特征立足于中国绘画史。其次是，功能决定了其阶段性的发展；其功能可分为两个阶段，一是从秦汉至隋唐五代，主要服务于墓葬祭祀礼俗和礼佛习俗，再即宋元以来则由于都市经济文化的发达，明代宫廷画家开始疏离民俗题材，但小众鉴赏收藏与大众消费的普及化，促使风俗画画家群体的专业化和职业化，具体题材和形式样式的多头并举。

纵贯中国风俗画史基本题材的一个重要特点，是民间信仰和市场消费需求使然的，从单一人像到情节画面的历代神佛纸马等民间信仰题材生生不息连绵不断。

风俗画的题材与形式，伴随风俗的变迁而生成消亡沉浮变化。年画和木版年画，现当代的式微，走出了现实年节习俗，即属此规则。

政治、经济制约着包括风俗画等文化的发生发展与波峰起伏，也是文化市场的晴雨表。在此规则影响下，风俗画质点的振动同样有其波峰与波谷。

---

① 郑午昌《中国画学全史》："明代人物画，可分道释画、史实风俗画及传神三种而言。惟道释画，在明实无特殊成绩之可言；至史实风俗画与传神，则大有进步。盖宋元以上之人物画，全以道释为主，自南宋废礼拜之图像，而与玩赏之绘画同视以来，风气已变；重以元代佛教道教中衰，道释画更无人提倡，占人物画之主位者，一变而为史实风俗画及传神。"（第252页，东方出版社2008年版）

一、远古走来的中国风俗画三源头：岩画、陶画、墓葬画

中国绘画史显示，中国的风俗画，滥觞于岩画、彩陶画、墓葬画（漆帛砖画）三类五个画种源头，也是着中国风俗画源流史上三个递进式的开先河阶段。

（一）岩画

澳大利亚土著人在岩石上画作为图腾标记的负鼠图（[英]贡布里希，范景中译《艺术发展史》第27页，天津人民美术出版社1991年版）

据认为已有四万年的历史的岩画，是史前古人类以石器作为工具刻画，或以天然颜料涂抹在石体表面的绘画。刻绘岩画是石器时代远古人类在文字产生之前形成的一种精神生活的非言语的副语言习俗。一幅幅，一片片粗犷、质朴、自然而生动的岩画画面，是表现和印证远古人类社会生活史的副语言习俗景观，是人类历史上最原始的原生态的"涂鸦"。

以内蒙古阴山岩画为代表的中国北方地区岩画，与中亚、西伯

利亚等地的岩画有相似，画面多以表现动物、人物、狩猎、生殖、原始崇拜及各种符号为题材；广西、云南、贵州等南方地区的岩画，则主要以表现描绘采集、耕作、动植物、狩猎，以及房屋、村落、宗教仪式等原始习俗作为基本题材。这些原始习俗题材的社会性属性，积淀下了风俗画初始化的本质特征。

内蒙古岩画《天神面具》（中国美术分类全集编委会编《中国岩画全集·北部岩画》，辽宁美术出版社 2007 年版）

本文作者实地考察贺兰山岩画区并摄影

（二）彩陶画

距今约 6300—6800 年的半坡文化时期，陶器上便出现了最早的彩绘，是中国的彩陶画之始。彩陶画的题材，主要是以黑、红、白色，在红色陶质的盆、瓶、盘、豆之类日用盛器表面，绘制抽象的纹饰，或者人、动物、昆虫等的图像，是风俗画初始化时期的民俗器物绘画。陶画中的鳞状龙纹、变体蛙纹，是古代民间信仰融入当时社会生活的实物印证。陶画器物，是源远流长的日用品，也是古代墓葬的随葬物品。

牛河梁红山文化遗址彩陶筒形器；甘肃、青海地区马家窑文化的马厂类型彩陶器画面中的彩绘蛙纹变体纹双耳陶罐

出土于河南省临汝县新石器时代前期的葬具彩绘《鹳鱼石斧图》陶缸，是中国发现最早、面积最大的一幅陶画，收藏于国家博物馆；甘肃省博物馆藏，马厂类型变体神人纹彩陶筒状杯

（三）帛画：墓葬画之一

马王堆一号汉墓葬出土的绢本设色T形帛画（湖南省博物馆藏）

　　帛画因画在帛上而得名。约兴起于战国时期的中国帛画，至西汉发展到高峰。历年陆续出土的《人物龙凤帛画》《人物御龙帛画》等随葬帛画，多以当时世俗生活的习俗惯制为题材，保存了墓主生前生活的情境与愿景，是中国早期风俗画的一种特殊的存在。马王堆汉墓出土的帛画题材，既是中国绘画史的稀世实物珍品，也是还原、印证社会生活史多种场景的独特民俗景观。画面中人物的衣着服饰、日用器物、礼仪行为等场景，均是当时社会现实生活时尚的写照。画面对天上、人间、地下三界生活场景的描绘与解读，以及上古神话传说中的金乌、玉兔、蟾蜍、人首蛇身等形象，反映了时人的信仰和宇宙观。

（四）漆画：墓葬画之二

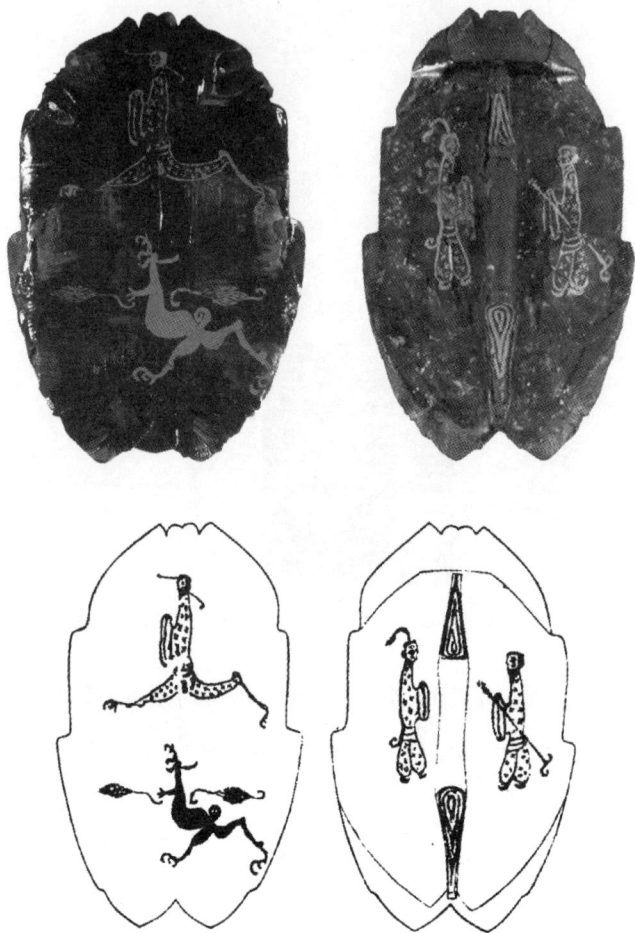

湖北江陵凤凰山八号墓出土了一件西汉漆龟盾正、反面和白描示意图

漆器是中华文化中古今皆应用广泛的典型器物，漆画是运用线描、平涂、堆漆、针刻和渲染技艺彩绘和镶嵌等手法制作的附着于漆器上的装饰性绘画。浙江余姚河姆渡曾发掘出土 7000 年前的朱

漆碗。滥觞于春秋战国时期的漆画，是伴随铁器的广泛应用和制漆业迅速发展逐渐形成的别具一格的古老绘画艺术。

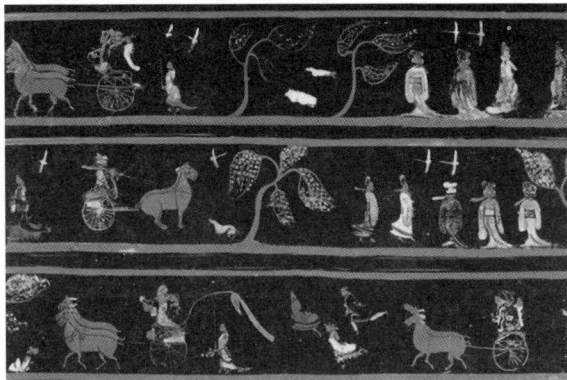

荆门市十里铺包山二号墓出土的彩绘漆奁（432 号）

我国现存的最早的一幅漆画，是湖北荆门包山大冢战国楚墓1973 年出土的《迎宾出行图》，也是世界上最早、保存最为完好的一幅漆画。河南信阳长台关出土的彩绘有狩猎乐舞和神怪龙蛇等形象的漆画漆瑟。目前已发现的漆画作品，主要是古代墓葬的棺椁漆画和随葬品器物漆画等墓葬画，如湖南长沙马王堆出土的汉代漆棺上的漆画，山西大同司马金龙墓的漆画屏风等。其中，以长沙出土的漆画器物尤为丰富，仅马王堆一号墓就出土了 180 多件漆画，三号墓出土了 316 件；漆画和漆绘器物的画面，大都以现实生活中的人物、事物为题材，表达世人生活情景、祈愿或信仰观念。

湖北江陵凤凰山八号墓，1973 年出土了一件十分珍奇罕见的西汉漆画龟盾。盾的正面，居上画的是一个人首、人身、禽足、身着十字花纹宽袖上衣和长裤的神人，居下画的神兽与神人同一方向，昂首曲身，叉伸双足，奔走欲飞。龟盾背面，画的是两个左右相向而立的人物，皆身穿十字花纹的宽袖上衣和长裤，腰间束带，两足穿鞋，右侧一人身佩长剑。

　　湖北荆门十里铺镇包山大冢 1986 年出土的包山二号楚墓漆奁上的《迎宾出行图》漆画，通长 87.4 厘米，宽 5.2 厘米。画匠采用橘红色、土黄色、棕褐色和青色漆，在画面上绘制了 26 个人物、4 辆车、10 匹马、5 棵树、1 头猪、2 条狗和 9 只大雁。围绕漆奁外壁的画面，用柳树分开，形成了五幅情景不同而情节连续的漆画长卷，展现了距今约 2300 年前楚国贵族出行、出迎的不同场景。据有关解读认为，这幅漆画描绘的是战国时期的某个秋天，某上大夫觐见另一位上大夫的场景。画面上，非但以漆画装饰的漆奁本身即为民俗器物，画面中的车马形制、人物服饰及其活动举止行为等，均为研究先秦礼仪制度、时尚习俗提供了难得的重要实证性资料。绘制精美、堪称我国第一幅漆绘人物画的《迎宾出行图》漆画，展现了楚国绘画较高的艺术水平。

（五）画像石与画像砖：墓葬画之三

四川出土的东汉渔猎、采莲画像砖；社日野合场景画像砖

四川出土的东汉舂米画像砖；河南出土的建鼓舞画像砖

　　汉代的画像石，是地下墓室、墓地祠堂、墓阙和庙阙等墓葬建筑上雕刻画像的建筑构石；画像砖，是以拍印和模印方法制成并在表面彩绘或雕刻了图像的古建筑用砖。作为艺术化的墓葬建筑材料，两者都是汉代人厚葬习俗的产物。画像砖和画像石精彩的装饰性图案、丰富的主题与画面题材，内容丰富，举凡凤飞龙降、女娲伏羲、渔猎耕作、加工制作、乐舞百戏、庖厨宴飨、生殖忠孝、伏兵跃马、斗鸡走犬、跳丸弄剑、百灵嬉戏等等场面，靡不生动毕现，从各个不同的角度深刻地反映了当时社会的典章制度、宗教信仰和风土人情等多种事物或场景，是镶嵌于墓葬建筑的风俗画珍品。

二、快速发展升华的秦汉魏晋风俗画

　　"今合金石而统观之，则知汉画之类别，凡三，曰传写经史故事，曰实写风俗现状，曰意写神怪祥瑞。顾实写风俗现状，意写神怪祥瑞，多为当时民间的艺术作品"[1]。这一时期的风俗画，主要由墓葬画中的壁画、漆画和画像砖，佛教文化石窟壁画，以及画家的

---

[1] 郑午昌《中国画学全史》第 30 页，东方出版社 2008 年版。

绘画，三个部分构成。秦汉时期的风俗画题材，侧重于地主庄园主生活；魏晋六朝的风俗画题材，偏重于表现贵族、士人的生活风尚。

所谓"秦汉魏晋升华期"的"升华"，主要体现在石窟壁画的发生发展，以及民俗题材在当时画家绘画的画家群中受到的关注，进入了当时绘画的主流层面。汉代宫廷开始设置画院[1]，甚至于具有帝王身份画家的视野。"试集诸画迹而分为若干类，其最多数者，当推佛画之制作；次之为风俗现状画；又次为经史故实画；马牛虎豹鹊鸽蝉虫之类，亦多图之。其图写风俗故实，取材每近于浮靡，如贵戚游苑、洛中车马等，是殆南北朝风气使然欤"[2]。不过，除石窟壁画大量保存下来，而画家们的风俗画作品流传后世者甚为寥寥，未免为一种历史的遗憾。

（一）墓葬画中的壁画、漆画和画像砖

陆续出土的这个时期墓葬画中的壁画、漆画和画像砖，伴随着美术水平的提升，展现世俗风尚风土人情的题材益发具体生动和丰富，是此间风俗画的主要一脉。例如，洛阳市烧沟西汉晚期无名氏壁画墓、河南省密县打虎亭东汉晚期的两座大型壁画墓墓葬的壁画；安徽马鞍山三国时吴国右军师左大司马朱然墓出土的漆盘等器物，以人物、故事和动植物等为题材绘制的漆画；甘肃嘉峪关新城魏晋墓葬出土的牛耕、牧牛、牧马、进餐、宴乐、博弈等题材的彩绘画像砖。

---

[1] 郑午昌《中国画学全史》："《景十三王传》：'海阳嗣，十五年，坐画室，为男女交接，置酒请诸父姊妹饮，令仰视画。'此种绘画，前未之见，实为后世春画之滥觞。元帝好色，宫人既多，常令画工图之，欲有幸者，辄按图召之。故其宫庭中，置尚方画工，从事图画，是盖继武帝黄门附设画工之制，而更专其官者，实为后世设立画院之滥觞。"（第22页，东方出版社2008年版）

[2] 郑午昌《中国画学全史》第30页，东方出版社2008年版。

汉墓壁画出行图

湖北襄阳贾家冲南朝墓地出土的郭巨埋儿画像砖

东汉乐舞百戏画像砖;西汉狩猎画像砖

（二）佛教文化石窟壁画

魏晋是汉传佛教文化盛行时期。佛教艺术的传入，从内容到形式给我国传统绘画注入了新的营养，出现了继往开来的变革时代。佛教石窟艺术中的壁画，是具有写实性的社会世俗生活的写照。以传播佛教文化为主旨的甘肃敦煌石窟和新疆克孜尔石窟群的壁画，在融入汉文化以及北魏晚期洞窟中出现的具有道家神话内容的同时，包含了大量的展现现实社会生活的风俗画题材，诸如礼佛、游猎、农耕、捕鱼、制陶、嫁娶、出行、宴会、冶铁、屠宰、炊事、营建、行乞、习武、歌舞百戏、商旅往来、民族交流等等。这些题材民俗的石窟壁画，在宣传宗教文化的过程中印证着纷繁的世俗习俗惯制与时尚，成为此间本土风俗画的一个重要脉系。

莫高窟第 97 窟飞天 - 西魏 097-1；莫高窟第 288 窟天宫伎乐 - 西魏 288-1

莫高窟第 285 窟 窟顶伏羲女娲和诸神 - 西魏 285-1；莫高窟第 245 窟西王母 - 西魏 245-2

（三）两晋画家的风俗画

据唐·裴孝源《贞观公私画史》和张彦远《历代名画记》著录得知，两晋出现了多位关注民俗题材的画家群体，涌现了一批倍受后世关注的风俗画作品。晋明帝的《杂人风土图》，顾宝光的《越中风俗图》《高丽斗鸭图》；享誉"冠绝当时"评价、兄弟四人皆为画家的西晋画家卫协，师法三国吴曹弗兴，擅绘神仙、佛像和人物故事画。荀勖绘有曾画堂外祖钟繇像和大、小《列女图》《列女图》（今已不存），以卫协、荀勖为师的东晋画家史道硕，长于牛、马、鹅和人物故事绘画，作品中不乏《服乘箴图》《田家十月图》《金谷图》等民俗题材的风俗画。东晋"书圣"王羲之的叔父王廙（yì），绘有《吴楚放牧图》《鱼龙相戏图》《村社齐屏风》等数种风俗画作品。东晋第二位皇帝司马绍，据传有《穆天子燕瑶池图》《游猎图》《畋游图》《瀛洲神仙图》《杂人风土图》等风土题材画迹多种。遗憾的是，这些作品仅见于著录，多已失传。此间较有影响又有可见作品传世的代表人物，是东晋画家顾恺之。享有画绝、文绝和痴绝之誉的顾恺之，以肖像画见长，主要作品如《司马宣王像》《谢安像》《刘牢之像》《司马宣王并魏二太子像》《桂阳王美人图》等，事迹可见《晋书·列传第六十二·文苑·顾恺之》。尽管其绘画作品亦多流失，可庆幸的是，今可见的作品竟然是可视为风俗画的《洛神赋图》《列女仁智图》和《女史箴图》，成为两晋画家风俗画的主要实证性作品。

顾恺之《洛神赋图》（局部）

顾恺之《女史箴图》（局部）

顾恺之据刘向《古列女传》中的《仁智传》所作《列女仁智图》(局部)

三、成熟繁盛的隋唐五代风俗画

享有"盛唐"之誉、在世界文化史上光芒耀眼的唐代,是中国古代史上至为辉煌的时代。唐代是文化大繁荣的时代,也是美术昌盛阶段,艺术水平大大超过以往历代。在此时代背景下,隋唐五代的风俗画达到了空前的成熟时期,主要体现在规模宏伟、色彩富丽的寺观壁画、石窟壁画,和众多画家风俗画,可谓唐代风俗画繁盛一时的一系两脉。

"隋代画家,无不善作壁画。壁画之盛,据记籍所载,实过卷轴，可知我国壁画之风，至隋代而极盛"。[①] 五台山佛光寺大殿佛座束腰上残存的一小方壁画和一部分缄眼壁画，是全国除敦煌外唯一的唐代寺观壁画，但与存量众多的章怀墓的《客使图》等墓室壁画，以及精美的石窟壁画中的市井百业、婚丧礼仪等世俗生活题材作品，构成唐代风俗画的一系主脉。

唐代风俗画的另外一系主脉，即以众多知名画家为主体的风俗画作品。其存世的代表性画家和作品，主要有，展子虔作《游春图》，张萱《捣练图》《虢国夫人游春图》，周昉《簪花仕女图》，韩幹《牧马图》，韦偃《双骑图》《百马图》，戴嵩《斗牛图》，胡瓌《牧马图》《卓歇图》，李赞华《东丹王出行图》，顾闳中《韩熙载夜宴图》，周文矩《重屏会棋图》《琉璃堂人物图》，赵喦《调马图》《八达春游图》，李群《孟说举鼎》，等等。这个时期风俗画作品的题材，除宫廷贵族生活情趣内容，亦展现出关注乡村生活的倾向。

特别应予关注的，是作品传世不多，但堪称此间最重要的宰相风俗画家韩滉。首先是其首用与"风俗画"切近的"风俗图"作为画题，即《田家风俗图》。其次，尽管今存韩氏画作不多，但画论之类专业历史文献的记载，以"风俗图"作品为主体，如《宣和画谱》著录的北宋御府所藏韩滉三十六幅画作中，有十九幅是田园风俗画，居半数以上。凡此，连同其可为实证的存世作品，证明韩滉是一位以其超群画艺、斐然成就而卓立于画坛的名副其实的一代风俗画画家。作为风俗画画家群体的代表人物，也是隋唐五代风俗画空前成熟的重要表征。

---

① 郑午昌《中国画学全史》第 81 页，东方出版社 2008 年版。

隋展子虔作《游春图》卷，绢本，设色，纵43厘米，横80.5厘米

唐·梁令瓒《五星二十八宿神形图》（局部），或认为是南朝张僧繇画作，或认为是唐代
梁令瓒摹本。绢本设色画，现藏于日本大阪市立美术馆

四、宋元风俗画持续长足发展

两宋时期，无论宫廷风俗画、文人风俗画，还是民间工匠风俗画，绘画的题旨情趣均着力城市多阶层的市井世俗生活风尚，并同时兼顾乡村的风土人情，体现了文人审美情趣与大众通俗文化的雅俗交融。而且，选题和题材，得以进一步扩展和深化，举凡市井百

业、百戏竞技、行旅游赏、饮茶雅集、岁时风俗、礼仪教化、敬祖礼佛等等，皆入丹青，涌现出一大批可圈可点的优秀作品。凡此，深刻地影响了元代风俗画的接续发展态势，呈现了继隋唐五代风俗画的成熟繁盛之后，宋元风俗画获得了持续长足发展。

从作为创作主体的画家而言[①]，宫廷风俗画、文人风俗画与民间工匠风俗画并进，是产生多姿多彩的众多优秀作品，获得持续长足发展的重要条件。

（宋）"太祖为治，左武右文，是后虽以兵弱屡受外侮，而文化则灿然可观。即以绘画言，历代帝室，奖励画道，优遇画工，莫宋若者。唐以来，已置待诏、祗候、供奉，五代西蜀南唐，亦设画院，及宋，画院规模益宏。开国之初，即置翰林图画院，罗致天下艺士，优加禄养，视其才能，授以待诏、祗候、艺学、画学正、学生、供奉等职。且太祖、太宗，次第灭西蜀、下南唐，凡号称五代图画之府，所有珍藏之名画，多被收入御府；其待诏、祗候之名手，多被召入画院"。[②]张择端、苏汉臣等宫廷职业画家和"士人画"画家及其作品，如北宋·李公麟《五马图》《临苇偃牧放图》《西园雅集图》《孝经图》，张择端《清明上河图》《西湖争标图》，朱光普《村田乐事图》，燕文贵《七夕夜市图》《舶船渡海图》，郭忠恕《雪霁江行图》，陈坦的《田家娶妇图》《村落祀神图》《移居丰社图》，董源《龙宿郊民图》，王居正《纺车图》，南宋·左建《农家迎妇图》，

---

① "宋人之能画者，上而帝王公侯，下而娼优厮养，旁及释道皆有之。据《画史汇传》凡帝族十一人，画史门六百二十三人，偏门十人，释七十人，后妃九人，女史十二人，妓三人，约共七百三十八人；而《佩文斋书画谱》则更多。凡九百八十六人，合以辽五人，金五十六人，则在千人以上。"郑午昌《中国画学全史》第197页，东方出版社2008年版。

② 郑午昌《中国画学全史》第164页，东方出版社2008年版。

李唐风俗人物画《村医图》，李嵩《骷髅幻戏图》《观灯图》《柳塘聚禽图》《花篮图》，马远《踏歌图》，阎次平《四季牧牛图》，苏汉臣《妆靓仕女图》《杂技戏孩图》《货郎图》《婴儿斗蟋蟀图》，马和之取材《诗经》的《小雅·鹿鸣之什图》《节南山之什图》《豳风图》卷，无名氏的《柳荫群盲图》《村童闹学》，元代赵孟頫《洛神赋》，任仁发《饮中八仙图》《张果见明皇图》《饲马图》，等等，蔚为大观。民间工匠风俗画群体的作品，则主要是寺院壁画，如山西高平开化寺壁画，石家庄毗卢寺、山西稷山青龙寺的水陆画，虽以佛教经变为主题，但融汇了许多世俗题材内容。

五、进入巅峰的明代风俗画

纵观中国古代风俗画的发展轨迹，继宋元风俗画持续长足发展之后，开始步入了波峰阶段。"明承宋制，复设画院，然规模已改，官职亦殊。惟奕世帝王，尚知奖重。太祖万几之暇，雅好绘事，尝绘江山大势，援笔立成。洪武初年，即征赵原为画史；取周位入画院；沈希远以写御容称旨，授中书舍人；陈远亦被召写御容，为文渊阁待诏；一时名匠，彬彬辈出，其影响于当时画风自大"。① 但是，当朝风俗画业绩主要在于民间职业画家群体。明代寺殿壁画很发达，但"终不若史实风俗画之精丽艳逸，为时大观也。其擅长史实风俗画之巨擘，实惟周臣之高足仇英也"。② 此间另一领军画家，为陈洪绶。据评论，"史实风俗之人物画则较盛。此类人物画，明

---

① 郑午昌《中国画学全史》第 249 页，东方出版社 2008 年版。
② 郑午昌《中国画学全史》第 253 页，东方出版社 2008 年版。

清之际，以陈洪绶为最有名。……大概清代之史实风俗人物及士女画，可分二派：高古朴伟者，多以陈老莲为宗，而法李龙眠者亦属之"。①

明代风俗画题材广泛，长镜头广角镜似地密切切近现实生活现场进行写实性创作，市场消费需求促生的民间职业画家群体风俗题材作品更为丰富多彩，以民间信仰和民生为专题的木刻版画异军突起，两大发展致使明代成为中国风俗画的高峰期。

民间职业画家群体的风俗题材作品，主要有，合称中国绘画史上"明四家"的文徵明《惠山茶会图》，仇英《捣衣图》《秋江待渡图》《清明上河图》，唐寅《关山行旅图》《江南农事图》《事茗图》；李士达《岁朝春庆图》，陈洪绶《童子礼佛图》《斗草图》《水浒叶子》《博古叶子》，戴进《春耕图》《太平乐事图》，计盛和吕文英的《货郎图》，张宏《杂技游戏图》《击缶图》，周臣《渔乐图》《闲看儿童捉柳花图》，袁尚统《晓关舟挤图》，石泉《买鱼图》，苏霖《礼佛图》，杜堇《祭月图》《绿蕉当暑图》《林堂秋色图》，吴伟《采芝图》《仙踪侣鹤图》《芝仙图》《溪山渔艇图》及其白描《人物图》《神仙图》，等等。其中，类如南宋·李嵩的《货郎图》，苏州风俗画家张宏的风俗画还直接进入扇画，如《闯关舟阻图扇》《农夫打架图扇》成为具有实用价值的工艺品。

风俗题材木刻版画的异军突起，表现为多种体裁并举。首先是木版年画，如天津杨柳青、开封朱仙镇、苏州桃花坞、潍坊杨家埠，以及四川绵竹、广东佛山的木版年画；其次是古代戏曲小说中有关风俗时尚场景的版画插图，如《鼎锲全像唐三藏西游释厄传》《重

---

① 郑午昌《中国画学全史》第 292 页，东方出版社 2008 年版。

刻元本题评音释西厢记》《重校荆钗记》等；再即《三才图会》《便
民图纂》《饮膳正要》托明代通俗日用类书中民俗内容的版画插图；
以及非年画性质的民俗题材版画如《百子游戏》《九九消寒图》《卖
胭脂》和纸马画、钟馗画等。此外，还应关注到手绘年画，如山东
高密手绘扑灰年画，以及《顾氏画谱》《唐六如画谱画谱》《唐诗画
谱》等画谱中的民俗题材。

六、从"驼峰"渐入波谷的清代风俗画

清代文人画、民间工匠的风俗画并进，形成新一轮波峰，而后
于清末渐入波谷。

据说，有清一代画家多达四千余家①。清初至中叶，专业画家的
宫廷画、文人画的风俗画和"重出江湖"②，涌现了一些很有影响的
作品，如丁观鹏《太平春市图》，郎世宁等《弘历上元行乐图》，姚
文瀚《岁朝欢庆图》《卖浆图》，金昆等《冰嬉图卷》，焦秉贞《耕
织图》《百子团圆图图册》，王翚《罗浮山市图》，冷枚《连生贵子图》
《耕织图》《农家故事图册》，苏六朋《荻湾渔唱》《醉酒图》《知音
图》，徐方《风雪运辆图》，金廷标《群婴斗草图》《盲人说唱图》，

---

① "清自顺、康以迄光、宣，以画名者综《熙朝名画录》《画征录》《墨香居画识》
《墨林今话》《谈艺镶录》等，依时代次第略有系统之记籍而计之，其所以采入者，约
四千三百余家。其中女史门约四百余家，释子门约二百余家，而其未甚著名及著名于
一地不及采登者，尚不知更有几许，可谓盛矣"。郑午昌《中国画学全史》第305页，
东方出版社2008年版。

② 郑午昌《中国画学全史》："盖清代虽不设画院，无待诏、锦衣卫等官职，然亦
设内庭供奉，内庭袛候，以礼画士。又因雅好图画之帝王，如圣祖、高宗，皆在位六
十年许，平时吹嘘之力，实亦不减设院为尚形式之提倡。"（第286页，东方出版社
2008年版）

佚名《十二月令图》，王原祁等的大型殿版版画《万寿盛典图》，陈枚、孙祜等的《清明上河图》，徐扬《姑苏繁华图卷》《日月合璧五星连珠图》，任颐《饲牛图》《测字图》《投壶图》《渔归图》等，出现了苏六朋、徐扬等具有代表性风俗画画家。具有世俗化倾向的"扬州八怪"画家群体的绘画，主要是迎合士绅消费情趣，除黄慎《渔翁渔妇图》、闵贞《八子观灯图》等少数作品外，鲜见风俗画作品。

随着城乡文化市场消费需求旺盛，以民间画师为主创群体的风俗画作品迈入高峰期，进入波峰，以各种民俗事象为题材的传世精品层出不穷。尤其是兴起于明代、富有地方特色的木版年画，取材雅俗共赏更加切近世俗生活，得以空前发展，海内涌现了多处创作中心和集散地。同时，《贯华堂第六才子书西厢记》《绣像拍案惊奇》等，古代戏曲小说中有关风俗时尚场景的版画插图仍大行一时。民间画匠的作品蜂拥而上，几与宫廷画、文人画的风俗画"平分秋色"，共同将清季风俗画推上新波峰。不过，毋庸讳言的是，随着石印铅印等印刷方式的普遍使用和消费市场需求的变化，传统样式的风俗画于清末开始从"驼峰"渐入波谷，形成向近代化转型的拐点。

七、与时俱进多枝并秀的近现代风俗画新纪元

清末，传统样式的风俗画从"驼峰"渐入波谷，通过适应性的转型和转换，接续迎来的是与时俱进、多枝并秀的清末民初近现代风俗画新纪元。民间画师民俗题材作品进入报刊、广告领域和海外

文化消费市场，成为风俗画得以通过转型获得新生的契机。此间，宫廷画谢幕，文人风俗画式微，工匠画画师成为风俗画画家的主要创作群体，选题宽广和题材、形式多样，与时俱进，在消费引导中重新定位，不断拓宽和适应新的应用领域，从而形成了百花齐放多枝并秀的崭新局面。

例如，民间画师周培春、周慕桥、刘延年等的《北京民间风俗百图》等手绘民俗画，蒲呱、林呱（关晓村）、庭呱（关廷高）、德呱（关联昌）等的外销通草画，配有中西对照历表具有商品广告性质的月份牌画，以风土人情为主要题材的香烟画（商品广告），《营业写真》《成都通览·七十二行现象图》等白描风俗画，尤其是《点石斋画报》等晚清以来报刊图画中的大量的民俗题材绘画，早期的瓷绘风俗画，乃至现代农民画、当代的涂鸦风俗画，等等，五花八门多姿多彩，多枝并秀各领风骚。期间，传统文人风俗画，诸如倪田的《春郊牧牛图》《钟馗仕女图》，陈师曾的《北京风俗》，丰子恺风俗题材漫画，蒋兆和的《流民图》，王弘力彩绘《中国古代风俗百图》等，不失为文人风俗画的一种坚守。

八、别史别论的专题风俗画

这里所谓"别史别论"，在于观照中国风俗画史的几个重要补充和专题，包括海外他者镜像中的中国风俗题材的风俗画。

（一）少数民族风俗画

中国是个多民族的共同体，少数民族的风俗画史是有待深入发掘的宝贵资源。如《宣和画谱》著录的番族风俗画，明代云南画家何景文所作描绘明代纳西族社会生活的绢画《么些图卷》，明代苗族的《斗牛图》，清代傣族《写贝叶经图》、彝族《采茶图》，以及《台湾内山番地风俗图册》，均属不可多得的少数民族风俗画史料。

《斗牛图》传为唐代画家戴嵩所画的绢本水墨画，现藏于台北故宫博物院；苗族《斗牛图》

（二）历代耕织图

除历代墓葬画中的耕织题材的风俗画，以劝课农桑为专题的风俗画，发端于南宋画家楼璹的历代《耕织图》《蚕织图》，以图像记述古老农耕文化耕织图，备受历代帝王的推崇和嘉许。此后，诸如南宋·李嵩《服田图》，明代宋宗鲁《耕织图》、仇英《耕织图》，清代历代帝王御制御题的《御制耕织图》《棉花图》，画家冷枚、陈枚、何太青等的《耕织图》，蔚为大观，成为应予特别关注的历代风俗画一个专题支系。

（三）市井三百六十行风俗画

宋元明清以来，随着都市经济文化的发达，市肆百工文化成为风俗画的一系重要题材。诸如清代佚名《市景三十六行》白描图画稿，佚名绘本《苏州市景商业图册》，董棨绘《太平欢乐图》，近代的《营业写真》《成都通览·七十二行现象图》等，包括市肆传统广告招幌与市声，历代《货郎图》等，自成市井风俗画一个令人瞩目的突出系列。

（四）日本的中国风俗画

　　日本的风俗画发端于浮世绘，煌煌十巨册《日本风俗画大成》构建了风俗画体系。同时还一向关注中国的风土民俗。例如，关于清代乾隆时期中国江、浙、闽一带民间传统习俗及社会情况的调查《清俗纪闻》的图录，宫尾茂雄的《支那街头风俗集》，中岛辛三郎的《支那行商人及其乐器》，藤原钦尔的《满洲看板往来》，黑崎文吉编著的《满商招牌考》，青木正儿的《北京风俗图谱》等，皆以其图文并茂成为中国风俗画史的特别补充。

（五）西方的中国风俗画

　　19世纪法国佚名水粉画《清都风物志》(《清国京城市景风俗图》)，美国康斯坦特的《京都叫卖图》，英国插画设计家托马斯·阿罗姆以铜版画所绘《大清帝国城市印象：19世纪英国铜版画》，H.K冯的《燕都商榜图》，法国耶稣会传教士禄是遒煌煌的十大册《中国民间崇拜》(原题《中国民间信仰研究》)有关中国古代民间神祇插图画，皆属异域眼光的中国风俗画的题材展示，同样不失为中国风俗画史的特别补充。

　　凡此数种或可更多的别史别论的风俗画专题，似当视为中国风俗画史的重要补充和专题解读，合而纵横交错的、立体的丰赡的中国风俗画史。

小结

　　中国的风俗画，以岩画、彩陶画、墓葬画（漆帛砖画）三类五个画种为源头，三个递进的开先河历史时期；以绘画、版画为主体形式，以唐宋元明清为成熟和高峰期，至近现代通过适应性的转型和转换得以普及，从孕育发生到成熟，经历了一个漫长的历史过程。

概而言之，不妨简括为一段谣诀：

> 源远流长风俗画，滥觞岩壁陶帛漆，砖石画像显端倪，秦汉魏晋升华期。

> 成熟繁盛唐五代，两宋长足攀高峰，明清两季新纪元，近代绽葩各自鲜。

源远流长的中国风俗画，滥觞于岩、陶、帛、漆与砖石画像。隋唐宋元以来，画家风俗画主体意识的觉醒，使之进入了中国风俗画的成熟阶段，形成了以画家风俗画为主体引导的多画种、多体裁风俗画并举局面。于是导引出"明清高峰新纪元"，再伴随着西画等因素的影响浸润逐渐式微，致使"近代普及再发展"，呈现"近代绽葩各自鲜"的风俗画历史历史轨迹。现当代，再以"农民画""涂鸦画"为拐点，开始进入一个新的转型时期。基于历史和现实，似可拟测，在此新拐点之后，将由庙宇风俗画的坚守，以及作为非物质文化遗产的保护与传承为基点，再次形成与时俱进的发展新纪元。

辛丑上元节前夕脱稿于郴雅堂

"风俗画"与"竹枝词"：珠联璧合的语言民俗景观

——"风俗画"三论之三

竹枝词是文学性的语言艺术，风俗画是视觉的绘画艺术语言，两者以共同而且相通的题材与题旨情趣的珠联璧合，创造了中华文化史上景致独到的语言民俗景观风景线。

一、"竹枝词"与"风俗画"之合璧

滥觞于初唐之"竹枝词"，是发端于中唐诗豪廉吏刘禹锡的文学文体，晚唐诗人李商隐首开先河的"杂纂体"，是文章学文体兼语言学的语体。成熟于隋唐的"风俗画"，则是一种非言语的，以绘画的艺术语言作为表达方式的绘画"画体"中的一个画种，视觉艺术。三者的核心词，均在于"民俗"。

"杂纂体"与"竹枝体"，是滥觞于唐代的两枝文体奇葩。那么，滥觞于岩画、彩陶画、绢帛画，成熟于唐宋元，以明清为高峰的"风俗画"，则是中国文化史文脉上的又一"画种"奇葩。或言之，"杂纂体""竹枝体"与"风俗画"，是中国文化史文脉上的三枝奇葩。

　　任中敏先生说："竹枝者，真正之诗歌也，民间文学之大收获也。若以历史眼光衡之，其地位与国风等，可无疑义。"[①] 这里且略去"杂纂体"另议。基于发生学原理的渊源与流变，不争的事实是，"竹枝词"与"风俗画"的结合，堪谓珠联璧合、"门当户对"的美满姻缘，是一道最佳语言民俗景观。要素在于，两者有着与生俱来的、共同的文化基因——缘于民俗题材而生。

　　除了绘画艺术的表达与鉴赏意义外，风俗画的文化价值更体现为以其写实性表达与记述还原、印证社会生活史的场景情境。即如有画史专家将之直接命名为"史实风俗画"。[②] 本文，主要是以社会文化史和文化符号学的视点探析、梳理中国风俗画史的主体历史轨迹，试图发现其本元的规律性特点。

　　语言民俗，是基于语言介质和载体的世俗生活的习俗惯制及其各种层面的社会文化事象，是涵化于语言、民俗各自本体或语言民俗融合体的社会语言文化现象，是探析和感受深厚博雅的中华文化别开生面的视角。"竹枝词"与"风俗画"以其"民俗"这个共同的文化基因为先天基础的合璧，构成了一道具有特别景深与广角镜像的语言民俗景观。

---

　　① 任半塘《成都竹枝词·序》，杨燮等《成都竹枝词》，四川人民出版社，1982 年版。

　　② 郑午昌《中国画学全史》："明代人物画，可分道释画、史实风俗画及传神三种而言。惟道释画，在明实无特殊成绩之可言；至史实风俗画与传神，则大有进步。盖宋元以上之人物画，全以道释为主，自南宋废礼拜之图像，而与玩赏之绘画同视以来，风气已变；重以元代佛教道教中衰，道释画更无人提倡，占人物画之主位者，一变而为史实风俗画及传神。"（第 252 页，东方出版社 2008 年版。）

二、"竹枝词"与"风俗画"史的平行"双轨"

（一）竹枝词滥觞于风俗画成熟繁盛的唐五代

唐代在世界文化史上是个辉煌的时代，是文人竹枝词滥觞和风俗画成熟繁盛的时代。王利器、王慎之编《历代竹枝词》辑录唐宋时期文人所作之竹枝词，共存一百五十八首。[①] 其中，作为发端初创阶段，唐代竹枝词作者 10 人，今存诗 38 首，作者和作品的数量很是有限，但其发端中唐，在短短一时间就有杜甫、白居易、张旭、张籍等当时数位重要诗人的关注或参与，已可见其蓄势待发的发展态势。以此为开端的竹枝词史，证明了这一点。

刘禹锡《踏歌词》咏道："日暮江南闻竹枝，南人行乐北人悲。自从雪里唱新曲，直到三春花尽时。"（插图：宋·马远《踏歌图》）

宋·马远《踏歌图》（局部）现藏北京故宫博物院

与竹枝词开端的发展态势相应，刚刚进入成熟繁盛的唐五代风俗画，无论墓室、石窟壁画还是以众多知名画家为主体的风俗画作品，均蔚为大观，涌现了诸如韩滉、张萱等一些代表性风俗画家，和《捣练图》《虢国夫人游春图》《丰稔图》《田家风俗图》等优秀作品。个中，仅是韩滉一人的三十六幅画作中，即有半数以上是田

---

① 陕西人民出版社 2003 年版。

园风俗画。（插图：《丰稔图》《斗牛图》《牧马图》）

（二）宋元时期的竹枝词与风俗画是长足发展的"并蒂莲"

宋元时期的竹枝词与风俗画，均获长足发展，堪谓"并蒂莲"。而且南宋画家楼璹的《耕织图》，在以图像记述古老农耕文化的同时，每图各题配一首竹枝词，直接于画面同步表达同一题旨情趣，是中国竹枝词和风俗画史上最早的联姻合璧。

据统计，宋代竹枝词作者 17 人，存诗增加到了 129 首，元代竹枝词作者 152 人，存诗 483 首，[①] 合计作者 169 人、作品 612 首，远远超越了开先河时期的唐代。而且，苏轼、陆游、杨万里、黄庭坚、范成大等很多在中国文化史和文学史上颇有影响的重要作家，都留下了传世的竹枝词作品。如苏轼《竹枝歌》："扁舟日落驻平沙，茅屋竹篱三四家。连春并汲各无语，齐唱竹枝如有嗟。"

宋元时期，无论宫廷、文人和民间工匠的风俗画的题旨情趣，在兼顾乡村的风土人情的同时，尤其着力于城市多阶层的市井世俗生活风尚，呈现了文人审美情趣与大众通俗文化的雅俗交融的局面。举凡市井百业、百戏竞技、行旅游赏、饮茶雅集、岁时风俗、礼仪教化、敬祖礼佛等等，皆入丹青，选题和题材，得以进一步扩展和深化，涌现出众多可圈可点的优秀作品。

此间，以张择端、苏汉臣等宫廷职业画家和"士人画"画家及其作品，如张择端《清明上河图》《西湖争标图》，朱光普《村田乐事图》，燕文贵《七夕夜市图》《舶船渡海图》，王居正《纺车图》，

---

① 贠娟、李中耀《文人竹枝词的历史转承与文化变迁》，《哈尔滨工业大学学报》（社会科学版）2021 年第 2 期。

南宋·左建《农家迎妇图》，李唐的风俗人物画《村医图》，苏汉臣《杂技戏孩图》《货郎图》《婴儿斗蟋蟀图》，马和之取材《诗经》的《豳风图》等系列画卷，以及民间工匠风俗画群体的石家庄毗卢寺、山西稷山青龙寺的水陆画等世俗题材寺院壁画，合而成为继隋唐五代风俗画的成熟繁盛之后，获得持续长足发展的可喜景象。

（三）双双进入波峰时期的明代风俗画与竹枝词

明代，风俗画与竹枝词活动空前发展，双双进入波峰时期。

据统计，明代的竹枝词创作者约 600 余人，今存竹枝词约 5000 余首。[①] 有学者的评价直抵肯綮，如所云："竹枝类乐府诗的发展，在经过了元末由杨维桢发起的有'数百家'诗人参与的'西湖竹枝'大型酬唱活动后，即于明代形成了一种雨后春笋般的创作新格局，并直接或间接地影响着明代其他类别的乐府诗创作，如歌行类乐府、宫词类乐府，以及拟古乐府等。"而且，由于刘基、袁宏道等一批重要作者"参与创作竹枝词的诗人队伍中，各类各派的诗人乃应有尽有"，"由于有了这些人的参与，而使得明代竹枝词成就仅次于清一代，而雄踞于唐、宋、元诸朝之上"。[②]

继宋元风俗画持续长足发展之后，明代的风俗画发展开始步入了波峰阶段。此间的业绩，主要在于民间职业画家群体。寺殿壁画仍然很发达，但"终不若史实风俗画之精丽艳逸，为时大观也。其

---

① 负娟、李中耀《文人竹枝词的历史转承与文化变迁》，《哈尔滨工业大学学报》（社会科学版）2021 年第 2 期。

② 王辉斌《前无古人的明代竹枝词创作》，《天府新论》2010 年第 5 期。文中又云："在明代参与创作竹枝词的诗人队伍中，各类各派的诗人乃应有尽有，如刘基、杨基、胡奎、高启、杨士奇、李东阳、王廷相、何景明、田汝成、徐渭、王世贞、沈明臣、胡应麟、屠隆、袁宏道、钟惺、黄周星、周亮工、屈大钧、毛先舒、徐士骏、袁于令等，即皆名列其中。正是由于有了这些人的参与，而使得明代竹枝词成就仅次于清一代，而雄踞于唐、宋、元诸朝之上。"

擅长史实风俗画之巨擘，实惟周臣之高足仇英也"。[1]另一位堪谓领军的风俗画家是陈洪绶。有评论指出，"史实风俗之人物画则较盛。此类人物画，明清之际，以陈洪绶为最有名。……大概清代之史实风俗人物及士女画，可分二派：高古朴伟者，多以陈老莲为宗，而法李龙眠者亦属之"。[2]

明代风俗画获得空前发展的一个突出特点，一是因市场消费需求，促生了作为创作主体的民间职业画家群体偏重于风俗题材创作倾向；再即题材广泛，长镜头广角镜似的密切切近现实生活现场进行写实性创作，作品更为丰富多彩，以民间信仰和民生为专题的木刻版画异军突起。两大发展致使明代成为中国风俗画的高峰期。其间较有影响的作品，如仇英《捣衣图》《秋江待渡图》，唐寅《关山行旅图》《江南农事图》，戴进《春耕图》《太平乐事图》，计盛和吕文英《货郎图》，陈洪绶《童子礼佛图》《斗草图》《水浒叶子》《博古叶子》，张宏《杂技游戏图》《击缶图》，以及天津杨柳青、开封朱仙镇、苏州桃花坞等的木版年画。

（四）进入"巅峰""驼峰"时期的清代竹枝词和风俗画

清代诗歌创作总量远超以前历代，竹枝词的创作总量亦然，而且呈现"井喷式的发展"。

据统计，"王利器等所辑《历代竹枝词》收录作品 25000 多首，90% 是清代以后的作品"[3]。"至清代，竹枝词进入了鼎盛时期，呈

---

[1] 郑午昌《中国画学全史》第 253 页，东方出版社 2008 年版。

[2] 郑午昌《中国画学全史》第 292 页，东方出版社 2008 年版。

[3] 朱易安《略论都市化进程中的海上竹枝词》，《社会科学》2012 年第 10 期；还有人估计，"明清至民国，文献已见留存至今的竹枝词数量在七万首以上，作者数量达到四千四百余人"，见白化文《中华竹枝词全编》序第 1 页，丘良任等编《中华竹枝词全编》，北京出版社 2007 年版。

现出井喷式的发展，数量已经达到6万余首，涉及衣食住行各个领域，文人以创作竹枝词为乐"。① 此间，非但康熙、乾隆皇帝喜作竹枝词，如康熙的《长水竹枝词》，乾隆的《荔枝效竹枝词》三首、《昆明湖泛舟拟竹枝词》六首，还与朝臣以竹枝词相唱和。如查慎行《山庄杂咏》三十首序所云："山庄者，我皇上避暑行宫之统名也。其间山川风土之美，草木禽鱼之状，一一俱蒙恩指示。凡耳之所闻，目之所睹，口不胜述，则纪以小诗。合成三十首，用备遗忘，不揣芜词，并呈御览。"清代竹枝词作品总量达到6万余首，此前唐代以降总和的5650首仅是其一成略弱②，而且占包括近代在内迄今全部竹枝词总量的九成以上，发展之快速，不可不谓"井喷式的发展"。

清代文人画中出现了苏六朋、徐扬等具有代表性风俗画画家，涌现了诸如丁观鹏《太平春市图》，郎世宁等《弘历上元行乐图》，姚文瀚《岁朝欢庆图》《卖浆图》，苏六朋《荻湾渔唱》，徐扬《姑苏繁华图卷》《日月合璧五星连珠图》等一些很有影响的作品。与此同时，各地木版年画以及《贯华堂第六才子书西厢记》《绣像拍案惊奇》等戏曲小说版画插图大行一时，各种民俗事象题材作品畅销文化市场，致使以民间画师群体为主创的更加切近世俗生活的多品类风俗画作品得以空前发展。宫廷、文人和民间工匠两个创作群

① 负娟、李中耀《文人竹枝词的历史转承与文化变迁》，《哈尔滨工业大学学报》（社会科学版）2021年第2期。

② 亦有人评述，"清代是竹枝类乐府的泱泱大国，其中，又以各类《竹枝词》的数量之多雄视千古。据《历代竹枝词》统计，在由唐至清的25000多首《竹枝词》中，唐、宋、元、明四朝1036年（618—1644）的《竹枝词》总共只有2490首，而清代的《竹枝词》则有23000首左右，其数量之多将近为前者的10倍。这一数据表明，《竹枝词》的发展之于清代，已呈现出了一种空前繁荣发达的创作局面"。见王辉斌《清代的海外竹枝词及其文化使命》，《阅江学刊》2012年第1期。

体，共同将清季风俗画创作推向了历史的"驼峰"。

（五）与时俱进多枝并秀的近代风俗画新纪元

清末民初，在竹枝词创作与传统样式的风俗画的发展史上，进入了因社会近代化转型而形成的历史拐点，通过各自适应性的题材或艺术形式的转型实现与时俱进，形成多枝并秀的新纪元。

有以数据统计文本研究认为，"在中国近代化进程中，竹枝词，这种传统韵文学形式的创作，出现过一个前所未有的繁盛时期……作为传统的文学样式，在近代都市形成的过程中，竹枝词的创作获得了新的契机"。具体根据是，"王利器等所辑《历代竹枝词》收录作品 25000 多首，90% 是清代以后的作品。顾炳权编的两种收录上海地区的竹枝词，即《上海洋场竹枝词》和《上海历代竹枝词》，数量也在一万首左右，情况十分相似"。[①] 笔者认为，这些只是体现近代竹枝词走出拐点的量化结果，竹枝词之所以实现近代化转型，最重要的，是其作者群体和题材的扩展。在旧体诗和白话新体诗同样出现相接拐点之际，各地诗社团体蜂起，雅集频繁，各种诗话即多达百余种[②]，一个庞大的民国旧体诗人群体，开始关注和参与了形式约束较少，又可承继古老"采风"传统的竹枝词创作。两部蔚为大观的顾炳权编的《上海洋场竹枝词》《上海历代竹枝词》[③] 显示，开埠较早的近代上海断续出现的种种新生事物、重要事件，几乎都进入了竹枝词的创作题材，堪谓上海近代社会史的别种风土志。此外，更将题材视野扩展到了海外，如陈道华的《日本竹枝词》，潘

[①] 朱易安《略论都市化进程中的海上竹枝词》，《社会科学》2012 年第 10 期。

[②] 张寅彭《民国诗话丛编》自序第 5 页，上海书店出版社 2002 年版。

[③] 顾炳权编《上海洋场竹枝词》，上海书店出版社 1996 年版；《上海历代竹枝词》，上海书店出版社 2001 年版。

飞声的《柏林竹枝词》，张祖翼的《伦敦竹枝词》，黄遵宪的《日本杂事诗》，等等。

清末民初，宫廷画谢幕，文人风俗画式微，传统样式的风俗画从波峰渐入波谷。除倪田的《春郊牧牛图》《钟馗仕女图》，陈师曾的《北京风俗》，丰子恺风俗题材漫画等已经属于"小众"的传统文人风俗画的一种坚守外，工匠画师以此为拐点，成为风俗画画家的主要创作群体。此间，陈师曾的 34 幅《北京风俗图》，嵩山道人的《三百六十行图》每图大多配题一首竹枝词作为说明文字，同步表达同一题旨情趣，反映了画家们对这种同图原创竹枝词风俗画佳配形式的积极选择。

民间画师在消费引导中重新定位，不失时机地不断拓宽和适应新的应用领域，很快就使民俗题材作品进入报刊、广告领域和海外文化消费市场，成为风俗画得以通过转型获得新生的契机。举凡民间画师周培春、周慕桥、刘延年等的《北京民间风俗百图》等的手绘民俗画，蒲呱、林呱（关晓村）等的外销通草画水粉画，配有中西对照历表具有商品广告性质的月份牌画，以风土人情为主要题材的烟画（香烟广告），尤其是《点石斋画报》《图画日报》《良友画报》等晚清以来报刊图画中诸如《营业写真》等大量的民俗题材白描画，等等，与时俱进，五花八门，多姿多彩，多枝并秀，各领风骚。从而，形成了以民间画师为创作主体，以文化市场消费为导向的近代风俗画发展新纪元。

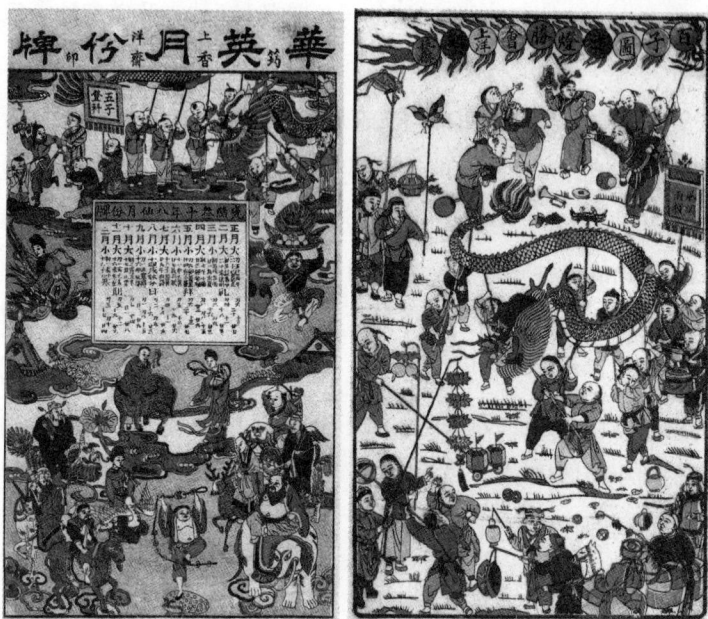

不失本土民俗色彩的月份牌

小说《施公案》木刻插图

三、"竹枝词"与"风俗画"语言民俗景观例说

纵观自文人"竹枝词"出现以来，与"风俗画"相关联的一千三百余年的这一独特的语言民俗景观，无论鉴赏还是"以图证史"，均有其独到的文化史意义。其中，同图同步表达同一题旨情趣的风俗画，当谓之"竹枝词风俗画"。这里，基于社会文化史的视点，不妨将之大体分作三种类型。其一，是原创原图的竹枝词风俗画合璧同步表达同一题旨情趣的竹枝词风俗画，如其开先河之作、南宋画家楼璹的《耕织图》；二是，同时代竹枝词风俗画的互为解读；三是，非同时代竹枝词风俗画同一题材事象的集约性广谱疏解。

（一）原创原图的竹枝词风俗画合璧

播映效果自然、逼真的同期声电影录音工艺，在于提供与场景同步录制真实声音。以同一时代的竹枝词风俗画的互为解读，亦堪谓一种"同期声"。此类"同期声"似的，同图同步表达同一题旨情趣的竹枝词风俗画开先河之作，是《耕织图》。

南宋画家楼璹的《耕织图》，又题《蚕织图》，是同图同步表达同一题旨情趣的竹枝词风俗画的开先河之作。其图以图像记述古老农耕、蚕织系列场景，同时每图各题一首竹枝词，是中国竹枝词和风俗画史上最早的联姻合璧。除当代另有题材相近的李嵩的《服田图》外，后世相继有诸如明代宋宗鲁《耕织图》、仇英《耕织图》，清代历代帝王御制御题的《御制耕织图》《棉花图》，画家冷枚、陈枚、何太青等的《耕织图》，蔚为大观，大多仿宋例配诗作为说明文字，成为应予特别关注的历代风俗画一个专题支系。其中，明万历邝璠《便民图纂》所绘《耕织图》，一如南宋·楼璹《耕织图》，各图均配以一首同题竹枝词。

耕织题材的风俗画备受历代帝王的推崇和嘉许，楼璹将《耕织图》呈献宋高宗，当即获得嘉赏提倡晋升官职；元·赵孟頫"奉懿旨"撰有《题耕织图》二十四首，清季帝王甚至亲自捉笔题诗，皆在于取义劝课农桑并宣示关心民生。

关于《耕织图》的创作旨趣，楼璹之侄楼钥在《跋扬州伯父耕织图》中说："士大夫饱食暖衣，犹有不知耕织者，而况万乘主乎？累朝仁厚抚民最深恐亦未必尽知幽隐。此图此诗诚为有补于世。夫沾体涂足农之劳至矣，而粟部饱其腹；蚕缲织纴壬女之劳至矣，而衣补蔽其体。使尽如二图之详，劳非敢惮又必无兵革力役以夺其时，无汇于吏暴胥以肆其毒，人事既尽而天时不可，必旱涝螟螣滕鱼既有以害吾之农夫。桑遭雨而叶不可食，蚕有变而坏于垂成。此实斯民之困苦。上之人犹不可以不知，此又图之所不能述也。"《耕织图》后序亦云："男耕女桑，勤苦至矣，声诗以达其情，绘事以图其状，刻寘左右，以便观省，庶几饱食，暖衣者知所自云。"

在艺术鉴赏视野看来，"《耕织图诗》作为题画诗它并不流于对画面的'尽其状'，也非单纯文人诗的'尽其情'，而是将二者紧密结合使之成为耕织图画面的有机延伸。作为组图形式，虽然含量比一般题画诗巨大"。(李玉红等《〈耕织图诗〉散论》，《沧桑》2008年第1期)

在科学技术史学者的视野，"古代耕织图，数千年来，其已著矣！绘事以图其状，声诗以达其情，刻寘左右，以便观省。其相类名词尚多，如牛耕图，耕图，耕地图。芟草播种图、春米图、酿酒图、耙地图、耕获图，棉花图云云，可谓异名同实。历代耕织图与古代工程图样一样，各造其极，未可轩轾，其真实地再现了古代农业工具的改进，配套使用和农桑生产的技术水平，实可助古代工程

图学的研究"。(刘克明《中国图学名词的分类及科学价值》,《机械技术史及机械设计》2006 年第 10 期)

南宋画家楼璹的《耕织图》,又题《蚕织图》

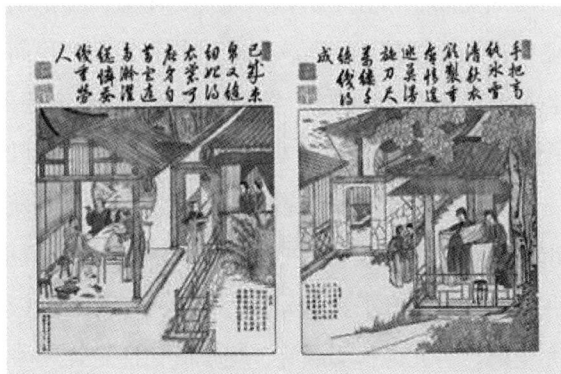

康熙《御制耕织图》题诗

国家博物馆藏清道光粉彩《耕织图》鹿头尊

　　近代文人风俗画中，陈师曾的《北京风俗图》和嵩山道人的《三百六十行图》等，坚守传统画法，而且是原创原图的竹枝词风俗画。

　　陈师曾（1876—1923），又名衡恪，号朽道人、槐堂，江西义宁人（今江西省修水县），名重一时的画家、美术教育家。善诗文、书法，尤长于绘画、篆刻。著有《中国绘画史》《中国美术小史》《中国文人画之研究》等。其《北京风俗图》为册页，共34页，每页一图，每图皆有题词，现藏中国美术馆。此画本为梁启超所绘，题材选取当时四类北京市井生活，首先是占半数以上的画面描摹几种普通行业的市民生活情境，其次是市井婚丧嫁娶、民间娱乐游艺活动，三是前清遗老遗少的情态，第四则是对一些社会现象的讽刺。每图大多配题一首浅白短诗或竹枝词作为说明文字。例如，《旗下仕女》："一套新衣费剪量，淡红衫子内家妆。金铃小犬随侬走，饭罢衔烟逛市场。"《坤书大鼓》："白雪阳春时厌闻，巴人下里日纷纭。居然别有弦歌曲，点缀升平到十分。"《顶力人》："北地移家少用抬，扛街低首亦生财。男儿炼得头颅好，强项胜他捷足开。"《泼水夫》："十日有雨尔闲娱，十日不雨尔街衢。买臣有妻尔独无，奚为呼汝泼水夫。"等等。鲁迅赞誉其作品"才华蓬勃，笔简意饶"(《集外集拾遗·〈北平笺谱〉序》)。其病殁，梁启超在悼词中叹称"师曾之死系中国文化界之大地震"。

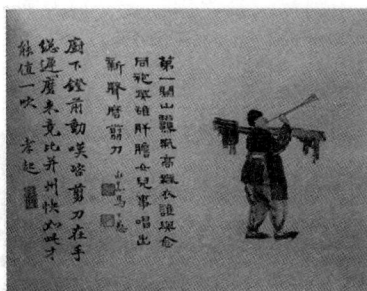

陈师曾《北京风俗图》册页

今所见嵩山道人的《三百六十行图》为全卷残存本十三幅。每图大多配题一首竹枝词作为说明文字。如《算命》："先生家住在松江，肩背弦子走四方。怕羞使弟叫算命，我姐何日配夫郎。嵩山道人写。"《卖艺》(蹚小孩)："卖艺宜师杜氏求金利，须有陶公运甓工。时栽乙未年吴太元制印。"《西瓜摊》："西瓜又名白虎汤，大伏天时食无妨。惟有身若体虚辈，交秋以后不可尝。光绪甲午春。"《洋女乘轿》："妇女坐轿男人走，后面跟只好猎狗。外洋风俗更希奇，打躬怎消牵牵手。"《秤鲈鱼》："世上便宜是女人，三条鲈鱼秤三斤。如此小秤天下少，苏州俗语说热昏。时在光绪孟夏，嵩山道人写。"《转糖彩》："我的生意不开口，主客走来自动手。针头转在条子上，包你吃各糖绣球。光绪之冬，嵩山道人写。"《卖橘子》："橘子卖得真便宜，孩童看见笑嘻嘻。定要婆婆买几只，回家骗骗小弟弟。时在光绪乙未。"等等，可见一斑。

嵩山道人，原本姓氏及生平事迹不详，就其画面题词落款得知，当为活跃于光绪年间的民间风俗画画家。

再如《图画日报》1910 年 8 月至 10 月刊出孙兰荪的《鸦片烟毒之现象》，五十篇图文并茂的竹枝词画作，题诗两百首竹枝词，以世俗化的形式宣示鸦片流毒之患，如今已是禁毒史不可多得的历史文献。

（二）同时代竹枝词风俗画的互为解读

宋元明清以来，随着都市经济文化的发达，市肆百工文化成为竹枝词和风俗画共同关注的一系重要题材。可以设想，其实很有实践性，张择端一轴《清明上河图》长卷中的数百种宋代事象，若以宋代竹枝词一一对应互释互证。同理，仇英以明代社会事象绘制的《清明上河图》，亦可同样以明代竹枝词进行对应互释互证。近代京沪等地兴办的众多图画报刊发表了难以尽数的各种题材风俗画，同时也刊载了海量的竹枝词作品，将之有选择地整合，按题材关联，无疑会组合成若干系列图文并茂的类如"同期声"式文化景观。如此这般，以同时代的诗图互释互证，其用意和效果，则是在同一时空中，以相应题材的竹枝词旁注、解读同一题材的风俗画，无论于艺术鉴赏

还是社会史解读，其效果更趋逼真，更为生动活泼，更富有
情趣。

清末以来，京沪等地兴办的众多图画报刊发表了难以尽数的各
种题材风俗画，同时也刊载了海量的竹枝词作品。清人杨勋的《别
琴竹枝词》，若与同时期有关风俗画链接组合，同样也是近代语言
文化史的特别景观。

同理，清代乾隆时期余上泗的《蛮峒竹枝词》、龚澡身的《种
人咏》，嘉庆时期张履程的《云南诸蛮竹枝词》、舒位的《黔苗竹枝
词》，道光时期张澍的《黔苗竹枝词》，同治时期黄炳堃的《南蛮竹
枝词》，咸同时期沈寿榕的《迤南种人纪咏》，光绪时期刘承祚的
《元江种人竹枝词》，以及清末刘韫良的《牂牁苗族杂咏》、毛贵铭
的《西垣黔苗竹枝词》等，大都是长篇系列竹枝词组诗，都是清代
少数民族风情的生动写照。若依其题材，分别配以同一时代的相应
的风俗画，无题是一道民族文化别开生面的竹枝词风俗画风景线。

这类同时代竹枝词风俗画的互为解读，对于直观式地还原一些
社会事象的场景、镜像，显然具有十分积极的社会生活史意义。

（三）非同时代竹枝词风俗画同一题材事象的集约性广谱疏解

同一时代的竹枝词风俗画能够互为解读，同一题材的非同期
"竹枝词"与"风俗画"题材镜像亦可构成互释互证。对于竹枝词，
是一种同类文化专题的图解；对于同类文化专题的风俗画，可谓同
类文化专题的民俗语言艺术别解或旁注。而且，在此视域中，历
代留存的系列性、大体量风俗画资源颇多，诸如清代佚名《市景三
十六行》，苏州市景商业图册，近代的《营业写真》《成都通览·七
十二行现象图》等，甚至还可包括日本的《清俗纪闻》《支那街头

风俗集》《北京风俗图谱》，19 世纪法国佚名水粉画《清都风物志》
（《清国京城市景风俗图》），美国康斯坦特的《京都叫卖图》等等海
外的中国题材的风俗画，均可如法配以不同时期同样题材的竹枝词
进行互释互证，是个领域更加宽广的竹枝词风俗画文化景观。

　　"竹枝词"与"风俗画"可以互释互证、相互解读，同理，还
可以就同一更为微观的具体事象进行个案的广谱式疏解。这是一种
"竹枝词"和"风俗画"集约性、集注汇释性行为，有些貌似"乱
点鸳鸯谱""拉郎配"似的，杂糅了不同时代的关于同一事象的多
种文图合璧。

　　且以市井百业事物中的剃头业为例。举凡《北京民间生活彩
图》《成都之游玩杂技》《七十二行现相图》《大雅楼画宝》《三百六
十行图》《太平欢乐图》《营业写真》，以及《清都风物志》《清俗纪
闻》《北京风俗图谱》等中外风俗画均有其相应的镜像，历代吟咏
"剃头""剃头匠"的竹枝词，如《京华百二竹枝词》所载"牟利各
行有秘传，剃头铺子最新鲜。要他不惜工夫好，给了活钱又酒钱"，
《龙江竹枝词》所载"剃头店里轿堪呼，每店路头两轿夫。西上慈
溪南上府，朝朝抬得气唏吁"，《上海鳞爪词》所载"申江浴室做跑
堂，三种乡方三种行。扦脚剃头兼擦背，扬州京口与丹阳"，不胜
枚举。

　　又如"蹴鞠"。从汉代画像石的蹴鞠图到《蹴鞠图谱》，北宋·苏
汉臣所作的《蹴鞠图》，元代胡廷晖的《宋太祖蹴鞠图》，《明宣宗
行乐图》，明代仇英的《清明上河图》，文徵明的《蹴鞠图》，清代
黄慎所作的《蹴鞠图》，构成了关于"蹴鞠"题材的专题风俗画系
列。与此关联的是，同样也存在为数众多的专题竹枝词系列。例如，
明代《广陵竹枝词》"沙冠金距集时齐，蹴鞠场开一斗鸡。走向桥

南新曲里，袒肩掷帽竞相提"，清代《踏灯词》"不夜城开蹴鞠场，藕丝万盏碧鸡坊。传灯笑指光明藏，亲见长缨系鸽王"，《沈阳百咏》"蹴鞠装成月样圆，青鞋忙煞舞风前。足飞手舞东风喜，赢得当场羡少年"，等等，不一而足。

再以货郎鼓和货郎图为例。除前述《北京民间生活彩图》等外，从宋代李嵩《货郎图》，苏汉臣《婴儿戏货郎》，明·佚名无款《货郎图》，计盛《货郎图》，清代钱廉成《廛间之艺》中的《货郎图》，《北京风俗图谱》中的"货郎儿群图"，直至近人齐如山《故都市乐图考》货郎儿的招徕响器"鼗"亦即货郎鼓，堪谓货郎鼓和货郎图蔚为大观的专门事物的系列风俗图。《锦城竹枝词百首》"门外呼来卖货郎，连铃鼓动响叮当。婢供驱使娘弹压，挑拣全凭女主张"，《沈阳百咏》"逢时花样要新裁，门向金铃响处开。旖旎谁家小儿女，春风听唤货郎来"，等等，皆可视为这一事象的广谱式疏解，别有情趣的释文。

陈师曾《北京风俗图》册页中的《货郎图》

《中华竹枝词全编》辑录 4402 位作者的 6054 篇 69515 首竹枝词作品。再加上此后又陆续发现的篇什，据笔者粗略统计，从中唐至清末民初，存世总量大约八万多首。今存庞杂但庞大"竹枝词"或"风俗画"积淀，蕴藏深厚，资源丰富，为如此这般构筑创建对同一事象的广谱式疏解的文化景观，提供了广阔的天地和实践的可能。

四、人生礼俗

中国婚礼仪式史略

按照国家现行法律，未婚的男女双方一经在婚姻登记机关履行了结婚登记手续，便成为受法律保护的合法夫妻。

然而，几乎所有进行结婚登记后的合法夫妻，毫无例外地要履行一项世俗所认可的婚礼仪式。似乎只有这样，才能获得社会的承认。甚至，个别为婚姻法所不允许的婚姻，为了获得世俗社会的认可，也要举行很讲究的婚礼。

事实上，除了婚礼仪式本身所固有的庆典和广而告之等功能性质，人们也是在履行一种现行法律而外的另一种已经不成文的无形法律——古老的传统婚俗礼仪，潜存于传统习俗惯制之中的习惯法。

远在战国至汉初儒家礼制的典籍《仪礼》和《礼记》有关篇章中，业已规定了缔结婚姻的六道程序，纳采、问名、纳吉、纳徵、请期和亲迎，亦即"六礼"。六礼主要用于贵族士大夫，对庶民要求稍宽，如《宋史·礼志》所载，"士庶人婚礼，并问名于纳采，并请期于纳成（纳徵）。其无雁奠者，三舍生（太学生）听用羊，庶人听以雉及鸡、鹜（鸭）代"，云云。尽管如此，但在崇雅抑俗文化传统和以隆重为福的趋吉民俗心理作用下，中国传统婚俗的发展变异轨迹，始终未脱离六礼的影响。也就是说，或繁或简，或有变异，其仍不失六礼的基本规范。

如今所谓"婚礼"，是指结婚典礼仪式，亦即古代六礼的"亲迎"。亲迎是古代婚礼的最末一项程序。不过，一如现代的履行婚姻登记手续，古代在亲迎之前的"纳徵"亦即正式订结婚约之后，其婚姻便获得了社会的认可和法律的保护，亲迎则是践约和完成礼仪。

据唐·杜佑《通典》说，"夏亲迎于庭，殷于堂"；至周代则据"男女之岁定婚姻之时，亲迎于户"。《礼记·士昏义》所记周代士大夫阶层的亲迎仪式已颇为繁杂、隆重，基本过程为：傍晚迎娶前，父亲向作为新郎的儿子敬酒，乘墨车，从车随往，使者持炬火居前照路，女家父母在宗庙设置酒席，迎候于门外；新郎捧雁揖让升堂，行叩拜礼，下堂驾新妇坐的车，新妇着礼服随出，父母训诫毕，施衿结悦，新郎援引新娘上车，先由新郎驾车，车轮转过三圈之后即交车夫驾驭，新郎先行以便在家门前迎候；新妇到，新郎作揖，然后共同进食，饮过合卺酒即成婚。

古代亲迎多于晚间进行，而且"乘墨车"，迎亲者服饰也以墨色为主。对此，通常的解释是，"迎阴气入家宜于夜，夜阴时也，车服皆尚黑，黑亦阴，正与时相称"，亦即"阳往而阴来"。所以，即或有白天迎娶的，也要于车前燃烛执灯以象征夜行。结婚之"婚"，古代径作"昏"字，即取此义，亦即汉·班固《白虎通·婚娶》中说的："婚姻者何谓也？昏时行礼，故谓之婚也；妇人因夫而成，故曰姻。"至今，南方有些城乡仍保留着傍晚举行婚礼的古风，但早已从车服尚黑改为尚红尚艳了。

从文化人类学来考察，古人晚间成婚而且尚黑的礼俗，出自古代劫夺婚之遗。《易·屯》"屯如邅如，乘马班如，匪寇，婚媾"的爻辞，不止印证着原始的劫夺婚形态，也是周代与"亲迎"同时并存的一种婚礼。一如"娶亲"之"娶"，其初义在指抢亲成婚。当然，作为一种婚礼仪式的劫夺婚礼并非真个去抢劫，仅为仪式而已，是社会从母权制向父权制过渡阶段族内婚发展为族外婚时期的产物。这种婚礼习俗，亦见于中国许多少数民族。《北史·室韦传》载，室韦族"婚嫁之法，二家相许竟，辄盗妇将去，然后送牛马为聘，更将妇归家，待有孕，乃相许随还舍"。又据史书记载，南北朝时的爨族亦行这种婚礼："将嫁女三日前，执斧入山伐带叶松，于门外结屋，坐女其中，旁列米渖数十缸，集亲族执瓢、杓，列械环卫。婿及亲族新衣黑面，乘马持械，鼓吹至女家，械而斗。婿直入松屋中挟妇乘马，疾驱走。父母持械，杓米渖洗婿，大呼亲友同逐女，不及，怒而归。新妇在途中故作坠马状三，新婿挟之上马三，则诸亲族皆大喜……新婚入门，诸弟拖婿持妇扑跌，人拾一巾一扇乃退。"近代我国云南的景颇、傣、瑶等少数民族，仍流行这种婚礼。

春秋以来至今，中国婚礼习俗随时代、因地域而多有变异，却未失六礼之本，即如民初《奉天通志》所言，"今俗虽不沿用其名，或次序先后亦不尽同，然往往犹得其遗意"。

唐·封演的《封氏闻见记》记述当时婚礼说："近代婚嫁，有障车、下婿、却扇及观花烛之事，及有卜地、安帐并拜堂之礼。上自皇室下至士庶，莫不如此。"有关具体仪式过程，当时典籍记载的较少。北宋·孟元老《东京梦华录》所记北宋京师汴梁（今河南开封）的"娶妇"，和南宋·吴自牧《梦粱录》所记南宋都城临安（今杭州）的"嫁娶"甚详，一南一北，合而恰现宋代婚礼概况；明清以来，又基本沿行其制，因而能够从中略窥中国婚礼从周六礼"亲迎"之后的基本流变。《东京梦华录》卷之五"娶妇"关于婚礼仪式过程的记述是这样的：

> ……前一日女家先来挂帐，铺设房卧，谓之"铺房"。女家亲人茶酒利市之类。至迎娶日，儿家以车子或花檐子发迎客引至女家门，女管家待迎客，与之彩段，作乐催汝上车檐，从人未肯起，炒咬利市，谓之"起檐子"，与了然后行。迎客先回至儿家门，从人及儿家人乞觅利市钱物花红等，谓之"栏门"。新妇下车子，有阴阳人执斗，内盛谷豆钱果草节等咒祝，望门而撒，小儿辈争拾之，谓之"撒谷豆"，俗云厌青羊等杀神也。新人下车檐，踏青布条或毡席，不得踏地，一人捧镜倒行，引新人跨鞍蓦草及秤上过，入门，于一室内当中悬帐，谓之"坐虚帐"；或只径入房中坐于床上，亦谓之"坐富贵"。其送女客，急三盏而退，谓之"走送"。众客就筵三杯之后，婿具公裳花胜簇面，于中堂升一榻，上置椅子，谓之"高坐"，先媒氏请，次姨氏或妗氏请，各斟一杯饮之，次丈母请，方下坐。新人门额，用彩段，碎裂其下，横抹挂之，婿入房，即众争扯小片而去，谓之"利市缴门红"。婿于床前请新妇出，二家各出彩段，绾一同心，谓之"牵巾"。男挂于笏，女搭于手，男倒行出，面皆相向，至家庙前参拜毕，女复倒行，扶入房讲拜，男女各争先后对拜毕，就床，女向左、男向右坐，妇女以金钱彩果散掷，谓之"撒帐"。男左女右，留少头发，二家出匹段、钗子、木须之类，谓之"合髻"。然后用两盏以彩结连之，互饮一盏，谓之"交杯酒"。饮讫掷盏，并花冠子于床下，

盏一仰一合，俗云"大吉"，则众喜贺。然后掩帐讫。宫院中即亲随人抱女婿去，已下人家即行出房，参谢诸亲，复就坐饮酒。散后。次日五更，用一桌，盛镜台镜子于其上，望上展拜，谓之"新妇拜堂"。次拜尊长亲戚，各有彩段巧作鞋枕等为献，谓之"赏贺"。尊长则复换一匹回之，谓之"答贺"。婿往参妇家，谓之"拜门"。

吴自牧《梦粱录》卷二〇"嫁娶"所记南宋临安婚礼诸仪式，同上述北宋京师汴梁情景基本相同。

纵观古来婚礼，其过程的基本仪式主要由铺房、迎娶、下轿利市、拜堂、喜宴、坐帐、撒帐、合髻、合卺、闹房、拜舅姑、回门等项构成。诸项基本仪式的出现、变异，亦从不同侧面印证着中国婚礼的历史概貌。

铺房，所谓"铺房"，就是举行婚礼前夕布置装饰新房，是婚礼的序幕，通常由女方亲友进行，近代又往往结合送嫁妆一同完成。据文献记载，这项婚礼仪式至迟于宋代已经十分流行。北宋·司马光的《司马氏书仪》卷三《亲迎》载："亲迎前期一日，女氏使人张陈其婿之室，俗谓之铺房。古虽无之，然今世俗所用，不可废也。床榻、荐席、椅桌之类，婿家当具之；毡褥、帐幔、衾绸之类，女家当具之。所张陈者，但毡褥、帐幔之类应用之物，其衣服袜履等不用者皆锁之箧笥，世俗尽陈之，欲矜夸富多，此乃婢妾小人之套，不足为也。"南宋·吴自牧《梦粱录·嫁娶》亦载："前一日，女家先往男家铺房，挂帐幔，铺设房奁器具、珠宝首饰动用等物，以至亲压铺房，备礼前来暖房。又以亲信妇人，与从嫁女使，看守房中，不令外人入房，须待新人，方敢纵步往来。"明清以来，此俗一直相沿至今。《明史·礼志九·庶人婚礼》："亲迎前一日，女氏使人陈设于婿之寝室，俗谓之铺房。"清·陈葵生《茶余客话》卷五："家礼，昏（婚）前一日，女氏使人张陈其婿之室，俗谓之铺房。"按照旧俗行例，铺房虽仅布置新房、铺陈床铺，却讲究由父母、丈夫及儿女双全的"全福"妇女来操作，意在趋吉祈福。

迎娶，又叫"亲迎"或"接亲"，是继铺房之后正式举行婚礼的第一项活动，也是最首要的礼仪。远在夏代即已流行，是传统"六礼"的最后完婚之礼。据唐代的《通典》所说，男方至女方家迎娶之制，始于周代。迎娶的交通工具，则因时代和地域而异，如车、马、轿、船等，周代用"墨车"，而后改为富有喜庆象征的彩车、花轿之类；现在的城镇迎娶，几乎都采用饰有彩绸、气球的小汽车队伍了。历代迎娶均为隆重大礼，如南宋杭州情景："至迎亲日，男家刻定时辰，预令行郎，各以执色（事）如花瓶、花烛、香球、沙罗洗漱、妆合、照台、裙箱、衣匣、百结、青凉伞、交椅、授事街司等人，及顾借官私妓女乘马，及和倩东官鼓吹，引迎花檐子或粽檐子藤轿，前往女家，迎娶新人。"后来，因为迎娶礼仪隆重，在北方地区便形成了婚礼前夕"晾轿"活动，既是迎娶仪式的操演，也具有炫耀的作用。清代缪润绂《沈阳百咏》曾描述了当时晾轿盛况："马蹄得意试轻埃，晾轿人争羡八抬，灯彩辉煌铙吹沸，前锣听响十三开。"并按称："俗例于婚娶前一日预请娶亲男客数人，衣冠骑马前导，后列鼓吹灯笼，极后抬大红官轿一乘，诸事俱比照迎娶体例，名之曰晾轿。宗室娶妇，及娶宗室女，用八人舁舆，余概用四轿，锣响十三开则达官显宦家也。"凡此，已见历代迎娶作为婚礼首要礼仪之隆重。此外，北朝时起，已出现"催妆"之俗。唐·段成式《酉阳杂俎·礼异》载："北朝迎妇，夫家领百余或十数人，随其奢俭扶车，俱呼'新妇，子催出来'，至新妇上车乃止。"
唐宋时，改人呼催为催妆乐曲或催妆诗。至清代，泰州等地则采用
送催妆束形式。如今，催妆礼仪多已淡化或消失。

下轿利市，即新妇被迎娶至夫家后下轿、下车入门过程的祈吉
庆贺活动，主要有撒谷豆、跨鞍、跨火、抱毡等。

据宋·高承《事物纪原》所考，撒谷豆之习始于汉代："汉世京
房之女适翼奉子。奉择日迎之，房以其日不吉，以三煞在门故也。
三煞者，请青羊、乌鸡、青牛之神也。凡是三者在门，新人不得
入，犯之损尊长及无子。奉以谓不然。妇将至门，但以谷豆与草禳
之，则三煞自避，新人可入也。自是以来，凡嫁娶者，皆置草于门
阃内，下车则撒谷豆。"至宋代，兼撒钱、果，如《梦粱录·嫁娶》
载，新妇入门"克择官执花斗，盛五谷豆钱彩果，望门而撒，小儿
争拾之，谓之撒谷豆"。近代陕西关中地区，用提斗盛麸皮、谷草
杆、核桃、红枣等撒向刚下轿的新妇，名为"撒草"，亦属此俗遗
风，但其本来的避煞驱邪寓意已淡化，转为祈吉祝福，一如撒草
歌所唱："一撒麸，二撒料，三撒新媳妇下了轿；一撒金，二撒银，
三撒新媳妇进了门；新媳妇，好脚手，走路好像风摆柳；今年娶，
明年抓，生下个胖娃叫大大。"如今，已演变为向新婚夫妇撒五彩
纸末以示祝福。

跨鞍意在取"鞍"的谐音"平安"之"安"的口彩，据认为滥
觞于北方骑猎民族。唐·苏鹗《苏氏演义》卷上载："婚姻之礼，坐
女于马鞍之侧，或谓此北人尚乘鞍马之义。夫鞍者，安也，欲其安
稳同载者也。《酉阳杂俎》云：'今士大夫家婚礼，新妇乘马鞍，悉
北朝之余风也。'今娶妇家，新人入门跨马鞍，此盖其始也。"又
明·顾起元《客座赘语·礼制》亦载："唯妇下舆以马鞍令步，曰跨

鞍。"明代郑文康曾写过一首《跨鞍》诗讥讽此俗："莫跨鞍，莫跨鞍，跨鞍未必家平安……跨鞍不如不跨好，俗礼纷纷奚足道。"然而，至清末民初沈阳等地仍行跨鞍之礼，如《奉天通志》载，"或置马鞍于户限，覆以红毡，使新妇跨鞍而入，取平安之义"。如今婚礼已废此仪。

新妇跨火，本是从火堆上跨过，始于北朝。《北史·倭传》："女多男少，婚嫁不取同姓，男女相悦者即为婚。妇入夫家，必先跨火，乃与夫相见。"其初始寓意，或云除秽驱邪。后世，如近代山东一些地区仍行此仪，但形式、寓意已有改变。届时，让新妇从门外的炭火盆上跨，意在象征生活红火、兴旺，属祈福仪式。

抱毡，即新妇下轿后足不沾地而踏红毡入室，或以红毡裹新妇抱之进门。据考，此仪始于唐代。明·外方山人《谈征·事部》："今人娶妇，舆轿迎至大门则转毡以入，弗令履地。读白太傅《春深娶妇家》诗云：'青衣转毡褥，锦绣一条斜。'则此俗唐时已然矣。"

此外，南方沿海有"抛新娘"，陕西关中地区有"打醋坛"，以及"抱吉"之类。

拜堂，又称"拜天地"或"拜花堂"，是婚礼过程中的最重要的仪式和高潮，通常是新婚夫妇同拜天地和互拜。唐·封演《封氏闻见记·花烛》、清·翟灏《通俗编·仪节》及赵翼《陔馀丛考·拜堂》等，多有记述。亦见于诗文等，如唐·王建《失钗怨》诗句"双杯行酒六亲喜，我家新妇宜拜堂"。按传统婚俗，拜堂之后即成夫妇，为社会所承认。因而，拜堂是婚礼诸仪式中的大礼。

喜宴，即婚礼中的庆贺筵席，今俗称之喜酒。从古至今，各种喜庆活动多有酒筵相伴，一向被视为人生大礼的婚礼自不例外。明代话本《醒世恒言·钱秀才错占凤凰俦》说的高赞"准备大开筵席，遍请远近亲邻吃喜酒"，即婚礼宴席。

坐帐，宋代称"坐虚帐""坐富贵"等，即迎新妇入新房。《梦粱录·嫁娶》载，新妇下轿诸利市仪式过后，"入中门，至一室中少歇，当中悬帐，谓之坐虚帐；或径迎入房室，内坐于床上，谓之坐床富贵"。近代东北地区谓此为"坐福"，新婚夫妇于新房中向"聚宝壶"、红烛而坐，约半个时辰，意在祈福。有的，兼以调笑新人取乐，如孙锦标《通俗常言疏证·妇女》载："《金陵杂志》：'两新人入房，由伴娘扶之盘膝坐于床头；男东女西，任人调笑，不言不动，谓之作富贵。'今江北谓之坐富贵。两人敛膝而坐，无任人调笑之事。"

撒帐，新婚夫妇交拜之后或坐帐之际，向帐内散掷金钱彩果的祈吉仪式。相传始于汉武帝时婚仪。据清·顾张思《土风录》卷二引《汉武帝内传》载："武帝与李夫人共坐帐中，宫人遥撒五色同心果，帝及夫人以衣裾受之，云得多，得子多也。"历代相承迄今。《太平广记》卷三三七引唐·戴孚《广异记·韦璜》："府君家撒帐钱甚大，四十鬼不能举一枚。"《梦粱录·嫁娶》："执同心结，牵新郎回房，讲交拜礼，再坐床，礼官以金银盘盛金银钱、彩钱、杂果撒帐……"《东京梦华录·娶妇》："男女各争先后对拜毕，就床，女向左，男向右坐，妇女以金钱彩果散掷，谓之撒帐。"明·孙柚《琴心记·青囊阻嫁》："你这般莽撞吃不成撒帐果，只怕你恶姻缘到头来缠得苦。"《儒林外史》第二七回："到晚，一乘轿子，四对灯笼火把，娶进门来，进房撒帐，说四言八句，拜花烛，吃交杯盏。"撒帐时念诵撒帐喜歌。至今仍广泛流行的以枣、栗撒帐的撒帐歌称："一把栗子一把枣，小的跟着大的跑。"或是："一把栗子一把枣，明年生个大胖小。"皆谐取"早立子"的口彩祈福。以枣栗撒帐，由周代执枣栗拜舅姑（公婆）仪式内容演化而来，即《仪礼·士昏礼》所记新妇"执笲枣、栗，自门入，升自西阶进拜，奠于席"，本义是"枣取早敬，栗取恂栗"，用于撒帐始改为口彩。

合髻，又称"结发"。成婚之夕，新婚夫妇分男左女右共髻束发仪式，源自古代成年礼，即《礼记·曲礼》所说"女子许嫁，缨"，成婚之夕由夫解下；亦即《仪礼·士昏礼》说的"主人入，亲说妇之缨"。汉·苏武《诗》之三："结发为夫妇，恩爱两不疑。"《新五代史·杂传·刘岳》载："初，郑馀庆尝采唐士庶吉凶书疏之式，杂以当时家人之礼，为《书仪》两卷……其婚礼亲迎，有女坐婿鞍合髻之说，尤为不经。"合髻、结发多为新房中仪式，又出自成年礼仪式，故后世称原配夫妻为"结发夫妻"。

合卺，又称"合匏""合欢""交杯酒"等，即新婚夫妇合饮交杯酒（同心酒），象征夫妇合体相亲。其礼仪始于周代。《礼记·昏义》："妇至，婿揖妇以入，共牢而食，合卺而酳，所以合体、同尊卑，以亲之也。"对此，唐·孔颖达疏云："卺，谓半瓢，以一瓠分为两瓢，谓之卺。婿之与妇，各执一片以酳，故云合卺而酳。"自周以来，历代相承。《魏书·元孝友传》："夫妇之始，王化所先，共食合瓢，足以成礼。"《陈书·袁敬传》："盖以王姬之重，庶姓之轻，若不加其等级，宁可合卺而酳，所以假驸马之位，乃崇于皇女也。"宋·周辉《清波杂志》卷八："顷岁儿女合卺之夕，婿登高座，赋诗催妆为常礼。"《明史》卷五五："皇太子揖妃入，行合卺礼，如中宫仪。"《清史稿》卷八九："皇太后率辅臣命妇入宫，赐后母及亲属宴，公主、福晋不兴。时加酉，宫中设宴，行合卺礼。"蒲松龄《聊斋志异·青梅》："母笑慰之，因谋涓吉合卺。"无论皇室贵族还是庶民百姓，行合卺礼都是婚礼中除拜堂而外的又一重要仪式，故也以合卺代称成婚。

唐宋以来，行合卺之礼开始以杯代瓢（卺），因而别有"合欢杯""交杯酒"等说。唐·黄滔《催妆》诗句："烟树回垂连蒂杏，彩童交捧合欢杯。"宋·王得臣《麈史·风俗》："古者婚礼合卺，今也以双杯彩丝连足，夫妇传饮，谓之交杯。"《东京梦华录·娶妇》："用两盏以彩结连之，互饮一盏，谓之交杯酒。"《红楼梦》第九十四回："莫道此花知识浅，欣荣预佐合欢杯。"此礼迄今依然。当代作家魏巍的作品《依依惜别的深情》中写道："战士们还把最心爱的东西，留赠给人民军的战友……有洞房花烛之夜的合欢杯，还有未婚妻用红毛线织成的腰带。"

闹房，即"闹洞房"，成婚之夕合卺仪式后，众人至新房同新人喧闹逗乐以示庆贺。至迟于汉代即出现了婚礼中闹房活动，此后一直流行至今。《汉书·地理志》载："（燕地）嫁取（娶）之夕，男女无别，反以为荣。后稍颇止，然终未改。"东汉·仲长统《昌言》论云："今嫁娶之会捶杖以督之戏谑，酒醴以趣之情欲，宣淫佚于广众之中，显阴私于族亲之间，污风诡俗，生淫长奸，莫此之甚。"晋葛洪《抱朴子·疾谬》："俗间有戏妇之法，于稠众之中，亲属之前问以丑言，责以慢对，其为鄙黩，不可忍论。"据《北史·文宣敬皇后传》载，北齐文宣帝高洋娶皇后的婚礼间，某妃之兄殷昭偕妻元氏借皇亲而以世俗闹房习俗相戏谑，触怒高洋及皇后。清吴荣光《吾学录·婚礼门》："世俗有所谓闹新房者，闺阃之间妇女所聚，乃群饮喧呼，恣为谐谑。"又俞蛟《梦厂杂著·乡曲枝辞下·闹房毙命记》亦云，"世俗娶妻，花烛之夕，亲朋毕聚于新妇室中，欢呼坐卧，至更阑烛跋，甚者达旦不休，名曰闹房"，及至闹出人命来，转喜为悲。至今，闹房习俗仍存，但已多为文明嬉戏。

拜舅姑，这是成婚次日或第三日新妇拜见公婆的仪式，始于周代婚礼，即《仪礼·士昏礼》所说的"夙兴，妇沐浴纚笄，宵衣以俟见"，以及《礼记·檀弓下》所言"妇人不饰，不敢见舅姑"。后世以枣栗撒帐讨口彩，即出自周代新妇"执笄枣栗，自门入，升自西阶进拜，奠于席"的拜舅姑仪式。在古代，新妇拜舅姑是其正式为夫家宗族所接受、确认其成为本家族成员的一种庄严仪式，所以十分认真，甚至还要参拜家庙。唐·朱庆馀《近试上张水部》诗，即以拜舅姑来隐喻其恭求水部员外郎张籍荐引："洞房昨夜停红烛，待晓堂前拜舅姑。妆罢低声问夫婿，画眉深浅入时无？"朱氏亦因此名声大噪。杜甫《新婚别》诗，"暮婚晨告别，无乃太匆忙；妾身未分明，何以拜姑嫜"，亦足见这一仪式对新妇的重要。南宋《东京梦华录·娶妇》说的，"次日五更，用一卓（桌），盛镜台镜子于其上，望上展拜，谓之新妇拜堂"，实即拜舅姑仪式。至清代，北方许多地方多于婚后三日拜舅姑及亲属，名为"分大小"。康熙《直隶通州志》载，新妇"三日见翁姑及伯叔兄弟，曰分大小"。《泰州志》亦载，"三日拜翁姑，行庙见礼，曰分大小"。鲁南地区又谓之"拜三"，如民初山东《济宁县志》载，"日晨，舅姑盛服，率新妇谒祖先，遂遍拜舅姑及各尊长，曰拜三"。如今，拜舅姑、分大小之类仪式，于现代婚礼中已经不存，有关活动融入了婚宴敬烟敬酒认亲和成婚当晚全家吃团圆饭的内容。

回门，又称"谢门"，新婚夫妇于婚后首次至女家问安、示谢兼新婿拜认女方亲属。回门时间，或婚后三五日、一个月，因地区、时代及路途远近而异，是传统婚礼的最末一项仪式。据汉·何休《春秋公羊传》记载，远在公元前770至公元前476年的春秋时期，已有此礼仪。宋代称作"拜门礼"，如《梦粱录·嫁娶》所载："其两新人于三日或七朝九日，往女家行拜门礼。女亲家广设华筵，款待新婿。"元·无名氏《隔江斗智》剧第二折："等我对月回门之日，我见母亲，自有话讲。"清康熙《直隶通州志》载，结婚满月后，"婿同女归宁于父母，曰双回门"。又康熙《常州府志》亦载，"结婚弥月，婿妇皆往拜女父母，谓之回门"。《红楼梦》第一〇八回写道："一日，史湘云出嫁回门，来贾母这边请安。"

凡此，种种婚礼仪式活动均源远流长。

传统婚礼的形成与发展、流变，其价值观念的核心是儒家传统的宗法思想，是一种夫为妻纲、传宗接代的庆典。因而，婚礼格外隆重奢华，各种仪式活动也渗透着"早生儿子早得福""多子多孙多福寿"的宗法意识，亦即《礼记·昏义》说的"上以事宗庙，下以继后世"。直至现代，婚礼的这种宗法意义逐渐淡化，但其观念影响，仍一定程度地存在。

事实上，尽管古人将婚礼的宗法价值看得很重，也未必都一成不变地恪守以"六礼"为本的种种习俗惯制。例如，魏晋南北朝时期，皇太子结婚便不行"亲迎"之礼；至隋唐之后，皇太子结婚方"亲迎"。又如，依儒家文化传统，古代婚礼严肃、冷落得几乎不近人情，主要是不举乐、不祝贺。《礼记·曾子问》载录的孔子语称："嫁妇之家，三夜不息烛，思相离也。娶妇之家，三日不举乐，思嗣亲也。"是知宗法观念之重。《礼记·郊特牲》亦称："婚礼不用乐，幽阴之义也。乐，阳气也。婚礼不贺，人之序也。"其实与孔子的解释是一致的。喜庆之典岂能无喜庆气氛呢！于是，到了西汉宣帝五凤年间便正式破了此例。据《西汉会要》卷一七所载五凤二年（公元前56年）八月皇帝的诏书说："夫婚姻之礼，人伦之大者也，酒食之会，所以行礼乐也。今郡国二千石，或擅为苛禁，禁民嫁娶不得酒食相贺召，由是废乡党之礼，令民亡所乐，非所以导民也。《诗》不云乎，'民之失德，干糇以愆'，勿行苛政。"可谓顺应民心人意的举措。至于周代始行的包括"亲迎"在内的"六礼"，主要是为官僚贵族阶层规定的，即"礼不下庶人"。在礼仪等级森严的社会制度下，庶民百姓既无资格也无相应的财力举办礼法所规定的奢华婚礼。

清末民初以来，中国婚礼的发展变化的总体趋势，主要是逐渐废除烦琐礼仪、奢华形式，日益追求隆重而简朴的婚典，甚至简化了许多传统仪式程序。例如，近几十年山东鱼台乡村的婚礼，虽然未必如大都市那样吸收许多西方现代婚礼的简约、实际的做法，却也随时代发展而发生了十分明显的改易。据20世纪80年代末一位民俗学者调查，同大约40年前原籍鱼台的台湾大学教授屈万里发表的《山东鱼台婚俗志》所记婚礼相比较，发现其"明显的变化是男女订婚前的介绍认识过程复杂了，婚礼的仪式却大大简化"，但"婚宴的铺张却是很大的，以至于婚宴成为婚礼的主要项目"。

随着社会文明发达的进程，传统婚礼的意义、功能，将逐渐转向真正意义上的人生庆典兼社交活动，所保留下来的富有传统色彩的仪式内容，主要在于体现民族传统和习俗惯制情调的娱乐活动，并势必吸收某些外来文化的因素。提倡并实行富有传统文化风格而又兼具现代文明特征的新婚礼，是社会进步的要求，历史发展的必然。科学地探讨、设计和推广现代文明婚典，不只是民俗学家、社会学家的责任，也是社会各方都应积极关注并参与的移风易俗之举。

中国生肖文化源流考

小引

生肖文化不只是一种单纯的传统纪时、纪月、纪年的历法，更主要在于由此衍生、发展出许多同人生密切相关的民俗文化现象。这给生肖赋予了极为深刻、丰富的社会内涵，拉长、拓宽了它作为一种特定文化符号的外延。至今，生肖文化仍是难以为相应的外来文化现象所能够取代的人生一典，并将长期传承下去。因而，考察、认识生肖文化源流、本质与运动规律，辨风正俗，使之健康地为当代社会所用，是具有科学意义的。本篇试图在注意到前人及时贤有关学术研究成果的同时，主要就历史文献及口碑资料探讨如下一些基本内容，力求作一简要辨析与清理，为时贤的深入研究抛砖、铺路。

多少年来，每当有人降生到这块具有古老文明的土地，即如天赐神赠似的，获得一件既无需祈求也不容推却和挑选的神秘礼物——十二生肖中的一种"属相"，并伴随终生。

年复一年，代复一代，十二生肖像小数那样有规律地无限循环。似乎只要这块土地的文明存在，它就将无休止地世代持续、传承下去，成为无需任何有形仪式而世人皆有的人生一典。

说生肖文化是"人生一典"，则在于它不单纯是一种传统的纪时、纪月、纪年方式，更主要的是由此衍生、发展出许多同人生密切相关的民俗文化事象。这些民俗文化现象，给生肖赋予了极为深刻、丰富的社会生活内含，拉长、加宽了它作为一种特定文化符号的外延。

那么，生肖是什么？它是如何产生的？怎样评说有关生肖民俗的社会意义？这就是本篇所要探讨的几个问题。这也是有关生肖文化的基本问题。

一、生肖名义解析

所谓"生肖"，又称"属相"或"相属"，亦即"十二属"。

在现代汉语口语中，"属"或"属相"的说法频率较高，相对而言，"生肖"的说法则似乎比较"文气"，更带书面语色彩。然而，"属"或"属相"之称在现存古代文献中却要比"生肖"出现得早。经考察，根据人的生年称其所"属"，始见于南北朝时期（公元420—589年）。此间，除南朝陈人沈炯（字李明）曾撰《十二属诗》、径以"属"字入题外，史书亦不乏同类记述。《南齐书·五行志》载：

> 永元中，童谣云："野猪虽嘀嘀，马子空间渠。不知龙与虎，饮食江南墟。七九六十三，广莫人无余。乌集传舍头，今

汝得宽休。但看三八后，摧折景阳楼。"识者解云："陈显达属猪，崔慧景属马。"非也。东昏侯属猪，马子未详，梁王属龙，萧颖胄属虎。崔慧景功台，顿广莫门死，时年六十三。乌集传舍，即所谓"瞻乌爰止，于谁之屋"。三八二十四，起建元元年，至中兴二年，二十四年也。摧折景阳楼，亦高台倾之意也。言天下将去，乃得休息也。

《南齐书》作者萧子显（公元489—537年）字景阳，系齐高帝萧道成之孙、豫章王嶷之子，曾任梁的吏部尚书、吴兴太守之职。南齐共历七帝二十三年（公元479—502年），子显作为齐国帝王宗室和萧姓梁王朝命官，虽有亲历时事，撰修齐史，仍难免受到种种历史条件制约，乃至发生一些偏差。由于是时人记时事，所用亦必然为当时语言，这也是受历史条件制约却不易发生偏颇的。书中，他在记述、释说利用属相指人讽事的童谣时，所谓"属猪""属马""属龙""属虎"之"属"，恰可同几乎同时人沈炯《十二属》诗题之"属互相印证，显系一时叫法"。

此外，由唐代人修撰的《北史》《周书》的《宇文护传》中记述的据人生年称"属"，亦可辅证上述史料。两书的《宇文护传》均记宇母贻文护书称："昔在武川镇生汝兄弟，大者属鼠，次者属兔，汝身属蛇。"显然，可据生肖推知，宇文护的长兄年长其五岁，次兄年长其两岁。

文献记载中，"相属"之说又早于"属相"。唐·李肇《唐国史补》卷上载："大虫、老鼠，俱为十二相属，何怪之有？"至有清以来，"属相"说方见于文献。《红楼梦》第57回："他不在家，或是属相生日不对，所以先说与兄弟了。"又《儿女英雄传》第28回：

"张太太又属相不对，忌他，便留在上房张罗。"

至于"肖"（生肖）之称，亦始见于清季，如赵翼《陔余丛考》卷24有《十二生肖·八音入诗》，卷34《十二相属》中亦有"此十二肖之所始"之语。

无论孰先孰后，就"生肖"或"属相"作为单位性的词义而言，其符号的"所指"构成完全迥异，亦即各由不同词素合成，但其"能指"意义却是一致的。

先说"生肖"。它由"生"与"肖"两个词素合成。"生"，古来即由生长、长出衍生出产生、生育、继承等诸义。在此，则取天赋、天性、资质、本性之类意义。这种取义，古已有之。《尚书·君陈》："性民生厚，因物有迁。"孔氏传称："言人自然之性敦厚，因所见所习之物有变迁之道。"又《荀子·劝学》："君子生非异也，善假于物也。"亦然。"肖"，即类似、相似。如《尚书·说命上》："乃审厥象，俾以形旁求于天下，说筑傅岩之野，惟肖。"孔氏传称："肖，似。"又汉·扬雄《法言·学行》："螟蛉之子殪而逢蜾蠃，祝之曰：'类我，类我！'久则肖之矣。"显然，"生肖"的"能指"意义是说：天生就象（某种动物）。即如中国著名人类学家林惠祥释的那样："'生肖'即由出生而类似某种动物的意思，在某一年出生的，便肖某一种动物……如子年生的，其生肖便是鼠，也即肖鼠，丑年生，肖牛。至于子年何以会肖鼠，丑年何以会肖牛，算命书虽有解释，却是非常牵强。"简言之：生而即像生年那种动物。

再说"属相"。或倒序作"相属"，均由"属"与"相"两个词素合成。"属"，此取种类、归属之义。"相"，察视，如《诗·邶风·相鼠》："相鼠有皮，人而无仪。"亦指本质，如《诗·大雅·棫朴》："追逐其章，金玉其相。"于此，综合取此二义指察其本质归属（某种动物）外，联系有关生肖文化的迷信色彩方面，其尚兼含占视的潜在语义。《尚书·召诰》："成王在丰，欲宅洛邑，使召公相宅。"孔氏传称："相所居而卜之。"又《三国志·魏·朱建平传》："善相术，于闾巷之间，效验非一。"应该说，"生肖"之"肖"，亦隐含这种语义色彩。就是说，所谓"属相"，是指椐人生年则可察知其本质归属（某种动物），也就是生来就像什么。

因为十二属与十二地支是事先配列、规定好了的，并有规律地无限循环着。所以，自打有了生肖民俗以来，一个人的生肖就成了"与生俱来、生而知之"的事情。

由上述可鉴，这种同地支相关联、相对应的民间传统纪年形式，从其被名之为"生肖"或者"属相"（相属）那时起，即已被注入了特定的民俗文化寓意，就使这两个（亦含"肖""属"此义的使用）词成为同指一种事物的专名。所谓生肖的特定民俗文化寓意，这就是：人的命运是生来就注定了的，尤其是同纪年动物直接关联，或说是归属于那一纪年动物，故认为生而肖之。显然，这当中充满迷信色彩，却是其符号至今仍在继续着的本来意义。毋庸置疑，透析这一迄今仍以本来面目生存的古老民俗的"语言化石"，不难发现这正是当时人们试图探求命运奥秘，意欲把握自身命运的轨迹之一。

人类称自身为高级动物，意在同除人而外的其他动物相区别。然而，究其生物大类归属，仍是一种动物。

"生肖"的名义同人们关于子肖其父的生命遗传认识是一致的，或即同由此衍生的宗法观念一脉相承。《礼记·杂记下》说："诸侯出夫人，夫人比至于其国……主人对曰：'某之子不肖，不敢辟诛。'"对此，郑玄注云："肖，似也。不似，言不如人。"又《史记·五帝本纪》："尧知子丹朱不肖，不足授天下。"就此，司马贞索引亦引郑玄语释称："言不如父也。"后世以子孙不孝即谓"不肖"。可见，"生肖"之"肖"与"不肖"之"肖"，意义是一致的，均取"生而象之"之义。所谓"不肖"，即如现代白话所说："这哪像我的儿子！"不过，对于"生肖"而言，人们却不存在"不肖"的观念。

俗语"龙生龙，凤生凤，老鼠的儿子会挖洞"，堪作"生肖"之"肖"的别注。即此，记起清·褚人获《坚瓠九集》卷四所辑一段关于"猴种"的奇闻："宋鄞人王某，以贩马为业，畜一猕猴。其妻夏日醉卧，适猴在侧，因据腹而合焉。妻以为夫，不之拒。及醒，乃大恚（恨），捶毙之，埋于屋后。自是有娠，生二子，即应麟、应龙也，厥状肖焉。长而精敏好学，不获登第。一夕，二子梦白衣老父谓曰，尔父葬处甚佳，能移上丈许，立至富贵。二子以父尚在，不解其旨，以告其母。母夜半潜移其穴，如言葬之。未几，并登科，任通显，为名臣。"因系"猴种"，故肖猴。《坚瓠续集》卷一"人与物交"中，又辑《文海披沙》所载诸例亦有"宋王氏妇与猴交"之语。且不论此说可信程度如何，鉴于人们对于遗传原理的基本认识，自以为"子肖其父"天经地义。然而，人以生年获得一种"属相"，却未必认为某人先祖即为该动物，而是相信此生命运与之密切关联。

德国哲学家恩斯特·卡西尔（Ernst Cassirer）以"把人定义为符号的动物"为出发点提出："符号化的思维和符号化的行为是人类生活中最富于代表性的特征，并且人类文化的全部发展都依赖于这些条件，这一点是无可争辩的。"就此而言，汉语的"生肖"一词，是一个具有特定表层语义（能指）和隐喻（所指）的"集约性"文化符号。由于民俗文化与人的社会生活相互作用的结果，使之隐喻的文化意义显性化，而作为一个词本身的表层语义或说语素结构的逻辑性合成语义，倒逐渐淡化了。不过，从上述探讨说明，欲解析清楚这一符号，两者均不容有一忽略。因为，作为同一事物的不同方面之间必然存在间接和直接的固有联系。考察、解析"生肖"的名义，亦如此。

那么，"生肖"到底是什么呢？是一种传统的民间纪年方式，一种探求、寄托人生命运的原始民俗信仰文化遗存。

二、生肖源流考辨

考辨"生肖"源流，亦即搞清其来龙去脉。

十二生肖是怎么来的？古来即众说不一。明·杨慎《艺林伐山·十二属》说："子鼠、丑牛，十二属之说，朱子谓不知所始，余以为此天地自然之理，非人能为也。"那么，怎么个"天地自然之理"，何以"非人能为"？杨氏也不过是一语带过，没讲明白。至清，著名学者赵翼在著名的《陔余丛考》中，进行了比较翔实的考证，亦未能彻底解决问题。时至当今，仍被学术界视为一个悬而未解的"中国文化之谜"。讨论生肖，这是个不可回避的基本问题。然而，囿于笔者学识，亦只能于介绍、辨析前人与时贤研究见解之间，阐发点一得之见，尚不敢奢求一时间完全搞明白，且聊供读者参考。

1. 十二生肖与十二兽纪岁时

如今所谓生肖、属相，既指其纪年含义，亦包括了原始民俗信仰（今已成为同迷信有所分别的"俗信"）的内容。然而，辨析古文献记载和民间口碑资料可以发现，以十二兽纪岁时与十二生肖一向是有所分别的。这在历代以此为题材的诗篇中，已有所反映。最早者，即《先秦汉魏晋南北朝诗》所载陈·沈炯的《十二属诗》：

> 鼠迹生尘案，牛羊暮下来。
>
> 虎啸坐空谷，兔月向窗开。
>
> 龙隰远青翠，蛇柳近徘徊。
>
> 马兰方远摘，羊负始春栽。
>
> 猴栗羞芳果，鸡跖引清杯。
>
> 狗其怀物外，猪蠢窅悠哉。

这是迄今所见最早的一首十二生肖诗。此后，宋元以来时有这类题材诗作，却都是以十二兽纪时的"十二辰诗"。《陔余丛考》卷二四引宋·葛胜仲《丹阳集》云："十二辰入诗，始于沈炯，而山谷亦尝为之，余赠莫之用诗亦仿此体。"即：

> 抱犬高眠已云足，更得牛衣有余燠。
>
> 起来败絮拥悬鹑，谁羡龙髯织冰縠。
>
> 踏翻菜园底用羊，从他春雷吼枯肠。
>
> 击钟烹鼎莫渠爱，小芚自许猴葵香。
>
> 半世饥寒孔移带，鼠米占来身渐泰。
>
> 吉云神马日匝三，樗蒲肯作猪奴态。
>
> 虎头食肉何足夸，阴德由来极必奢。
>
> 丹灶成功无跃兔，玉函方秘缘清蛇。

另外，清·褚人获《坚瓠三集》卷三又引倪维绥（绾）《群谈采馀》说："宋黄山谷有二十八宿干支诗，朱文公乃云：读十二辰诗卷，掇其余作此，聊奉一笑。"所录，为宋代理学家朱熹的《十二辰诗》。其诗曰：

> 夜闻空箪啮饥鼠，晓驾羸牛耕废圃。
> 时方虎圈听豪夸，旧业兔园嗟莽卤。
> 君看蛰龙卧三冬，头角不与蛇争雄。
> 毁车杀马罢驰逐，烹羊酤酒聊从容。
> 手种猴桃垂架绿，养得鸡鹛鸣喔喔。
> 客来犬吠催煮茶，不用东家买猪肉。

至元，则有刘因《十二辰》诗：

> 饥鹰吓鼠惊不起，牛背高眠有如此。
> 江山虎距千里来，才辩荆州兔穴尔。
> 鱼龙入水浩无涯，幻境等是杯中蛇。
> 马耳秋风去无迹，羊肠蜀道早还家。
> 何必高门沐猴舞，豚栅鸡栖皆乐土。
> 柴门狗吠报邻翁，约买神猪谢春雨。

清·钱谦益辑《列朝诗集》载有明人胡俨《十二辰》诗，每句就所咏动物各用一典：

> 鼹鼠饮河河不干，牛女长年相见难。
> 赤手南山缚猛虎，月中取兔天漫漫。
> 骊龙有珠常不睡，画蛇添足实为累。
> 老马何曾有角生，羝羊触藩徒忿嚏。
> 莫笑楚人冠沐猴，祝鸡空自老林邱。

舞阳屠狗沛中市，平津牧豕海东头。

明·蒋一葵《尧山堂外纪》卷八六《国朝》称"成化丙午，嘉兴巫者召仙降笔问时事，以十二辰为诗"，[1] 诗云：

劝君莫歌相属诗，劝君莫歌饭牛词。

骑虎之势不得下，狡兔三窟将马之。

神龙未遇困浅水，虺蛇鳅鳝争雄雌。

千金骏马买死骨，神羊触邪安所施。

沐猴犹作供奉官，斗鸡亦是五百儿。

吁嗟桀犬下阺走，牧猪奴戏令人嗤。

"次年，宪庙升遐"。于此，显系将"十二辰"同"相属"合为一说。更有趣的是，这是出自当时嘉兴地方一位"巫者"用以占卜时事的诗，是巫卜星相业以生肖卜婚而外用来占卜时事的一例史证。辰者，时也，即今所谓时辰。巫者乃将纪时的十二兽诸事，附会于时事。

清代文学家贾芸洲（公元？—1890年）《芸洲集》之《十二生肖诗》云：

鼠穿月榭荆榛合，银汉排空度女牛。

将军射虎箭入石，嫦娥奔月兔伴魂。

青锋化龙归碧海，白蛇过江浪飞腾。

泥马南渡谁见过，羊车悠然忆梦中。

猿猴自悟当年事，金鸡破晓一乾坤。

---

[1]《算命的研究和批判》，引文见中国人类学学会编《人类学研究》第354页，中国社会科学出版社1984年版。

义犬救主传佳话，猪化秀士是天蓬。

民初画家王萝白曾为其门生李漪画《十二生肖图》，李漪乞请当时在场的后来沦为汉奸被处死刑的知名学者黄浚（1891—1937）为之题画，素有"急才"之誉的黄氏欣然挥毫作《十二生肖题句诗》一首。诗云：

世情鼹鼠已满腹，诗稿牛腰却成束。
平生不帝虎狼秦，晚守兔园真碌碌。
龙汉心知劫未终，贾生痛哭原蛇足。
梨园烟散舞马尽，独剩羊车人似玉。
子如猕猴传神通，画课鸡窗伴幽独。
板桥狗肉何可羡，当羡东坡花猪肉。

上述九首以十二生肖为题材的生肖诗，大抵囊括了如今可见的古近代全部。这些生肖诗，或将十二生肖巧妙地嵌入其中，或逐句藏典议事，寄寓情怀，贴切可见，实堪称十二生肖诗中的佼佼者，无不奇巧可吟。从中可见，以十二兽纪年与纪时，长期并行。清·郝懿行《证俗文》卷五"十二辰"中说："自汉以下，历法渐密，于是以一日分为十二时……其（《左传·昭五年》）曰夜半者，即今之子也；鸡鸣者，丑也；平旦者，寅也；日出者，卯也；食时者，辰也；隅中者，巳也；日中者，午也；日佚者，未也；哺时者，申也；日入者，酉也；黄昏者，戌也；人定者，亥也。一日分为十二，始见于此。"再以十二兽配之，则别为一套纪时用名。

然而，古人认为，以十二禽名十二辰，并非任意为之，而是出于"天象"原理，亦即时辰的生肖。这一观点，主要见于明·李诩

《戒庵老人漫笔》卷七"十二生肖"条所录时人王文恪（鏊）语："二十八宿分布周天以直十二辰，每辰二宿，于午卯酉则三，而各有所象。女土蝠，虚日鼠，危月燕，于也；室火猪，壁水貐，亥也；奎木狼，娄金狗，戌也；胃土雉，昴日鸡，毕月乌，酉也；觜火猴，参水猿，申也；井水犴，鬼金羊，未也；柳土獐，星日马，张月鹿，午也；翼火蛇，轸水蚓，巳也；角木蛟，亢金龙，辰也；氐土貉，房日兔，心月狐，卯也；尾火虎，箕水豹，寅也；斗木獬，牛金牛，丑也。天禽地曜，分直于天，以纪十二辰，而以七曜统之，此十二肖之所始也。"将二十八宿、十二地支与十二兽配列一体，以此说明"天禽地曜，分直于天"，认为十二肖乃十二辰之"天象"，是其所始。

"象是体验（意）的模拟、隐喻、象征。……象的功能不仅是显现体验，而且是模铸体验，限定体验的显现。"认为十二肖始于"天象"，将之作为十二辰的"模拟、隐喻、象征"，这一"体验"过程，既包括了"模铸体验""显现体验"，也含有"限定体验的显现"作用。就是说，以十二肖纪辰，是对"天象"（天禽地曜，分直于天）体验、模铸的结果。一经广泛传布、成为共识，就以约定俗成的固定形态（限定体验的显现）为人们所沿用下去。可以肯定，这一"天象说"是一种朴素唯物主义认识论的"体验"与"模铸"的产物，有其基本的合理性，同传统的天文地理观念所贯穿的哲学意识，一脉相承，是一致的。例如，宋·米芾《书史》中说，汉·司马相如作《凡将篇》，"妙辨六律，测寻二气，采日辰之禽，屈伸其体，升伏其势，象四时之气，为之兴降，曰《气候直时书》"。又称："后汉东阳公徐安子搜诸《史籀》，得《十二时书》，皆象神形也。"据此，明代哲学家兼文学家方以智认为，"许慎解干支之字，皆因

《气候直时书》之说也"；"十二生肖即《十二时书》而为之说也"。所谓"采日辰之禽"，亦即"天象"之说，显然是指用十二肖纪辰。

司马相如（公元前 179—前 117 年）是西汉人，与之相去一个多世纪的东汉哲学家王充（公元 27—约 97 年）在其以 30 年心血所撰《论衡》一书《物势篇》中，首次就阴阳五行与"十二辰之禽"的关系作出辩证。他认为：

> 寅，木也，其禽虎也；戌，土也，其禽犬也；丑，未亦土也，丑禽牛，未禽羊也；木胜土，故犬与牛羊为虎所伏也。亥，水也，其禽豕也；巳，火也，其禽蛇也；子亦水也，其禽鼠也；午亦火也，其禽马也。水胜火，故豕食蛇；火为水所害，故马食鼠屎而腹胀。曰：审如论者之言，含血之虫，亦有不相胜之效。午马也，子鼠也，酉鸡也，卯兔也。水胜火，鼠何不逐马？金胜木，鸡何不啄兔？亥豕也，未羊也，丑牛也。土胜水，牛羊何不杀豕？巳蛇也，申猴也。火胜金，蛇何不食猕猴？猕猴者，畏鼠也。啮猕猴者，犬也。鼠水，猕猴金也，其星白虎也。南方火也，其星未鸟也。北方水也，其是玄武也。天有四星之精，降生四兽之体。含血之虫，以四兽为长，四兽含五行之气最较著。案龙虎交不相贼，鸟龟会不相害。以四兽验之，以十二辰之禽效之，五行虫以气性相刻，则尤不相应。凡万物相刻贼，含血之虫则相服。至于相啖食者，自以齿牙顿利，筋力优劣，动作巧便，气势勇桀。若人之在世，势不与适，力不均等，自相胜服。

于此，王充论及十二肖中的十一种。在是书卷二三《言毒篇》中义论及了龙："辰为龙，巳为蛇，辰巳之位在东南。"至此，十二肖之名完整地在《论衡》中出现，被称作"十二辰之禽"。可以说，这是后世关于十二肖纪辰"天象"理论的最翔实而又最早的完整导论。《戒庵老人漫笔》卷七所录王鏊"天禽地曜"之说，显然滥觞于王充此说，与之相承。又如明·杨慎《艺林伐山·十二属》所说："于鼠丑牛十二属之说，朱子谓不知所始，余以为此天地自然之理，非人能为也。"亦然。王充之论，并非无缘而发，乃是针对战国至秦汉时方士们联系十二辰兽以阴阳五行来解释自然、推断灾异福祸的做法，进行辩论、批判。即如后来明清间湖北学者熊伯龙于《无何集》卷一就王充此论所评说的那样："卜者言火旺不利秋季，星家子属鼠、丑属牛等语判断人之言凶，相者言木形之人发落则凶，其谬孰甚焉！"不过，他所谈及的属相已非纪辰，而是纪年生肖。他赞同王充之论，并且联系时事加以阐发、评说。

赵翼《陔余丛考》卷三四断然认为"十二相属之起于后汉无疑也"，其主要根据之一就是注意到了王充《论衡》中的相关论述。然而，事实并非如此。清·西厓《谈徵·名部·十二辰肖属》指出："朔而上之，陈敬仲筮者言当昌于姜姓之国，而释春秋谓观之六四得辛未；率谓巽长，女未为羊，羊加女为姜，则是周时已有之也。"堪为此说又一证者，当是《诗经·小雅·吉日》中的"吉日庚午，既差我马"，以"马"对应"午"。1975 年湖北梦泽睡虎地 11 号秦墓发掘出土的一批竹简中，于《日书》甲种背面可见这样一段文字："子，鼠也；丑，牛也；寅，虎也；卯，兔也；辰，龙也；巳，虫也；午，鹿也；未，马也；申，环也；酉，水也；戌，老羊也；亥，豕也。"这一珍贵的竹简文献，为十二兽纪辰始于周秦时代提供了十分重要的力证。其中，个别辰兽与今略有差异，则恰恰说明其发生、形成与传承经历了一个历时与共时的变异过程，是符合事物发展的历史规律的。除午鹿、未马、戌羊与今异外，巳虫、申环、酉水均与今相通。如巳虫，汉·许慎《说文解字》有释，"虫，一名蝮"，蝮乃毒蛇；又如酉水，水乃古音雉之假借，雉即野鸡，或系后来避吕后（雉）之讳而径改为鸡。历史文献也显示了这么一点，即十二兽纪辰于两汉之际已形成了流行至今这种形制。至南北朝时，又进一步发展为以此纪年，并同纪辰并行，完成了最终成为"生肖"的全过程。明·陆深《春雨堂随笔》云："方言以十二生肖配十二辰，为人命所属，莫之所起。"事实上，亦同以此纪辰占时一脉相承，此俗周秦时即已存在。《诗经·小雅·吉日》所谓"吉日庚午"以马对应午，即属一例。《吉日》诗叙述周宣王狩猎西都的事，马是出猎主要工具，故这四章小诗以前两章首叙择吉日祭马祖，次叙择吉日差马出行。即："吉日维戊，既伯既祷。吉日庚午，既差我马。兽之所同，麀鹿麌麌。漆沮之从，天子之所。"

上面所述秦墓出土竹简《日书》，即古代"日者"用以占卜吉日的签书。所谓"日者"，则是古代以占候卜签为事的职业术士。《墨子·贵义》载："子墨子北之齐遇日者。"又据《史记·日者列传》裴骃题解道："古人占候卜签，通谓之日者。"至清代仍沿有此称，如纪晓岚《阅微草堂笔记·如是我闻二》："有故家子，日者推其命大贵，相者亦云大贵。"只是此际同时又有"星命家"之称并用矣，所指同一。自十二兽纪辰形成，日者借之作为占日手段之一，悉数自然。衍出生肖，术士再以此来占卜"人命属"，亦为必然。

综而括之可见：十二生肖肇始于十二兽纪辰、纪岁，生肖观念衍生于以十二兽纪辰占日。

2. 民间口碑中的十二生肖源流。

民俗语言向有"文化化石"之誉，并非言过其实。民间口碑资料中有关十二生肖源流的民俗传说，恰恰同历史文献所记并行不悖，互为佐证，相映成趣。

民间关于十二生肖源流的传说颇有一些，但亦不外是以十二兽纪辰与纪岁两种，并由此发展为同"人命所属"相联系的"生肖"。但就其演绎故事的情节特点而言，主要有赌赛排位次、自然定位和外来说三种类型。

赌赛排位次说，是流传最广的一种突出类型。

相传远在混沌初分、天干地支刚定的时候，玉皇大帝决定按十二地支从百兽中选出十二属相。但是，被选定的十二种动物却互不服气，难以评定先后位次。于是，即分别通过比大、赛跑、杂技表演诸方式糊里糊涂地排了各自的位次。

这一类型的传说中，大都以赌赛跑先后名次排位为故事主要情节，而且大都突出老鼠的狡猾刁钻和老牛的憨厚品格，给十二种动物人格化。

十二生肖传说的一个基本特点，大都以十二地支为本，并在具体节中加以配列。这同书面文献的记述是完全一致的。比较有趣的是，有的赌赛排位次传说中，还借助汉语同音、谐音假借取义的方式，将十二种动物附着于地支各位次。例如一则《排十二属》的传说中说：

> 比赛快要开始了，老黑熊说："我当主考。"金钱豹说："我当监考。"老虎说："我今天什么也不考，我去参加考试。"这时，前来参加比赛的已排了长长一溜。
>
> ……
>
> 比赛结束了，老黑熊说："快来吧，你们各自说说，为什么

一齐跑，会有前有后呢？"接着，动物们就被按到达终点的顺序对主考和监考说了起来。

老鼠说："比赛上了牛脊，这是能耐问题，练成巧妙功夫，全仗嗑饱瓜籽。"

老牛说："老牛虽然长得丑，偏偏有个好腿脚，长的不但高又大，千斤重担也不怕。"

老虎说："老虎洞里有钱，洞有百两银圆，无心计较名次，所以才排老三。"

兔子说："兔子卯时睡觉，比赛匆匆赶到，迷迷糊糊上阵，跑步也想睡觉。"

龙说："龙本空中飞，在地两不随，爪小身子沉，跑步没本事。"

蛇说："我似龙一样，跑步真够呛，我是草中物，地草不一样。"

马说："午时刚想吃料，没想比赛开炮，饿得肚子生疼，第七也算挺好。"

羊说："比赛我没快跑，兜里装把青草，吃饱才想快跑，没想几步拉倒。"

猴子说："比赛身边有鸡，公鸡没有出息，跑步叼着猴毛，小猴伸不开腰。"

鸡说："鸡猴比赛同跑，是猴把我绊倒，鸡讲友情为重，前后不愿计较。"

狗说："比赛没说明白，它们都往前排，拉后是我谦虚，跑步属我最快。"

猪说："老猪这天害病，跑步还直哼哼，比赛勉强上阵，带病还往前拱。"

它们都说完了，老黑熊和金钱豹就把名字给签上了，然后说："老鼠吃瓜籽，脑瓜灵，就叫籽（子）鼠吧；老牛长得丑，就叫丑牛；老虎有银子，就叫银（寅）虎；兔子卯时睡觉，就叫卯兔；龙在地上身子沉，就叫沉（辰）龙；蛇跑步似龙一样，就叫似（巳）蛇；马是午时吃料，就叫午马；羊跑步时还装着草，就叫喂（未）羊；猴跑步时，没伸开腰，就叫伸（申）猴；鸡讲友情为重，就叫友（酉）鸡；狗很谦虚，就叫虚（戌）狗；老猪跑步时害着病，就叫害（亥）猪。"

这一传说，将赌赛结果、谐音取义，以及动物们的不同习性巧妙地糅为一体，使之最终附着于十二地支位次，显示了丰富多彩的民间智慧。

至于这一类型的传说大都含有得出赌赛结果讨皇封，亦即要求以官方认可的形式使之确定下来的情节，或这一方式是经皇帝指定、首肯的情节，则显然透示着民间文化心理中的正统观念。似乎不这样，这一纪生年民俗即难以像这样普遍而久远地被人们所接受、采用。

所谓自然定位说类型的民间生肖传说，是指那些故事情节中并非由生肖动物的主观争取来决定其所处地支顺位的相关传说。例如《十二时辰十二属》的传说，即基本上是假借玉皇大帝之意，按照人类对十二种动物的习性、活动规律的一般认识，将其分别配列于地支顺位。

子鼠、丑牛、寅虎、卯兔……传说这十二生肖是玉皇大帝按十二时辰安排的，老鼠半夜出洞寻食，所以占子时；老牛吃完夜草还要倒嚼一个时辰，所以占丑时；老虎天没亮就要下山，所以占寅时；玉兔为啥占了个日出卯时，后边再细说。上午大龙出海，接着是小龙出洞，所以龙、蛇占了辰时和巳时；马在正午还拉车干活，就占了午时；偏晌了，羊儿还在山上吃草，占了未时；猴子到太阳下山之前还蹦蹦跳跳，占了申时；鸡占酉时也先不谈；天黑了，狗能看家防贼，占了戌时；懒猪一天啥也不干，所以排在最后，占了亥时。

……

而有的，则是将动物自身固有习性同天文地理乃至阴阳卦象等综合联系起来，解说十二生肖顺位的排列。

传说，太古时，天、地形成了子时，混沌一体，没有缝隙，习惯夜间活动的老鼠把它咬了个洞，空气流动，照入了阳光，万物滋生，因而即把子时划给了打通天地有功的老鼠。打通天地之后，最早是牛耕耘了大地，于是又循序将丑时属了牛。又传说"人生于寅"，而人又怕虎，即以寅时属虎。卯时处于黎明之前，太阳未出，仍是月亮光照的时间，而"玉兔"则传说住在月宫中，因而卯时属兔。按照《周易》的"三日之卦"说法，辰时正是群龙行雨之际，因此属龙。"四月之卦"又说这个季节春草繁茂，蛇游其中而不出来伤人，则巳时属蛇。午时是阳气上升到极限之时，马为阳刚气之畜，所以午时属马。酉时为月亮升空之时，《周易》说"月本坎体"，体中又有"太阳金鸡"，则酉时属鸡。戌时正是入夜，狗善守夜，戌时属狗。亥时还是夜间天地混沌之时，猪除吃即喜睡，亥时就属了猪。

民间传说系口碑形态，其传承扩布主要以人们的口耳相传为基本方式。因而，往往发生变异现象，但总不过大同小异，或变化不离根本。同是上面这个传说，另一转述记载即与之略有差异。主要是：

早晨五六点钟为卯时，早上点名古时称点卯，卯在昼夜之交、玉兔（月亮）未退之时，卯即归了兔。

午时是十一二点钟，此刻阳气到了极限，阴气将生，处于阴阳之间；而马在奔腾时，几乎腾空而起，但蹄又时而点地；空属阳，地属阴，马居阴阳之间，故午时为马。下午一二点钟为未时，传说羊吃了这时的草，草根的再生能力最强，所以未属羊。下午三四点钟为申时，申者伸也，象征猴子伸臂跳跃，所以申属猴。

这类传说将生肖同阴阳、卦象联系起来加以解释，直接反映了古来有关生肖起源的一种主要认识轨迹，多见于古代文人笔记。详容后述。

在自然定位类型的民间生肖传说中，值得注意的还有一种根据十二兽出世时辰（由天上下界人间）顺序来排位的传说。

传说，万兽天国里的鼠老大、老黄牛、老虎、白兔、天龙、花蛇、老红马、老羊、老猴、老花鸡、天狗和大白猪十二兽，因偷喝了仙泉酒而醉倒在万兽山后。结果，都被天宫福寿厅宴席桌上的千年老抹布偷去了精灵，化作一只头像鼠、眼像蛇、嘴像兔、腿像马、耳像猪、角像羊、尾像牛……不伦不类的丈把高大怪鸟。玉皇大帝信步间游天都万兽园时识破怪鸟来历，一怒之下，责成静山老神收回各自仙术，罚十二兽下界到人间为民效劳五百年，到期后再行发落。于是：老鼠被用黑宝瓶收回算卦天术，于子时派往华山田间专捉害虫；黄牛被用红宝瓶收回天力神功，于丑时派往黄山充劳力；老虎被用白宝瓶收回飞天神功，于寅时派往长白山护理山林；白兔被用绿宝瓶收回腾月神功，于卯时派往泰山护理草坪；天龙被用兰宝瓶收回腾云天功，于辰时派往五岳山司守河水不外流；花蛇被用紫宝瓶收回空中飞天功，于巳时派往紫山护理农田；老红马被用黄宝瓶收回飞天之功，于午时派往七里山出劳力；老羊被用灰色宝瓶收回飞天之功，于未时派往九九山守护草原；老猴被用土色宝瓶收回飞天之功，于申时派往人间奇山峰守护草原；老花鸡被米黄色宝瓶收回能善舞之功，于酉时派往乐山报时；天狗被用乳白色宝瓶收回飞天之功，于戌时派往土山为百姓看家守门；大白猪被用花斑色宝瓶收回飞天之功，于亥时派往石山管理池塘山地。后来怎样呢？据说——

五百年过去了。一天，玉皇大帝召见静山老神。

静山老神跪奏道："十二兽下界五百年，多数在为民做好事，已同人间百姓结下了不解之缘。而今如何处置，请玉帝降旨。"

玉帝道："既然他们已和人间百姓结下了不解之缘，且让他们做从人间到天界之道的十二名守卫，按年轮流值班，不得有误。人间百姓则依据十二兽的值班年，分属这十二兽吧。"

"听旨。"静山老神拜道。随即，驾祥云来到人间向十二兽传旨。

从此，十二兽成了百姓的生肖，十二属相囊尽人间。人与生肖，形影相随，结成与生俱来，直至享尽退龄而终生的不散之伴侣。

这显然是个具有文字整理（有书面语化）痕迹和改编过的民间生肖传说。然而，仍然保留着符合汉族传统民间文化的固有特色，透示了有关生肖文化的一些重要信息。我以为，至少有以下几点是应予注意的。

其一，十二兽同十二地支的附着，首先是从纪时开始的，即静山老神不许它们一齐下界，而是按十二时辰先后顺序分别依次而行。按照我国传统宗法制度和礼俗，平辈人的长幼之序，是以出世时间的先后为划分依据的。这一传说借"天意"安排十二兽各自按指定时辰次序下界，显然在说明：使之如此同地支配列乃系天造地设，顺乎自然规律；其道理，即如人的长幼顺序的排定法则。用社会事物比附、解释自然事物，同时又凭人的主观意愿以自然来印证社会现象，合理与附会相交织，这是各类古代民间传说中所常发现的富有原始文化色彩的意识与观念。虽然多有矛盾，却是思想的真实反映。

其二，从十二兽按十二地支所纪时辰下界，到五百年后诸兽仍依此为序"做从人间到天界之道的十二名守卫，按年轮流值班"，乃至更进一步地"十二兽成了百姓的生肖"，显示了十二兽与地支相联系用以纪辰、纪年和进而化为生肖的三段式基本发生、发展过程。这一认识，同历史文献所能见到的情况是完全一致的，可以相互印证。

其三，显示了人类认识史上的人神互相转化的原始文化观念。除将玉皇、静山老神及十二神兽等人格化外，这则传说中关于"从人间到天界之道的情节，显然是民间原始信仰中人神相互往来联系与转化的必经途径"。所谓生肖之所以被视"为人命所属"，即在于十二兽奉玉皇大帝之旨在这人神相联系、转化的通道上"按年轮流值班"充当守卫，把握这人生的命运。按此逻辑，就必然衍生出生则肖那年值班神兽的说法，凭其把握命运。其中，不禁包括了人生信仰的大事。即如一位哲学家说的那样："人之所以为人要依靠动物，而人的生命和存在所依靠的东西，对于人来说就是神。"于是，生肖迷信成为中国十几个世纪以来的一种典型的动物崇拜。

其四，神、仙与佛兼容合一的民间信仰。这则民间传说不止有神、有仙和仙术，还将佛祖（一般指如来佛）也扯了进去。例如：

> 佛祖的灵光一闪一闪，如同一个红黄蓝白的光环，光环里发出佛祖的声音问火龙："大鸟犯了什么罪？"
>
> 火龙望着光环释道："佛祖在上，火龙奉玉皇大帝圣旨捉拿大鸟，此怪是福寿厅宴席桌上的一块抹布，偷去了鼠、蛇、兔、马、牛、猪的精灵之后成精，奉命毁之。"
>
> 佛祖回话道："这块抹布在宴席桌上已超过千年之久，因酒席浪费太多，他得到的酒肉堆成山。抹布得足油水，又偷盗了醉倒十二兽的精灵，当然成精。我要面见玉皇，建议以后宴席不可过奢过费，免得出妖。今天，我收回大鸟偷盗十二兽的精灵，还给老鼠、蛇、兔、马、牛、猪之类，洗去大鸟身上的脏污，还原一块洁白的抹布，仍回福寿厅去，你看如何？"

在此，佛祖不止干预天庭事务，俨然成为十二神兽和怪鸟的恩人，还充当了"千年老抹布"的高级洗洁剂。

中国传统民间信仰，往往儒、道、释兼容并蓄，合为一体。这也是中国民间文化的一个基本特点，即多"神"信仰。在此文化土壤中滋生出的生肖传说，融入佛教文化的影响，亦在所自然，无足奇怪。说起来，前人对此已经有所注意。清·梁章钜《浪迹续谈》卷七录《法苑珠林》引《大藏经》言其由来曰："阎浮提外，四方海中，有十二兽，并是菩萨化导，人道初生，当菩萨住窟，即属此兽护持，得益，故汉地十二辰依此行也。"时下亦有人说：唐代有一位叫释道世的僧人在《法苑珠林》中说十二生肖始于印度，由印度传入中国。佛教传入中国也在东汉明帝时代，如果此说成立，那么倒是极有可能的。然而，印度所说的十种动物，与我国所传的十二地支兽，次序不同……《法苑珠林》取自于《大藏经》，我们知道所谓《大藏经》者，为中国僧徒宣传佛法的经典，很可能是由中国僧人利用东土盛行的十二生肖之说，造作经典，以示佛法的伟大。事实上，散见于汉以前历史文献的各种记载，尤其是梦泽睡虎地秦墓竹简《日书》甲种背面有关地支诸兽的记述，业已否定了生肖源于古代印度佛教之谬说。

尽管如此，还是衍生出一些相关的生肖传说。除上则外，再看一例：

佛祖如来忽然心血来潮，指定十二种动物作为从地上通往天宫之路的十二个守卫，按年轮流值班。这选定的十二种动物中原本有猫，而没有鼠。这天，一位叫大势至的菩萨发请帖邀请中选动物前来一聚，听佛祖训诫，并给它们排定座次。大势至将诸位的座次排定，便去迎请佛祖，猫因是百兽的武学师傅，被共推为第一。可惜猫在坐等佛祖的时候，忽然来了便意，遂请在一旁看热闹的鼠帮它坐守一下位置，自己则匆忙去僻静处出恭。正在这时，佛祖驾到。佛祖检点十二位动物，发现无猫。老鼠趁机谎称猫亵渎神明，不愿忝列守卫者之列。佛祖听后不悦，便让鼠补了猫的空缺，赫然坐上第一把交椅。等猫出了恭，匆忙回来，诸事已经定局。猫一怒之下，便决定以鼠为敌，日日寻仇。

　　显然，这里的情节是佛经故事与汉族民间流传的猫鼠结仇故事的嫁接。并由此育出了又一生肖传说。古代印度佛教传入中国后，经历了一个漫长的同中华本土文化相互渗透、融合的历史过程，从而形成了汉化的中国佛教。这则生肖传说无疑反映着这一轨迹。积极向民间文化渗透，试图借助这种文化形态的作用扩大影响以争取一向占人口比例颇大的中下层社会的认知，这几乎是所有宗教求生存、争发展的一贯方针。外来宗教欲在一块新土上扎根，尤其看重这一点。翻译、转述宗教经典之所以力求通俗化、口语化和具有故事性、趣味性，即在于争取民众，在于向民间文化渗透与文流。有些似是而非、模糊不清的东西，往往也会为民间文化所吸收得以流传，乃至获得认同，这也是不可避免的。至于正本清源、去伪存真，当然是民间文化学家们的科学职责与历史义务。

　　3. 十二生肖与阴阳五行

　　古今均有一些学者认为，中国的十二生肖来自外方传入。例如：明·陆深《春雨堂随笔》中谈道："北秋中每以十二生肖配年为号，所谓狗儿年、羊儿年者，岂知皆胡语？"至清，赵翼《陔余丛考》则进一步指出："陆深《春雨堂随笔》谓本起于北俗，此说较为得之。"就此，他提出了一系列例证："《唐书》黠戛斯国以十二物纪年，如岁在寅则曰虎年。《宋史·吐蕃传》：仁宗遣刘涣使其国，厮啰延使者劳问，具道旧事，亦数十二辰属，曰兔如此、马年如此。《辍耕录》记丘处机奏元太祖疏云，龙儿年三月日奏，云云。顾宁人《山东考古录》亦载泰山有元碑二通，一泰定鼠儿年，一至正猴儿年。此其明证也。盖北俗初无所谓子丑寅卯之十二辰，但以鼠牛虎兔之类分岁时，浸寻流传于中国，遂相沿不废耳。元·周达观《真腊风土记》，谓其俗十二生肖亦与中国同，但所呼之名异耳；

如以马为卜赛，呼鸡之声为栾，呼猪之声为真卢，呼牛为个之类是也。然则不特起于北俗，没于中国，且通行于海南诸番矣。"并明确提出："窃意此本起于北俗，至汉时呼韩邪款塞，入居五原，与齐民相杂，遂流传入中国耳。"云云。

有人比较明确地提出，"十二兽历为古巴比伦人首创。十二兽历一俟形成，便分别沿东西两个方向扩散：西向以次传至希腊、埃及；东向则传至印度和我国内地。希腊、埃及的文化由于和巴比伦文化有着许多的共同之处，故而十二兽历仅出现了若干微小的变化。十二兽历传至印度后，由于处于文化差异较大的环境中而被进行了一番较大彻底的本土化改造，赋予了许多本土文化特点。古巴比伦人的天文学（星历）知识早在公元前19—公元前18世纪便已传至我国内地，殷人称之为十二辰或十二支，但仅用于推算节气和日月交食，并与传统的十二干相结合用于纪年。而与此相关的十二兽历却因无用武之地而湮没不彰。此后，经印度改造后的十二兽历约于公元前3世纪初，又沿'丝绸之路'传到了我国内地，嬗变为十二生肖，进而随着佛教的兴盛而得到了普及。同时亦赋予了许多新的文化内涵。此后，又以中原地区为中心进一步传播、扩散至周边地区的民族和国家。纵观全文，惜乏实证依据佐证之，难以采信。其实，郭沫若《甲骨文字研究·释干支》中早即提出过："十二肖属于巴比伦、埃及、印度均有之，然均不甚古，疑中亚西亚古民族之稍落后者，如月氏康居之类仿十二宫像之意而为之，故向四周传播也。其传入中国当在汉武帝通西域之时。"他还说道："释干支篇所谈到的十二支起源的问题，在今天看来依然是一个谜。我们把它解释为起源自巴比伦的十二宫，在今天虽然还是没有更好直接物证，但敢没有更坚实的反证。"

那么，十二生肖到底是中华本土的固有习俗还是外方传入的呢？我们认为，这是一种本土固有习俗。尽管其他文明古国亦存在相近的十二兽纪年法，但均滋生于各自的传统文化，各有所本。

明清学者认为十二生肖来自外方，主要根据在于不见先秦文献载录，却见唐、宋、元史书中记述到蒙古、柬埔寨等外方有十二兽纪年。然而，非但《诗经》《左传》《礼记》《楚辞》中均可觅得有关不够系统的零散记载，近年出土的秦墓竹简的系统记述，即足以驳回此说了。而且，当代学者关于汉族十二兽纪日的研究，不仅说明"我们的十二兽历法是独立创造的"，尚认为其"产生于原始狩猎、牧畜、农耕等生产及以此为基础的图腾崇拜"，定型于"由原始社会向阶级社会过渡的阶段"。并由此提出一个新见，即"十二兽历的起源在干支历之前"，"因为它是干支历赖以概括的基础"。可以说，这些新见为我们重新考察、认识十二生肖源流，正本清源，提供了新的视点和新的参照、佐证系。这是不容忽视的。

至于郭沫若谈到的几个古国的十二兽历法，除印度与中国、埃及与希腊的大同小异外，余皆存在较明显的差别。试看下表：

五大古国十二兽历法表

序号	十二地支	中国	印度	埃及	希腊	巴比伦
1	子	鼠	鼠	牡牛	牡牛	猫
2	丑	牛	牛	山羊	山羊	犬
3	寅	虎	狮	狮	狮	蛇
4	卯	兔	兔	驴	驴	蜣螂
5	辰	龙	龙	蟹	蟹	驴
6	巳	蛇	毒蛇	蛇	蛇	狮
7	午	马	马	犬	犬	公羊

8	未	羊	羊	猫	鼠	公牛
9	申	猴	猕猴	鳄	鳄	隼
10	酉	鸡	鸡	红鹤	红鹤	猴
11	戌	狗	犬	猿	猿	红鹤
12	亥	猪	猪	鹰	鹰	鳄

前面已经谈到，我们于本篇据历史文献考证认为，十二兽纪辰至迟于周秦而成熟或盛行于汉代。在此，姑且不论十二兽历是干支历赖以概括的基础之说是否十分确切，单就几个文明古国十二兽历所选择的兽的差异，和由此可见其人文地理环境、民间传统文化的分别，即说明各有所本，以及中国的十二兽历并非来自外方，而是土生土长的民俗事象。

一如巴比伦的十二兽历同其白羊、金牛、双子、巨蟹、狮子、室女、天秤、天蝎、人马、摩羯、宝瓶、双鱼这十二宫的相联系，中国的十二兽历则严格对应、附着配列于十二地支上。这一点，也显示着各有所本。

中国历代文献和民间口碑的十二生肖，均显示了这样一种事实，即十二兽与十二地支的对应性、依存性。在中国传统文化中，干支一向被同阴阳五行紧密联系在一起，并由此派生出众多的事象。值得注意的是，十二兽立意同干支一样，很早就被纳入了阴阳五行学说。当然，大部分文献是用阴阳五行学说来解析有关十二兽的选择或配列问题，乃至生成种种生肖迷信。我认为，这也是中国生肖本于自有文化的一种力证。

早在相传为孔子所作，而近人考证以为出自战国秦汉之际的《易传》（即《十翼》）中，已将十二生肖的多半兽名配列于八种卦象上了。《易传》是迄今所存的注解、说明和发挥《易经》的最古著作，其《说卦》则是其中专门阐释八卦性质与象征的一篇。《易传·说卦》云："乾为马，坤为牛，震为龙，巽为鸡，坎为豕，离为雉，艮为狗，兑为羊。"对此，唐·孔颖达在《周易正义》卷九中解释道："此一节说八卦畜兽之象略明，远取诸物也。乾象天，天行健，故为马也。坤象地，任重而顺，故为牛也。震动象，龙动物，故为龙也。巽主号令，鸡能知时，故为鸡也。坎主水渎，豕处污湿，故为豕也。离为文明，雉有文章，故为雉也。艮为静止，狗能善守，禁止外人，故为狗也。兑说也；王廙云：羊者，顺之畜。故为羊也。"显然，《说卦》及《周易正义》此说对后世影响颇大，乃至进入了有关生肖起源的民间传说（详见前面所述）。甚至，在道教文化中，还将太极图同生肖联系起来，构成一幅十二兽环绕阴阳鱼的画面。

近人傅运森《十二辰考》认为，"盖自西汉之季，纬大昌，方术起，实为十二兽应用于十二辰之由来"。以为十二兽历始于汉季，显然是沿袭旧说，但汉季生肖迷信颇盛却是事实。东汉·王充《论衡·物事篇》中，关于"以四兽验之，以十二辰之禽效之，五行之虫以气性相刻，则尤不相应"的辩证论说，无疑是针对一时风气有感而发的，堪为一种佐证。

此后，以阴阳五行说释生肖者相沿不绝，仅明·李诩《戒庵老人漫笔》卷七，即辑录若干条。于此，略选几种说法：

蔡邕《月令论》云："十二辰之会五时所食者，必家人所畜丑牛、未羊、戌犬、酉鸡、亥豕而已。其余虎以下非食也。"《月令正义》云："鸡为木，羊为火，牛为土，犬为金，豕为水。但阴阳取象多涂，故午为马，酉为鸡，不可一定也。"

杨慎曰："子鼠、丑牛十二属之说，朱子谓不知所始，余以为此天地自然之理，非人能为也。日中有金鸡，乃酉之属，月中有玉兔，乃卯之属，日月阴阳互藏其宅也。古篆巳字作蛇形，亥字作猪形，余可推而知矣。"

长洲戴冠《笔记》曰："十二生肖之义，尝闻人述浙江参政左公赞之言，谓以足上趾爪奇耦辨辰数之奇耦，或疑子肖鼠，鼠足爪前耦后奇，又何也？予曰此可见取象极精，盖子乃阴极生阳，又在夜半，万物皆息之时，惟鼠活动，若阴中有阳静中有动然，故取象于此。丑牛，牛蹄分为耦；寅虎，虎则五爪为奇；卯兔，兔则四爪为耦，其余无不然。独巳肖蛇，蛇故无足，又何取义？盖巳在月乃纯阳之月，在时乃纯阳之时，数虽偶而时则阳，故用蛇以象之。蛇乃阴物，不用其足而象巳著，疑亦讳言乎阴之意尔。又《易》曰乾为马，坤为牛。《造化权舆》云马之蹄圆，牛之蹄析，亦此义。"

此外，宋·洪巽《旸谷漫录》、明·王逵《蠡海集》、郎瑛《七修类稿》等关于生肖本于阴阳之说，亦各有其见。如《蠡海集》云：

> 子为阴极，幽潜隐晦，配属藏迹。午为阳极，显阳刚健，配马快行。丑为阴，俯而慈爱，配午舐犊。未为阳，仰而秉礼，配羊跪乳。寅三阳，阳胜则暴，配虎性暴。申三阴，阴胜则黠，配猴性黠。卯、酉为日、月二门，二肖皆一窍；兔舐雄毛则孕，感而不交也；鸡合踏而无形，交而不感也。辰、巳阳起而变化，龙为盛，蛇次之，故龙、蛇配辰、巳；龙、蛇者，变化之物也。戌、亥，阴敛而拘守，狗为盛，猪次之，故狗、猪配戌、亥，狗、猪者，圈守之物也。

诸说或就兽之局部生理特点附会阴阳，或就其生活习性特点论于阴阳；《七修类稿》卷四论此，则兼而并提，对前者持质疑或否定态度。如：

> 地之肖属十二物，人言取其不全者。予以庶物岂止十二不
> 全者哉！予旧以地支在下，名取其足爪，于阴阳上分之。如子
> 虽属阳，上四刻乃昨夜之阴，下四刻今日之阳，鼠前足四爪，
> 象阴，后足五爪，象阳故也。丑属阴，牛蹄分也。寅属阳，虎
> 有五爪。卯属阴，兔缺唇，且四爪也。辰属阳，龙乃五爪。巳
> 属阴，蛇分舌也。戌，狗五爪也。亥，猪蹄分也。此或几焉。
> 予又思蛇、兔取唇舌，他物之足爪，亦岂无如十二物哉？夫
> 十二支固属阴阳，皆于时位上见之。《易》卦取象亦然也，惟
> 理义之存焉耳。

余下所及，即如上面《蠡海集》，文字略有小异（系郎氏"私
忆如此，未见出书，姑存于稿"），可知他是赞成《易·说卦》中以
兽用为卦象之说的，认为该说符合"理义"。然而，《说卦》亦不过
是借几种兽的习性姑作卦象的比喻罢了。在《易经》中，不止述及
《说卦》比附于八卦诸兽，还有鹿、豹、狐等，以及鱼、蚌、龟、
蟹之类。即或是牛，亦不止系于坤卦，尚用于离、履、遁、大畜等
卦象。

正是由于如此将生肖附会于阴阳五行学说，则衍生出丰富多彩
的相关习俗惯制和种种迷信。这种生肖观念，业已超出了十二兽历
（纪辰、纪月、纪年）这一本来的社会功能，成为同其他文明古国
十二兽历相区别的重要标志之一，也是其属于本土固有文化事象的
一种主要佐证。

《陔余丛考》卷三四认为"十二相属之起于后汉无疑"的根据
之一，是"西汉以前尚未用甲子纪岁，安得有所谓子鼠丑牛耶"？

然而，如今关于生肖的种种研究结果表明，假若确如赵翼所说"西汉以前尚未用甲子纪岁"那样的话，那么，不论干支缘何而生，衍出生肖的十二兽历就当然是先于其产生的了。至西汉时，生肖已被附会于阴阳五行，并同十二地支发生直接联系。

4.汉族而外的十二生肖历法

如上所述，巴比伦、希腊、埃及、印度等文明古国也存在与中国汉族相似的十二兽历；从中可以发现一个重要区别，即汉兽历很早就从一种民间律历衍生成为特定的生肖文化，并与之长期并存。

在中华本土，除人口多、分布广的汉族之外，一些少数民族也流行有类似的动物律历制度。《文明中国的彝族十月历》一书，开列了被称为"中国型"的彝、黎、傣、维吾尔等少数民族的十二兽纪历方法。详参下表：

几大少数民族兽纪历方法表

序号	十二地支	桂西彝	哀牢山彝	川滇黔彝	毛道黎	黎	傣	蒙古	维吾尔	汉
1	子	龙	虎	鼠	鼠	鸡	象	鼠	鼠	鼠
2	丑	凤	兔	牛	牛	狗	牛	牛	牛	牛
3	寅	马	穿山甲	虎	虫	猪	虎	虎	虎	虎
4	卯	蚁	蛇	兔	兔	鼠	兔	兔	兔	兔
5	辰	人	马	龙	龙	牛	龙	龙	鱼	龙
6	巳	鸡	羊	蛇	鱼	虫	蛇	蛇	蛇	蛇

7	午	狗	猴	马	肉	兔	马	马	马	马
8	未	猪	鸡	羊	人	龙	蚁	羊	羊	羊
9	申	雀	狗	猴	猴	蛇	猿	猴	猴	猴
10	酉	牛	猪	鸡	鸡	马	鸡	鸡	鸡	鸡
11	戌	虎	鼠	狗	狗	羊	狗	狗	狗	狗
12	亥	蛇	牛	猪	猪	猴	猪	猪	猪	猪

其中，有以"人"或"肉"纪年者，称十二兽历，似不确切，乃系笼统之谓。除川滇黔彝族、蒙古族用兽与汉族完全一样外，余皆各有异同，尤以维吾尔族同汉族差别最少，仅一个"鱼""龙"之差。

事实上，除上表所开列之外，我国还有一些少数民族也曾流行有十二兽历。例如，主要聚居于西南地区的纳西族，至今仍流传着一个同汉族"赌赛排位次说"相近的十二属动物排位的传说。相传："很多动物聚集在一起，都想在十二属相中占据第一名，互不服气。于是，议定以赛跑胜负赌排名次。在黄牛同老鼠渡河比赛时，机灵的老鼠一口咬住牛尾，被牛甩到对岸上，出其不意地占了先。结果：老鼠胜利了，居了十二属相的第一名，黄牛居了第二名，老虎是第三名，兔子为第四名，龙为第五名，蛇为第六名，马为第七名，羊为第八名，猴为第九名，鸡为第十名，黄狗来晚了，居了第十一名。可是猪最懒，在家睡大觉，所以就把它排在十二属相的最后。"据此可见，纳西族的十二属兽及其排列顺序，完全同汉族一致，只不过这则传说未像汉族的有些说法那样，将之明确配列于十二地支序位。

就现有材料来看，很多少数民族的十二兽历都是用来纪日或纪月的，而不是纪年历。这一点，也正是汉族生肖纪年法所经历过的一个重要阶段。这在汉族古代传说中，亦有反映。如前蜀·冯鉴《续事始》中记载："黄帝立子丑十二辰，以名月，以名兽，配十二辰属之。"不过，早于汉代时汉族即开始兼以生肖纪年了。

我国彝族长期使用的十月太阳历中的十二兽轮回纪日，是少数民族十二兽历的典型纪日用例。[①] 彝族这种太阳历将一年划为十个月，每月 36 天分为三个十二属相周，全年计 30 个属相周。在日常生活中，他们不仅根据十二属相日占卜凶吉，就连各地集市贸易日期也是以不同属相日来排定命名的。甚至，有的已化为地名。例如，在《中国分省地图》和《中国地图册》上，标有贵州彝族十二属相集场地名 44 个，云南彝区十二属相及场地名 114 个，如"龙场""牛街"之类，均可以命名用兽推知其传统集市贸易日期。

为什么一些少数民族也流行有同汉族一样或相类似的生肖纪辰历呢？用文化人类学理论来解释这种现象，显然归咎于不同民族间的文化交流、吸收与融合作用的结果。这是符合历史运动规律的。

历史上，各个民族在其形成、发展与存在过程中，都产生、积淀了自己的主导文化。同时，这也是一个借地缘关系等社会媒介相互影响与交流的文化运动过程。

汉族本身，是由古代不同民族融合产生的一个古老民族。民族间的融合过程，主要是文化的融合运动。

---

① 详可参见刘尧汉、卢央《文明中国的彝族十月历》，云南人民出版社 1986 年版。

　　战国时楚国的屈原在其著名诗作《离骚》开篇中自述身世称："帝高阳之苗裔兮，朕皇考曰伯庸。摄提贞于孟陬兮，惟庚寅吾以降。皇览揆余初度兮，肇锡余以嘉名：名余曰正则兮，字余曰灵均。"有人将此译为现代白话，则是："我是古帝高阳氏的子孙，我已去世的父亲叫伯庸。岁星在寅那年的孟春月，正当庚寅日那天我降生。父亲把我的名取为正则，同时把我的字叫作灵均。"就此，则拟围绕生肖与民族作点探讨。

　　清·顾炎武《日知录》卷二十中说："《楚辞》：'摄提贞于孟陬兮，惟庚寅吾以降。'摄提，岁也；孟陬，月也；庚寅，日也。屈子以寅年寅月庚寅日生。"那么，屈原何以生辰适逢"三寅"为美好吉祥呢？时下有人指出，其"寅"于当时已"具有虎的含义"，是"以虎日为吉。"并举例证提出，早在周代即已出现了寅为虎、辰为龙、巳为蛇、午为马、丑为牛这五支及五兽对应相配。因十二兽历不是官方历法，就难有系统记载，但从这五支和五兽相配，已能反映周代各族民间流传十二兽历法，也有用它们与干支相配的，故在当时文献中还偶有反映。《离骚》此例，即其所据主证之一。依此说，则可将生肖纪年从汉代提前至周。然而，亦恰因相对干支系正统官方历法而言，十二兽历乃难以见诸经传的民间历制，属非主流文化，囿于文献记载的稀疏，还有待进一步发掘佐证。

　　如果"寅年寅月庚寅日"于当时确实含"虎年虎月虎日"之义，则还有必要联系到当时的民族问题。《离骚》首句之"苗裔"系指"子孙"并非"苗族"，自不待言。然而，屈原故国，却是一个"三苗"故地。"此族当五帝时，曾据今长江中流，洞庭、彭蠡之间。后为汉族所破。周时，江域之地入楚。此族退居湖南，自汉以后，又沿洞庭流域西南退。凡今湖南及贵州沅江上游之地，古所谓蛮者，大抵皆此族也"。著名楚辞学专家姜亮夫先生于考证"楚民族"时亦认为："言楚民族当分别两事：一为统治阶级之氏族，即曲子所谓'江介遗风'之创造者。二为楚地固有之周民族与土著民族，自历史发展论之，当即《尧典》'窜三苗于三危'之苗民。……至周民族之封在江汉间者，尽为楚所，其文化可能为楚人所破，而融入贵族阶级中。"屈原非但出身于楚贵族，还是职掌曲、景、昭三姓贵族事务的三闾大夫。而且，"楚之先，来自西方，本为游牧民族，至周已定居丹阳一带"。凡此，或言之，屈原故里原即"三苗"等古民族曾聚居生息之地，楚地乡土风俗本身即为多民族的融合体。进而回过头来依此判之，《离骚》所反映的以虎年虎月虎日（亦即"三苗"）出世为吉祥之俗，则亦属当时当地多民族民俗文化融合事象之一。至少，不论最先出自哪一当地古民族，其时亦难断为个别所独有。

如果说，《离骚》"三寅"与"虎"的对应尚有待充分佐证的话，那么当代"彝族文化学派"关于道家与彝族虎宇宙观及十月太阳历中十二兽历的考证与新见，则为我们提供了颇有价值的最新成果。他们"通过彝族的原始图腾遗迹和纪日十二兽历法是产生于原始狩猎、牧畜、农耕等生产及以此为基础的图腾崇拜"。"中华民族是'生龙活虎'这一民族自我意识，渊源于远古龙、虎两部落为基础的各部落大融合，而这种融合一直在不断地进行的过程中。龙女娲部落主要代表苗、黎、壮、佤、蒙、满等民族的原始先民；虎部落主要代表羌、藏、白、纳西、土家等民族的原始先民。汉族是以龙虎两部落为基础融合而产生、发展、壮大起来的"。汉族生肖文化融合了一些少数民族十二兽历，一些少数民族至今仍存在的十二兽历也明显反映着汉文化的影响，从而造成以汉文化为主体的中华民族生肖文化的共通性特征。这一特征，是中华民族内部多民族文化融合、发展的历史遗存。一如任继愈教授在《中国少数民族哲学思想史论集》序中所说："汉族也是秦汉以后，经历了若干世代众兄弟民族不断融合的结果。……由殷周上溯，龙山文化、仰韶文化，已经说不出是汉族的前身还是其他兄弟民族的前身，应当是黄河流域各族共同创造的。我国古代习惯地列为汉族的一些哲学家、文学家，实际上他们是否属于汉族，大成问题，比如屈原，他是楚贵族，至少他不是汉族的前身。"[①] 生肖文化亦如此，业已很难讲清它是汉族还是哪一兄弟民族首创的，因为汉族文化本身就是多民族文化的融合体。不过，需注意到，一些少数民族的生肖纪历多仅属兽历而已，而汉族则使之发展为一种民间信仰形态，即综合了天文、地理与生命观念的超社会力量的自然崇拜；如果从汉代算起，迄今已有两千多年历史了。

5. 生肖文化是多元信仰在民间历法上的聚焦点

生肖文化出自原始文化的动物图腾崇拜，这是当代学界的一个基本共识。

然而，这并非完整、准确的结论。

动物图腾崇拜，仅仅是生肖文化给予我们比较直观的印象。事实上，生肖文化是中华民族原始文化多元信仰在民间历法上的一个聚焦点。或言之，生肖文化不止体现了原始动物图腾崇拜，还明确反映着多元信仰的标记。

历史学家吕振羽教授曾援引了 20 世纪初某公"谈的一段无稽神话"："你信吧，人都是由生物或星宿转变来的。这从每个人的特

---

① 中国北方少数民族哲学及社会思想史学会编《中国少数民族哲学思想史论集》第 1 页，中国社会科学出版社 1985 年版。

性中都可以看出来。你看某先生，凶猛多智，因为他就是虎狼转变的；某先生就是狐狸转变的，所以你才摸他不清呀！……说到兄弟我自己，就应该归到星宿一类，好些人都说我是寿星托身的。……无论何人，他的前身都不能不是一个什么东西；要不，就定然没有他的特性。"对此，吕氏指出："这样原始时代残留下来的意识，在中国的一部分人中还相当普遍。"此例的原始意识中，即包含了动物崇拜、星宿崇拜和神灵观念等原始信仰遗存。

泛灵论（即"万物有灵论"）是人类原始文化中的多元信仰现象，中国民间文化信仰的多元性即滥觞于这种原始文化信仰。

我们说生肖文化是原始文化多元信仰的聚焦点，则在于它至少印有动物图腾崇拜、五行及星辰崇拜、神灵崇拜等原始信仰，以及道释宗教信仰的标记。

（1）图腾崇拜

从《易传·说卦》以八种动物作为卦象，到选定十二种动物纪历和生肖灵兽，同原始部族因崇拜某种动物而奉之为图腾一样，均属原始信仰中的动物崇拜。不过，动物图腾崇拜是产生生肖文化比较直接的主要来源之一。

人类产生动物崇拜的原因颇为复杂，不同的民族因所处人文地理环境的制约而形成各自的崇拜对象。即或同是一种动物，在不同民族的信仰中，亦会存在不同的认识、寓意和情感。但是，所有动物崇拜均有其特定的功利性意识的，绝非无缘无故的崇奉。

清·褚人获《坚瓠续集》卷一录《闻见危言》所载："南诏苗獠，不解营宫室，倚树架木以居，四周用长木横阑之，每面各三，禁猛兽不得越而入，夜则驱合家男女，偃息于其中。此所谓阑干十二也。后入唐人诗料，遂与流苏珠箔，相附而行，谓是富贵家长物，岂复识为蛮獠荒陋之用乎！"尚未见到苗族十二兽历材料，其以阑干阻挡猛兽侵袭是居住功利性的需要，而以"十二"之数为制则属同民间信仰、民俗心理乃至关乎生存意识的风俗习惯了。同理，一如以动物为图腾，选择一组特定的动物（其中还包括复合型的象征多种神兽化身的龙）作为纪历符号和生肖神灵，无疑也是从原始的功利意识演化而来，是一种原始初民智慧的积淀与延伸。

（2）五行及星辰崇拜

明代王鏊关于"天禽地曜，分直于天，以纪十二辰"为"十二肖之所始"的观念，直接反映了世人生肖文化中的五行崇拜与星辰崇拜意识。为简明起见，现将其具体解说列如下表：

明代王鏊"十二生肖"对应学说表

十二辰	十二肖	七曜及二十八宿 ※
子	鼠	女（土）蝠；虚（日）鼠；危（月）燕
丑	牛	斗（木）獬；牛（金）牛
寅	虎	尾（火）虎；箕（水）豹
卯	兔	氐（土）貉；房（日）兔；心（月）狐
辰	龙	角（木）蛟；亢（金）龙
巳	蛇	翼（火）蛇；轸（水）蚓
午	马	柳（土）獐；星（日）马；张（月）鹿
未	羊	井（水）犴；鬼（金）羊
申	猴	觜（火）猴；参（水）猿
酉	鸡	胃（土）雉；昴（日）鸡；毕（月）乌
戌	狗	奎（木）狼；娄（金）狗
亥	猪	室（火）猪；壁（水）貐
※ 采用王敖原文，只是将七曜字括起以便识别。		

他将二十八宿分布预示十二辰，除子、午、卯酉四辰各三宿外，余皆各两宿，又从各辰宿禽名中选取其中一种为"天象"，即为十

二肖纪辰，并"以七曜统之"。事实上，他如此解释"十二肖之所始"原理，恰也印证着生肖纪年之制始于十二肖纪辰这一生肖文化发生、演化的轨迹。因为，按其说法，将二十八宿配于十二辰属，由北向东、南、西周转开去，亦即十二肖绕天一周，亦即"天禽地曜，分直于天"，成为一天时序的标志。

同以禽名命名二十八宿一样，这当中既含星辰崇拜，亦存在动物崇拜，是二者的结合。

（3）神灵崇拜

从十二兽纪辰演化为"十二生肖"的一个最根本的分野标志，即在于将纪岁动物同该年出生者的人生命运联系起来，奉之为主宰人生的神灵。甚至，将不同生肖者的人际关系，亦附会于臆意中的十二神兽的相互关系上，实质是对阴阳五行迷信的附会。

民间关于生肖起源、排位的传说中，有些即直接将之归咎于天神的决断，则是生肖文化中原始神灵崇拜意识的直白式显示。

（4）道、释信仰

道教是中国土生土长的宗教。在道教形成之先，已存在了道家学说，其思想轴心均在于"道"。《老子》说："道生一，一生二，二生三，三生万物，万物负阴而抱阳，冲气以为和。"据此，阴阳成为道家用以解释宇宙变化及世间万物生灭的最核心学说。

非但可见道教有将十二肖属形象配绕太极的图式实证，古人亦不乏以阴阳、奇偶来阐释生肖动物与十二辰配列原理的，认为其全然出自阴阳配合、变化规律。详如洪巽、王逵、郎瑛诸说，便是。在他们看来，十二辰肖之所始，完全合乎"道生阴阳，阴阳生万物"这一道家宇宙观。这种意识融于民间生肖传说，即为道家神灵人物的掺入和阴阳说的自然导入。

佛教传入，亦注意到生肖文化在民间文化中的广泛影响。于是，在汉传佛经中便强调十二肖为佛祖所创，后即融入了民间生肖传说。

宗教对中国文化影响之最，莫过于道、释，其中又尤以道为更加深远。生肖文化的发生、发展过程融于道、释观念，尤其道家因素，自属固然。

凡此说明，中国生肖文化的生成，并非单一因素的作用，而是多元文化信仰综合作用的结果。这一点，正是中国民间文化多元兼容特征与生成轨迹的反映所在。

三、生肖民俗评说

"文化包括各种外显或内隐的行为模式，它通过符号的运动使人们习得或被传授，并构成人类群体的出色成就，包括体现于人工制品中的成就，文化的基本核心包括传统（即由历史衍生及选择而成）观念，尤其是其价值观念；文化体系虽可被认为是人类活动的产物，但也可被视为限制人类作进一步活动的因素"。生肖就是这样一种民间文化现象，广泛渗透于古今民俗文化的"各种外显或内隐的行为模式"之中，以人们避凶趋吉、禳灾祈福求安顺的本能愿望为基轴，演化出赋有各种现实功利性价值观念的事物，成为在一定条件下"限制人类作进一步活动的因素"。

江南水乡名城苏州桃花坞民间年画中的《华英生肖月份牌》，将《况钟访鼠》《天河配》等十二出民间喜闻乐见的传统戏曲中的动物形象组合于同一画面，用以表现十二生肖这一主题。其巧妙、别致之处，非但在于生肖乃民间长期流行不衰的传统纪年方法，更在于迎合了生肖迷信认为诸动物是主宰世人命运的神灵这一潜意识。生肖画面中央画的是和合二仙，则点破了这种意识所在。和合二仙通常为蓬头笑面形象，手持荷花与盛蝙蝠的圆盒，象征美满和谐。人们尊奉十二生肖神兽，功利性的价值取向即在于追求现实生活美满和谐的福运。故此，这种主题的月份牌是颇有市场的，它非常切合关于生肖的民俗心理。

相对以十二兽纪辰、纪岁这一民间历制而言，生肖则是将富于俗信和迷信色彩的民间信仰习俗，广泛渗入到人生礼仪习俗和生肖占卜等民俗文化事象之中，从而构成了我国特定的生肖文化形态。

这里，主要评说人生礼俗和占卜民俗中的生肖信仰。

1. 人生礼俗与生肖

生肖，是我们这个民族为每一位降临人世者最先赋予的一件不容谢却的礼物，而且早在该生命孕育之前就已经准备好了。它是人们与生俱来、相伴终生而不逝灭的一种特定民俗文化符号。一如族徽、图腾，新生命一经诞生，即终生与生肖相伴，与之发生千丝万缕的联系，甚至要受到相关习俗惯制的制约、摆布。在生肖民俗的作用下，人世间曾发生并仍在继续出现纷繁物事。清季白话小说时有写及，例如：《红楼梦》第五七回当宝钗问："我哥哥还没定亲事，为什么反将邢妹妹先说与我兄弟了，是什么道理？"黛玉说："他不在家，或是属相生日不对，所以先说与兄弟了。"《儿女英雄传》第二八回："张太太又属相不对，忌他，便留在上房张罗。"有的尚对生肖运命提出质疑，如《镜花缘》第十二回吴之和道："尤可笑的，俗传女命北以属羊为劣，南以属虎为凶。其说不知何意？至今相延，殊不可解。人值未年而生，何至比之于羊？寅年而生，又何竟变为虎？且世间惧内之人，未必皆系属虎之妇。况鼠好偷窃，蛇最阴毒，那属鼠、属蛇的，岂皆偷窃、阴毒之辈？尤为四灵之一，自然莫贵于此，柒辰年所生，都是贵命？此截愚民无知，造此谬论，往往读书人亦染此风，殊为可笑。"言之切切，无可辩驳。

然而，从古至今，生肖崇拜与禁忌总如幽灵一般洄游于社会生活之中，令人困惑，不得不以各种近乎顺应的方式去应付它，从而求得心理平衡。事实上，民俗文化的社会功能，除协调、规范社会而外，相当一部分作用在于引导人们以相应的行为调解心理平衡，此即其精神方面的力量。辨风正俗，则在于指导人们科学地把握民俗事象，规范民俗活动并调整和净化社会风尚。

在男女老幼人口济济的纷繁复杂的社会生活，各人没有一个特定代号——姓名的情形是不堪设想的，那就将失去社会最基本的秩序。但在星命家说来，"须配合十二生肖命名，您才会有一定吉祥的名字。有了吉祥的名字，您才会有顺畅的人生、成功的事业、健康的身体和幸福的婚姻"。于是又附会出各属相取名的若干禁忌来，其实全无道理。认为属鼠者取名应采用米、豆、鱼、金等部首汉字，忌用刀、弓、石、火、车之类部首字，无非恐鼠为患而采取的迎合其性媚鼠手段之一。这同唐代柳宗元笔下《永某氏之鼠》所说的愚昧，岂不同出一辙！"永有某氏者，畏日，拘忌异甚。以己生岁值子，鼠，子神也，因爱鼠，不畜猫犬，禁僮勿击鼠。仓廪庖厨，悉以恣鼠，不问"。结果，唯致鼠患成灾而已，致使"某氏室无完器，无完衣。饮食大率鼠之余也。昼累累与人兼行，夜则窃齧斗暴，其声万状，不可以寝"。究其迷信心理，不过是"以其饱食无祸为可恒"，然适得其反。

人们迷信生肖，核心在于误以其为"本命"所属。相传宋徽宗属狗，即有宰相以其为"陛下本命"，因奏请"京师以屠狗为业者，宜行禁止"。清代慈禧太后属羊，则艺人入室演戏须忌"羊"字，《女起解》中的唱词"羊入虎口"要改唱"鱼儿落网"。这种生肖迷信，汉以来即已见诸史书了。《三国志·魏志·管辂传》载："又吾本命在寅，加月食夜生。"在寅，即本命属虎。古今人生礼俗向以六十寿诞为重，即缘此而生。六十岁，既是人生经历了五个本命年，又适逢甲子之数，因而被视为重典。唐·白居易《七年元日对酒》诗之四云："今朝吴与洛，相忆亦欣然，梦得君知否，俱过本命年。"又自注称："余与苏州刘郎中同壬子岁，今年六十二。"此诗作于唐文宗七年（833年），其六十大寿即在文宗六年，"今年六十二"则是"虚岁"之数。官制以干支为纪，民间以生肖为纪。本命之说，即缘生肖以附会于干支、五行、阴阳、四方、十二宫等为本。民间本命年习俗认为，人每逢自己属相值年时，多有灾殃，必须设法禳解。禳解之法，无论年轻、年迈，均从此年元日起需系红腰带、穿红衬裤（或裤头），习以为制。少数地区，如青海的河湟，则主要为年过半百的老者作本命年禳解活动。在我国大部分地区，还要庆贺一番。类似风俗，亦见辽代契丹族皇室，名为再生仪。据《辽史·礼志·岁时杂仪》载，凡十有二岁，皇帝行再生仪，禁门北除地置再生室、母后室、先帝神主舆，有童子、产医妪陪伴，三过岐术之下，太巫奉襁褓、彩结等物赞祝，并宴请群臣，足见其颇为隆重，其旨无非在祈福。这种礼仪每隔12年举行一次，取意与本命年禳灾做生日相似。甚至还大赦，《续资治通鉴·宋仁宗宝元二年》载："[十一月]辽以太后行再生礼，大赦。"

　　祈寿在于求生，而人生总将有其终结。于是，生肖习俗也就同丧葬联系起来。北宋第四代皇帝宋仁宗赵祯（1010—1063）生于寅戌年，本命属狗。《续资治通鉴·宋仁宗皇祐元年》载其言称："昨有言寅戌是朕本命，不宜临丧，朕以师臣之旧，故不避。"是知当时已有因本命生肖而避临丧之俗，并进入了宫廷。又如《续资治通鉴·宋仁宗嘉祐六年》记："[正月]戊申，绛州防御使宗懿为信州团练使，宗懿葬其父濮安懿王，而自以本命日不临穴故也。"是知连生肖日亦须避忌墓穴。事实上，早在隋唐时，即已流行制十二生肖俑（又称十二支神俑）陪葬习俗了。在牛角塘唐墓中，即曾出土了十二生肖陪葬俑实物。在世时期望获得生肖庇佑，死后仍不愿摆脱其左右，祈求继续赐福亡灵，可见生肖观念渗透、影响之深。

婚姻嫁娶，是除生死而外的又一人生大礼。人们本能地希望婚姻美满和谐和传宗接代，事事处处吉详谋虑，自然不敢违逆主宰人生命运的生肖禁忌，于是就衍生出诸种有关婚姻的生肖习俗。在传统婚俗中，合婚是择偶要经过的首要一关，若属相不合，则不能婚配。明代即流行有所谓"女子属羊守空房"之类谚语。至于什么"龙虎不相容""猪猴不到头""鸡狗断头婚"诸说，至今仍有其一定信众，其实不过是附会干支冲害迷信的产物。甚至，选择婚期亦有生肖方面的讲究。如山西定襄地区，人们认为夫妇属相为鸡兔者，以正月、七月结婚为宜，蛇猪宜三、九两月，马鼠宜六、腊月，牛羊宜五、十一月，狗龙宜四、十月，虎猴宜二、八月，事实已证明皆无切实道理。在流行十二兽历的黎族，亦存在类似习俗。《清稗类钞·婚姻类·黎人婚嫁》载："黎人无时宪书，不知甲子，然于婚姻，亦必择吉日。其法：按十二兽，以手推算，所择日与选择家悉暗合。或云，虎猴牛，黎人以为恶兽，避之则吉。"生活在我国浙江地区的畲族，其婚嫁时长夜对唱的传统民歌"歌底"中，即有一种十二生肖歌，在对歌收尾时唱述十二生肖形象、特点及其同人类的关系，流行甚广，各地唱词大同小异。

这里，展示两首由民间文学工作者实地采集的《十二生肖歌》。

其一

寅年肖虎就是我，山里寻食山里挨；
寻得有吃饱一肚，没食空肚走过界。

卯年肖兔实清气，身上生毛眼红翳；
耳蕈长长心性好，脚长手短肉生涕。

辰年肖龙会上天，身上生鳞五色斑；
嘴大角长生五爪，五六七月最出名。

巳年肖蛇就是懒，倒在路边卷作团；
睨着人来就逃走，紧紧溜过没脚痕。

午年肖马是没变，头捆麻绳手来牵；
争州奇国我当先，行乃慢来吃皮鞭。

未年肖羊好名声，高岩石壁啃草青；
肉待人情毛好卖，扎笔写字上王京。

申年肖猴实在灵，带崽成阵在山林；
这山过了那山转，爬岩上树不用劲。

酉年肖鸡好名头，头带红冠着红袍；
未啼之前先拍翼，未成生卵米来逗。

戌年肖狗尾翘翘，主人养我守门头。

会赶狐狸又守贼，不嫌主家寮里孬。

亥年肖猪吃粗糠，剩饭菜汤养身壮，
猪肉亦是头样宝，百菜没我煮不香。

子年肖鼠天上何，大大细细崽孙多；
吃了几多谷仓米，斩了几多田里禾。

丑年肖牛最苦辛，牛轭挂颈链随身；
犁耖都是铁来打，拖乃不动竹扳摀。

其二

正月建寅是虎狼，虎狼一世在山场；
身上穿着五色样，出来游躜会吓娘。

二月建卯是兔郎，一世吃草当米粮；
身上生毛油油软，做绒成衫值银两。

三月建辰是属龙，黄龙喷水在天宫；
早时放水天下落，荫得地下百草葱。

四月建巳是属蛇，出世有娘又没爷；
出世有爷又没娘，身上没衣生鳞遮。

五月建午是属马，马头又用绳来挂；
夜间不给倒落地，主人骑去入官衙。

六月建未是属羊，一把嘴须三寸长；
头上生双金角崽，人客来卖好银两。

七月建申是属猴，不怕山林树木高；
黄藤作怠它前吃，番薯芋头它也捞。

八月建酉是属鸡，未先呼鸣米落泥；
鸡娘养大会生卵，鸡公养大五更啼。

九月建戌是狗郎，主人养你困柴仓；
夜间得醒防贼盗，日里客来犬嘟嘟。

十月建亥是属猪，一日三时服侍佢；
粗糠番薯吃会大，天大人情它侍去。

十一月建子是鼠郎，养恖成阵住石墙；
爬梁巡避最本事，猫若一出没位藏。

十二月建丑是属牛，大田犁倒滥糟糟；
一条田塍行九转，冬来吃秆眠柴毛。

其一为年份生肖歌，其二为月份生肖歌。而且，均突破十二地支以子、丑开头的顺序，改以寅、卯开头，具体顺序则又未破除地支固有排列顺序。这种现象，同彝族等其他一些少数民族的十二生肖历制相似，是以其固有民间历制同汉族相配列的结果。

凡此，生肖在生、死、婚三大人生礼俗中均扮演着特定的民俗文化角色，除却"本命年"中尚含人生礼赞意义等而外，大都并无积极意义，多在扬弃之列。

2. 占卜与生肖

中国占卜起源很早，并曾设有专司占卜的职官，《周礼·春官》中的"冯相氏""保章氏"即为司此职者。殷墟出土的大量卜辞，更属实证。据文献考察，占卜术当以汉代为盛，而生肖占卜正于此际肇兴。东汉·王充《论衡》有关篇章关于生肖与干支阴阳五行关系的辩证，既说明了一时生肖迷信的盛行，也说明其占卜迷信的产生全系对于阴阳五行占卜之术的附会；即以十二兽同十二地支相配列为媒介，直接将之附着、嫁接于阴阳五行占卜术上面，从而派生出种种生肖占卜和生肖禁忌习俗。事实上，上述诸种生肖禁忌习俗，多出自生肖占卜的影响。

在中国占卜史上，生肖占卜虽发生较晚而又是附会阴阳、五行、四方、干支等生成，却是汉代以来在民间影响颇广泛深远的主要占卜术。生肖人皆有之，求生、祈福、趋吉心理亦为世人共同心理，加之术士们的故弄玄虚与蛊惑，于是就产生了一个历久不衰的生肖占卜术的广泛市场，其信众迄今未绝。在术士们说来，生肖命理主宰着人世的一切，法力无边。即或是否上吊而亡乃至大小便方向，亦需因生肖来择定。敦煌文献中的《推十二时人命相属法》，即体现了我国古代生肖占卜术的这种思想。例如：

子生鼠，相人命属北方黑帝。子曰：料黍三石五十一代。宜着黑衣，有病宜（服）黑药。大厄子午之年，小厄五月、一十月。不得吊死、问病，不宜共午生人同财出入。

丑生牛，相人命属北方黄帝。子曰：料粟三石七十一代。宜着黄衣，有病亦服黄药。大厄丑未之年，小厄六月、十二月。不得吊死、问病。一生不宜共丑未生人年同财交通。

未生羊，相人命属武曲星西南方黄帝。子曰：食大豆一石二十一代。宜着黄衣，有病亦服黄药。大厄丑未之年，小厄六月、十二月。忌吊死、问病。秋冬生，富贵；春夏生自如。四子上相，三子力其人。本是女国人，前世骂破斋遂来至此生。鸟人信敬敦厚文帝宜写史，奴婢六畜足用，卅保财年，甘官厄。君子得官位。卅五中厄，卅五大厄，得受（寿）命八十一，一生不得向西南方大小便，慎之大吉。

显然，这是为术士施生肖占卜术使用的底本。江湖术士除掌握这种基本要诀外，还必须辅以种种察言观色随机应变的本领，方能牵制卜客。旧时江湖职业术士中流传许多种秘本，均属这种施术经验的总结，行内传钞密授，以愚世俗。明末清初流传的《江湖切序》及稍晚些时候广东"江湖派"术士秘本《英耀篇》等，均属此类。如《江湖切序》中说："先签后隆，乃术中之诀；轻敲响卖，是秘密之玄机。"尤以《英耀篇》说得更为直白：

> 一入门先观来意，即开言切莫踌躇。……急打慢千，轻敲而响卖。隆卖齐施，敲打审千并用。十千九响，十隆十成。敲其天而推其比，审其一而知其三。一敲即应，不妨打蛇随棍上；再敲不吐，何妨拨草以寻蛇。（下缺两句）先签后隆，无往不利；有千无隆，帝寿之材。故曰：无千不响，无隆不成。学者可执其端而理其绪，举一隅而知三隅。随机应变，鬼神莫测，分寸已定，任意纵横。慎重传人，师门不出帝寿，斯篇玩熟，定叫四海扬名。

显然，为保守当行秘密，文中掺杂了许多为行人所不解的隐语行话。例如有解释道：它把怎样套取对方家底、身世，以及使他们心诚悦服的方法，归结为："敲、打、审、千、隆、卖"六个字。"敲"就是旁敲侧击；"打"就是突然发问，使对方措手不及，仓促问吐露真情；"审"就是察貌辨色，判分真伪，并从已知推断未知；"千"就是刺激、责骂、恐吓，向要害打击；"隆"就是赞美，恭维和安慰、鼓励；"卖"就是在掌握了对方资料之后，从容不迫地用肯定的语气——推出来，使对方惊异和折服。这六个方法是互相配合的，所以"秘本"指出说："隆、卖齐施，敲、打、审、千并用。"

生肖占卜必须在言语中谈及生肖名目，为当行内部交谈方面，术士群体即使用了相应的隐语行话。例如：排流年为挤丙子，排算生辰为黑虎道，和婚为合寸，属鼠为光嘴通，属牛为摆子通，属虎为爬山通，属龙为海条通，属兔为钻坎通，属蛇为柳子通，属马为横行通，属羊为长髯通，属猴为根斗通，属鸡为啼明通，属狗为守笆通，属猪为垂耳通。

凡此，悉在于"随机应变，鬼神莫测"而"任意纵横"（《英耀篇》语）。这些，都无疑是对包括生肖占卜在内的各种占卜术欺人惑众伪科学本质的自我暴露，一种无意识的深刻自我批判。至于生肖占卜理论，至今虽掺入一些现代内容，但万变不离其宗，早在东汉·王充《论衡》中即予以深刻批判、辩证了。

但是，民间文化中深受生肖占卜习俗影响的事为数颇多，民间崇拜与禁忌等信仰习俗中印有许多生肖占卜的标记，这是应予正视毋庸讳言的。同时，这也是当代乃至今后很长历史时期内，民俗文化学者所要进行的辨风正俗的主要方面。

在有些地方，生肖迷信还衍化为育儿习俗中的治病巫术。如旧时浙江西部地区民间流行的"念属相"风俗，就是这样情形。当小孩子因伤食害肚子痛时，家人便将小杯子盛满米用布包紧，然后再将杯口对小孩肚子轻擦数次，同时念叨说"老鼠归老鼠，猪归猪，鸡归鸡，龙归龙"等，俟如此逐一念遍十二属后则说："孩子，它们都帮你吃，你一下子就不痛了。"如果说，轻揉小孩肠胃以助其蠕动消食尚可认为含有一定合理性外，那么以杯盛米象征孩子肚中积食，念请诸生肖动物前来分吃以消食的祈望，则显具生肖迷信乃至巫术色彩了。其实，这只能起一定程度上产生分散病孩注意力、致使减轻痛感的效果。人们迷信生肖主宰人生命运，为本命之所属，因而即依此占卜吉凶和运用巫术方式来禳解之。

生肖占卜习俗是以十二兽历为本，同其他原始民间信仰混合而成的一种主要生肖文化形态。彝族星占中的十二属相占，则反映了不同民族间生肖占卜习俗的原发性民族特征。

被认为起源于古代西羌族图腾崇拜的彝族十二属相纪日，虽然是缘生产、生活之需而生，却在彝族星占和祭祀活动中发挥着重要作用。被认为是原始时代延续至今的民间圣哲、原始时代预测未来的学者的吉克·尔达·则伙，是凉山彝族父系氏族制和氏族奴隶制社会迄今尚存的唯一世传著名老祭司。"他所具星占师的职能，则按照十二属相算卦、二十八宿占卜，推断吉凶祸福"。在凉山彝族流行的占卜习俗主要即为两种，一是以日月星辰配十二属占卜吉凶，一是根据人的出生年月日配合十二属相算卦择日。因为十二兽历是其古来即通行的历法，一如汉族古代正统历法那样，所以其这两种占卜术都离不开十二属相。

有趣的是，虽无干支，却有阴阳（雌雄）五行。"彝族人认为，每个人的生死富贵都是以自己的属相和命宫先天所决定的"。在他们的祭司占卜理论中，认为每人身上均附有六种神，各有不同主宰，具体占卜方法也因神而异。"克坡"，是主宰终生命运的主神，用五行配公母（雌雄）推算；"技尔"，是职掌家庭吉祥之神，用属相与命宫推算；"尔匝"，财神，以五行推算；"者尔"，粮神，以属相、命宫推算；"枯兹"，性格之神，以属相、命宫推算；"故非邱虽"，生育之神，推算法同上。而且，尚流行着十二属相生克口诀，译作汉语即是："狗马虎相生，兔猪羊相生，猴龙鼠相生，牛蛇鸡相生。""东方克虎兔，西方克猴鸡，北方克猪蛇，南方克马鼠，狗龙二属克，牛羊二属克。"彝族占卜主要用十二属相历法操作，但其崇拜基础在于鬼神信仰。"人们在鬼神信仰的环境中逐步地摸索鬼神显灵的条件，也就是摸索鬼神的意向"，这些都"是以自己生活、生产中发生的经验事实出发，然后将这些经验中的吉日和凶日理解为鬼神的意向，再用一种神话或传说编串起来，形成一种似乎有规则的解释系统"。因历法的关系，彝族占卜术多联系属相，可称是其操作的基本特点之一。

"谁也不会以一种质朴原始的眼光来看世界。他看世界时，总会受到特定的习俗、风俗和思想方式的剪裁编排。即使在哲学探索中，人们也未能超越这些陈规旧习，就是他的真假是非概念也会受到其特有的传统习俗的影响"。由于占卜术在文化中的深远影响，人们的习惯思维往往会自觉或不自觉地陷于神秘导向的圈套。其中，有迷信，有俗信，亦有故弄玄虚而产生的神秘效应。

宋太祖赵匡胤（927—976年），丁亥年生人，属猪。在其尚未成为"真龙天子"开创一代江山之先，即曾出现了一个借生肖迷信制造的神秘信息，实质上是一则人为的舆论导向。清·褚人获《坚瓠六集》卷一记载了这件故事：

> 周驸马张永德，好延方士。尝有异人言天下将太平，真主已出。永德问："谁？"答曰："但睹紫黑色属猪人，宜善待之。"

永德见艺祖勋位渐隆，识其英表，问其生年在亥，乃倾身亲附。宋初以旧恩，礼貌终艺祖世，莫之少替。潘紫南题图南《鼾睡图》云："甲马营中紫气高，属猪人已着黄袍。此回天下都无事，可是山中睡得牢。"指此也。

艺祖，是古代对开国太祖的美称，此指宋太祖。唐五代时候周（951—960 年）的驸马张永德，相信了方士借生肖占卜干预政治而制造的神秘舆论导向，于是有意趋附时任殿前都点检、领宋州归德军节度使的赵匡胤。事实上，张永德亲附行为的本身，即加强了方士舆论导向的社会效应，大有益于赵匡胤。因此，当赵匡胤于后周显德七年（960 年）发动陈桥兵变成功称帝之后，不忘"旧恩"，致张永德累迁泰宁军节度使，出判并州。虽然他曾一度因"坐令亲吏贩茶规利"而罢为左卫上将军，不久仍累迁彰德军节度使，知天雄军。这改朝换代后的半生荣禄，悉在于听信方士借生肖迷信指点。其中的代价，则在于他身为驸马而趋附赵氏的推波助澜效应。然而，当年万一赵氏江山未成，其下场不得而知。这无非一场因生肖占卜习俗而导演的政治赌博。

"牛马年，好种田"，是一则流传甚广的农谚。意思是说，牛年和马年，风调雨顺，稼穑可获丰收。何以十二生肖纪年中单单这二年"好种田"呢？显然在于牛、马自古以来就是农事生产活动中耕耘运载的主要畜力工具。在自然经济的农业生产中，牛马畜力的重要和自然灾害的影响，是关系春种秋收成败的两大要素。在尚无科学实证说明牛马两个生肖年适宜农业生产确属自然规律外，即只有是人们对这两个生肖年丰收年景偶然性经验的深刻记忆，附会于生肖占卜的结果。除此而外，则难作其他解释。深究其源流的话，显系原始农业文化的动物崇拜之遗。事实上，预测丰歉、农时，自在生肖占卜术的视野之中。《史记·滑稽列传》所载古代民谣有道："瓯窭满篝，污邪满车；五谷蕃熟，穰穰满家。"这是一首农家祈望丰收的祝歌。"牛马年，好种田"，无疑也反映了人们渴盼丰收的切实心境——民以食为天。农业生产在迄今仍相当程度上是靠天吃饭的条件下，大自然的喜怒仍直接关系着人类衣食温饱。因而，这正是这则染有生肖占卜迷信色彩的农谚至今仍流传未衰甚或大有笃信者的客观缘故。

文化是什么？就其历史业已验证了并仍在实践着的社会功能而言，文化是一种群体精神的寄托与积淀，是一种强大的凝聚力、驱动力。"真正把人们维系在一起的是他们的文化，即他们所共同具有的观念和准则。"古老的生肖文化，即属这样的一种民间文化形态。两个身处异乡他国的游子初遇，两句家乡话可缩短彼此关系的距离；如果从年龄上又知彼此属相相同，无疑又会增强相互亲热的程度。即或是寅年的生肖老虎制成的吉祥物标志，也会激起人们的热情和向心力、本能的民族自豪感。因为，"人类文化在由环境或人的自然需要所表现的线索上所建立起来的风俗并不像我们轻易地想象的那样，和那种原始的冲动保持那么密切的关系。……发生在它们周围的那种精雕细刻的劳作，实际上受着许多各不相同的考虑的支配"。生肖文化之所以同许多民间文化形态一样经久不灭，即在于其不断以新的寓意适应、满足不断变化着的社会民俗心理要求。在历史的这种双向选择与适应运动的规范作用下，生肖文化将作为难以为相应的外来文化事象所取代的人生一典，长期传承。因而，考察、认知生肖文化源流、本质与运动规律，从中辨风正俗，规范之，使之健康地为当代社会所用，并传之后人，是有其科学意义的。

总之，十二生肖作为一种文化现象，其赖以产生的最本源要素，一如出自原始农耕渔猎文化的动物图腾崇拜，当是人们在顺应自身生存的天地自然环境的理解与认知，包括蒙昧时期的揣度、歪曲性理解与迷信。我想，杨慎《艺林伐山·十二属》"以为此天地自然之理，非人能为也"的判断，或即包含了这个意识。

五、市井风情

"杂纂"：别一道语言民俗景观

—— 《民间语典："杂纂"语言民俗景观——历代杂纂辑注》自叙

引言

"杂纂体"与"竹枝体"，是滥觞于唐代的两枝文体奇葩。

一千二百多年前的唐代，有两个"接地气"的文体的发明创造，一个是发端于中唐的诗豪廉吏刘禹锡的"竹枝体"，再即晚唐诗人李商隐首开先河的"杂纂体"。前者，是基于民俗语言语料的言语习俗文学化产物；后者，主要是民俗语言语料的原生态文本。两者，各自构成了独特的自为系统的语言民俗景观。

历代"杂纂"与"杂纂体"的基本内容，尤以晚清宋泽元校刊《杂纂》按语的评价至为客观、切中肯綮："(《义山杂纂》)渤于《唐人说荟》，家弦而户诵矣。惟王、苏二家续纂，世所帘觏。予爱其独能熟谙世味，曲绘人情，如鉴取形，如水照影，使读者粲然笑，憬然悟。可以资谈柄，可以助格言，可以作当头棒喝。岂不戛戛乎文章家滑稽之雄也哉！"鲁迅概括说，"书皆集俚俗常谈鄙事，以类相从，虽止于琐缀，而颇亦穿世务之幽隐，盖不特聊资笑噱而已"。内容的突出特点，大都"善戏谑兮，不为虐矣"（《诗经·卫风·淇奥》）亦即谑而不虐，却实在切中肯綮地针砭世风时弊，辨风正俗。

睿智精彩经典的"杂纂""杂纂体"语汇或俗语，勘谓"民间语典"；历代诸般"民间语典"载负的"事典"，亦即历代世俗风情语言民俗景观。现在所谈论的，即是绵延千年的"杂纂""杂纂体"构成的别一道语言民俗景观。

具体内容，可参如下诸例：

《义山杂纂》中的几例：

> 必不来：穷措大唤妓女；醉客逃席；把棒唤狗；客作偷物请假；追王侯家人。
>
> 羞不出：新妇失礼；师姑怀孕；初落解；相扑人面肿；奴婢偷物败；犯奸；富人乍贫；重孝醉酒；子女豆瘢；处子犯物议。
>
> 不相称：先生不甚识字；贫斥使人；穷波斯；不解饮弟子；瘦人相扑；社长乘凉轿；瘦杂职；病医人；老翁入娼家；屠家念经；肥大新妇。
>
> 不得已：忍病吃酒；掩意打儿女；大暑赴会；汗流行礼；为妻打骂爱宠；忍痛灼灸；为人题疏头；穷寺院待过客；被势位牵率；冒暑迎谒；老乞休致。
>
> 迟滞：老长官上任；佐官勾追人；谒致仕官；新媳妇见客；休官后出入；穷汉酿率；老剩员传语；贫家作会；孕妇行步。
>
> 失本体：不学发谴书题，失子弟体；吊孝不哀，失凶礼体；

不收拾挽器家事，口中不喃喃，失老婢体；送客不下门厅、不安排椅榻，失主人体；不阑腰、不自持刀砧，失厨子体；不点检学生作课，不念书，失先生体；早晚不点检门户家私，失家长体；不口打口骂，失节级体；早晚不礼拜念佛，失僧尼体。仆子着鞋袜衣裳宽长，失仆子体；不听呼唤、不会传语，失院子体；逃席后不传语谢主人，失宾客体；唱小喏、行步迟缓，失武官体。

杀风景：松下喝道；看花泪下；苔上铺席；斫却垂杨；花下晒裈；游春中载；石笋系马；月下把火；不行将军；背山起高楼；果园种菜；花架下养鸡鸭；妓筵说俗事；清泉濯足；烧琴煮鹤；对花啜茶。

清代顾禄《广杂纂》的《不识羞》：

拉富贵作亲戚；高吟自作诗文；

广场中唱曲；恶书画对客挥毫；

珍藏赝名家笔画；市儿讲典故；帖自写报单。

发端于唐代李商隐的《义山杂纂》及其历代续仿"杂纂体"作品，就笔者所发现并认定者，已经多达120余种。如今，历经数十年跟踪研究积淀而来的"杂纂""杂纂体"辑注一书《民间语典："杂纂"语言民俗景观——历代杂纂辑注》，正是如此一部积四十年之功完成的雕虫小技之作。

探索与实践的"套路"，便是通过"抉隐发微，正本清源；俗事探雅，雅题俗做；点面交集，立体通观；关注现实，辨风正俗；民俗语言，别有天地"，进而还原和解读"社会史点阵"。

中国传统学术的记述与阐释论说形式，常规做法，往往是基于专门事项训诂考据的散见于"序""跋""例言""注疏""疏证""笺注"等随感式、评点式的学术散文小品之中。这些显示为零星琐屑的"片段思想"文字，尽管不乏真知灼见和学术精品，但并非以分析论证和抽象思辨为方法的构建相应问题学术思想体系为本的、现代通行的学术论文和理论著作形式。如果要利用这些成果，就需要去加以解读分析这些呈现为分散状态的研究成果。关于钱钟书《管锥编》《谈艺录》的著作文体形式与现代学术文体规范的争议，即在于此。

关于绵延千年的"杂纂""杂纂体"的研究，无疑，首要是发现发掘历代文本，再为综合研究解读提供一个辑注性的文本。当然，对于辑注者本人而言，辑注的过程，也是解读与研究的过程。面对唐宋以降历代众多"以类相从"的"穿世务之幽隐"的"俚俗常谈鄙事"民俗语言文本，这是个"俗事雅做"和"俗中探雅"的考察探析过程。如今，将辑注连同辑注者本人在此过程中的专题研究所得，使之得以点面交集，立体通观，一并贡献给社会，供作不同领域更多的关注这个问题或事象者参考使用，是其基本价值的体现，也是作者历时几十年研究初衷之所在。

一、从"杂纂"到"杂纂体"

以唐代李商隐的《义山杂纂》为发端，连同后续的宋代王君玉的《杂纂续》和苏轼的《杂纂二续》，明代黄允交《杂纂三续》，合为"杂纂四种"，是古今"杂纂体"的经典。

（一）滥觞于唐代的两枝文体奇葩

世称"张颠"的张旭（约685年—约759年），诗与草书均别具一格，其草书当时与李白诗歌、裴旻剑舞并称"三绝"，与李白、贺知章等人共列"饮中八仙之一"。据载，后唐·冯贽《云仙杂记》记载，"张旭醉后唱《竹枝曲》，反复必至九回乃止"。可惜的是，其所唱《竹枝曲》今已失传，更难判断是自己的创作，还是采自民间的作品。但是，据此可知《竹枝》之调至少在唐代开元以前就已存在。因此，稍晚于张旭的刘禹锡以其传世的九首《竹枝词》，被视为"竹枝体"的发端，成为后世共识。此即任半塘《唐声诗》云：（此体）"始见于宪宗时皇甫松辞。其始歌舞时手执竹枝，黄钟羽。又收七言四句体三首，前二首，无和声分'初体'和'常体'，后一首有和声，称'别体'，以为此三体。'盛唐以前已行，中唐刘禹锡倡为民歌体，别名《竹枝曲》《竹枝辞》《竹枝歌》《竹歌》《巴渝辞》，民歌合黄钟羽。'"

相去刘禹锡《竹枝词》大约半个世纪之后，晚唐以无题诗著称的李商隐（约813年—858年），以一组《义山杂纂》44题、430条（据涵芬楼本的统计）开创出"杂纂体"，别具一格，历经唐宋明清，迄今千年不绝，本人断续发掘辑集的历代"杂纂体"文本多达百十余种万余条，蔚为大观，总而成为主要是原生态的民俗语言语料为文本构成独特的一道语言民俗景观长卷。或言之，以民俗语言学学说为学术津梁，以丰厚的民俗语言语料的历史积淀勾绘了庞大的一系列语言民俗景观。

（二）被关注、传播和研究的历程

首先，由于李商隐以诗名世，受到了宋代诗学界的关注。如宋·胡仔《苕溪渔隐丛话前集》卷二十二引有宋·蔡绦《西清诗话》：“《义山杂纂》，品目数十，盖以文滑稽者。其一曰杀风景，谓清泉濯足，花下晒裈，背山起楼，烧琴煮鹤，对花啜茶，松下喝道。”其中“清泉濯足”“烧琴煮鹤”“对花啜茶”三则，今所见诸本均无。也为同代民俗语汇专书的关注，如宋·龚颐正《续释常谈》：“李商隐《杂纂·七不称意》内云‘少阿奶’。”亦不见于今传诸本。

其次，古今“杂纂人物”故实。千年“杂纂”，吸引了古今数十位中国文化史上各有天地卓尔不群的人物的参与。晚唐诗人李商隐首开先河，此后诸如宋代名士苏东坡，南宋与陆游、尤袤、范成大并称为“中兴四大诗人”的杨万里，明代文学反对复古运动主将袁中郎，明代文学家、画家陈继儒，《菜根谭》作者洪应明，明末清初史学家、文学家陶庵老人张岱，与赵翼、张问陶并称“性灵派三大家”的“随园主人”袁枚，提出“六才子书”之说的文学批评家金圣叹，世称聊斋先生的蒲松龄，不通外语但以“林译小说”风靡一时的近代文学家、翻译家兼书画家林纾，现代特别关注“杂纂”的文学家、思想家鲁迅，所谓“鸳鸯蝴蝶派”小说家周瘦鹃，曾任中国古代戏曲研究会会长的复旦大学教授赵景深，等等，有的直接动笔续仿，有的主动评介，与“杂纂”的关联无不可圈可点，凭如此群星璀璨的作者阵营，亦足可见“杂纂体”在中国文化史上的影响。

第三，著名目录学专著予以著录。如南宋·陈振孙《直斋书录解题》云：“俚俗常谈鄙事，可资戏笑，以类相从。今世所称‘杀风景’，盖出于此。又有别本稍多，皆后人附益。”元代马端临《文献通考》引巽严李氏语称：“用诸酒杯流行之际，可谓善谑。其言虽不雅驯，然所诃诮多中俗病。闻者或足以为戒，不但为笑也。"①
晚清·宋泽元《忏花盦丛书》校刊《杂纂》按语的评价至为客观、
切中肯綮："(《义山杂纂》一书) 渤于《唐人说荟》，家弦而户诵矣。
惟王、苏二家续纂，世所帘觏。予爱其独能熟谙世味，曲绘人情，
如鉴取形，如水照影，使读者粲然笑，憬然悟。可以资谈柄，可以
助格言，可以作当头棒喝。岂不戛戛乎文章家滑稽之雄也哉！"②

　　第四，辑入多种丛书，流传多种版本。今传《义山杂纂》版
本，初见于明钞本《说郛》(鲁迅曾见此本)，即涵芬楼"据明钞
本"《说郛》本，祝允明《春社猥谈》本，宛委山堂刻《说郛》本，
《五朝小说》本，《五朝小说大观》本，《唐人说荟》本，《唐代丛书》
本，《古今说海》本，《格致丛书》本，《忏花盦丛书》本，《丛书集
成初编》本，清·周春手抄本 (原题下注有"原本"字样)，以及
晚近的川岛编辑的北新书局《杂纂四种》本，和笔者的《杂纂七种》
校注本，多达十余种。而且，早在《义山杂纂》产生之际的唐代，
已有敦煌唐钞本《杂钞》(又名《珠玉钞》《益智文》《随身宝》或
《珠玉新钞》) 流传。无论《杂纂》取自《杂钞》，或《杂钞》为《杂
纂》辗转之遗，均无显证，然可互为印证，皆属当时民间的口耳相
传。

　　再即，《永乐大典》亦辑有零星的《杂纂》文本，如《曾文宝
杂类》之"闷损人：出门逢债主，醉酒喝人，物贱无钱买，大暑逢
恶人，与仇人对坐攫，谒人守着门，局席办请客不至，不唤自来"
(残卷卷之三千)；《曾文宝杂说》之"(虚度) 好特节褊迫。好家缘

①《文献通考》卷二百十五经籍考四十二子部 (小说家)《杂纂》一卷。
②宋泽元，字瀛士，浙江山阴 (今绍兴) 人，号忏花主人，事迹待考。有《忏花盦诗钞》《忏花盦丛书》《四家咏史乐府》传世。

常炒闹。花时多病。贫家节日。好厅馆不作会。家富不解使用。阉官美妇。贫家花树"。

第五，很早就传到了海外。例如，至晚于16世纪中叶，传到了朝鲜，如朝鲜末期学者鱼叔（1500—1560）的笔记《稗官杂记》载有仿《义山杂纂》的作品，18世纪日本学者冈田白驹（1692—1767）作有《杂纂译解》。19世纪，日本汉学家岸田樱校订《杂纂六种》，题曰《杂纂》，文澜斋袖珍丛书，日本江户芥隐书屋，1862年。卷首有"文久纪元岁次辛酉（1861）九月既望岸田樱"序，序称："古之著书者，莫非有所惧所愤，而后不得已寓之言语笔墨之间焉。……余也江湖之逸民，风流自乐者，亦何惧而何愤哉，今此编亦其所乐而辑也。故其取于唐、取于宋、取于元、取于明，以至清，上下千有余年，无一非乐者焉。"

特别值得关注的是，早在李商隐身后一百多年就传入东邻日本，其显证即仿照《义山杂纂》段式、风格而成的日本平安时代女作家清少纳言的随笔集《枕草子》，勘谓海外最早的"杂纂体"作品。至于，在《枕草子》问世之前，《义山杂纂》是以何种形式，通过什么途径传入东瀛，甚至女作家清少纳言是怎么读到的，皆不得而知。关于传入朝鲜的具体时间和路径，亦然。

（三）几个以"杂纂"为记述源头的民俗语汇

《杂纂》的某些词语，如"杀风景""家私""包弹"等原本出自唐代一时口语的语汇，不仅明人的《目前集》、清人的《土风录》等书或作"语源"，或引为书证，而且当代新版的《辞源》《辞海》亦如此。清·翟灏《通俗编》卷一《天文·杀风景》："《李义山杂俎》：品目数十。其一曰杀风景，谓清泉濯足，花上晒裈，背山起楼，烧琴煮鹤，对花啜茶，松下喝道也。《西清诗话》：晏元献以惠山泉烹日注茶，从客置酒赋诗，有"未向人间杀风景"句，自此杀风景之语，颇著于世。"又，清·顾张思《土风录》卷十一《杀风景》亦载："《李义山杂纂》有杀风景。陈圣观云：'杀，色界反'，今俗呼作入声。邵氏《闻见后录》：王荆公步月中山，蒋颖叔为发运使，过之，传呼甚宠，荆公意不悦。有诗云：'怪见传呼杀风景，不知禅客夜相投'。颖叔喜谈禅也。东坡《次韵林子中》诗'为报年来杀风景'。放翁《春雨绝句》'杀风景处君知否，正伴邻翁救麦忙。'"又如"家私"，亦然，出自《义山杂纂·失本体》"早晚不点检门户家私，失家长体"。

通常认为初见于宋代清官包拯之口，如《通俗编》云，"王楙《野客丛书》：包拯为台官，严毅不恕，朝列有过，必须弹击，故言无瑕疵者曰没包弹"。然而，其实已先于宋人王楙（1151—1213）的《野客丛书》，见载于晚唐《义山杂纂·不达时宜·包弹》"筵上包弹品味"。

一部《通俗编》中，可见十余条征引"杂纂"语例之处。且摘录如此：

> 贼被狗咬　苏子瞻《杂纂二续》"说不得"十事，此其一。
> 偷食猫儿改不得《杂纂二续》"改不得"十三事，此其一。
> 将虾钓鳖　王铚《续杂纂》"爱便宜"八事，此其一。
> 靸（sà）《中州集》：周驰《咏靸子》云：勿以微才弃，安危任不轻。谁怜一片小，能使四方平。靸，私合切，支物小木也。《集韵》：起也。王铚《续杂纂》：奴婢相扱卓高。只作扱

字，然扱乃举衣上插，与戳义却不相通。

江心补漏　王铚《续义山杂纂》载"不济事十四条"，其一曰：江心补漏。元曲《救风尘》《百花亭》有"船到江心补漏迟"句。

临渴掘井　《素问》：病已成而后药之，犹渴而掘井，斗而铸兵，不宜晚乎？《墨子·公孟篇》：乱则治之，犹噎而穿井也，死而求医。王铚《续杂纂》"不济事"条有"临渴掘井"。陈师道诗有"谁能留渴须远井"句。

食禄有地　《李义山杂纂》：凡说食禄有地，必是差遣不好。

丑妇怕不得见舅姑　苏子瞻《杂纂二续》载"怕不得"八事，一曰丑妇见舅姑。

措大　《李义山杂纂》：穷措大唤妓女，必不来。又云，鸦似措大，饥寒而吟。

灵利　《东坡杂纂二续》载"谩不得"四事：其一曰灵利孩儿买物。

再如陈鳣《恒言广证》卷三中的两例。

木匠　鳣按　王铚《续杂俎》)《自做得》六事，其一曰木匠带枷。

称母曰嬭　鳣按，李义山《杂俎》：七不称意，一曰少阿嬭。嬭即嬭字。又《宋书·何承天传》：荀伯子嘲之为嬭母。《北史·魏静帝纪》：崔季舒是我嬭母。嬭嫛嬭嬭，皆姆之俗字。

在堪谓经典的"杂纂四种"中，《义山杂纂》是源头经典，王

君玉的《杂纂续》、苏轼的《杂纂二续》，和黄允交的《杂纂三续》，共同开辟了"杂纂体"的路径和示范，是示范性的经典，并由此形成了延续千年一脉的"杂纂体"。

（四）"杂纂体"及其发展流变。

其一，关于业已形成的"杂纂体"的基本概念。

"杂纂体"的文体基本要义和特点。主要有三点。一是内容不忌"俚俗常谈鄙事"，亦庄亦谐；二是语言风格，是偏重于口语化的，简明的语录化排比句式；三是语句、篇幅灵活，不拘长短，"大小由之"。"杂纂体"别具一格的独特之处，即在于此。

其二，关于"杂纂体"的发展流变。

考察迄今所搜集到的一百二十多个"杂纂体"文献文本，所显示的"杂纂体"的发展流变轨迹，有三个特点。

一是发生了句式变化，从以简单的一句式，成为一段式。例如，明·李鼎《偶谭》中的《自安小乐》："茅檐外，忽闻犬吠鸡鸣，恍似云中世界；竹窗下，惟有蝉吟鸦噪，方知静里乾坤。"再如明·吕坤《呻吟语》中的《三妒》："己无才而不让能，甚则害之；己为恶而恶人之为善，甚则诬之；己贫贱而恶人之富贵，甚则倾之。此三妒者，人之大戮也。"主要表现在明清清言小品类文献。这种类型的流变，主要发生于明清以来的《菜根谭》《呻吟语》《婆罗馆清言》《围炉夜话》《幽梦三影》等清言小品。

二是由于段式和排比格式愈加灵活生趣而衍生变体。诸如滥觞于金圣叹批评《西厢记·拷艳》的总批的33则"不亦快哉"，清·王晫《快说续纪》的八则《不亦快哉》，清·黄钧宰《金壶七墨》的《岂不哀哉》，民国受真反复以"恨事"为尾语的《恨事》，枫隐反复以"岂不大快"为尾语的《岂不大快》,《东京新感情》反复以"最得意"为尾语的《最得意二十一条》,等等。

三是应用的题材范围领域,渐显宽泛。业已从起初的辨析诸如福祸、苦乐、善恶、贵贱、顺逆、清浊、恩怨、进退、拙巧、动静、理欲、喜怒哀乐等生活哲理性语录格言,进入了评述性、叙事性甚或论述性内容,运用的题材渐趋广泛。评述性的,例如,归终居士《反菜根谭》的《学古》:"汉人之雄武宜于建功,晋人之风流宜于涉世,唐人之气度宜于立志。"叙事性的,例如,《元邱素话》之《梅菊石竹》:"梅是和靖化身,菊是渊明出世,小圃内时对古人。"亦包括一些感受性的记述,例如《醉古堂剑扫》之《春夏秋冬之夜》"春夜宜苦吟""夏夜宜闲谈""秋夜宜豪游""冬夜宜茗战"。

四是与相关文体交融。其中比较突出的是与清言小品、骈体文、连珠体等文体的融合。且以"连珠体"为例。

古文有发端于扬雄的所谓"连珠体",连珠体文辞句排比连续,语义互相呼应,语句整齐,节奏连绵上口易于吟诵,有如贯珠,谓之"连珠"。此即《文心雕龙·杂文篇》所记,"扬雄覃思文阁,业深综述,碎文琐语,肇为连珠,其词虽小而明润矣"。在中国文学史上,《文选》辑录的陆机《演连珠》五十首、谢灵运《连珠集》五卷、刘祥《连珠十五首》、陈证《连珠》十五卷、黄芳《连珠》一卷、梁武帝《连珠》一卷,等等,均属"连珠体"巧辞经典之作。尤其是,明清清言小品,特别是陆绍珩《醉古堂剑扫》、洪自诚《菜根谭》、陈继儒《岩栖幽事》、吕坤《呻吟语》、吴从先《小窗自纪》,堪谓大量采用"连珠体"的典型作品。而且,形成了"连珠体"与骈体文交融一体的倾向。例如:

淡泊之守，须从浓艳场中试来；镇定之操，还向纷纭境上勘过。(《醉古堂剑扫》)

君子之心事，天青日白，不可使人不知；君子之才华，玉韫珠藏，不可使人易知。(《菜根谭》)

与其结新知，不若敦旧好。与其施新恩，不若还旧债。(《岩栖幽事》)

愁红怨绿，是儿女语；对白抽黄，是骚墨语；叹老嗟卑，是寒酸语；慕膻附腥，是乞丐语。(《呻吟语》)

贫贱骄人，傲骨生成难改；英雄欺世，浪语必多不经。(《小窗自纪》)

个中，条目"以类相从"的排比类集，兼具了"杂纂体"文体特征，则兼属"杂纂"之体。例如：

溪畔轻风，沙汀印月，独往闲行，尝喜见渔家笑傲；

松花酿酒，春水煎茶，甘心藏拙，不复问人世兴衰。(《醉古堂剑扫·佳境》)

对渊博友，如读异书。对风雅友，如读名人诗文。

对谨饬友，如读圣贤经传。对滑稽友，如阅传奇小说。(《幽梦影·对友》)

五是融汇于谣谚之中更为上口便于传播，成为与传统民间文艺形式相结合的，既古老又时尚的另一种流行体式。例如，明清时期的各种"十可笑"类杂纂体谣谚段子，《越谚》中的《五怕诼》，清代年画《新鲜笑话十稀奇》《男十忙》《女十忙》的画面歌谣，以及各地多种版本的"十稀奇"歌谣。

二、"杂纂体"语言民俗景观"点阵"之"阵点"与"结点"

以民俗语言语料的积淀勾绘的，是一个庞大的语言民俗景观系列。"杂纂体"语言民俗景观的点阵结点，即其一个独特的系列。

作为一种文体的"杂纂体"，以其别具一格的形态与所承载的内容，成为语言民俗景观的一枝奇葩。略数起来，确实有些引人关注的看点，以此构成"杂纂体"语言民俗景观的点阵。

周作人《明清笑话集》（人民文学出版社 1958 年版）引言说："别一方面，却兴起了种杂记，只是零碎的记录项目，性质上与笑话相近，仿佛是笑话的目录，这便是所谓《杂纂》。最早称唐·李义山著，其次有宋·王君玉的《杂纂续》，苏东坡的《杂纂二续》，明朝有黄允交的《杂纂三续》，均见于明刻《说郛》中。明末徐树丕在《活埋庵道人识小录》中，收有《风俗粲》一卷，实即是杂纂四续。清·韦光黻著有《杂纂新续》，顾禄有《广杂纂》各一卷，收在顾氏所刻《颐素堂丛书》中。"可以说，这是令人趣味津津的独特语言民俗景观。

"杂纂体"点阵的结点，可谓丰富多彩。例如，古今数十位历史人物众星捧月似的参与，足见"杂纂体"的影响，《义山杂纂》的"经典绝唱"——"煞风景"，堪谓"杂纂体"主体的以辨析世事福与祸、苦与乐、善与恶、贵与贱等生活哲理性语录格言，中外千古一理的"不相称""失本体"，"杂纂体"的奇巧变焦——宝塔诗，别开生面的"杂纂体"的变体流变——"不亦快哉"体，"杂纂体"的特别聚落——《十可笑》与《十不足》，"听话听音"揣度弦外之音的"隔壁闻语"，《醉古堂剑扫》之《春夏秋冬之夜》等感同身受的感受性记述,《反菜根谭·学古》等的历史评说,国情有别的"扫兴"和"无用",中外"花语"寓意镜像,乃至堪谓缠足种陋习小百科全书的《金园杂纂》《香莲品藻》,等等,无不是"杂纂体"语言民俗景观所应展现的景观点阵结点事象。

再以目前收集到的民国初年的十余篇"杂纂体"小品文为例。诸如署名受真的《恨事》,枫隐的《岂不大快》《宜登此山:今年登高之人物》,某学生的《东京新感情》,江蝶庐的《消闲大观》杂纂体,守拙的《不亦快哉》,廖国芳的《难受》,瞻庐的《相似:蟹与军阀十二似》《大言小言》,醒侬的《你承认得来么?不承认二十一条件》,漱石的《是与何以:如日云云》,周作人所记的《四大便宜》,均属于展现民初世俗风情与时弊为题旨情趣的"杂纂体"小品文,合而即构成了"点阵"式的民初世俗风情生动的语言民俗景观。读之,不难使人"沉浸式"身临其境似地感悟由"点阵"的不同结点"点位"的场景。

三、关于本书的辑选与编辑体例,亦即考察"杂纂体"作品的基本思想

其一,辑选考察的范围,自《义山杂纂》以降历代的有意识的刻意续仿《义山杂纂》的"杂纂体"作品,以及虽未作声明,但显然受此影响并合于"杂纂体"文体要义等方面特点的作品。

其二,确定"杂纂体"作品题名的基本规则。主要有三点。一是原本独立成章、成篇者,以及被辑入有关丛书、选本之类文献中的特定命名,一仍其故。例如,《檀几丛书》《香艳丛书》《传家宝》

等。二是本编辑自各类文献的原物特定标题的散在文本，其标题仍采用所在文献的原书名、篇名，同时加注"选辑"之类字样。其三，散在文本中具体的各组标题，则据具体的题旨情趣代为拟订。

其三，文本的分类。根据今所辑选的"杂纂体"文献文本的实际，总分为四大类。一是直接冠以"杂纂"名义的原创及续仿之作，是"杂纂体"滥觞之源，作为正编。二是未冠以"杂纂"名义的"杂纂体"文选，虽作为副编，却是现存体量最大、历时最久的"杂纂体"主体文本，是"杂纂体"形成与存在的直接展现。三是在"杂纂体"形成过程中流变衍生的特别变体，例如由金圣叹别创的"不亦岂不哉"体，而且有多种仿作，可视为别种"杂纂体"而单列为别编。其四，有鉴于杂纂在日本、朝鲜等领邦的流传和仿作，虽然目前发现的文本还很有限，却足以显示"杂纂体"海外影响之一斑，单列为外编。

其四，版本和简注。辑选的文本，由于所载文献的版本芜杂，尽可能选取原本，并参考优秀的辑选本，并关注参考通行本，简注文本出处。简注，则采用页外笺注的形式，简要注释版本、作者事迹、生僻字词读音与意义，以及与解读内容所必要的关联资料。

其五，卷末设附录，选辑编者新撰《杂纂》研究纪事，和编者历年发表过的有关杂纂研究文章数篇，以略微展示编者40年来的主要研究历程与轨迹节点，亦聊备读者研究参考。因而，诸篇不免时见重复文字，为保存原篇的完整，大多不做删改，以求其真。

结语

本人几十年养成的治学习惯，往往是在关注、探索许久，酝酿并断续积淀好多年之后方才着手完成，诸如，刚刚出版的《汉语历代隐语汇释》，正在进行中的《汉语历代民俗语汇珍稀文献集成》之类。除这些较大篇幅的之外，还有一些思考跟踪研究二十多年的专论性文章选题，迄今还在持续跟进之中。毋庸讳言，本人做事稍显愚钝，一向只能是做慢工活，美其名曰"坐冷板凳"。"坐冷板凳"的学术生涯，过的是"慢生活"。不过，有一点，即我所致力的都是一些向居冷清之隅的"冷学问"，一向雕虫小技的"套路"，是"抉隐发微，正本清源；俗事探雅，雅题俗做；点面交集，立体通观"。遗憾的是，远未实现"慢工出细活"出精品的期愿。所以，也只能是雕虫小技而已。

值此之际，不能不特别想到，当初《杂纂七种》校注的整理、研究过程中，曾蒙已故学界老前辈赵景深老先生的热情勖勉和具体指导。先生在世时曾允为本书题签、作序，然未如愿，是为憾事。其公子赵易林先生亦曾代老先生为本书查找、手抄资料，令人感动。我曾发表长文《赵景深与我的"杂纂"研究》(《民间文化论坛》2004.8）记述此事，如今，《历代杂纂辑注》书成，堪可告慰赵景老矣。

2021 年 11 月 3 日改订于沈阳北郊邨雅堂

"货郎儿""货郎鼓"及"货郎图"考略

以宋代宫廷画家李嵩的《货郎图》为代表的历代的"货郎图"，可谓中国传统风俗画卷园林中别有情趣的一束小花。那么，如果将其与"货郎儿"这一生活文本以及"货郎儿"的招徕响器"货郎鼓"串联起来解读的话，这束小花就可能更显得浓艳了。而且，现存文献还显示三者几乎是同时出现，合而构成了一种独特的似乎可谓"货郎儿文化"的现象，这就更加发人思考、越发有趣了。

一、"货郎儿"小考

《水浒传》第七十四回有一个情节写道，市井诸行百艺无不通晓的梁山好汉"浪子燕青"，隐姓埋名扮作山东货郎儿的此行是赶赴泰安州，参加三月二十八天齐庙会的相扑打擂。书中写道：

> 次日宋江置酒与燕青送行。众人看燕青时，打扮得村村朴朴，将一身花锈把衲袄包得不见，腰里插着一把串鼓儿，挑着

一条高肩杂货担子，诸人看了都笑。宋江道："你既然装做货郎担儿，你且唱个山东货郎转调歌与我众人听。"燕青一手拈串鼓，一手打板，唱出货郎太平歌，与山东人不差分毫来去，众人又笑。酒至半酣，燕青辞了众头领下山，过了金沙滩，取路往泰安州来。

看来，这"浪子燕青"的扮相还真就不错，一夜之间，一个活脱脱的"货郎儿"就展现在眼前了，一点儿也看不破。那么，"货郎儿"都经营些什么货呢？清代华广生编述的《白雪遗音》中有首《货郎儿》曲，写道："货郎儿，背着柜子遥街串，鼓儿摇得欢。生意虽小，件件都全。听我声喊——喊一声，杂色带子花红线，博山琉璃簪。还有那，桃花宫粉胭脂片，软翠花冠。红绿梭布，杭州绒纂，玛瑙小耳圈。有的是，木梳墨蓖，火朝扭（纽）扣，玉容香皂擦粉面，头绳似血鲜。新添的，白铜顶指，上鞋锥子，广条京针，时样高底梅花瓣，并州柳叶剪。"可以想见，宋代"货郎儿"所经营的货物也大率如此这般，那燕青假扮"货郎儿"所肩挑的"杂货担子"（货郎担儿）里装的，也不外类似的这些货色。

所谓的"货郎儿"，就是旧时挑担、推车或背箱儿、背包袱，在城乡流动出售日用杂货的小商贩。当今五六十岁年纪者大都会记得，大约20世纪60年代，中国曾经有一首说唱山乡"新货郎儿"的歌曲《新货郎》，曾经广为流行。时下，这种商贩早已被各种商店或摊贩所取代，"货郎儿"已经成了人们记忆中那种消逝了的传统职业，一种商业民俗事象。究其实，旧时的"货郎儿"，就是一个流动的微型"超市"。整个一个货郎担子送到人们家门前，满担或满车的日用杂货都任你挑、任你选，并允许讨价还价；这趟没带着的缺货，还可以预约定货过两天就又送上门来了，可谓方便。

就现存的文献所见，从"货郎儿"的出现，到这个行当的消逝，大约总共有将近一千年的光景。

迄今所见有关"货郎儿"的最早的文字，是南宋·周密在所著《武林旧事》卷二《舞队·大小全棚傀儡》中记载的一出题为"货郎"的傀儡戏名。由此可知，至迟在宋代，作为流动商贩的"货郎儿"这种行当，就已经出现，并且业已成为当时十分流行的曲艺艺术傀儡戏的表现题材之一。迄今所见最早的"货郎儿"视觉形象，是宋代苏汉臣的《货郎图轴》和南宋·李嵩《货郎图》。《水浒传》表现的题材以宋代社会生活为背景，上述浪子燕青假扮"货郎儿"赶赴泰安天齐庙会参加相扑打擂的作为，也说明"货郎儿"在当时是一个十分寻常的小商贩行当。这个事例，恰可与周密《武林旧事》的记述、苏汉臣《货郎图轴》以及李嵩《货郎图》的描绘，几者互为佐证。

元代以来，在表现市井生活题材的文艺作品中，多有写及"货郎儿"的内容。例如：元·关汉卿《王闰香夜月四春园》剧第二折："自家是个货郎儿，来到这街市上，我摇动货郎鼓儿，看有是没人来。"元·石得玉《秋胡戏妻》剧第二折写道："等那货郎儿过来，你买些胭脂粉搽搽脸。"元·王晔《桃花女》剧的楔子写道："我待绣几朵花儿，可没针使，急切里等不得货郎担儿来买。"又明·陈大声《醉花阴·赏灯》套曲："更有百工技艺，货郎儿堆堆积积。"至清代，也有所表现，如李渔在传奇剧《风筝误·惊丑》第一出写道："满手持来满袖装，清晨买到日黄昏，手中只少播鼗鼓，竟是街头卖货郎。"不过，清代以来的"货郎儿"，无论其经营的品种范围，还是所使用的招徕方式，均由于分工的细化、专业化而发生了变化（详见下文）。如此现象，也说明了"货郎儿"行业在有清一代适应社会需求而产生的发展。

二、"货郎儿"的招徕方式

"货郎儿"的主要招徕方式，不外乎是手摇货郎鼓和用韵语说唱作为招揽买主的手段。其中，尤其因"货郎儿"职事而得名的"货郎鼓"，最是"货郎儿"影响非常广泛的典型的招徕标识。

在打击乐器类的市商招徕响器中，鼓的种类颇有一些。"货郎鼓"是迄今见诸文献较早的一种打击乐器类招徕响器。明代苏子文，曾撰有题为《咏货郎鼓》的散曲。货郎鼓源自古代乐器"播鼗"，即《周礼·春宫·瞽矇》所说的，"瞽矇掌播鼗"。在《论语·微子》中，亦有"鼓方叔入于河，播鼗武入于汉"之说。所谓"播"，即摇；"播鼗"亦即"摇鼓"。清代孔尚任《桃花扇·听稗》里写到的"击鼓的名方叔，入于河；播鼗的名武，入于汉"，显系出自《论语》此说。又《宋史·乐志二》载："古者，瞽矇……皆掌播鼗，所以节一曲之终。"再如明代归有光《宋史论赞·章献刘皇后》："章献因锻银之邪，起播鼗之贱，以才拔承恩宠，至于干政。"因而，又称"播鼗鼓"。清·李渔《风筝误·惊丑》剧所写"手中只少播鼗鼓，竟是街头卖货郎"之"播鼗鼓"，显有所本。南宋画家李嵩的《货郎图》中，货郎儿手持的货郎鼓是一种手摇的双面小鼓。"播鼗"所源之"鼗"的本身，就是古代一种长柄的摇鼓。即如汉·郑玄《周礼》注中所释："鼗如鼓而小。持其柄摇之，旁耳还自击。"

货郎鼓又作"拨浪鼓"，如《红楼梦》第四七回，说薛蟠骑马赶来，"张着嘴，瞪着眼，头似拨浪鼓一般，不住左右乱瞧"。有时，还写作"拨郎鼓"，如《西游记》第八一回："手中摇着拨郎鼓，口念番经听不真。"此外，还有"不郎鼓儿"（见前面关汉卿《王闰香夜月四春园》剧语例）、"串鼓"（见前面《水浒传》语例）等说，皆大同小异，乃一音之转所产生的变异。

清代散曲作家王景文有两首咏唱"货郎鼓"的《南商调·黄莺儿》，其中的一首写道："直柄喜当权，笑颠颠两耳悬，花街柳巷都行遍。扬声杂然，停声谧然，深闺绣罢求新线。好姻缘，羡他侥幸，得近小婵娟。"寥寥数言，"货郎儿"手摇"货郎鼓"走街串巷售卖杂货的情形跃然纸上。

在明代，"货郎鼓"又称"惊闺"，如《醒世恒言·勘皮靴单证二郎神》写道："冉贵却装了一条杂货担儿，手执着一个玲珑珰琅的东西，叫做个惊闺，一路摇着，径奔二郎神庙中来。"其所谓的"惊闺"，亦即清季江南吴地把"货郎鼓"又别称作"唤娇娘"，显然是因货郎担的顾客亦即招徕对象主要是居家妇女而得名。清人石渠《葵青居诗录》所咏"卖闺中杂物持以摇者"之"唤娇娘"，亦即"货郎鼓"。其诗云："绿窗检点女儿箱，彩线断绒针断铓。绣罢鸳鸯方却坐，慢声远远唤娇娘。"

清代以来，由于"货郎儿"等市井商贩为适应社会市场需求的发展变化而出现了分工日益细化、专业化的倾向。于是，"货郎儿"以及其招徕响器也随着经营品类范围的分化、细化，发生了变化，约定俗成地形成了多元化或说多样化的、各具特色的招徕响器与招徕方式。这种情形，在《燕市货声》里尽可窥见一斑。例如：元旦时街头卖麻花、烧饼者"亦有挑圆笼摇八楞鼗鼓者，带卖干烧酒"；

五月有"摇长把小鼗卖零尺"汤布、冷布的；卖槟榔的"挎大元宝筐，摇八楞鼗鼓"；打鼓挑儿"担二筐前蹀，后以布覆，收买一切衣物，有岔眼物藏入后筐……行携瓯口大小迸鼓击之"。此外，旧京收购金银首饰等细软旧物的打一种茶杯大小的皮鼓，发出"叭、叭、叭"音响；收购家具、衣服等日用杂物者，肩披折叠包袱，打一种银圆大小的小鼓，发出的是"梆、梆、梆"的声音；卖油酒杂货的，摇一种中型铁鼓；卖炭的，摇一种径尺大鼓，音响为"不楞——不楞——不楞楞"。

甚至，为了有所区别，还有以锣代替"货郎鼓"的。如《燕市货声·通年》的记载，从前属于"货郎儿"行当的卖绒线的小贩，有的"背筐摇长把鼗"，也有"挑担摇铮"。其"铮"，实为"云锣。"用锣作为招徕响器，始见于元代熊梦祥《折津志·风俗》所记，元大都（今北京）蒸造五更时即以敲铜锣招徕买蒸饼，是文献所见仅迟于货郎鼓的打击乐器类招徕响器。清·佚名《北京民间风俗百图》的《打锡锣图》题词说："其人小本营生，所卖者糖、枣、豆食、零碎小玩物，以为哄幼孩之悦者也。"《燕市货声·元旦》："打锡锣挑子，敲小铜锣，专卖各种玩意。"石渠《葵青居诗录》的"引孩儿"即"卖糖者所击小锣"。蒋癯叟《首都杂咏·打糖锣》诗云："一阵锣声巷口纷纷儿女各争瞧。近来玩具投时好，也有飞机有刺刀。"谓"糖锣"当系"锡锣"之衍。凡此诸般行当，清季之前均在"货郎儿"的经营范围之内。《元史·礼乐志五》载："云锣，制以铜，为小锣十之，同一木架，下有长柄，左手持，而右手以小槌击之。"《清会典事例》卷五二九《乐器·乐器一》谓"云锣"为小锣十面，中四，左右各三，大小皆同，厚薄殊制，四正律六半律，与编钟相应；四周各为孔，以黄绒穿系于木架上，以小木槌击之。

卖绒线的云锣形制即由此而来，并借鉴采用了货郎鼓以绳坠为软锤的击打方式。

除"货郎儿鼓"外，"货郎儿"的另一种主要的招徕方式则是韵语说唱方式的"叫卖"。前引《水浒传》浪子燕青假扮"货郎儿"一段，言及"燕青一手拈串鼓，一手打板"，伴唱的所谓"山东货郎转调歌"或是"货郎太平歌"，正是当地当时"货郎儿"行当中流行的韵语说唱招徕方式。至于那是怎样的曲调，唱的是些什么辞，书中没有说明。不过，从前面所引述的《白雪遗音》的《货郎儿》曲中，则已可略见一斑。

三、货郎儿"与民俗艺术

"货郎鼓"、口唱"货郎歌"的"货郎儿"，作为传统的市井商贩行当，也是旧时一项人们喜闻乐见的行商习俗。因而，几乎就在这一行业及其招徕方式出现不久，其"货郎鼓"和"货郎歌"很快就同时演化为更为人们喜闻乐见的民俗艺术。那就是有关"货郎儿"的曲牌、戏曲，以及作为儿童玩具的"货郎鼓"。

"货郎儿"的说唱叫卖不仅有幸进入了曲林制为曲牌，而且有数种"货郎儿"曲牌，如清·翟灏《通俗编·艺术》所记，"《九宫谱》曲调有 [货郎儿正宫]，与《仙吕》出入。又 [转调货郎儿]，与《南宫》出入"。据《元曲选》卷首辑载的《天台陶九成论曲》述及，正宫五十四章有 [货郎儿]、[转调货郎儿]（与南吕出入）；仙吕宫六十一章有 [货郎儿]；中吕宫七十三章有 [货郎儿犯]；南吕宫三十九章有 [转调货郎儿]（与正宫出入）。所谓 [转调货郎儿]，通常即始见于元·佚名《风雨像生货郎旦》杂剧的 [九转调货郎儿]。除 [货郎儿] 本曲外，从"二转"直至"九转"都是由 [货郎儿] 转入别的曲子之后再转回 [货郎儿] 曲，每转各用一韵，各转的章句结构与曲调亦有所不同。具体即："二转"——由 [货郎儿] 转入 [卖花声]，再转回 [货郎儿]；"三转"——由 [货郎儿] 转入 [斗鹌鹑]，再转回 [货郎儿]；"四转"——由 [货郎儿] 转入 [山坡羊]，再转回 [货郎儿]；"五转"——由 [货郎儿] 转入 [迎仙客]、[红绣鞋]，再转回 [货郎儿]；"六转"——由 [货郎儿] 转入 [四边静]、[普天乐]，再转回 [货郎儿]；"七转"——由 [货郎儿] 转入 [小梁州]，再转回 [货郎儿]；"八转"——由 [货郎儿] 转入 [尧民歌]、[叨叨令]、[倘秀才]，又转回 [尧民歌]、[叨叨令]，最后再转回 [货郎儿]，就全部完成了"九转"套曲。此外，《元曲选》卷首辑载的《天台陶九成论曲》述及的除了无名氏《风雨像生货郎旦》外，还有元曲作家吴昌龄的《货郎末尼》(已佚)。此后，[转调货郎儿] 套曲也散见于宋元之后的其他许多戏曲。例如，在明代朱有燉的杂剧《关云长义勇辞金》第四折中，颇具特色地采用了 [九转货郎儿] 套曲，描述关云长仗义辞别曹操护送嫂嫂寻找义兄刘备的故事。又如，在清代著名戏曲家洪昇《长生殿·弹词》中的一折，乐工李龟年就是用此套曲来咏唱天宝遗事的。由女角演唱，谓之"女弹"；男角演唱，则称之"男弹"。又如人称"聊斋先生"的蒲松龄，也曾度过一篇 [九转货郎儿] 套曲，用笔辛辣而又诙谐恣肆地描绘了临考生员的凄惶，讽刺科举制度。可谓是，一曲 [货郎儿]，传唱数百年。

宋代的"吟叫"，"货郎儿"亦成了宋元民间说唱艺人的一种艺术品类。而且，就现有文献得知，[货郎儿] 应是首先成为一种民间说唱艺术品类，然后才被创作成固定格式的戏曲曲牌。对此，南宋·周密在《武林旧事》卷二《舞队·大小全棚傀儡》中记载的傀儡戏"货郎"，即为显证，傀儡戏不仅表演，还配合剧情的变化伴有相应的说唱。元杂剧中已有其业已成为一种民间说唱艺术形式的描述。例如，元·佚名《风雨像生货郎旦》杂剧，描述富户李彦和因娶妓女张玉娥为妾而气死发妻刘氏，张玉娥却与人私通卷逃并与奸夫合谋暗害李家父子，致使李家全家失散。儿子春郎为拈各千户收养，奶娘张三姑则沦为说唱 [货郎儿] 的艺人。全家重逢之际，张三姑又用 [转调货郎儿] 套曲曲调分为 [九转货郎儿]，唱述了李家离散的缘由历史，从而使李氏父子相认团圆。从《元典章》卷五所载得知，元大都北京曾因"聚集人众，充塞街市，男女相混"为由，"禁弄蛇虫、唱 [货郎儿]"。明刊《金瓶梅词话》第一五回写道："村里社鼓，队共喧阗；百戏货郎，俱庄庄齐斗巧。"又第八八回亦写道："（守备）使人门前叫了调百戏的货郎儿进去，要与他观看。"凡此可见，由模仿市肆"货郎儿"说唱招徕市声而形成的民间艺术说唱"货郎儿"，曾是市民百姓喜闻乐见的曲艺种类。旧时江苏地区流行的民间曲艺道情曲调之一"卖梨膏糖调"，即系模仿卖梨膏糖小贩的说唱叫卖市声创制而成。

南宋·李嵩《货郎图》中的货郎担子上的"杂货"里面，已可见有一种"货郎鼓"似的玩具——即由四个鼓面方向各异的小鼓组合而成的串鼓。此例既可说明在"货郎儿"这个行当出现不久，其招徕响器就成了一种玩具；同时，也可据此推断，先有这种儿童玩具而后被兼售儿童玩具的"货郎儿"用作了招徕响器。无论如何，正是由于"货郎儿"作为市井习见的市商民俗，以及有关"货郎儿"的说唱艺术和戏曲的广为流行，为人们所喜闻乐见，"货郎儿"的招徕响器——"货郎鼓"，也益发成为颇受儿童喜欢的常见玩具，一直流行到"货郎儿"这个行当业已消逝的今日。宋代苏汉臣画过一幅"婴儿戏货郎",即或当时"货郎鼓"还未成为儿童玩具,也反映着儿童们对"货郎儿"手摇的"货郎鼓"颇有兴趣。在《金瓶梅词话》第五十回写道:"李瓶儿交迎春拿博浪鼓儿哄着他,抱与奶子那边屋里去了。"其"博浪鼓儿",即是用作儿童玩具的"货郎鼓"了。

四、历代的"货郎图"

中国绘画艺术史上,曾创作出了一系列的"风俗画",诸如东汉的《乐舞百戏图》,魏晋的《牧马图》《牛耕图》,宋代佚名的《闸口盘车图》,张择端的《清明上河图》,叶仁遇的《市肆风俗图》,马远的《踏歌图》,元代王振鹏的《金明池龙舟图卷》,明代佚名的《南都繁会图》,清代徐扬的《盛世滋生图》,等等。其中,还应包括以"货郎儿"为题材的数幅"货郎图"。

宋·苏汉臣《婴儿戏货郎》

　　清·翟灏《通俗编·艺术》载，"文嘉严氏《书画记》有宋·苏汉臣《婴儿戏货郎》八轴"。苏汉臣的八轴《婴儿戏货郎》图，今已稀见或是失传，但今仍可见到的，是《秋庭戏婴图轴》和《货郎图轴》。《货郎图轴》，绢本，设色，无款无印，旧题为苏汉臣画。画面上，画的是一位推着杂货车的"货郎儿"，车上支有货架，货架上挂满了包括儿童玩具在内的各种日用杂货，如拨浪鼓、风车、花篮、小耙子、帽子等。几个儿童正在车旁玩耍，"货郎儿"右手握着车柄，左手执一什么小玩意儿向右侧背着一个更小的婴儿的儿童示意。画面生动、丰满，富有情趣。苏汉臣，河南开封人，宋徽宗宣和（1119—1125）画院待诏，南宋高宗绍兴年间复职。其画师承刘宗古，擅长花鸟、人物，尤其长于士女、婴儿及释道宗教画像。用笔精劲工整，着色鲜润。苏汉臣存世作品不多，仅《秋庭戏婴图轴》和《货郎图轴》等四种。

宋·李嵩《货郎图》

收藏在美国克利夫兰美术馆的宋·李嵩《货郎图》绢本纨扇（1）

收藏在美国大都会美术馆的宋·李嵩《货郎图》绢本纨扇（2）

　　中国绘画史上影响最大、最著名的"货郎图"，是南宋李嵩的《货郎图》。李嵩一生到底创作了多少幅《货郎图》，流传存世的到底有多少幅，迄今恐怕也是很难说清楚的一笔历史糊涂账。李嵩少年时曾学做过木工，后被画院待诏李从训收作养子，从其学画。学成后，曾历任南宋光宗、宁宗、理宗三朝（1190—1264）的画院待诏。工于人物画、界画。由于其出身于下层社会，熟悉庶民生活，所表现的民间生活细致入微，因而有人在其画上题诗赞道，"李师最识农家趣"。今可见到认定是李嵩的《货郎图》，至少有三四种。首先，就是人们常见的一幅，画面是翠柳轻抚的村口，货郎担子两端是琳琅满目的各种杂货，旁边的老货郎正迎向一对母子，除三两童子在看、摸货物外，另有几个童子呼朋唤友地雀跃而至，还有一位抱着婴儿的村妇也欢喜而来。笔触细腻优美，人物活泼生动。这幅《货郎图》为绢本墨画，画有题款，"嘉定辛未李从训男崧画"，可知此画创作于南宋嘉定四年（1211年）。其次，是收藏在美国克利夫兰美术馆的绢本纨扇《货郎图》。此图水墨淡彩，右下角有小楷题款，"嘉定壬申李嵩画"，亦即画于南宋宁宗嘉定五年（1212年）。24.2×26厘米的画面上，右侧，是两个童子和货郎担子，货郎担子满是各色杂物。其中，一个童子在观看或挑选物件。左侧，是一位头上、身上都插挂着各色物件的乡村老货郎。四个童子正欢天喜地地选看老货郎手里的物件。用笔工细、写实，刻画细微，而又神情生动。再一幅，是收藏在美国大都会美术馆的《货郎图》，也是水墨淡彩的绢本纨扇画，无题款。画面上，一位挑着满是杂货的货郎担子的老货郎，还未放下担子，一位带着三四个村童的村妇，正面带笑容地迎之而来。整个画面，气息朴实，神情生动，充满着村野庶民的生活情趣。

明·佚名《货郎图》

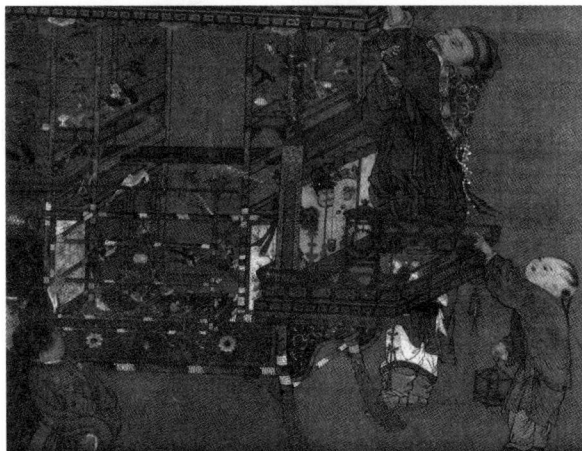

明·计盛《货郎图》

　　明代刘若愚在《酌中志·内臣职掌纪略》中，曾记述到宫廷画家画以"货郎儿担"入画的事："又御用监武英殿画士，所画锦盆堆则名花杂果，或货郎担则百物毕陈。"或是继承了宋代的遗风，明代也至少出现两三幅"货郎图"。例如，明代佚名氏的《货郎图》，是一幅描绘货郎进入贵族人家后苑售货情景的宫廷风俗画。是图为绢本，设彩，无题款。一位老货郎把货郎担子放在苑庭的树下，货郎担子上悬着一幅书有"发卖官制药饵百玩戏具诸品音乐……"字样的字幌。左边的担子上担有腰鼓、弓箭、月琴等玩具乐器，以及《孝经》《尔雅》《天宝遗事》《唐音》等书籍。右边的担子上，有缨帽、雉尾瓴、鹿角、寿桃、花瓶等等物品。再一幅明人佚名无款的《货郎图》，所画内容与此颇为相似。第三幅，是明代计盛的《货郎图》。图中，不是货郎担子，而是一个过人高的大杂货架子，尽管未见画有车轮，但可想见是货郎车之类。货架子上陈列着几件脸谱之类的玩具，更多的却是里面装有小鸟的数只鸟笼子。画面上画着五六个童子，其中的三个蹲在一边玩着什么，另三个则围观在货架子的左右，老货郎正在仰头探手从最上面的鸟笼子里往外捉鸟。看情形，这当是个主要卖要货并且是以卖鸟为主的货郎儿了。计盛，事迹未详，待考。从计盛的这幅《货郎图》可知，"货郎儿"行当经营品种的"专业化"，此间已见端倪矣。

清·钱廉成《廛间之艺》中的《货郎图》

　　清季以降，随着"货郎儿"经营货物品种的日益"专业化"，《货郎图》似乎也"专业化"起来了。不过，仍然可以窥得宋代以来的遗风。例如，又题作"卖脂粉"图的清代钱廉成《廛间之艺》中的《货郎图》。钱廉成的这幅《货郎图》，系其《廛间之艺》画册总二十一幅图的第二十幅图，每图均长 12 厘米、宽 17 厘米，绢本，设色，"画的风格略近黄瘿瓢，描写市上各种民间技艺人物，着墨不多，略施色彩，而神情生动，呼之欲出"。前二十幅图，各图均无题款，末图题曰："道光丙午年秋三日钱廉成写于锦江之巡园小憩。"从其所钤印章略可推知，其字稼荪，浙江杭州府仁和县人，其余事迹未详。画面上，左侧一位腰插货郎鼓的老货郎，正在向画面右侧的两位女士展示手中的物品，其膝下是一只并不太大的货郎柜子或说是箱子。今人有题诗并注云："针线真多样，脂红粉又香。相呼姑与嫂，门外响巴郎。针线脂粉皆此货郎供应，其腰间斜插者，即所谓'巴郎鼓'，沿街动摇作声，以招顾主。"

近人齐如山《故都市乐图考》中的《货郎图》

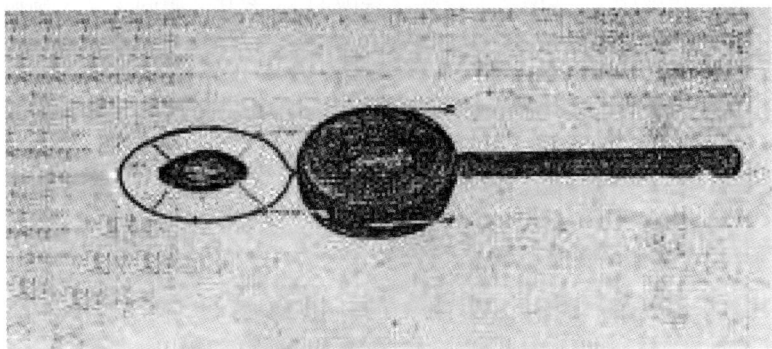

近人齐如山《故都市乐图考》中卖杂货小贩（货郎儿）的招徕响器"鼗"

日本中岛幸三郎《支那行商人及其乐器》中"贩杂货小贩"（货郎儿）的招徕响器"鼗"

20世纪初市井街头的货郎儿

《北京风俗图谱》中的《货郎儿群图》(1)

《北京风俗图谱》中的《货郎儿群图》(2)

此后，近人齐如山《故都市乐图考》中的《鼗·卖杂货小贩图》，和日本中岛幸三郎《支那行商人及其乐器》的《贩杂货小贩·乐器·鼗图》，所画之"货郎儿"，均为身背货箱、手摇带云锣的"货郎鼓"形象。齐如山的考释是这样写的："鼗。卖杂货小贩。此卖鞋拔抿子，牙刷，女篡，骨簪等物之小贩，所用之器，即古之鼗无疑。俗语仍名货郎鼗。两千余年以来，鼗器与名皆尚未改者，只此数件。然各种音乐中，亦皆不用，只赖小贩尚用，借以保存，可云幸矣。鼗上又添一云锣，取其动听也。"后来，市井街头"货郎儿"的这种带云锣的"货郎鼓"，有的"精简得"只剩下云锣代鼓了。在日本学者青木正儿编辑、内田道夫解说的《北京风俗图谱》（图11）中，除了《卖马尾纂图》还是那种带云锣的略见"传统"的"货郎鼓"外，所展示的则是经营多种物品的、不同行当的《货郎儿群图》（图12—13）。

从"货郎儿""货郎鼓"到历代的"货郎图"，这一系列的"货郎儿文化"现象的传承轨迹，既反映了世人对这一民间平凡"俗事"的青睐，亦说明传统民俗事象的文化魅力。"货郎儿文化"的全部传承轨迹，即可谓一轴独特的社会风俗画历史长卷。"货郎儿"这种小商小贩行当产生、发展与消亡的历史，正是中国传统商业文化在固有的农业经济背景下生存轨迹的写照。当"货郎儿"被社会急遽向都市化发展的潮流彻底淹没之后，再回首观赏这一历史风俗画卷，更是回味无穷，更显见其传统民俗文化的魅力。我以为，无论是在中国商业史上还是在中国传统广告史上，"货郎儿文化"都可谓一个独特的风景线，一个别具情趣的民俗文化视角。

饧箫、击馋、引孩儿：中国饮食业传统招徕响器说略

三国时曹孟德《短歌行》开篇一句"对酒当歌，人生几何"之叹，唐·元稹《放言》诗所吟的"近来逢酒便高歌，醉舞诗狂渐欲魔"，尽管时代各异、情境有别，却都是美酒加音乐，物质享受与精神生活的自然结合。

古往今来，音乐与饮食的联系可谓紧密而又长久。其中，市井村巷中饮食业商贩传统的招徕响器市声之乐，则是一种有别于"阳春白雪"的充满民俗情趣的世俗生活享受。春天里的饧箫，暑热中的冰盏，"催饥""击馋"的小木梆，吸引厨娘的"厨房晓"，勾引孩童涎水的"引孩儿""糖锣"，均如美酒佳肴令人心醉，许久不闻便教人缅怀。那器乐声中的乡土生活情境，尤其令客游他乡的游子思恋、动情。

常言所谓吹、打、弹、拉四大类乐器，在中国音乐史上均源远流长。被借用或仿作饮食业流动商贩招徕响器广告的，主要是吹、打两大类，因为它即便于随行携带，又易于操作，而且声传较远、

富有个性。从现存文献所见，市井饮食商贩所用的诸般招徕响器，是古代卖饧糖者吹的饧箫。饧箫也是中国最早的招徕响器广告。

饧（音 xing），是用麦芽、谷芽之类为原料熬制的饧糖，春季食饧之俗，由来已久。从东汉训诂学家郑玄笺《诗·周颂·有瞽》"既备乃奏，箫管备举"说的，"箫，编小竹管，如今卖饧者所吹也"，说明至迟在东汉时便已有了春季食饧和吹饧箫卖饧的风俗。至于当时的饧箫什么样子，郑玄也说得很明白，即类如寻常吹奏的那种"编小竹管"的箫。后来，唐代训诂学家孔颖达在郑玄的笺注之外又疏正说，"其实卖饧之人，吹箫已自表也"。何谓"自表"？表乃古人所说的标帜、徽帜，即如《晏子春秋·问上九》中所说的"酤酒者""置表甚长，而酒酸不售"，酒家的广告——酒招。只不过，酒招是一种视觉广告，饧箫是一种听觉广告。"自表"，便是商贩用作所售商品的标识和招徕广告。宋元以后，吹饧箫卖饧糖习俗历代相承，并成为文人诗词所吟咏的一样春季景物，借以抒发情怀。如宋·汤恢《倦寻芳》词："饧箫吹暖，蜡烛分烟，春思无限。"元·吴莱《严陵应仲章自杭寄书至赋此答之》诗："花浓携酒榼，柳霁卖饧箫。"又如清·范来宗《锣鼓》诗："取次春风催劈柳，卖饧时近又吹箫。"龚自珍亦于病中闻饧箫而动情思，他在《冬月小病寄家书作》中写道："饧箫咽穷巷，沈沈止复吹。"孔尚任著名的《桃花扇》剧《访翠》中，亦见有"扫墓家家柳，吹饧处处箫"这样以饧箫状景之词。凡此可知，吹箫卖饧一方面属商贩广告行为，同时也是一道岁时饮食民俗风景。至清末民初，北京春季卖饴糖、粽子小贩所吹的饧箫，是将芦叶卷成筒插到瓦罐里吹奏，实乃草笛，但仍不失古来饧箫遗风。

《易·系辞下》有句"重门击柝，以待暴客"，意思是设置重门并击柝巡夜以防御盗贼。其柝，即后世的梆，原为两块实木相击作声；后则为木、竹制，中空，另以棒或槌击之作响。梆子作为民族音乐的一种打击乐器，也被许多饮食行当的商贩利用作为招徕响器。旧时北京等地流动售食品点心，如香油、烧饼、油炸果、蜂糕等小贩，大都敲梆为号。蜂糕别称"梆梆糕"，即因此得名。行当不一样，其梆亦略有区别。有竹梆，有木梆，卖油的多敲无柄大梆，卖烧饼的则用有柄的小梆。这些细微分别，连外国民俗学者也注意到了，如日本人中岛幸三郎氏的《支那行商人及其乐器》，萨莫尔·维克多·康斯坦（国籍待考）的《京都叫卖图》等。《京都叫卖图》说北京卖蜂糕艾窝窝小贩"敲一种外形很像小梆子的响板"，实即一种小梆。在清代，卖食品小贩的梆子，还被命以"击馋""催饥"之类有趣的名称。如清·佚名《韵鹤轩杂著》卷上所载："百工杂技，荷担上街，每持器作声，各有记号……卖食者所敲小木梆，曰'击馋'。"石渠《葵青居诗录》有一首《催饥》诗："乱如寒柝中宵击，静似木鱼朝课时。才是午牌人饱饭，一肩熟食又催饥。"并作题注云："（催饥）状似小木梆，卖点心者所击。"

古代打击乐器中，有一种小铜锣，名铴。《清会典·乐部六·乐器一》载："十九曰铴，范铜为之，面径二寸七分，口径三寸一分五厘，深六分。上穿二孔，系黄绒纽，以木片击之。"市井流动售糖果点心兼儿童玩物小贩所敲小锣即与铴相类似，但因"铴（音 tang）"与"糖"音近而又是卖糖果，即衍而俗称"糖锣"了。清·佚名《北京民间生活彩图》中有幅《打糖锣图》，其题词云："其人小本营生，所卖者糖、枣、豆食、零碎小玩物，以为哄幼孩之悦者也。"因此，糖锣别名又叫"引孩儿"。《葵青居诗录》的《引孩儿》诗说："庭阶个个乐含饴，放学归来逐队嬉。底事红鞋快奔去，门前为有引孩儿儿。"其题注称，"引孩儿"即"卖糖者所击小锣"。或以为打糖锣"引孩儿"者只是卖儿童玩物，如《韵鹤轩杂著》卷上"卖耍货者所持，曰'引孩儿'"，燕归来簃主人《燕市负贩琐记》亦说"打糖锣，系卖儿童玩具者"，实际上大都是卖糖果玩物兼售。这一点，清·闲园鞠农（蔡生吾）《燕市货声·元旦》中说的较为全面，"打糖锣挑子，敲小铜锣，专卖各种玩艺"，其"玩艺"既有"糖瓜、糖饼、人参、鹿筋、麻花、死棍、菱角"等名目的糖果，也有"七巧图、吹筒箭、万花筒、升官图、围棋、红鱼、六地、骨版、小弩弓"等玩物。此外，清季卖油小贩也有敲锣为招徕响器的，名为"厨房晓"，形制与糖锣也颇相近。《韵鹤轩杂著》卷上："卖油者所鸣小锣，曰'厨房晓'。"《葵青居诗录》也有诗咏之："提壶小滴清香绕，蔬菜盘中未应少。肉食朱门正击肥，人未曾否厨房晓。"题注说，厨房晓"似铜钲而薄且小，卖麻油者所击"。看来，这使用"厨房晓"为号卖的是香油之类调料用油，因以招徕厨娘等司厨者闻声来购而得名。

南宋·吴自牧在《梦粱录·夜市》中，记述了当时都城临安（今杭州）茶肆夜间击茶盏作响招徕茶客的情景："并在五间楼前大街坐铺中瓦前，有带三朵花点茶婆婆，敲响盏，掇头儿拍板，大街游人看了，无不哂笑。"这是当时一种随机性即兴式的揽客广告行为，还是一种约定俗成的商俗？因未觅得更多史料佐证，尚难以论定。不过，明清时期北京城售冷饮、果子干的商贩以敲冰盏作为招徕广告，却不失其遗风。明刘侗、于奕正《帝京景物略·春场》载："立夏日，启冰，赐文武大臣，编氓得卖买，手二铜盏叠之，其声'嗑嗑'，曰'冰盏'。"清·富察敦崇的《燕京岁时纪》亦云，"是物今尚有之，清泠可听，亦太平之音响也"。考其形制源流，冰盏原当是磁质茶盏，因用作响器却不坚固耐击，于是专门制成铜盏用之。近人齐如山《故都市乐图考》认为，"此器制法极奇特，中国古器中，无有与此相似者……形似清朝细缅甸乐所用之接足"。民间传说，明太祖朱元璋早年举义起兵时，曾在襄阳施舍酸梅汤，所以卖酸梅汤等冷饮商贩奉其为行业祖师，并仿其盛酸梅汤容器而成铜盏，敲击作声为号招徕顾客。推测规推测，传说归传说，虽为冰盏增添许多民俗文化蕴含，但究竟源头何在，仍然待考。

东北有句俗语，"听见打鼓上墙头"，说的是人的性情好动，好奇心强，喜欢看热闹。旧时用打鼓作为招徕广告的行当委实不少，其中也包括一些卖饮食的商贩。清末民初，北京有些卖小吃食的，便摇一种八楞鼗鼓。《燕市货声·元旦》载："有挑圆笼摇八楞鼗鼓者，带卖干烧酒，秋后添糖耳朵、蜜麻花、干糖麻花；又有带卖豆腐干、豆腐丝者。"旧时北京人喜嚼槟榔，其《通年》又说："卖槟榔，挎大元宝筐，摇八楞鼗鼓，各格各种槟榔、糖类，带夹剪。"

《周礼·曲礼》有则常为民俗学家们引用的著名观点，叫作"入境问俗"。为什么要"入境问俗"呢？因为各地乡风民俗各有异同。光是卖饮食小贩的招徕响器，各地便异彩纷呈，各地有各地的约定俗成。旧时四川成都卖麻糖小贩，颈挂糖盒用榔头敲着一块曲颈燕尾形状铁片走街串巷，其敲得"叮叮"作响的招徕物亦正是敲糖的工具。成都街头卖糖豆花的，手执一只盛糖豆花瓷碗，以虎口所夹瓷匙边走边击碗作响，有声有色。在江浙一带，五香豆腐干是一种传统风味小吃。从前卖这种小吃的挑子，一头挑着餐具、折叠凳，一头是煮着五香豆腐干的锅，边走边用筷子敲打锅沿叫卖。德国人布希曼1822年首创了手风琴，他当然不会预料到，这种西洋乐器在20世纪初，还曾有幸成为江浙沪一带卖梨膏糖小贩的招徕乐器。

小贩边拉风琴边唱"小热昏":"裁缝师父不吃我的梨膏糖,领圈开在裤裆啷;皮匠师父不吃我的梨膏糖,钻子钻在大膀啷!"戏谑式的说唱和手风琴乐曲吸引了一拨又一拨的围观顾客。20世纪60年代,上海街头、车站处卖冰棒的小贩,多是用小木块有节奏地敲打冰棒箱子,口里反复吆喝着"棒冰!棒冰!"这情景,往往给初次涉足这座繁华大城市者以一个特别的嘈杂印象。至少我是这样,迄今已30多年仍记忆深刻。

　　饮食,是人维系生存的最重要的基本生活必需。或正因如此,饮食文化成为人类诸文化形态中最为丰富多彩的大项,多种多样的饮食商贩招徕响器,则从一个独特的视角展示了饮食文化深厚的民俗底蕴。当社会生活日趋现代化的时候,市井中的饮食招徕响器越来越少见了。对于渐渐远去正在为现代文明湮灭的饧箫、击馋、引孩儿,仍然不时引发着人们的缅怀或依恋。显然,这是基于传统的民俗文化情结。

中国传统招幌市声民俗及其研究

一、总说

招幌，是"招牌"与"幌子"的复合式通称，是工商等诸行业用以宣传所经营的内容、特点、档次等招徕性信息的视觉标识。

招徕市声，是工商等诸行业用以宣传经营内容等招徕性信息的听觉标识。

招幌以图形、色彩等视觉标识播布招徕信息，招徕市声通过有声语言或器乐音响招徕顾客，两者是中国传统的商业广告民俗主要形态。就民间文化学以及民俗语言学视点而言，招幌与招徕市声属于一种特殊的民俗语言标识艺术符号系统，一种富有实用价值的传统民间艺术品类。

招幌与招徕市声是商业贸易消费活动的产物。《世本·作篇》说，颛顼帝时"祝融作市"。《周易·系辞下》说，神农氏作市，"日中为市，致天下之名，聚天下之货，交易而退，各得其所"。《淮南子·齐俗训》说，"尧之治天下"时，"泽皋织网，陵坂耕田，得以所有易所无，以所工易所拙"，农工渔牧诸行业与商业共同繁荣。周朝时，出现了比较有条理的市场管理制度和专设职官司市。《周礼·地官·司市》载："大市，昃而市，百族为主；朝市，朝时而市，商贾为主；夕市，夕时而市，贩夫贩妇为主。"1976年在殷墟商王武丁配偶妇好墓，发掘出土有近7000枚货贝，是迄今所见最早的中国货币。无论是以物易物方式进行交易，还是运用货币流通进行贸易，市场交易活动中都需要广告招揽沟通供求信息。《诗·卫风·氓》中咏及"氓之蚩蚩，抱布贸丝"这样以物易物的原始贸易活动，如何沟通供求招徕信息呢，尽管诗中未作具体描述，在当时的历史条件下，显然不是以陈列实物为标志便是口头吆喝，或者二者并用。考古发现表明，远在新石器时代晚期的龙山文化时期，已经出现了农业、牧畜以及制陶、制酒等手工业的生产分工，加之剩余产品的不断增多，物资交换活动日渐频繁。应该说，这个时期便已经出现了由物资交换所促生的原始实物招幌广告和招徕市声广告。原始实物招幌与招徕市声随现随逝随机性较强，因而难以直接保存至今。可以认为，新石器时代末以来的许多考古出土器物表示在出售交易过程中，都曾兼为实物招幌。

二、招幌类析

关于中国古代实物招幌与招徕市声的最早的文字描述，始见于春秋时的经典著作《韩非子》。《韩非子·难一》，有著名的"自相矛盾"典故："楚人有鬻盾与矛者，誉之曰：'吾盾之坚，莫能陷也。'又誉其矛曰：'吾矛之利，于物无不陷也。'或曰：'以子之矛陷子之盾，如何？'其人弗能应也。夫不可陷之盾与无不陷之矛，不可同世而立。"构成这则寓言的核心情节，在于由其实物招幌矛与盾所引发的招徕叫卖市声，"吾盾之坚，莫能陷也"和"吾矛之利，于物无不陷也"。因为"不可陷之盾与无不陷之矛，不可同世而立"，所以是"自相矛盾"。尽管自相矛盾，却生动地展示了出售矛盾者，及其自然地运用着实物招幌与招徕市声这两种原始的、习用的广告手段，以及推销中急于成交的商业心理，乃至弄巧成拙。现实生活中是否确有此类事例，不得而知，但可说明在当时使用实物招幌和招徕市声推销商品，已是非常普遍、寻常的事情。

抽象化的特定标识招幌的出现，是原始实物招幌发展、进步的结果。中国传统招幌中最早见于文献记载的是"酒旗"。对此，《韩非子》《晏子春秋》《说苑》《韩诗外传》等典籍均有记述。在《韩非子·外储说右上》中，酒旗谓"帜"，即如清·褚人获在《坚瓠首集》卷四《酒旗》中说的：《韩非子》云：'宋人酤酒，悬帜甚高。'酒市有旗，始见于此。"在《晏子春秋·内篇·问上》中，酒旗谓"表"，"人有酤酒者，为器甚洁清，置表甚长"。古人诗词中多有咏酒旗佳句，如刘禹锡《堤上行》："酒旗相望大堤头，堤下连墙堤上楼。"张籍《江南曲》："长干午日沽春酒，高高酒旗悬江口。"杜牧《江南曲》："千里莺啼绿映红，水村山郭酒旗风。"元代有曲牌径名"酒旗儿"，如元曲作家乔吉的《酒旗儿》词咏道："千古藏真洞，一柱立晴空。"以酒旗命名星宿，在晋代已然，如葛洪《抱补子·酒诫》："盖闻昊天表酒旗之宿，坤灵挺空桑之化。"《晋书·天文志上》亦载："轩辕右角南三星曰酒旗，酒官之旗也，主宴飨饮食。五星守酒旗，天下大铺。"如此，无疑给酒旗招幌披上了神秘色彩。但据天文上的酒旗三星所连平面形状推测，古代酒旗本为三角形状。

酒旗形制本为布帘，因有"青帘"之谓。酒旗高悬，很远即可望知那是酒家标识，因而又称"望子"。《广韵·盐》云："帘，青帘，酒家望子。"宋代以来许多学者认为，所谓"幌子"即出自"望子"的音讹相沿成习。宋·洪迈《容斋续笔·酒肆旗望》："今都城与郡县酒务，及凡鬻酒之肆，皆揭大帘于外，以青白布数幅为之。微者，随其高卑小大，村店或挂瓶瓢、标帚杆。唐人多咏于诗，然其制盖自古以然矣。"明·周梦《常谈考误·酒望》："卖酒家有揭布帘、挂瓶瓢、标帚杆、系木牌者，俗并谓之酒幌子，非也。幌，本作望，悬此物欲人望而知之耳。"明·环中迁叟《俚言解·望子》："望子，酒家悬帜也……今人呼酒旗为望子。"清·翟灏《通俗编·器用》："按今江以北，凡市贾所悬标识，悉呼望子。讹其音，乃云幌子。"凡此可见，"招幌"之说源于"望子"，"望子"滥觞于"酒旗"。因而，可以认为，酒旗是除实物招幌而外的最早的中国传统招徕标识，后世各类招幌多从酒旗发展、衍生而来。当代都市街头、广场上的广告旗，则是古代酒旗的遗制和出新。

"悬壶济世"，是古来医家所标榜的医德。所谓"悬壶"，即古代医家行医的招幌标识，其典出自东汉的仙人"悬壶于市"。《后汉书·费长房传》："市中有老人卖药，悬一壶于肆头。"至后来，医家虽不以"悬壶"作为行医的招幌标识，但"悬壶"依然作为挂牌行医的代称。明·汤显祖《牡丹亭还魂记·延师》："君子要知医，悬壶旧家世。"近代革命家孙中山在《革命原起》中也写道："及予卒业之后，悬壶于澳门、羊城两地以问世，而实则为革命运动之开始也。"汉代时，酒家不仅以酒旗作为招徕标识，亦往往将其盛酒容器（一作"垆"或"炉"）置于店前作为标识，最著名的例证当属《史记·司马相如传》所记："（相如）买一酒舍酤酒，而令文君当垆。"一代才女"文君当垆"，当然更增强了它的招徕标识效应。唐代称作"卖炉"，如元稹《和乐天重题别东楼》诗所咏："唤客潜挥远红袖，卖炉高挂小青旗。""悬壶"与"卖炉"说明，汉代时中国的传统招幌已在实物幌和酒旗幌基础上有所发展，并由此进一步生成后世丰富多彩的市商招幌广告民俗。

招幌是工商及其他诸行各业向社会和消费者传播经营内容、商品、特点、价格以及档次等信息以招徕消费的标识性广告方式，一种特定的行业经营标志信誉标志，一种标榜手段，一种通过视觉传播的传统广告民俗和民俗语言艺术。最原始的招幌是直接展示其经营的实物招幌，从实物幌发展而来的是附属幌、模型幌、象征幌以及特定标志幌、文字幌、图画幌、招牌、门市楹联等形式。其设置使用方式，主要有两种类型，即坐商（亦谓"坐贾"）的门市固定招幌和行商的流动招幌。招幌的发生与形成，以社会性物资交易与消费的市场需要为前提，通过获得社会的广泛认同而约定俗成。除实物招幌外的其他类型招幌，大都经过创造和加工，是民俗与艺术有机结合而成的传统广告艺术。即或是直接以实物作为招幌，往往也根据传统习俗惯制和实际需要而有所选择，加以整理之后的具有典型特征和传播招徕信息功能的商品实物，亦具有古朴的民俗艺术性质。通常的坐商门市招幌，大多由幌杆、幌架、幌挑、幌挂、幌盖、幌体、幌座和幌坠等部分组成，或古朴典雅，或华丽辉煌，或朴实无华，悉因经营规模、内容、商品、档次等因素而有所差别。

实物招幌，直接将所经营的商品实物陈置或悬挂出来作为招徕标识，多为经过挑选或整理的样品，是供消费者直观鉴别的标本。民间俗语道，"挂羊头，卖狗肉"，喻义为表里不一、名不副实。其实，这正是就肉铺的实物招幌而来。这句俗语出典颇早，最先诸先秦典籍时是"悬牛首，卖马肉"。《晏子春秋·内篇杂下一》载："君使服之于内，而禁之于外，就悬牛首于门，而卖马肉于内也。"在《续汉书·百官志·决录注》中略有变易："世祖赐丁邯诏曰：'悬牛头，卖马脯，盗跖行，孔子语。'"这竟然出自皇帝的金口玉言。在宋代佛门僧人口中，"悬牛首，卖马肉"开始变成"悬羊头，卖狗肉"。宋·释普济《五灯会元》卷四五《卫州元丰院清满禅师》："有般名利之徒为人无师，悬羊头，卖狗肉，坏后进初机，灭先圣洪范。你等诸人闻怎么事岂不寒心。"实物招幌简便易行、成本低廉而又俭朴、明晰，因而成为最早出现并历久不衰的传统招幌民俗种类。绒线铺在门前悬挂一匝各色绒线，棉麻店悬挂一篮棉花、一束麻线，水果店悬挂或陈列时鲜果品，寿衣庄陈列、悬挂寿枕、寿靴，修补轮胎者悬挂一只大规格轮胎，元宵摊摆一盘剖开见馅的大元宵，均为古今习见招幌。但是，实物招幌也有其先天的种种缺陷和局限性。有些经营内容难以用实物展示，如酒、油、饮料等液体商品；有些实物不易长时间裸露陈展，如肉类等食品；有些行业不存在用作实物招幌的商品，如行医、算命、收购、修理等行业；有些综合经营行业难以一两种商品实物概括全部，如百货商店；有些实物用作招幌有失雅观或给人以不良心理刺激，如活狗、活羊边宰边割卖；有些体积过大、过小、过重、过轻或贵重细软商品，以及易燃易爆、易破损、易腐败变质、易污染的商品，均不可以实物为幌。因而，实物招幌主要限于具有独立完整个体，形状、色彩等个性特征鲜明，同时又方便暴露性陈展的商品实物。

商品附属物招幌，是为克服某些商品受条件限制而采用具有商品主要关联性特征物品作为招幌的变通方式，其实质仍属实物招幌。例如，医家、药铺悬壶，酒家悬挂酒葫芦，油店悬挂油瓶，米店悬挂量米的升，山村小饭馆悬挂笊篱等等。这些招幌，或为商品的专用容器，或为专用量器，或为专用工具，均属商品的附属实物，消费者望而便可直观地得知其所经营的内容和具体商品，一般不会产生歧义，因而发生招幌标识作用。

以特定的商品或商品附属物模型作为招幌，是实物招幌的翻版与夸张放大。例如，蜡烛店悬挂的一串鞋底模型，鲜鱼店悬挂的大木鱼，腰刀店悬挂的腰刀模型，烟铺悬挂的烟叶模型，糕点铺悬挂的木制大月饼，灌肠铺门首挑着的一段大灌肠，煎饼铺的半月形木制煎饼模型，馒头铺的木制大馒头模型，等等。今存历史文献所最早的模型招幌，是元大都时北京的兽医红色壶瓶模型、收生婆门首的纸糊双鞋模型幌。元·熊梦祥《析津志·风俗》载："兽医之家，门首地位上以大木刻作壶瓶状，长可一丈，以代赭石红之。通作十二柱，上搭芦以御群马。灌药之所，门之前画大马为记。"又载："稳婆收生之家，门首以大红纸糊篾筐大鞋一双为记，专治妇人胎前产后一应病症，并有通血之药。"兽医以壶瓶模型为招徕标识，系缘"悬壶行医"而来。稳婆收生采用鞋子模型招幌，既体现着从业者多为天足妇女、行走方便，同时古人多取其谐音"和谐"的口彩，祈愿产妇母子平安。模型招幌克服了实物招幌容易破旧不耐久不易保存使用的弊病；经夸张、放大或变形化处理过的模型招幌，还显示了较强的装饰作用。不仅一些不便以实物为幌的商品可以采用模型招幌，而且为了获得更典型的招徕效果和艺术性，有些可用实物为幌的商品也采用这种优长颇多的模型招幌。旧时的梳篦店直接以出售的梳子、篦子作为招幌是可以的，但为了追求更鲜明醒目的招徕标识功能和艺术效果，往往悬挂放大许多倍的梳为冠、篦为体、上书店家字号的组合模型幌。

实物幌、模型幌，均与所经营的商品、内容直接关联。采用某种特定标志作为招徕标识的特定标志招幌，通常同所经营的商品、内容并无直接关联，它们是经约定俗成或相沿成习的抽象化的招徕标识，特定的象征符号。始自春秋时的酒旗，是历史最为悠久的特定标志幌。清真饭店的招幌习以蓝色为主要色彩，成为区别于汉族等非清真饭店的鲜明的特定标识。明代以来，北京卖酸梅汤商贩的特定招幌是在柜上设一月牙形坐幌。民间传说，明太祖朱元璋举义起兵时，曾在襄阳施舍酸梅汤。此前，他曾出家为僧，月牙形坐幌表示禅杖；幌旁设三支戟，形如"日"字，合而则为"明"字，寓意朱元璋开国为大明朝，因而行当将明朝开国皇帝朱元璋奉为行业祖师。旧时，剃头担子上树一支独脚旗杆为幌，相传是唐高宗李治因剃头匠治愈了太子脸上生毛之病而赏赐给剃头行业的特殊标志。颜料店悬五花棒为幌，传说出自三国时曹孟德出任洛阳北部尉时所造棒杀犯禁者的五色棒。唐·韦应物《示从子河南慰班》诗云，"立政思悬棒，谋身类独藩"，亦用此典故。南宋都城临安（杭州）城里的庵酒店以盖有竹盖子的红栀子灯幌作为店中有妓可供欢娱的特定标识。宋·耐得翁《都城纪胜·酒肆》记载，"庵酒店，谓有娼妓在内，可以就欢，而于酒阁内暗藏卧床也。门首红栀子灯上，不以晴雨，必用箬盖之，以为记认"。据元·熊梦祥《析津志·风俗》载，元大都时的北京"剃头者以彩色画牙齿为记"。据清·张子秋《续都门竹枝词》所咏，当时京城回族卖狗皮膏药者以"祖像"作为招徕标识，用意显然在于宣扬其出自家传秘方、世代经营，即所谓"回回三代狗皮膏，祖像招牌竖得高，东夏桥头长供奉，子孙买卖不辞劳"。有些商家采用自己独特的招徕标识，别树一帜，亦获得特定标志幌的招徕效应。清·李斗《扬州画舫录》卷一二载，康熙乾隆年间扬州虹桥西岸一座名为"跨虹阁"的酒家"日揭帘，夜悬灯"，别具一格；其"帘以清白布数幅为之，下端裁为燕尾，上端夹板灯，上贴一'酒'字"。清季名驰关内外的北京黑猴帽店，得名于其店首设置的一只黑色木猴店标，以至于同业纷纷效仿。"鲜鱼口内砌砖楼，毡帽驰名是黑猴，门面招牌皆一样，不知谁是老猴头"，道的正是店家采用这种别出心裁的特定标志幌的广告效应。清末民初北京东安门内的裕通典当，因临近皇城而不许按行业惯例在门前设立高大的牌坊、幌竿，便在门首悬挂两副招幌，被同业称作"双幌子裕通"，竞相效仿并流行开来。特定标志招幌一经约定俗成获得广泛认同，便会产生特定的招徕标识功效。

招牌，主要是以悬挂、镶嵌或砌筑等方式固定于门市的匾、额、牌、联、壁等书有特定广告文字或绘有相应图案的招徕标识。宋·张任国《柳梢青》词云："挂招牌，一声喝彩，旧店新开。"招牌同幌子一样，都是商业经营的重要标识。即如清·王有光《吴下谚联》卷一所云："一切生理，皆有招牌，字迹端好，金漆装潢，非不声光活现，顾未必其招之即来。惟货真价实，伎术奏效，不误主顾，乃得生动。"清·李光庭在《乡言解颐》卷四《物部上·市肆十事·招牌》中亦言："士必待招而后往者，重席珍也。客必待招而后来者，拉主顾也。善贾者招之以实货，招之以虚名，招之以坐落、门面、字号，而总不若招牌之豁目也。"招牌又简称"牌"，如宋·赵叔向《肯綮录·俚俗字义》云："京师食店卖酸馅者，皆大牌榜于街路。"又称之为"标"，如李光庭《乡言解颐》卷四描写说："京都第一几家标，不入吾门客待招。大字冲天名赫赫，长旌拖地意摇摇。登云枭舄何须琢，印板龙文总用雕。欲笑琵琶悬半截，知音谁识尾同焦。"招牌是以牌为形制的户外招徕标识，就所用材质而论，有布、木、铜、铁乃至砖石等数种；就设置形式而言，分横、竖、坐、壁四种。坐招，是坐落门市地面或柜台上的落地式招牌。壁招又叫"墙招"，是在墙壁上书写、镶嵌或专门砌筑的招牌。有单一的文字招牌，如典当铺突出书有大"当"字的招牌或壁招；有单一的绘图招牌，如旧时米醋作坊悬挂的绘有金葫芦图案的黑漆招牌；但更常见的是文字、绘图兼用的招牌，如清季北京城里内联升鞋铺的招牌，上面书写字号，下面绘着云卷托靴鞋，寓意取"平步青云"的口彩。除门市固定招牌外，有些流动商贩或其他流动经营的行当，也采用随身便携招牌，如江湖郎中 着书写广告文字的木牌或布牌，街头牙医、修脚匠或祛痣子的，往往在设摊的身旁附近挂出书写广告文字或图案的布置招牌。不过，招牌以用于门市固定的招徕标识居主。

象征招幌，是以经营的内容、商品实物的物象化特征形象化或隐喻性地作为招徕的标识方式，是模型招幌与特定标志幌的转换或延伸。清代公共浴池多于门首幌竿上挑出一只灯笼作为招幌，门市楹联上书写"金鸡未唱汤先热，红日东升客满堂"之类联语。考其灯幌形制，原是壶的象征，由悬水壶为幌转化而来。民间传说，宋代某商人经商赔本后以剩余房产开设了历史上第一座公共浴室，并依古来惯例在门首悬一只茶壶作为招徕标识。检阅耐得翁《都城纪胜》、吴自牧《梦粱录》等有关宋代都城"香水行"亦即公共浴室的文字，未见有招徕标识的记述。不过，宋·吴曾《能改斋漫录·事始·浴处挂壶于门》的考述，却说明上述民间传说原有所本，并非无稽之谈。吴曾考证道："今所在浴处，必挂壶于门，或不知所始。按《周礼·挈壶氏》'掌挈壶以令军井'，郑司农注曰：'谓为军穿井，井成，壶悬其上，令军中士众望见，如此下有井。壶所以盛饮，故以壶表井。'又别注曰：'挈，读如挈发之挈。壶，盛水器也。'乃知俚俗所为，亦有所本。"由此说明，清代以来浴池悬灯幌缘自宋代香水行的壶幌，而宋代香水行的壶幌则沿袭周代军中以悬壶表井的标志。何以用壶作标志，在于壶为盛水容器。就是说，后世浴室的灯幌非但可以便利夜间招徕，更主要的它是壶与水的象征，浴室蓄水方可洗浴。许多特定标志幌，便是特定的招徕象征，它们也兼为象征幌。例如用以象征出售的草标，便属此类。草标具有广泛的招徕象征作用，人、物皆可用此作为出售的标识。《水浒传》第12回写青面兽扬志卖刀故事道，他"当日将了宝刀，插了草标儿，上市去卖"。元·乔吉《折桂令·劝求妓》曲："溺盆儿刷煞终臊，待立草为标。"明·罗贯中《风云会》剧三折："既然立草为标，必须坐朝问道。"又凌蒙初《初刻拍案惊奇》卷二七："只见外面一个人，手里拿着草书四幅，插个标儿要卖。"除草标外，还有纸标的，如《三朝北盟会编》卷二四引《宣和乙巳奉使行程录》记述在辽亡之后金兵夺取宋朝燕山府（燕京）的战乱中，百姓困苦不堪，乃至"父母食其子，至有肩死尸插纸标于市售"者。借代性象征幌，以经营的部分内容或商品实物的局部、附属物等，作为象征标识。例如，酒店悬酒坛为幌，酱园悬盛酱菜的油篓，酱肉铺悬酱肉坛子模型等，均属此类。例如，典当业的钞桶幌是串起来的制钱（钱串）的象征，隐喻其为金融流通行业；东北地区山村旅店、饭店以悬挂的罗圈幌多寡隐喻所经营的范围、档次和招徕对象。还有一种象征幌，以彩绘的形象、图案来象征其经营内容、商品，多为图画幌和招牌。例如，翠花铺的画牌幌绘着蝙蝠、翠鸟，铜器铺的牌幌用铜片镶出火锅、铜茶壶图案。统而言之，招幌的本身均可说是一种象征标志，原因在于它广泛地运用了象征艺术手段。

招幌的创意设计，采用的艺术手段，使用的材质，设置的方式，等等，皆因各种行业特点、经营内容、商品特征，各取所需，花样翻新，多姿多彩。究其实质，悉在于追求最佳的招徕标识功效和艺术效果，最大限度地发挥促销与便利消费的作用。正因如此，古往今来的各业招幌，生生不息地构织成别有洞天、五彩缤纷的民俗画卷。

三、招徕市声类说

在社会语言生活中，言语交际往往伴随着非言语的副语言习俗。

在工商诸行的经营与贸易活动中，招幌与招徕市声是紧紧伴随着的招徕广告民俗。

幌子是一种靠视觉符号传播招徕信息的非言语的副语言商业民俗；招牌主要以图案和文字符号传播招徕信息，集言语的与非言语的信息为一体。就总体而言，招幌以非言语的副语言习俗视觉符号为主，以文字为辅。清·李光庭《乡言解颐·招牌》所谓"招之以虚名，招之以坐落、门面、字号，而总不若招牌之豁目也"，因为"乡人不甚识字，欲上京买年货，问人"，有一定道理，但并非全部。约定俗成的招幌，以其特有的简约标识功能导引消费，望而可知，简明清晰，无须细加分辨，颇为便利。

器乐招徕市声是一种靠听觉符号传播招徕信息的非言语的副语言商业民俗；叫卖吆喝和韵语说唱招徕市声是以言语符号来传播招徕信息。但是，叫卖吆喝与韵语说唱招徕市声在播布过程中往往因方言、语急等因素致使传到听者耳里的仅是一种特定的韵调，所以亦兼具非言语的副语言习俗性质。听其"动静儿"往往即知招徕什么，往往不会搞错。

在现实生活中，以视觉符号为本的招幌主要应用于坐商，以听觉符号为本的招徕市声主要应用于行商，两种招徕符号的功能是一致的，均在于广泛招徕消费。从这个意义上说，招幌是无声的招徕广告，招徕市声可谓有声的招幌。有些行当声像并用，即招幌与招徕市声并用，则在于追求最佳招徕效果。旧时巫卜星相业既掮布招或木牌，又一路使用器乐市声进行招徕——击"报君知"，便属声像并用之例。

招徕市声主要有三种类型，即叫卖吆喝、韵语说唱和器乐音响。

叫卖吆喝，是古今皆然的最原始也最简便的招徕市声。《韩非子》中卖盾者不断向人重复夸耀的"吾盾之坚，莫能陷也"和"吾矛之利，于物无不陷也"，是迄今文献所载最早的叫卖吆喝市声。《韩非子·外储说左下》载有郑县人卖豚而不告人售价，当是只知叫卖不知报价的例证。后世谓"卖豚"为答非所问、心猿意马。有关的文字描述，多见于宋元以来文献。宋·吴自牧《梦粱录·夜市》："更有瑜石车子卖糖糜乳糕浇，亦俱曾经宣唤，皆效京师叫声。……又有沿街头盘叫卖姜豉、膘皮牒子……各有叫声。……更有叫'时运来时，买庄田，取老婆'卖封者。"南宋范成大《夜坐有感》诗中写的"号呼卖卜谁家子，想欠明朝籴米钱"，亦属这种卖卦市声。清·郝懿行《证俗文》卷一七所言"俗谓自夸鬻曰卖卦"，则属卖卦者自卖自夸的吆喝。宋·孟元老《东京梦华录天晓诸人入市》写有"羹店门首坐一小儿，叫饶骨头"。酒有别名为"春"，"叫春"即叫卖酒类。宋·晁补之有首《谯国嘲提壶》诗说："何处提壶鸟，荒园自叫春。夕阳深樾里，持此劝何人。"俗语"王婆卖瓜，自卖自夸”，缘自其叫卖之辞。宋元时有个用指笑脸逢迎或假冒、欺骗的俗语"卖查梨"，亦缘自小商贩兜售查梨时的叫卖情形。元·无名氏《孟德耀举案齐眉》剧第三折："（张云）兄弟，你看这女人，她这般受苦，倒说咱磕牙料嘴。（正旦唱）陪着笑卖查梨。"《析津志·岁纪》数处记有当时京都的叫卖市声，如："（正月十六日）名烧灯节，市人以柳条挂焦槌于上叫卖之。"又如："是月（九月）九日，都中以面为糕馈遗，作重阳节，亦于阛阓笊笑，芦席棚叫卖。如七夕，午节。市人又多以小扛车上街沿叫卖。"在元·佚名杂剧《朱太守风雪渔樵记》第二折中，描述有剧中人会稽货郎儿张憨古的吆喝辞："笊篱马杓，破缺也换那！"明·江盈科《雪涛阁集》中有一则《医驼》故事，其中有自诩善医驼背而不管患者死活的江湖郎中，其吆喝道："如弓者，如虾者，如曲环者，延吾治，可朝治而夕如矢（箭杆）。"吆喝亦作"邀诃"。明·王季重《谑庵文饭小品》卷三《游满井记》载："卖饮食者邀诃：'好火烧！''好酒！''好大饭！''好果子！'"又作"吆卖"，如清·富察敦崇《燕京岁时记》："京师暑伏以后，则寒贱之子担冰吆卖，曰冰胡儿。"吆喝，即"吆喝叫卖"之省。

　　韵语说唱招徕市声，是在叫卖吆喝的基础上发展而来的更有艺术性的招徕市声。今见有关韵语说唱招徕市声的最早的实例文献，是敦煌书 P.3644 号后唐同光年间（公元 923—926 年）学童习字杂抄中的两首店铺说唱口号（原件存巴黎国民图书馆，为伯希和劫品之一）。其一为店铺经营通用者："厶乙铺上新铺货，要者相闻不须过。交关市易任平章，卖（买）物之人但且坐。"其二为杂货铺说唱口号："厶乙铺上且有：橘皮胡桃瓤，栀子高良姜，陆路诃梨勒，大腹及槟榔。亦有荜萝荜拨，芜荑大黄，油麻椒蒜，河（荷）藕弗

（拂）香。甜干枣、醋（错）齿石榴；绢帽子、罗幞头。白矾皂矾，紫草苏芳。秒糖吃时牙齿美，饧糖咬时舌头甜。市上买取新袄子，街头易得紫罗衫，阔口裤，斩（崭）新鞋，大跨（銙）腰带拾叁事。"李正宇《叫卖市声之祖——敦煌遗书中的店铺叫卖口号》(《寻根》1997.4）文据此认为，宋人所谓根据市井诸色卖物叫声"采取声调，闻以词章，以为戏乐"的伎艺，当起源于唐代，至迟不晚于后唐。

　　歌叫唱卖，在宋代市井十分普遍。《梦粱录·夜市》记有"洪进唱曲卖糖"。两宋时，民间艺人模仿市肆歌叫自成一种曲艺品类。《梦粱录·妓乐》："今街市与宅院，往往效京师叫声，以市井诸色歌叫卖物之声，采合宫商成其词也。"其中，有"叫果子""叫紫苏丸"等多种名目。宋·高承《事物纪原·吟叫》记载："(叫果子之戏）其本盖自至和（1054—1056）、嘉祐（1056—1063）之间叫紫苏丸，洎乐工杜人经十叫子始也。京师凡卖一物，必有声韵，其吟哦俱不同。故市人采其声调，间以词章，以为戏乐也。今盛行于世，又谓之吟叫也。"《都城纪胜·社会》所记南宋京师临安（杭州）诸民间艺人行会组织中，模仿市肆韵语说唱招徕市声的艺人团体为"叫卖社"。宋元以来的有些曲牌，即由此而来，如《卖花声》，据清·李良年《词坛纪事》认为，"世俗以二月十五为花朝节，杭城园丁以名花荷担叫鬻，音中律吕"，故采制为曲牌。其情景，亦如宋·孟元老《东京梦华录·驾回仪卫》所记："是月季春，万花烂熳，牡丹、芍药、棠棣、木香种种上市。卖花者以马头竹篮铺排，歌叫之声，清奇可听。""歌叫"已非一般的吆喝叫卖，而是说唱叫卖了。货郎儿的说唱叫卖也有幸进入了曲林制为曲牌，而且有数种货郎儿曲牌，如清·翟灏《通俗编·艺术》所记，"《九宫谱》曲调有《货郎儿正宫》，与《仙吕》出入。又《转调货郎儿》，与《南宫》出入。"此外，现实生活中还有所谓"货郎太平歌"，如《水浒传》第七四回写道，扮作山东货郎儿的"燕青一手拈串鼓，一手打板，唱出货郎太平歌，与山东人不差分毫来去"。至于货郎儿们具体说唱些什么词，清·华广生编述的《白雪遗音》中有首《货郎儿》曲，写道："货郎儿，背着柜子遥街串，鼓儿摇得欢。生意虽小，件件都全。听我声喊——喊一声，杂色带子花红线，博山琉璃簪。还有那，桃花宫粉胭脂片，软翠花冠。红绿梭布，杭州绒纂，玛瑙小耳圈。有的是，木梳墨薄，火朝扭（纽）扣，玉容香皂擦粉面，头绳似血鲜。新添的，白铜顶指，上鞋锥子，广条京针，时样高底梅花瓣，并州柳叶剪。"一如宋代的"吟叫"，"货郎儿"亦成为宋元民间说唱艺人的一种艺术品类。元·佚名《风雨像生货郎旦》杂剧，描述富户李彦和因娶妓女张玉娥为妾而气死发妻刘氏，张玉娥却与人私通卷逃并与奸夫合谋暗害李家父子，致使李家全家失散。儿子春郎为拈各千户收养，奶娘张三姑则沦为说唱"货郎儿"的艺人。全家重逢之际，张三姑用《转调货郎儿》曲调分为"九转货郎儿"唱述了李家离散的缘由历史，从而使李氏父子相认团圆。从《元曲章》卷五所载得知，元大都北京曾因"聚集人众，充塞街市，男女相混"为由，"禁弄蛇虫、唱《货郎儿》"。凡此可见，由模仿市肆货郎说唱招徕市声而形成的民间艺术说唱"货郎儿"，曾是市民百姓喜闻乐见的曲艺种类。旧时江苏地区流行的民间曲艺道情曲调之一"卖梨膏糖调"，则系模仿卖梨膏糖小贩的说唱叫卖市声创制而成。其他又如安徽淮北、河北等地卖调料者的说唱十三香，明清卖年画的大段说唱，以及估衣摊的唱卖估衣等，均兼其说唱招徕市声与民间说唱艺术的双重属性和功能。

　　器乐音响招徕市声，源远流长。战国时楚大夫屈原在《天问》中咏道："师望在肆，昌何识？鼓刀扬声，后何喜？"其《离骚》中再次用此典故："吕望之鼓刀兮，遭周文而得举。"相传姜太公吕望在未获周文王知遇时，一度因困厄而以屠牛为生计，故"鼓刀扬声"招徕生意。"鼓刀"，摆弄或鼓击刀子使之作响。东汉·王逸《楚词章句》注云："鼓，鸣也。或言吕望太公，姜姓也，未遇之时，鼓刀屠于朝歌。"在此，"鼓刀"音响便是其器乐招徕市声，并伴有"扬声"叫卖吆喝。据《越绝书》载，楚平王时另一位楚国大夫伍奢全家遭斩，唯一幸免于难的伍员（子胥）只身逃往吴国以期复仇。途经昭关，因楚兵盘查颇严，相传一夜之间伍子胥愁得须发皆白方得蒙混出关。奔至吴国都城（苏州）时他已一文不剩，便立于市上吹箫行乞，三天后被善相术的被离发现，从此获重用并报了家仇。吹箫行乞，乃以箫乐作为招徕市声。至东汉时，用作卖饧糖器乐招徕的箫，为"饧箫"。《诗·周颂·有瞽》曰："既备乃奏，箫管备举"。东汉·郑玄笺云："箫，编小竹管，如今卖饧者所吹也。""自表"者，招徕也。卖饧人以饧箫作为招徕乐器这一古老商业广告民俗一直沿用至清末民初。这一点，在历代文献中反映得十分清楚。宋·宋祁《寒食》诗称："草包引开盘马地，箫声催暖卖饧天。"又汤恢《倦寻芳》词称："饧箫吹暖，蜡烛分烟，春思无限。"元·吴莱《严陵应仲章自杭寄书至赋此答之》诗云："花浓携酒榼，柳霁卖饧箫。"又元·散曲《迎仙客·二月》云："春日喧，卖饧天，谁家绿杨不禁烟。"清·范末宗《锣鼓》诗云："取次春风催劈柳，卖饧时近又吹箫。"龚自珍《东月小病寄家书作》诗云："饧箫咽穷巷，沉沉止复吹。"黄景仁《张鹤柴招集赋得寒夜四声》诗之一云："正逢说饼客，坐忆卖饧天。"孔尚任《桃花扇·访翠》云："扫墓家家柳，吹饧处处箫。"至民初，北京卖饧糖和粽子的流动商贩，仍旧以饧箫为招徕乐器。近人齐如山《故都市乐图考》中说，当时京城商贩的饧箫，系卷芦叶如筒状，或将之插于瓦瓶中吹奏；并引证《乐书》《诗经》郑笺认为，芦叶饧箫源本胡人芦茄，与竹箫相类似。

元代熊梦祥在所著北京最早的地方志书《析津志·风俗》中，记述了当时元大都市井商贩的器乐招徕市声数种。例如："街市蒸作面糕。诸蒸饼者，五更早起，以铜锣敲击，时而为之。"又如："若蒸造者，以长木竿用大木权撑住，于当街悬挂，花馒头为子。小经纪者，以蒲盒就其家市之，上顶于头上，敲木鱼而市之。"再如："一应卖乌盆，叫卖诸物，敲打有声。"明代的《永乐大典》所辑录的《净发须知》，记述有理发业的特殊招徕响器"唤头"。其卷上载，"净发处士"亦即理发匠"肩搭红巾，艳色照人金闪烁；指弹清镊，响声入耳玉玲珑"；盘道时问"镊子有几般名"，答说"一名镊子，二名唤头。"清代道光年间佚名氏《韵鹤轩杂著》卷上，记述了 10 种行当的招徕响器："百工杂技，荷担上街，每持器作声，各有记号。修脚者所摇折叠凳，曰'对君坐'；剃头担所持响铁，曰'唤头'；医家所摇铜铁圈，曰'虎撑'；星家所敲小铜锣，曰'报君知'；磨镜者所持铁片，曰'惊闺'；锡匠所持铁器，曰'闹街'；卖油者所鸣小锣，曰'厨房晓'；卖食者所敲小木梆，曰'击馋'；卖闺房杂货者所摇，曰'唤娇娘'；卖耍货者所持，曰'引孩儿'。"石渠《葵青居诗录》中的《街头谋食诸名色每持一器以声之，择其雅驯可入歌谣者各系一诗凡八首》，八首各加有解题注语，分别咏了八种当时招徕响器。具体为：引孩儿，卖糖者所击小锣；唤娇娘，卖闺中杂物持以摇者；催饥，状似小木梆，卖点心者所击；厨房晓，似铜钲而薄且小，卖麻油者所击；虎撑，外圆中空，凡铁为之，相传孙真人遗制，以撑虎口探手于喉出刺骨者；报君知，状如厨房晓，盲者敲为之算命；惊闺，磨镜、磨剪刀者，叠铜片四五夏以作声；对君坐，行则摇，坐则止，修脚者所持器。凡此，两书所记恰为互证。

古今器乐招徕市声响器，总括可分作三种类型。

其一，以商品实物作为招徕响器。一如实物招幌，这是一种最原始也是最为简便的招徕响器。此类见诸文献最早的记载，是《楚辞》所用吕望"鼓刀扬声"这一历史典故。此后的，例如，元大都时卖乌盆者敲乌盆作响；清季修铜盆等铜器者以敲铜盆为号，清·闲园鞠农《燕市货声·工艺·铜器挑》称："带炉，行敲铜盆，修补旧铜器，亦卖亦换。"卖缸者敲缸，卖碗者敲碗，卖炊具者敲瓢，修鞋匠以担子所悬修鞋工具钉拐撞击作响为招徕，卖空竹的抖空竹为号，卖玩具"不不登"的以吹"不不登"为号，卖五香豆腐干的敲锅沿为号，卖糖豆花的敲瓷碗为号，卖算盘的摇算盘为号，弹棉花的以拨弹花弓为号，修铁壶的敲壶底为号，20世纪60年代上海街头卖棒冰的用木块敲棒冰箱为号，卖乐器的行商小贩以吹笛、拉琴为号，旧时四川成都街头卖糖豆的以瓷匙敲击盛糖豆的花瓷碗为号，等等。

其二，以商品附属物或与经营内容相关联的工具、容器等器物作为特别招徕响器。其乐音个性鲜明，闻而知其经营内容。这类招徕响器以理发匠的"唤头"、游医的"虎撑"及卖酸梅汤饮料的"响盏"最具典型。唤头，因事物功能得名，取义宣唤人们理发。清西·厓《谈徵·物部》引述《事物原始》说，唤头即"镊钳也，以铁为之，用以拔须发者，今剃头者手持之作声，名曰唤头"，可知是以当行专用工具作为特别招徕响器。《燕市货声·工艺·剃头匠》

载："挑担，手执铁唤头，行划之。"

　　医家的特别招徕响器"串铃"，一名"虎撑"。《金瓶梅词话》第一九回写到，蒋竹山"当初不得地时，串铃儿卖膏药"；《老残游记》第一回写到老残拜"一个摇串铃的道士"为师，"学了几个口诀，从此也就摇个串铃替人治病糊口去了"。《燕市货声·工艺》中记江湖游医"摇铁串铃，或负药箱，或背布囊，卖各种药"。清·佚名《北京民间风俗百图·串铃卖药图》题词云："此中国串铃卖药之图也。其人系江湖之土郎中，微通医术，明点药性，口有佞才，即往各省游艺，一手持串铃摇动，一手持招牌上写药名不等。看病时，目视其色，言能变化，尚带卖药，无非求衣食也。"至于其别称"虎撑"，行中传说系由当初名医为虎治病时称虎口的铁圈变化而来。其为虎治病的名医，传说不一，一说为汉代华佗，一说为唐代孙思邈。齐如山《故都市乐图考》和日本的中岛幸三郎《支那行商人及其乐器》认为，串铃由藏传佛教的"引魂铃"变化而来。对此，愚意以为：名之"虎撑"，乃使之兼具厌胜趋吉祈祥器物的性质，是古老的虎崇拜民俗与行业祖师崇拜民俗的集中合一。

　　"响盏"是卖酸梅汤饮料行当的招徕响器，本为盛饮料的容器。明·刘侗、于奕《帝京景物略·春场》载："立夏日，启冰，赐文武大臣，编氓得卖买，手二铜盏叠之，其声'嗑嗑'，曰'冰盏'。"清·富察敦崇《燕京岁时记》称："是物今尚有之，清泠可听，亦太平之音响也。"民间传说，出自明太祖朱元璋在襄阳施舍酸梅汤时的容器，改用铜质，耐敲不易损，且乐音悦耳。其实，早在南宋都城临安（杭州）夜市中茶肆即有击茶盏作响以招徕茶客的广告习俗。《梦粱录·茶肆》："今之茶肆，列花架，安顿奇松异桧等物于其上，装饰店面，敲打响盏歌卖。"又《梦粱录·夜市》："并在五间楼前大街坐铺中瓦前，有带三朵花点茶婆婆，敲响盏，掇头儿拍板，大街游人看了，无不'哂笑'。"齐如山《故都市乐图考》说，"此器制法极奇特，中国古器中，无有与此相似者……形似清朝缅甸乐所用之接足"。事实是清楚的，明清敲冰盏卖酸梅汤之制，源自宋代茶肆敲响盏招徕茶客的招徕广告习俗。若说其与传统乐器与奏法相近似者，当类如京剧反二黄的过门常用击拍乐器"撞钟"。撞钟也称之"星"，形若酒盅，铜制，两钟碰撞发音，属打击乐器。与之不同的是，冰盏两相叠撞作响。另外，击盏打拍已见于宋代伎艺。《梦粱录·妓乐》载："又有拍番鼓儿，敲木盏，打锣板，和鼓儿，皆是也。"又："盖嘌唱为引子四句就入者谓之'下影带'。无影带，名为'散呼'。若不上鼓面，止敲盏儿，谓之'打拍'。"可见，当时茶肆以响盏作为招徕响器，当是源自市井伎乐中的敲盏打拍。

其三，沿用或参照传统乐器创制招徕响器。沿用或参照传统乐器改制的招徕响器有许多种，流行于不同行当，但总未脱出吹、打、弹、拉四大类别。

吹奏乐器类招徕响器，以战国时伍员吹箫行乞为最早，其次是东汉以来的觱篥。清末民初，北方盲算命者多有吹笛为号者，如《燕市负贩琐记》载："算命。约三种，有吹横笛子者，有打咯达锣者，有打堂鼓者。"又《燕市货声·工艺》："瞽目算命。或弹弦，或吹笛，或击鼓，带唱曲。"旧时北京杂耍中"耍耗子"的，间以吹唢呐为号。《燕市货声·腊月》："耍耗子。一人肩负小箱行，鸣锣或吹唢呐，箱上设诸玩艺，耍时有蹬轮、爬梯、钻桃各式。"磨刀剪匠吹一种特别的长筒喇叭，如《燕市负贩琐记》所说，其"分数种，有吹喇叭者，有打铁链者"。时下东北等地晨昏流动零售鲜牛奶者，往往以吹哨子为号，亦属吹奏乐器类的招徕响器。

打击乐器类招徕响器，见诸文献较早者当是"货郎鼓"。南宋画家李嵩的《货郎图》中，货郎儿手持的货郎鼓是一种手摇的双面小鼓。明代苏子文，曾撰有题为《咏货郎鼓》的散曲。货郎鼓源自古代乐器"播鼗"。《周礼·春官·瞽朦》说："瞽朦掌播鼗箫管、歌。"《论语·微子》中，亦有"鼓方叔入于河，播鼗武入于汉"之说。又《宋史·乐志二》："古者，瞽朦皆掌播鼗，所以节一曲之终。"因而，又称"播鼗鼓"，如清·李渔传奇剧《风筝误·惊丑》一出写道："满手持来满袖装，清晨买到日黄昏，手中只少播鼗鼓，竟是街头卖货郎。"清人石渠《葵青居诗录》所咏"卖闺中杂物持以摇者"之"唤娇娘"，亦即货郎鼓。其诗云："绿窗检点女儿箱，彩线断绒针断铓。绣罢鸳鸯方却坐，慢声远远唤娇娘。"在打击乐器类的招徕响器中，鼓乐颇多。《燕市货声》所记，便有多种：元旦时街头卖麻花、烧饼者"亦有挑圆笼摇八楞鼗鼓者，带卖干烧酒"；五月有"摇长把小鼗卖零尺"汤布、冷布的；卖槟榔的"挎大元宝筐，摇八楞鼗鼓"；打鼓挑儿"担二筐前蹀，后以布覆，收买一切衣物，有岔眼物藏入后筐……行携瓯口大小迸鼓击之"。此外，旧京收购金银首饰等细软旧物的打一种茶杯大小的皮鼓，发出"叭、叭、叭"音响；收购家具、衣服等日用杂物者，肩披折叠包袱，打一种银圆大小的小鼓，发出的是"梆、梆、梆"的声音；卖油酒杂货的，摇一种中型铁鼓；卖炭的，摇一种径尺大鼓，音响为"不楞—不楞—不楞楞"。

再则即以用锣为招徕响器者居多。元·熊梦祥《析津志·风俗》所记元大都蒸造五更时即以敲铜锣招徕买蒸饼，是文献所见仅迟于货郎鼓的打击乐器类招徕响器。清·佚名《北京民间风俗百图》的

《打锣锣图》题词说："其人小本营生，所卖者糖、枣、豆食、零碎小玩物，以为哄幼孩之悦者也。"《燕市货声·元旦》："打锣锣挑子，敲小铜锣，专卖各种玩意。"石渠《葵青居诗录》的"引孩儿"即"卖糖者所击小锣"。蒋癯叟《首都杂咏·打糖锣》诗云："一阵锣声巷口纷纷儿女各争瞧。近来玩具投时好，也有飞机有刺刀。"谓"糖锣"当系"锣锣"之衍。此外，耍猴戏的，耍耗子的，耍木偶的，乃至成都阉鸡的，都以打锣为号。盲算命者所敲名为"报君知"的"铜点"，又称"疙瘩锣"，只是其中间隆起，锣也穿孔系绳悬而击之。《燕市货声·通年》即卖绒线小贩有"背筐摇长把戤"的，也有"挑担摇铮"的，其"铮"实为"云锣"。《元史·礼乐志五》载："云锣，制以铜，为小锣十之，同一木架，下有长柄，左手持，而右手以小槌击之。"《清会典事例》卷五二九《乐器·乐器一》谓"云锣"为小锣十面，中四，左右各三，大小皆同，厚薄殊制，四正律六半律，与编钟相应；四周各为孔，以黄绒穿系于木架上，以小木锤击之。卖绒线的云锣形制即由此而来，并借鉴采用了货郎鼓以绳坠为软锤的击打方式。

其他打击乐器类招徕响器，还有木鱼、铃、梆、板、钹等。《析津志·风俗》载，元大都时北京小贩头打薄盒"敲木鱼而市"蒸饼、面糕、馒头。《北京民间风俗百图·摇扇面图》题词说，"其人膊'贯'扇柜，上监（建）一竿，扎系线绳，栓串铁铃，沿街走，步步行之，其铃摇响，令人知其摇扇面的来了"。《燕市货声·粘扇字》亦载，其"挎小柜，上悬小铃数串，粘一切折纸扇"。此外，还有手摇铃的小商贩，如旧京走街卖洋货者摇一种如大铎似的铃。《北京民间风俗百图·磨刀剪图》中，其磨刀板凳前端亦垂挂一只带手柄的摇铃。《燕市货声·工艺》记修脚匠使用一种"双小木梆，带把，夹一手指间，行击之"。这种"双小木梆"，即《韵鹤轩杂著》所言"修脚者所摇折叠凳，曰对君坐"，系取凳之形制，板或梆之乐理。也有铁制者，如石渠《葵青居诗录》所咏"手持寸铁"。"行则摇，坐则止，修脚者所持器"的"对君坐"。而"状似小木梆"。卖点心所击的"催饥"，实即一种木梆。旧京卖油的打大梆，卖烧饼打小梆，所谓"梆梆糕"则因其以敲小梆为号得名。打击乐器拍板，用以击节，据传始于唐玄宗时教坊的散油演奏。用为招徕响器，则有铜、铁、竹等数种。清抄本《贸易》说："旧北京卖香油的敲铜铁板"为号。清末成都街头卖麻糖小贩，颈挂糖盒，一手执曲颈燕尾形铁片，一手执锤敲打作声。《燕市货声·工艺·磨剪子》载，其"早年代洗铜镜，有携一串铁片行敲者，近多推车，有吹喇叭者"。这串铁片本为铜片，则如石渠《葵青居诗录》所咏"磨镜、磨剪刀者，叠铜片四五夏以作声"之"惊闺"。《燕市货声·工艺》说，算灵卦的"磕竹（板）"；张次溪《天桥一览》说，"敲木板与敲点锣算命的曰湾巾"（湾巾为其行话）。

以弹拉类乐器作为招徕响器的行当不很多，用者多是作为韵语说唱招徕市声的伴奏。清季盲算命者间有弹三弦伴奏唱曲，即如《燕市货声·工艺》所载"瞽目算命"者"或弹奏弦……带唱曲"。《燕市负贩琐记》载，庚子（1900）年后京津卖洋糖即新式糖果的，"有带四弦胡琴，拉时调小曲者"。清末民初西洋乐器手风琴传入中国，江浙、沪上卖梨膏糖商贩有的便简易拉手风琴伴奏唱"小热昏"招徕食客。

叫卖吆喝、韵语说唱及器乐招徕市声，同各类招牌幌子发生发展与流变历程，一道构成了中国传统商业招徕民俗的完整体系，其发生发展及流变的过程，构织了中国传统工商业广告艺术史。

四、科学视野评说

五彩缤纷、声色各异的传统招幌与招徕市声艺术史，即展示着中国民族经济和市井商贸的发展轨迹，同时也融会着丰富而深厚的传统民俗文化、民间工艺等人文内涵。相对社会的发达进步来说，这些并非什么历史遗迹或沉重的包袱，而是生生不息、伴随社会进步而不断推陈出新以适应生活要求为社会所用的宝贵文化财富。20世纪80年代以来，随着人们对传统民俗文化的重新认识和市场商品经济的迅猛发展，传统招幌与招徕市声以其独特的民族风采和现实功能重新被推上商业竞争的舞台，同现代广告艺术相互辉映、各领风骚。

应该看到的是，中国传统招幌与招徕市声的发生、发展与流变的历程所显示的，是以其功能适应社会经济文化生活需求而"适者生存"的，"自然盛衰生灭"的历史轨迹。历史将社会推入现代文明之后，人们就要运用自己的智慧更为主动积极地发掘历史遗产，科学合理地充分保护利用历史遗产，并连同本身的这种智慧一道留传给后世。这是现代社会的需要，也是一种历史使命。进行关于传统招幌与招徕市声的科学研究，目的在于发掘、抢救、保护、利用和发展这一民俗文化历史遗产，使其存灭盛衰的命运从"自然状态"进入文明社会所应赋予的"新生纪"，科学地把握其作为一种传统文化的命运和使命。

将传统招幌与招徕市声艺术纳入科学视野作为一方研究领域，是科学地把握这一历史文化遗产的前提。这，首先是民俗学家的职责。毋庸讳言，相对传统招幌与招徕市声发生、流变的历史而言，有关的科学研究历史却是极短且迟的。古代，除宋明清三代有些笔记、杂著留存的少且零碎的研究，如以训诂学方法考释"幌子"乃"望子"的音讹之类外，其他几乎是空白。近、现代的有关研究状况，以辑录资料、介绍描述性的成果为主，考释论述性的学术著作较少，可谓这一学术领域进入科学理论研究的先期酝酿准备阶段。这一时期刊行于世或存世的文献主要是：清·佚名《清北京店铺门面》，闲园鞠农（蔡省吾）辑《一岁货声》，燕归来簃主人辑《燕市负贩琐记》，石渠《葵青居诗录》中的咏招徕响器诗八首，傅崇矩《成都通览》中的"七十二行现相图"，佚名《北京民间生活彩图》，孙兰荪《营业写真》（俗名"三百六十行"），佚名《燕市百怪歌》，汉严卯斋笔录《贸易》，晓霞《北京货郎生记》，齐如山《故都市乐图考》，褪庐《商标考》，叶枫《北京的市声》，金受申《旧京货郎》，等等，足以略见此间有关研究状况概貌。

当代有关研究状况，是指中国民俗学学科正式建立以来这十数年的成果。因为，有关传统招幌与招徕市声的研究，主要是由民俗学者们进行的，民俗学的繁荣为有关研究提供了必要的学术方面的背景条件。所以这些著述的作者大都为民俗学家或热心民俗学的人。这一时期的有关研究，已从辑集资料、描述性为主的研究转为基础理论研究，是本领域进入科学的学术研究的拓宽、奠基时期，是这一领域学术史上的一个划时代里程。此间公开发表一批学术成果，主要有：林岩等编的《老北京店铺招幌》，崔显昌《旧蓉城的市声》，王文宝的《漫话商业宣传民俗》《专门记录清代北京商业吆喝习俗的两个手抄本》《商业宣传习俗资料的新发现》《谈幌子》及《再谈幌子》，李晖《招幌——古老的广告形式》《饮食行业的招幌》，徐幼军《叫卖语言与社会心理》《叫卖语言的语法特点》《叫卖语言的交际作用》，胡士云《叫卖语言的语音特点》，谢昌一《杨家埠年画的唱卖》，胡海庆《泰山天街客店的独特招牌》，刘桂秋《中国古代的市声》，尚洁《天津的商业招幌》，朱熙、林风书《深巷中的叫卖声》，嘛国钧《幌子：古代的广告——戏曲与商业习俗》，宋玉书《传统市、商民俗与现代商业广告的民俗文化底蕴》，李正宇《叫卖市声之祖——敦煌遗书中的店铺叫卖口号》，等等。其中，徐幼军、胡士云等的研究视角为语言学，许平、谢昌一等的研究视角为民间工艺美术，其余大都属民俗学视角的研究。这一研究视角的特点，亦在此间出版的民俗学著作中得以显著体现。例如，在乌丙安的《中国民俗学》、张紫晨的《中国民俗与民俗学》、陈勤建的《中国民俗》、王献忠的《中国民俗文化与现代文明》、仲富兰的《民俗与文化杂谈》、曹保明的《中国东北行帮》、李乔的《中国行业神崇拜》等专著中，均将招幌与招徕市声列为民俗学研究的一个领域。乌丙安在《中国民俗学》第六章中，将招幌作为"商的标志"加以论述，并具体分为七种类型。张紫晨在《中国民俗与民俗学》第五章中的"商业贸易民俗"一节论及了"幌子习俗"。陈勤建在《中国民俗》首章的"程式化的规矩"中谈到，"幌子作为招徕顾客的独特规矩，自有自己的模式"并将其分为常年型和季节型两大类别，常年型的又分为形象式、象征式和实物式三种类型。此外，台湾民俗学家朱介凡在《中国民俗学历史发微》中，亦注意到市商招徕市声民俗，如"北平美的吆喝声""武昌市声记事"之类即是明证。

　　从语言与民俗双向交叉视点来考察研究招幌和招徕市声的，是民俗语言学。近年来，我本人关于招幌和招徕市声的研究，运用的主要是民俗语言的理论和方法。先后发表的学术文章和论文有《店牌与招幌》《别有韵味的市声》《古今招幌》《中国传统商业招徕市声》等。我在 1988 年出版的《副语言习俗》这部关于非言语形态的民俗语言文化研究专著中，专设了《图腾与招幌》一章，这是我最先发表的有关招幌研究的文字。我于 1994 年出版的专著《中国招幌》，仍然坚持采用了民俗语言学视点，认为"招幌属于标志语形态这种特殊类型的民俗语言文化现象"。

历史悠久的中国传统招幌和招徕市声，作为一种具有特定社会功能的民俗文化形态和民俗艺术，显示了鲜明的民族性和较强的传承性特质，因而，理所当然地受到海内外汉学家和热心于了解中国文化、中国社会的人们的关注。20 世纪以来，断续发表了相当数量的有关著述，比较早的出版物，是美国学者路易斯·克兰（Louise Crane）女士于 1926 年在上海出版的英文专著《中国的招幌与象征》（一译《从招幌符号看中国》）。这本书记述了 100 余种中国（主要是北京）传统的形制、色彩、标识的经营内容，以及寓意、象征、相关的社会历史背景等，每种招幌均绘有彩色图例。就现所见到的有关文献看，路易斯·克兰女士是海外最早注意中国招幌民俗，并从招幌民俗考察中国文化和社会生活的外国人，她的这部著作在国际上产生了很大的影响。书中，她在描述"各种符号的背景"时写道："（北京街道两侧）店铺的正面都被各种精雕细刻、表层髹以华丽和谐色彩的饰物所覆盖。有着龙头形装饰的铁制腕木，水平地从墙而伸出，这些腕木下都悬挂着色彩醒目、足以唤起人们好奇心的各种招幌。如果说中国人的生活中至今还无可辩驳地存在着许多奇风异俗，我们就可以举出这些商店的外貌以及装点其间的这些饰物作为例证。……在有心人看来，这就是最能使他们感到从未经历过的快乐和在远眺古老皇城的诸般街景中真正可作为美而被欣赏的景物。"并且，她还对民初以来商业招幌民俗与陋俗一道玉石俱焚的态势表示十分惋惜。她说："这些具有中国特殊风格的、富于象征性特征的招幌，正在从商业区和所有中国人的街区迅速消失，被千篇一律的店牌所取代，中国式的街巷之美，正在引人注目地消失。"个中，反映了这位外国学者对以传统招幌民俗作为透视中国传统文化和社会生活的微观视角。应该说，她选择的是一个别有洞天、别开生面而又别有情趣的考察视角和文化符号集。

继路易斯·克兰之后，俄国阿维那理乌斯编的《中国工商同业公会》（附工商营业标幌图式）一书，作为"东省文物研究会历史人种科丛书"的一种，于1928年2月在哈尔滨出版。此书正文为中文，竖排，无标点；但所附"工商营业标幌图式"的说明，则采用俄、英两种文字对照的形式排印。书中有关招幌的考察记述说：

> 夫商店门前之标幌，有两种意义：一、为公会机关易于调查商业情形，及监视工人行为，且便于缴纳各项捐款。二、关于营业自己之兴趣。因有标幌，便于广招顾主，且使顾主得以信任。此种招幌，有为旧公会所规定者，尚有由古代相传者。……吾人现于傅家甸内，可以窥见宛如北京之工商业情形，且每于商务繁盛之冲要街头，得见无数之标幌，与中国内地工商业标幌相同者。

> 今印行《中国工商同业公会》一书，书内所列之标幌，系前清宣统二年（公元1910年）于北京西河沿街一美术工厂内，华人周培春君所制就者。其最后增补之标幌，于傅家甸街市中尚可得见，所有数种北京旧式之标幌，则无论何处，均不得见。例如昔时满洲八旗制度，关于区别商业及制造所之标幌，刻已不可多睹矣。虽如此言，总之大部分标幌，于19年前（案：即1910年）在北京所绘者，于中国旧都市大商埠中，尚可寻

见。此书于每件标幌上皆注有简略之华文，至于详悉之说明，则皆注以俄文。此项标图，一部分根据口头之解说，一部分根据华文《辞源》与英文《茶衣里司辞典》，及其他出版书籍中之记载而解释之。

凡此，可知俄国阿维那理乌斯所采用的"标幌图式"，系清末北京某美术厂周培春所绘制。如果这些"标幌图式"系周培春受阿维那理乌斯的委托要求所绘，则说明此书虽然出版于1928年，但其研究却很可能早于路易斯·克兰女士。阿维那理乌斯通过实地考察发现，当时哈尔滨傅家甸的工商招幌同北京所用相同。他认为，这是行业公会的作用，"不论其任何行业，皆有受内地公会组织及功能所影响之状况"；所以，在"傅家甸内，可以窥见宛如北京之工商业情形，且每于商务繁盛之冲要街头，得见无数之标幌，与中国内地工商业标幌相同者。是则中国同业公会之能垂之久远，普及四方，其效力与成绩昭昭在目，足为信征也"。其所说有一定道理。因为，招幌民俗的传承使用，既是一种约定俗成的历史现象，也是一种具有行业规范性质的习俗惯制，行业公会通常都将这种习俗惯制纳入行业规约，将之视为一种制度。国内各地同行业招幌的基本一致，显示了民俗文化的跨地域文化传通中的共通性特点这一侧面。

除招幌外，与之相应的招徕市声，也受到了外国学者的关注。20世纪30年代末，一位名叫萨莫尔·维克多·康斯坦（Samuel Yictor Constant）的人（国籍待考），出版了一部英文版的《北京街头小贩的吆喝与叫卖声》（*Call, Sounds and Merchandise of the Peking Street Peddlars*）。这是一位曾经长期侨居北京，而且对中国民俗颇感兴趣并注意进行考察研究的外国侨民。此书依春、夏、秋、冬四季，分别记述了清末民初北京的诸行招徕市声，考证其中有关典实。如春季卖瓜子儿的、卖蜂糕艾窝窝的、卖豌豆糕的、打糖锣的、摇大鼓的、摇堂鼓的、摇铃儿的、算命的、卖花儿的，夏季卖粽子的、卖果子干儿的、粘扇子的、剃头的、修脚的，秋季卖月饼的、吹糖人儿的、砂锅挑子、卖盆儿的、打瓢的，冬季卖萝卜的、卖不灰木炉子的、耍耗子的、卖黄历的、卖年画门神的、卖年糕的、卖芝麻秸儿的，等等。总计共 54 种，各有插图并附若干照片，分别记述其吆喝辞和徕响器，而且有的还用乐谱记录下了曲调。从书后附录的参考书目得知，除《中国的道德准则与风俗》等书外，他还参考了清·佚名手抄本《货声》和出版于 1935 年的齐如山所著《故都市乐图考》。

日本文化接受中国传统文化影响的程度，较之世界其他国家都要大得多。日本学者在注意研究中国社会和传统文化过程中，亦注意到中国招幌与徕市声这一传统民俗文化现象。日本学者不仅将路易斯·克兰女士的《中国的招幌与象征》译为日文版（大阪朝日新闻社，1940 年，题为《支那的幌子与风习》），并且，从 1930 年至今，日本已出版了许多关于中国招幌与市声的考察研究著作。例如：大隅为三编的《支那店铺的幌子》（中日文化协会，1930 年，大连），青木正儿《望子（看板）考》（《文化》第一卷第三号，1934年），宫尾茂雄《支那街头风俗集》（前两部为招幌与街巷叫卖市声，东京实业之日本社，1939 年），黑崎文吉《满商招牌考》（满洲事情安朵所，1940 年），田祐太郎《支那的店铺与看板广告》（东京教材社，1940 年），中岛幸三郎《支那行商人及其乐器》（东京富山房，1941 年），森冈达夫《（实地调查）中国商业习惯大全》（大同印书馆，1941 年），并罔咀芳《满支的看板》（大阪汤川弘文社，

1942年），本山桂川《幌子与招牌》（东京昭和书房，1943年），等等。

值得特别说明的是，在日本天理大学附属的天理参考馆迄今仍完好地收藏着的2700余件中国文物中，有130余件招幌实物，除11件出自台南、广州和东北地区，其他均为时人于1939年12月至次年4月在北京收购所得。天理馆的学者中野辉雄先后发表了一系列研究成果，如《话说招牌》（1948年），《中国的商店看板——幌子》（1954年），《幌子》（1962年），《幌子札记——中国看板研究》（1987年）等。天理参考馆将这些中国招幌实物图片编入了《中国民俗参考品陈列目录》（1948年）、《天理参考馆陈列介绍》（1954年）、《民俗资料》（1962年）、《天理大学附属天理参考馆图录》（1986年）、《看板》（1987年）等出版物。中国民俗学者许平曾三次前往天理参考馆考察，并参观了该馆在大阪的公开展览，在他撰写的《北京招幌》（《中国民间工艺》第12期）一文中谈到，不少日本学者认为保护中国传统幌就如同保护日本自己的"看板"文化，因为日本"看板"从中国招幌而来，在日本江户时代形成了"江户看板"样式。即如林美一在所著《江户看板图谱》的第一部《看板系谱·中国招牌的影响》（东京三树书房，1977年）中所说：一看到中国招幌，我们就不能不为它从形态到构想与日本看板有如此多的相似之处而深感震惊。如果能够形成"日本看板考"之类的研究计划，必定是在两国文化交流史的探讨中颇有价值的资料。

中外关于中国招幌与招徕市声的研究历程，不过一个世纪左右的时间。其间，均显示了一种由表及里的发展轨迹，亦即由辑录、描述性的考察渐进为理论性研究，从而成为民俗学、民俗语言学、文化人类学及广告学等所关注的一个领域。应该肯定的是，在外国学者中，路易斯·克兰的《中国的招幌与象征》立意在于"从招幌符号看中国"，作为很早的研究成果，其起点便不低，业已将这一领域的研究纳入了文化人类学的科学视野。至于进行中外招幌与招徕市声的比较研究，则是中外有关学者所面临的共同课题，这是一项十分有意义的工作。这一微观领域的比较研究，将会带给人们以丰富的智慧启迪。

"厌胜"与"厌胜钱"概说

道教八仙压胜钱：吕洞宾；道教八仙压胜钱：韩湘子；道教无文星官压胜钱：面为星官
降龙，背为作法驱邪；"日月"钱

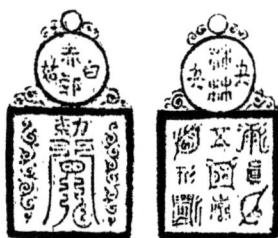

道教符箓压胜钱

天罡符咒压胜钱；星官符文钱；虎头星官符文钱；雷霆号令文背八卦图文符咒压胜钱

雷霆号令文背八卦图文符咒压胜钱

《红楼梦》第二十五回《魇魔法叔嫂逢五鬼》写道，赵姨娘请马道婆使用魇魔法加害凤姐和宝玉，那马道婆"向赵姨娘要了张纸，拿剪子铰了两个纸人儿，问了他二人年庚，写在上面，又找了一张蓝纸，铰了五个青面鬼，叫他并在一处，拿针钉了"，然后说，"回去我再作法，自有效验的"。果然，一经那马道婆作法之后，"宝玉大叫一声，将身一跳，离地有三四尺高"；凤姐也"手持一把明晃晃的刀，砍进园来，见鸡杀鸡，见犬杀犬，见了人，瞪着眼就要杀人"。曹雪芹如此虚张描述的"魇魔法",是古代巫术中的厌蛊巫术。亦即迷信以为可致灾祸于他人的一种黑巫术。反之,迷信以为可以镇服、驱避可能降临的灾祸的巫术,则是厌胜巫术。"厌胜钱"即出自古老的与厌蛊巫术相对应的厌胜巫术,是厌胜巫术的形式之一。

一、源于"厌胜"巫术的"厌胜钱"

杜甫《石犀行》诗中有道,"自古虽有厌胜法,天生江水向东流"。汉代既是个"不问苍生问鬼神"的封建迷信盛行时代,也是造就出王充等唯物主义思想家的时代。厌蛊巫术和厌胜巫术始行于汉代。以咒语来驱邪避凶、祈祷平安吉祥之术,即厌胜巫术。《史记·高祖本纪》谓之"厌":"秦始皇帝常曰:'东南有天子气',于是因东游以厌之。"又谓"厌当"。汉·王充《论衡·吉验》述及秦始皇此事时云,"于是以东游厌当之"。又《北史·房豹传》亦载:"绍宗自云有水厄,遂于战舰中浴,并自投于水,冀以厌当之。"《汉书·王莽传》载,王莽曾试图用所谓的"威斗"厌胜巫术来壮其军威:"莽亲之南郊,铸作威斗。威斗者,以五担石铜为之,若北斗,长二尺五寸,欲以厌胜众兵。"据《南史·何承天传》载,"博见古今"的何承天,曾见过玄武湖古冢出土的这种厌胜"威斗"。魏晋时期,流行赤、朱颜色厌胜之说,在晋人干宝的《搜神记》中多见记载。如卷三载,淳于智"善厌胜之术",曾"以朱书手腕横文后三寸为田字",使人免除被鼠啮噬中指之苦。南北朝时,则有书写符箓、着赤色服饰、画黑龙以及厌胜钱等厌胜巫术。如《南齐书》卷六,记齐明帝"身衣绛衣,服饰皆赤,以为厌胜"。又如《颜氏家训·风操》亦载，"画瓦书符，作诸厌胜"。非但皇室贵族如此，而且已成民间风俗，如《南齐书·魏虏》所载，"胡俗尚水，又规画黑龙相盘绕，以为厌胜"。汉魏以降，厌胜巫术渐成各地、各民族历久不衰的迷信习俗。至唐，又谓之"厌禳"或"厌祷"。唐·薛能《黄蜀葵》诗云："记得玉人初病起，道家装束厌禳时。"又张鷟《朝野佥载》卷三二："下里庸人，多信厌祷，小儿妇女，甚重符书。"此外，还有"厌断"之说，如宋·李昉等《太平广记》卷三一八转录的《志怪·张禹》言及，"李氏念惜承贵，必作禳除，君当语之，自言能为厌断之法"。

作为主要是由佩物厌胜巫术与咒语厌胜巫术相结合产物的厌胜钱，是汉魏以来各种厌胜巫术的主要形式之一，是古代货币文化的一种特殊形态，一种独特的信仰民俗。讨论有关钱币厌胜的信仰民俗，就使人联想到远古神话传说中的"神农棘币"和埋钱厌胜巫术信仰。《南齐书·祥瑞志》记载了数条关于把发现地下埋藏钱币视为"祥瑞"的资料。例如，"泰始中，世祖于青溪宅得钱一枚，文有北斗七星双节"；"永明七年，齐兴太守刘元宝治郡城，于堑中获钱百万，形极大，以献台为瑞，世祖班赐朝臣以下各有差"。至于着意往地下"埋钱"，用以祈吉或避凶，则属直接操作的厌胜巫术了。如唐代敦煌文献中记载："妇人，不用男女，产衣中安一钱，埋却，更不生，有验。"对此，高国藩教授认为："钱被认为具有感应魔力，能避孕，故此为交感巫术和生育风俗之结合。似因钱已被作为生殖崇拜物，钱孔被视为女阴之象征，故为仿其形而称泉，取泉水流行周遍之义。今既埋却，故象征不能感应而生。"

尽管可以推测厌胜钱起源很早，但现有文献确切可证的厌胜钱始见于汉代。

在旧署汉·郭宪所著（或认为系六朝人伪托）的《别国洞冥记》中，有一则有关汉武帝的"轻影钱"传说。据说："帝升望月台，时暝。望南端有三青鸭群飞，俄而止于台上，帝悦之。至夕，鸭宿于台端。日色以暗，帝求海肺之膏以为灯焉。取灵瀍布为缠，火光甚微，而光色无幽不入。青鸭化为三小童，皆着青绮文繻，各握鲸文大钱五枚，置帝几前，身止影动，因名轻影钱。"所谓"轻影钱"，即为一种厌胜钱。充满神秘色彩的荒诞传说不足为凭，但有史籍文献记载和实物为据。

宋·王黼《宣和博古图》卷二七著录了五枚汉代的长方形厌胜钱，并称，（宋人）李孝美所著《图谱》"有永安五男钱……孝美号之曰'厌胜钱'，则是钱殆亦用之为厌胜者邪"。今可见到实物、实物拓片或文献著录者的汉代的厌胜钱，大多为长方形状，根据具体形制又可大体分作三种类型，即普通形状的厌胜钱、藕心形厌胜钱和棘币品。普通厌胜钱的形制，通常是由顶钮、钮柄和面文三个部分组成，顶钮和钮柄大多是龙兽图形，面文大多饰以龙、马、祥云或粟纹。即如宋·王黼《宣和博古图》卷二七所云："钱谓之泉布，则取其流行无穷之义，而此著龙、马者，盖行天，莫如龙行，地莫如马，亦钱布流行之谓欤。"所谓"藕心钱"，顾名思义，系因其顶钮大都是圆孔横贯、上下凸凹通缺有如中间破开的藕茎形而得名。有些藕心钱，面文多铸有隶书文字，如"千金氏"、"元延四年（公元前9年）王政""都昌侯"等。棘币钱，亦因其形制得名，虽大小不一，但大多形若双棘，故名。棘币钱未必属于钱币种类，或仅仅是一种其他厌胜物品，但因古有"神农棘币"之说，所以明清钱谱多将之著录记载入谱。或有人认为"汉代的厌胜钱，只有花纹，不着文字，只会意而不言传"，但也有例外。如见于旧钱谱的一枚汉代厌胜钱，钱面铸有"宜月"二字，钱背铸的是"巨万"两字。又如上述的有些藕心钱，亦在面文铸有隶书文字。

"千金氏"钱　　　　　　　"都昌侯"钱

二、"厌胜钱"的材质、形制

"厌胜钱"仿照历代通行货币的形式而成，但不是流通的货币。因而，除例行参照、采用通行货币的材质外，并根据其收藏、馈赠、装饰等直接或间接用途的多样性而使用多种材质，举凡金、银、铜、铁、铅等金属的，乃至玉石、象牙、陶泥、竹木或骨质等非金属的，可谓种类繁杂。例如，被钱币学者视为稀世珍品的金质"开元通宝"厌胜钱，玉质的光背玉环厌胜钱，等等。

历代通行的制钱形制不一，在此基础上非流通货币性质的"厌胜钱"的形制，由于不受货币制度的制约，自然也就更加多样化了。例如，其"外郭"（钱品的外轮廓边沿），有宽轮、窄轮、单轮、重轮、花轮乃至无轮的多种。其"面文"（铭文）使用的文字，有汉字的甲骨文、钟鼎文、蝌蚪文、篆书、隶书、楷书、草书，还有银质的梵文厌胜钱、蒙文厌胜钱、满文厌胜钱，乃至叠文、符文等等；面文的读法又有自上而下进而从右到左的"直读""对读"形式，有自上而右、自下而左的"左旋读"，有自上而左、自下而右的"右旋读"，以及从右向左的"右横读"和从左向右的"左横读"。其"肉"（面文和图饰的衬托面），可有浮雕式的图饰、透雕式的镂空以及厚薄之别。其"穿"（或谓函、孔），有方孔、圆孔、花孔和无孔之分。其"背"（又称作幕，即背面），有背无文饰的"光背"，面、背文饰相同的"合背"，背内穿郭呈四弯弧形的"四决"和四弯弧形至外郭的"决文"。其外观平面形状，矩形、圆形、椭圆形或其他异形的，大者如盘，小的如若鹅眼，参差不一。

在此，着重说一下正用品厌胜钱、异形厌胜钱和镂空厌胜钱。

所谓"正用品厌胜钱"，其面文大都是仿照历代流通制钱面文形式铸造，尽管在材质上也多是采用流通制钱常见的青铜、紫铜或黄铜，但钱背则是有别于流通制钱的各种文饰图案。这种厌胜钱的形制、面文与流通制钱十分相近，因而显得古朴、"正统"，富有钱币固有的本来色彩。如"天凤货布厌胜钱"，采取的是汉代王莽货布的形制和面文样式，铸有篆书的"货布"两字；钱背面，在左右四个龙形构成的图案中间，铸着篆书的"天凤元年"四字。"天凤元年"（公元 14 年）确系王莽年号，可见其背文文字内容亦在刻意仿古。又如"周元通宝龙凤厌胜钱"，面文形制和文字采用的是五代后周世宗时的"周元通宝"制钱样式，钱背则铸着龙凤图案。

始铸于汉代的异形厌胜钱，虽具"钱"之名，但形制、面文、文饰图案等方面，却不拘一格，尤其注重造型、书法以及装饰艺术，因而更适用于馈赠、玩赏、佩饰或婚礼撒帐仪式等的需要。如汉代圆郭方孔带环的"千金厌胜钱"，造型独特，但钱面钱背篆书右旋读的"日入千金，长毋相忘"八字，则是汉镜或汉瓦上常用的吉语。又如郭上带柄的"太平通宝厌胜钱"，钱面楷书"太平通宝"四字，钱背为龙虎图案，郭柄的正背两面分别铸着福、禄二字。再如"开元太平连体厌胜钱""汉印纽厌胜钱""大泉五十厌胜钱""腰牌厌胜钱""虎符厌胜钱""无文厌胜钱"，等等，在"钱"的基本形制上都有着较大的变化。

因钱面钱背通透而得名的"镂空厌胜钱"，又谓"玲珑厌胜钱"或"通花厌胜钱"，亦始铸于汉代。这种厌胜钱的另一个突出特点，就是其钱的面背主要是文饰图案而极少铸有文字，如"双龙厌胜钱""双凤厌胜钱""双鱼厌胜钱""三鱼厌胜钱""双鹿厌胜钱"等。因而，这类厌胜钱更具装饰性功能。

三、"厌胜钱"面文图饰的主要类型

历代厌胜钱的面文图饰，内容、样式丰富多彩。这里，主要说说"厌胜钱"的口采厌胜钱，生肖文饰厌胜钱，名将名马厌胜钱，选仙诗牌厌胜钱，佛教厌胜钱与佛教文饰厌胜钱，道教厌胜钱与道教文饰厌胜钱，风花雪月厌胜钱，以及图饰的非言语寓意、"厌胜钱"文字的用典等。

所谓"口采"，又写作"口彩"，亦即吉言、吉语、吉利话，是一种源远流长的民俗语言文化现象。顾名思义，"口采厌胜钱"就是铸有口采文字的厌胜钱。且不论汉语的口采语始见于何时，但从汉代出现厌胜钱之际起，就出现了口采厌胜钱，而且历代延续不绝。

之所以如此，显然是厌胜钱的性质、功能所决定了的。例如，"天下太平厌胜钱""发福生财厌胜钱""指日高升厌胜钱""风调雨顺厌胜钱""早生贵子厌胜钱""忠厚传家厌胜钱"，等等，无不是以口采作为面文用语。口采厌胜钱，直接地体现了厌胜钱的性质与功能所在。

　　十二生肖是人们与生俱来的用以纪年岁的特定民俗符号。生肖文化是人生礼俗的重要组成内容，有关生肖文化和相关的迷信习俗，是形成生肖文饰厌胜钱的社会基础。生肖文饰厌胜钱既适应了人生礼俗活动的需要，同时也是适应以驱邪祈吉愿望为基本心理特征的生肖迷信的需要。生肖文饰厌胜钱的主要特点，就是以生肖题材作为厌胜钱的突出文饰。中国以十二兽纪日为源头的生肖民俗起源颇早，汉代谶纬迷信盛行之际，也正是古代生肖民俗广泛流行的时代。因而，生肖迷信从那时起就已经形成。但是，如今我们所能见到的生肖文饰厌胜钱，大都是宋元以来的实物。生肖文饰厌胜钱大小不一，多为青铜材质铸造，外郭形状似钱，但已全无钱币文字。其钱面多是生肖动物图案，钱背则往往是八卦、星官或口采语文字。既有十二生肖合铸一枚者，如"吉语生肖厌胜钱""加官进禄生肖厌胜钱""八卦生肖厌胜钱"等；也有的是每一种生肖动物单独铸成一枚，如"未羊生肖厌胜钱"、十二品一组的"符文生肖厌胜钱"等。

　　始铸于宋代、盛行于明代的"名将名马厌胜钱"，亦称之"打马格钱"，多为青铜材质，是一种以汉唐名将名马为基本文饰题材的玩赏性厌胜钱，如"项王之骓厌胜钱""梁将张彝厌胜钱""汉将韩信厌胜钱"等。厌胜迷信以为，名将名马可以辟邪祈吉，故用此钱作为厌胜物品。其文饰中形态各异的名马，包括了《穆天子传》

所说的赤骥、盗骊、白义、踰轮、山子、渠黄、骅骝、绿耳等相传的周王的"八骏"。《事物绀珠》还专就名将名马厌胜钱的多种玩赏方法进行了介绍，如用54枚这种厌胜钱布图四面，再以骰子击之决定胜负。

宋元时代盛行的"选仙诗牌厌胜钱"，是一种以传说中的神仙形象作为钱面文饰图案，钱背铸有诗句之类吉语的厌胜钱品类。这种厌胜钱的材质，主要是青铜。其形状，有圆形、方形和腰牌形状的，不一。原本是一种用作博戏的赌具钱品，由于其饰有吉语祥文，所以也就用作了佩饰性质的厌胜钱。如圆形的"壶中仙厌胜钱"，钱面铸的是"壶中仙"三字和仙人对着桂树挂壶吟诗文饰，钱背铸着五言诗句："有时壶中去，去即一千年；荣辱悲欢外，须知别有天。"长方形的"棋仙厌胜钱"，钱面是两位仙人对弈文饰和"余庆阁"三字，钱背上方铸着"棋仙"二字，下铸五言诗一首："局上闲战争，人间任是非；空教采樵客，柯烂不知归。"

佛教用钱厌胜与佛教文饰厌胜钱。如果需要区分两者孰先孰后的话，尽管佛教自汉代就传入了中国，但就现今所见有关实物与文献得知，倒是佛教文饰厌胜钱流行在先，而佛教用钱厌胜事例出现其后，相去大约有不到半个世纪的光景。佛教文饰厌胜钱始铸于南北朝时期，是一种在钱面钱背铸有佛教吉祥物、佛教信物、佛教人物，或佛教用语等题材内容的厌胜钱。如被钱币史谱断为铸于宋代之前的这枚"香花供养厌胜钱"，钱面铸着古朴遒劲的"香花供养"四字楷书，钱背是栩栩生动的人物群像。又如"大汉罗汉厌胜钱"，圆郭方穿，钱面铸的是隶书对读的"大汉通宝"四字，钱背铸的是一尊罗汉坐像。"文殊菩萨厌胜钱"，钱面是楷书对读的"文殊菩萨"四字，背面为文殊菩萨坐像。这些厌胜钱，很难分得清是寺院专用的，还是民间通用的。不过，有关佛教厌胜钱的文字，始见于洪遵《泉志》卷一四转引宋僧文莹《湘山野录》有关名医孙思邈逸事中的用钱币厌胜故事。据载："成都高僧诵《法华经》有功，忽一山仆至寺，言，先生来晨请师诵经，在药市奉候，至则烟岚中横一跨溪山阁乃其居也。仆曰：'先生请师且诵经。至宝塔品，先失野服仗藜，嘿揖热香。'听罢遂入，不复出。斋以藤盘竹箸，秋饭一盂，杞菊数瓯。食迄，施衬一镪。仆送出路口，中途问仆曰：'先生何姓？'曰：'姓孙。'曰：'何名？'仆于僧掌中书'思邈'二字。僧大骇，欲再往，仆遽失之。视衬资乃金钱一百，皆良金也。中五六进金，一半尚铁。"

源自中国古代巫术的道教，于汉代已经正式形成。其时，就已经开始铸造道教文饰的厌胜钱了。此后，又出现了有关道教以钱币厌胜之事的传说文字，《泉志》中即辑有数种相关史料。如其卷一四引令狐澄《大中遗事》载："轩辕先生居罗浮山，唐宣宗召入禁中，以桐竹叶满手挼成钱。"又晞阳子《宾仙传》亦载："轩辕先生取榆荚肉于袖，良久写之，皆为小钱，遂治引之。"所谓"道教文饰厌胜钱"，就是于钱面钱背铸有道教人物、道教巫术、道教传说、道教信仰或道教用语的厌胜钱。例如，文图并茂的"八仙厌胜钱"，反映着道教著名的传说和典型的神仙信仰。道教迷信符箓、星官，因有棉饰星辰、虎头符文，背饰星官扬旗按剑作法降鬼图案的"符文星官厌胜钱"。又如铸有咒语的"太上咒语厌胜钱"，其面文的咒语称："太上咒曰，天圆地方，六律九章，符神到处，万鬼皆亡，急急如律令，奉敕摄，此符神灵。"等等，无不具有浓厚的巫术色彩和民间文化色彩。

始铸于唐代的"风花雪月厌胜钱"，又称"秘戏钱"，同历代其他制钱的材质相似，多为青铜铸造。其显著的特征，就是除了有的铸有"风花雪月"字样外，很少铸有其他文字，有的干脆不铸文字，而题材内容主要是男女交欢形象的图饰。例如，传世极少的"明皇御影厌胜钱""风花雪月厌胜钱""无文秘戏厌胜钱"等。究其文饰图案，与汉代的石刻画像、唐代的铜镜相仿。中国古代既有神圣的生殖文化崇拜，也存在神秘的性文化禁忌。巫术迷信一向认为，有关性的不洁事物可以辟邪驱邪。因而，也顺理成章地以为这种铸有"风花雪月"交欢情形的厌胜钱，亦具有消灾驱邪的巫术功能。"风花雪月厌胜钱"又别名"避火钱"，正是这一心理、用意的写照。

四、"厌胜钱"的巫术意想"功能"与使用民俗

语言巫术是巫术的主要形态。符咒是一种语言厌胜巫术。从一定意义上说，"厌胜钱"也可谓一种特殊的"符箓"。其意想中的基本功能，在于驱邪祈吉。"厌胜钱"上所铸文字的用典，无不体现着这种用意。如"元亨利贞厌胜钱"和"积善行好厌胜钱"，均语出《周易·坤·文言》；"业精于勤厌胜钱"，语出唐代韩愈的《进学解》；"谦尊而光厌胜钱"，典出《周易·谦》；"弄璋添喜厌胜钱"，语出《礼记·内则》；"紫气东来厌胜钱"，语出《史记·老子韩非列传》，等等。至于前述各种口采厌胜钱文字中的"口采语"，乃至各种钱文图饰的非言语寓意，如"镂空双鹿厌胜钱"之"鹿"，取其谐音之"禄"；"镂空龙凤厌胜钱"之"龙凤"，寓意为"龙凤呈祥"。再如，《晋书·石勒传》说，晋武帝泰始五年（269年）建德校尉王和掘得一鼎，鼎中有大钱三十文，钱文铸着"百当千千当万"字样，

认为此乃致富的祥兆，"因此令公行钱"，即所谓的"丰货钱"。至宋代，径谓之"富钱"。宋·洪遵《泉志·厌胜品》载称，"世人谓之富钱，言收此钱令人丰富"。凡此，无不如此镜像。

那么，历来是如何使用厌胜钱的呢？或言之，用这些厌胜钱做什么用呢？概括说来，主要是用于占卜、馈赠玩赏、丧葬祭祀、婚育和佩饰等项。抛掷钱币视其落下后的仰俯、正反（阴阳）作为占卜吉凶祸福的方式，古已有之。元·陶宗仪《南村辍耕录·铜钱代蓍》云："今人卜卦以铜钱代蓍，便于用也。"清·赵翼《陔余丛考·以钱代蓍》考之《朱子语类》认为，此法"实自汉始"，亦即唐诗所咏之"君平掷卦钱"。厌胜钱的钱文和铸造工艺往往要比流通货币精美，而且其本身就具有巫术性质，因而是用作比较"正式"的占卜的上品。将厌胜钱作为馈赠玩赏佳品，在于视其为"祥瑞之物"。如《南齐书·祥瑞志》所载，南朝宋明帝泰始四年（468年），"世祖于青溪宅得钱一枚，文有北斗七星双节，又有人形带剑"，则视为祥瑞之事。建造新房屋，"太平振宅厌胜钱""驱邪辟恶厌胜钱""千秋万岁厌胜钱"等则是当然的"镇宅之宝"。有些重大建筑在举行传统的"上梁"民俗仪式前，还特地专门铸造"上梁厌胜钱"。如清咸丰元年（1851年），福州重建的孔子圣庙正殿于十二月初四日举行上梁典礼仪式。为此，当地专门铸造了分别仿王莽布币和刀币形制的两种上梁厌胜钱。旧时有人赶赴科考，"状元及第厌胜钱""连中三元厌胜钱""金榜题名厌胜钱"等可谓最佳的馈赠品。为人祝寿，可送之"南极祝寿厌胜钱""福德长寿厌胜钱""金玉满堂厌胜钱"或各种"八卦生肖厌胜钱"。清康熙五十二年（1713年），适值康熙皇帝六十寿诞，户部宝泉局为此特别铸造了贺寿的"万岁钱"（罗汉钱），福建宝福铸钱局也特地铸造了生肖厌胜钱为皇帝祝寿。宝福铸钱局的生肖祝寿厌胜钱，从当年的"巳蛇"（康熙肖蛇）厌胜钱铸起，一直铸到康熙六十一年（1722年）皇帝去世，共计十种。如今所见所著录最多的是德国布威纳《清钱编年谱》，也只有九种，唯缺康熙五十七年（1718年）铸的狗生肖厌胜钱。贺人加官晋爵，可送之"禄位高升厌胜钱""福禄元神厌胜钱"。贺人生子添丁，可送之"五子登科厌胜钱""天官赐福厌胜钱""长命富贵厌胜钱""连生贵子厌胜钱"等。贺人新婚之喜，可送之"夫妻偕老厌胜钱""宜尔子孙厌胜钱""福禄寿喜厌胜钱"。遇有人家有难或生病之类，则可送之"大吉星辰厌胜钱""诸邪回避厌胜钱""符文辟邪厌胜钱""神通感应厌胜钱"，以及各种"名将名马厌胜钱"。这些适应不同需要的厌胜钱，除建房有时埋藏使用外，大都是以悬挂或佩饰的形式使用。甚至，丧葬祭祀活动也根据具体情形而选用各种厌胜钱作为陪葬的冥品。

将厌胜钱用于婚娶撒帐民俗活动，由来已久。宋·洪遵《泉志·厌胜品》载："旧谱曰，径寸，重六铢，肉好，背面皆有周郭，其形五出，穿亦随之。文曰：'长命守富贵。'背面皆为五出文，若角钱状。景龙中（708年），中宗出降，睿宗女荆山公主特铸此钱，用以撒帐。赐近臣及修文馆学士拾钱。起银钱则散贮绢中，金钱每十文即系一彩，修学士皆作却扇，其最近御坐者，所获居多。……李孝美曰：'顷见此钱于汝海王霖家，形制文字皆如旧谱所说，但差大而铜铸耳。'"

同生育习俗直接相关的厌胜钱，至为典型的当属"男钱"。世人所谓"男钱"，系相对"女钱"而言。女钱原本皆南朝梁时的铸币。《隋书·食货志》载："武帝乃铸钱，肉好周郭，文曰'五铢'，重如其文。而又别铸，除其肉郭，谓之女钱。"虽有女钱，但非厌胜钱品。女子佩男钱祈子之俗始于唐代。唐代段成式《戏高侍御》诗之六云："诈嫌嚼贝磨衣钝，私带男钱压鬓低。"何以"私带男钱压鬓低"呢？原来，女子婚后佩带男钱意在祈求神灵保佑早生多生子续，是一种厌胜祈子民俗。故此，唐·杜佑《通典·食货九》载："布泉，世谓之男钱，妇人佩之，生男也。"对此，《泉志·厌胜品》亦引旧谱称："布泉悬针书，世谓之男钱，言佩之生男也。"《古泉杂咏》又有咏男钱诗云："布泉径寸字悬针，鼓铸难忘居摄年；传语深闺消息好，佩来个个是男钱。"上述所言男钱，形制均指"布钱"。古代所铸布钱只有两种，一为面文"悬针书"的汉代王莽布钱，再即面文为"玉筋书"的南北朝所铸布钱。从上述记述可以断定，唐代以来祈子民俗所用的男钱，当是王莽所铸或是仿王莽所铸的那种面文为"悬针书"的男钱。

时至如今，厌胜钱还不是一种仅仅停留于历史文化层面的收藏家的专属品，在有些地方，有些民俗活动中，仍然存在着许多有关厌胜钱的民俗事象。因而，广开视角地发掘、研究有关厌胜钱的文化现象，不仅在于解读历史，还有面对现实辨风正俗的意义。在此，乃试做简略梳理和抛砖引玉而已。

略议满族饮食文化的雅俗与流变

满族生存的人文地理历史文化环境，决定了饮食文化的原始特色，同时，由于满族南下建立了统一中国版图的清王朝，则决定了这个古老民族饮食文化前所未有的、历史性的嬗变和发展的轨迹。这个轨迹的主体脉络，主要就是从民间到宫廷，再从宫廷到对全国各地饮食文化的辐射性影响，亦即满汉融合。当然，这个主体脉络也从微观上折射和印证着有清以来满族整体文化发展和嬗变的基本轨迹。或者说，是一个缩影。因而，探析满族饮食文化的雅俗与流变，是一件十分有意义的事情。

在此，仅就关于满族饮食文化的本来特点，以及满族饮食文化的历史性嬗变与提升：从民间到宫廷，略做一点探析。

关于满族饮食文化的本来特点

——基于自身的生存环境、生产和生活习俗惯制的满族饮食文化

满族是中华民族大家庭中的一个历史悠久的古老民族，在汉籍

历史文献中，从辽金元明时的"女真"，隋唐时的"靺鞨"，南北朝时的"勿吉"，战国时代之后的"挹娄"，其上限可以一直向前追溯到西周时的"肃慎"。现今满族的直系先人，是明代女真人。16世纪末至17世纪初，以建州、海西两部女真人为主体，把这些分散于东北地区的女真人统一而成为共同体。后金太宗天聪九年（1635）正式改"诸申"（女真）为满洲。1911年辛亥革命后，则简称为"满族"。"满族"，在满语中的意思为"吉祥"。

人类学原理告诉我们，人文地理环境等生存条件制约着人们的谋生与生活方式，也决定了相应的饮食文化。长期生活在东北地区白山黑水之间的满族祖先，主要以渔猎、采集和游牧为主要的谋生与生活方式。山林里的獐、狍、熊、猪、雁、野鸡、野鸭等猎获物，所能采集到的各种山菜、野果、野菌以及江河的鱼类、贝类，是他们主要的食物来源。渔猎、采集和游牧这种谋生方式，不仅养成了他们粗犷豪爽的性情，也使之形成了北方民族固有的大口吃肉、大碗喝酒的饮食风格。至今，众多富有民族特色的满族风味菜肴、食品，大都留有这种谋生方式和饮食习惯的遗迹，显现并印证着满族饮食文化的本来特点。

《山海经·大荒北经》载："大荒之中，有山名曰不咸，有肃慎氏之国"。对此，东晋郭璞注云："今肃慎国去辽东3000余里，穴居，无衣，衣猪皮……《后汉书》所谓挹娄国是也。"书中所说，亦即如今长白山以北的宁安境内的镜泊湖和牡丹江中上游区域。在此区域的宁安县镜泊乡莺歌岭古肃慎人的遗址，考古发掘出土了很多石镞、石刀、石矛、骨制鱼钩、大量残存的兽骨和陶猪。在其中的一处居室遗址正中的灶址南部，出土了5个保存完好、排列整齐、完整的狍子和猪的头骨。而且，在灰坑中，还发现有一些制作精美的陶塑手工艺术品陶猪和陶狗。尤其是从灰堆中出土的这些陶塑手工艺术品陶猪，不仅形态逼真、生动可爱，还有着公、母和长、幼猪之别。这些，说明满族的远古祖先肃慎人的食物来源，不仅仅是野猪等各种山林野兽和鱼类，他们已经开始驯养野猪，并逐渐地以猪作为他们的主要肉食来源。并且，根据同时在同一遗址出土的陶器釜、中甑等蒸煮器具可以判断，古肃慎人已经掌握了用烧、蒸、煮的方法把生食变成熟食或半熟食的技术。这一点，也与郭璞《山海经·大荒北经》注所说的"衣猪皮"相符。亦如《后汉书·东夷传》所记，"挹娄，古肃慎之国也……有五谷、麻布，出赤玉、好貂。无君长，其邑落各有大人。处于山林之间，土气极寒，常为穴居，以深为贵，大家至接九梯。好养豕，食其肉，衣其皮。冬以豕膏涂身，厚数分，以御风寒"。

古肃慎人由于地理环境造就的这种喜食猪肉以及肉粟兼食的饮食习俗，一直被后世的挹娄、勿吉、靺鞨、女真和满族一脉相承地继承下来。这一点，突出地表现在流行至今的一些以猪作为主要原料的菜肴上。而且，在供奉神灵、宗教祭祀的祭品之中，尤其凸现了这种食俗。例如，近人何刚德《春明梦录·客座偶谈》所记，满人祭神，"（天）未明而祭，祭以全豕（猪）去皮而蒸。黎明时，客集于堂，以方桌面列炕上，客皆登炕坐，席面排糖蒜韭菜末，中置白片肉一盘，连递而上，不计盘数，以食饱为度。旁有肺、肠数种，皆白煮，不下盐豆豉。末后，有白肉末一盘，白汤一碗，即可下老米饭者"，云云，此即满族著名的传统佳肴"全猪席"。由于满族食俗以猪为上品，因而满族祭祀活动的"牺牲"品中，乃以猪为主，因此猪肉则有"福肉""神肉"之称。祭祀完毕之后，则由众人分食。至于至今仍广为流行的"烤小油猪""坛焖肉""燎毛猪""白肉血肠""杀猪菜"之类，更是满族食俗中源远流长的民族风味名吃。

但是，满族食俗禁食狗肉，而且也禁用狗皮作为衣饰用品。就其生存所必需的生产生活条件而言，狗是本民族生产活动中用来狩猎、看护财物和自卫的重要家畜，也是日常生活的重要伙伴动物。满族广为流传的民间传说"义犬救主"故事，相传曾有一只义犬曾在危急之际救过清太祖努尔哈的性命。尽管这个文本附载于清太祖，仍然是满族先民生存条件所决定的把狗视为亲密伙伴意识的反映和写照。

基于自身的生存环境、生产和生活的习俗惯制，形成了满族传统饮食文化的本来特点，这就是，喜食肉类、鱼类和山珍野味菜肴，烹调方式以烧烤和煮炖为主，亦即清代著名学者袁枚在《随园食单》中所写到的"满人菜多烧煮"。对于古代满族来说，这类饮食资源丰富易得，热量大，加工制作便捷，适宜本民族的生活环境和生产方式。

满族饮食文化的历史性嬗变与提升：从民间到宫廷

——以"满汉全席"为例并略考

满族是个"马背上的民族"，也是一个曾经从白山黑水走向全国，建立了统一版图的清王朝的伟大民族，其为祖国的统一和发展做出了不可磨灭的功绩。在清王朝将近三百年的发展历史过程中，她不仅注重学习、弘扬源远流长的汉族传统文化精华，也使其包括饮食文化在内的本民族优秀文化随着时代、社会的发展而得以不断完善、提高和升华。从民间到宫廷，同时又广泛地集纳全国各地古今饮食艺术的优长，使本民族的饮食文化出现了历史性的嬗变与提升。其中，最为典型的个案，就是如今已经蜚誉中外的"满汉全席"。

作为明代之后中国烹饪技艺发展的一个高峰的"满汉全席"，可谓中国最为著名也是规模最大的古典巨型筵席。清入关之后，随着国家的逐渐强大、昌盛和稳定，满族统治者在饮食方面也自然而然地讲究起来。康、雍、乾时代，鉴于宫廷宴会既要突出统治者饮食习惯，也要关照到其他出席宴会者饮食口味的需求，形成了"满席""汉席"并行的制度。这种制度，为合而产生"满汉全席"的"嫁接"或说是"合流"，提供了宫廷饮食制度方面的便利"平台"，使之得以"顺理成章"地"正常过渡"。

考诸汉籍文献记载，"满汉全席"这个筵席名称，始见于清代中叶，当时初称"满汉席"。这就是首见于清·袁枚《随园食单》和李斗的《扬州画舫录》中所谓的"满汉席"。

《随园食单·须知单·本分须知》云："满洲菜多烧煮，汉人菜多羹汤，童而习之，故擅长也。汉请满人，满请汉人，各用所长之菜，转觉入口新鲜，不失邯郸故步。今人忘其本分，而要格外讨好。汉请满人用满菜，满请汉人用汉菜，反致依样葫芦，有名无实，画虎不成反类犬矣。"就此，他还打比方说，"秀才下场，专作自己文字，务极其工，自有遇合。若逢一宗师而摹仿之，逢一主考而摹仿之，则摄皮无异，终身不中矣"。在《随园食单·戒单·戒落套》中，他又写道："唐诗最佳，而五言八韵之试帖，名家不选，何也？以其落套故也。诗尚如此，食亦宜然。今官场之菜，名号有'十六碟'、'八簋'、'四点心'之称，有'满汉席'之称，有'八小吃'

之称，有‘十大菜’之称，种种俗名，皆恶厨陋习。只可用之于新亲上门，上司入境，以此敷衍；配上椅披桌裙，插屏香案，三揖百拜方称。若家居欢宴，文酒开筵，安可用此恶套哉？必须盘碗参差，整散杂进，方有名贵之气象。余家寿筵婚席，动至五六桌者，传唤外厨，亦不免落套。然训练之卒，范我驰驱者，其味亦终竟不同。”

另外，在几乎与袁枚同时并有袁枚作序的，清代李斗的《扬州画舫录》中关于“满汉席”的记载，列举了乾隆帝巡幸扬州的“六司百官食次”的筵席具体菜单肴馔品名、品数，比袁枚记载更为翔实。《扬州画舫录》卷四《新城北录中》里写道，皇帝在扬州的行宫有四处，分别在金山、焦山、天宁寺和高旻寺。个中，天宁寺一带的行宫建筑区的“上买卖街前后寺院，皆为大厨房，六司百官食次”，开列有比较详尽的食谱菜单。由于许多论述“满汉全席”者对此大都三言两语概述而过，难窥全豹，且移录如下。

> 第一分头号五簋碗十件：燕窝鸡丝汤，海参汇猪筋，鲜蛏萝卜丝羹，海带猪肚丝羹，鲍鱼汇珍珠菜，淡菜虾子汤，鱼翅螃蟹羹，蘑菇煨鸡，轱辘槌，鱼肚煨火腿，鲨鱼皮鸡汁羹，血粉汤，一品汤饭碗。
>
> 第二分二号五簋碗十件：鲫鱼舌汇熊掌，米糟猩唇猪脑，假豹胎，蒸驼峰，梨片伴蒸果子狸，蒸鹿尾，野鸡片汤，风猪片子，风羊片子，兔脯，妳房签，一品汤饭碗。
>
> 第三分细白羹碗十件：猪肚假江瑶鸭舌羹，鸡笋粥，猪脑羹，芙蓉蛋，鹅肫掌羹，糟蒸鲥鱼，假班鱼肝，西施乳，文思豆腐羹，甲鱼肉片子汤，茧儿羹，一品汤饭碗。

第四分毛血盘二十件：羰炙哈尔巴小猪子，油炸猪羊肉，挂炉走油鸡鹅鸭，鸽臛，猪杂什，羊杂什，白煮猪羊肉，白煮小猪子小羊子鸡鸭鹅，白面饽饽卷子，什锦火烧，梅花包子。

第五分洋碟二十件，热吃劝酒二十味，小菜碟二十件，枯果子十彻桌，鲜果子什彻桌，所谓"满汉席"也。

在开"满汉席"的同时，另于"后门外围牛马圈，设毡帐，以应八旗随从官、禁卫、一门抵应人等，另置庖室食次。第一等：奶于荣，水母脍，鱼生面，红白猪肉，火烧小猪子，火烧鹅，硬面饽饽；第二等：杏酪羹，炙肚脑，炒鸡，炸炊饼，红白猪肉，火烧羊肉；第三等：牛乳饼羹，红白猪羊肉，火烧牛羊肉，猪羊杂什，大烧饼；第五等：奶子饼酒，醋燎毛大猪大羊，肉片子，肉饼儿"。

此外，尚有所谓"满汉大席"之谓，见于近人徐珂编撰的《清稗类钞》。不过，这里的"满汉大席"，并非指"满汉全席"，而是"烤全猪"。《清稗类钞·饮食类》记载："烧烤席，俗称满汉大席。筵席中之无上上品也。烤，于火干之也。于燕窝、鱼翅诸珍错外，必用烧猪、烧方，皆以全体烧之。酒三巡，则进烧猪，膳夫、仆人皆衣礼服而入。膳夫奉以待，仆人解所佩之小刀，脔割之，盛于器，屈一膝，献首座之专客。专客起箸。筵座者始从而尝之，典至隆也。次者用烧方。方者，豚肉一方，非全体，然较之仅有烧鸭者，犹贵重也。"有人将此作为"满汉全席"书证，显然大谬。细为深究，也只不过属于"满汉全席"中的一道菜肴，或某道菜肴采用的是烧烤技艺而已。应予注意的是，把烤全猪谓为"满汉大席"，却也从另一角度反映了"满族烧烤"特色在其菜肴中所占的分量很重，是"满汉大席"的主要风味特点。

《海上花列传》成书于清光绪十八年至二十年（1892—1894），书中描写到上海声色场中挥金如土的贵公子们，"中午吃大菜，夜饭满汉全席"。可以说，这是有清以来继"满汉席"这个称谓之后，较早出现的一处"满汉全席"称谓。

可以说，《扬州画舫录》卷四所载，扬州"大厨房"专为到扬州巡视的"六司百官"办的集宫廷满席与汉席之精华于一席的"满汉席"，当是"满汉全席"的滥觞源头。也就是说，"满汉全席"源自扬州为"六司百官"巡视而建造的豪华"驿所"膳房。这份菜单，则是迄今所见"满汉全席"的一份基于宫廷菜单的基本的"祖谱"。至于后世流行于世的"满汉全席"庞大繁杂的菜单，均当以此为基础扩展变化而来。

中国版图辽阔，各地饮食习惯异彩纷呈，风味丰富多彩，因而乃因地方色彩而异，通过加减、融合改造，于是便形成了数种具有地方色彩的"满汉全席"地方版本。例如，清王朝发祥地的"陪京"盛京（沈阳）的满汉全席的版本，是一大菜带八炒菜的所谓"一君带八臣"格式，席间总共要翻台十二次。在广州，则按南菜、北菜各五十四款，根据星座三十六天罡、七十二地煞之数安排菜肴的格式，此外二分手，四京果、四糖果、四酸果、四生果、四看果、佳肴点心，主食共七十八款，分四餐供客人享用。天津格式采取一百零八作为吉祥数，同北京格式大体相仿。个中，干果、鲜果、蜜饯、糖饯、冷菜、面点、甜碗、粥碗等，碗碟、茶点均按四件一组配套设置，大菜则按四红、四白、四大菜的"一带四"格式分层推进，编排紧凑，菜式古朴而少有粉饰，保留着满汉全席的很多原始风貌。这也多少体现着天津地方风物的特色。无论根据当地饮食口味和风俗习惯选配原料烹制的哪种版本的"满汉全席"，菜点也不断地有所增减变化和更新，但都突出了"满族烧烤"工艺和满族风味这个主特色基调。尽管满汉全席在各地多有变异，菜肴与格式有别，但是，其场面之大，气派之豪华，餐具之考究，入席的菜肴用料以及菜名之讲究、珍稀，层次之丰富，特别是对礼仪的注重和严遵，都为之最终被塑造成为一种主要的"国宴"和流行久远的中华饮食文化的经典，成为中华美食的一个缩影，奠定了基础。

综上所述可见，满族民间饮食文化先是通过清朝入关后宫廷设置的"满席"和"汉席"制度，以主流面貌进入宫廷生活，然后又经取长补短的融合，在保留满族饮食风味特色的基础上创制、升华为"满汉全席"，进而使之成为一时最为盛大、高贵的"国宴"。通过"从民间到宫廷"发展的途径，实现了本属"马背上的民族"，一个北方游牧狩猎民族的饮食文化的历史性嬗变与提升。

这种历史性的嬗变和提升，进一步加强了满族文化的影响力，加强了满汉文化的融合。

六、游艺娱乐

中国假日休闲史略

 假日，即根据制度获允脱离例行事务或岗位的时间。唐·白居易《春寝》诗句"假日无公事"，说的是公假。《新五代史·王峻传》中说到的"寒食假"，是节假。《梁书谢举传》言及的"多因疾陈解，敕辄赐假"，为病假。《资治通鉴·陈武帝永定二年》写及私假，"密令所亲中兵参军裴藻托以私假"。

 通常情况下，除了病、事、丧等假之外，例行休息及节庆的假日，都少不了休闲性游艺娱乐。换言之，游艺娱乐是休闲及节庆假日的主要活动内容。

 挪威著名作家易卜生《书简》有道："真正的思想家最向往的是充分的闲暇。平凡的学者之所以回避它，是因为不知如何打发闲暇。"看来，假日游艺娱乐亦当是一门应予认真讨论的问题，其中也有许多值得思考、探索的学问。

一、假日游艺的情趣特点

假日，即每周、每月、每年的例行休假日，是人们的主要休闲时间。怎样打发这些休闲时间，主要是游艺娱乐。

就理论而言，没有一定的休闲生活无碍活于世上，只是生活质量较低罢了，但不劳动谋生却难以生存。

休闲生活固然重要，但休闲时间受制于劳动谋生的剩余时间。因而假日的休闲娱乐、游艺活动，是有时间限制的。

20 世纪初著名的荷兰文化史学家赫伊津哈，曾从闲暇活动的角度考察过人类文化，他所赋予游艺活动的定义是："就形态而言，游戏即虚拟活动，它存在于日常生活之外。众所周知，这是自由的活动，即不存在物质利害关系，也无效用一类问题，它在明确限定的时空环境中完成，遵从给定的规则行事。它是在人类生活中体现集团关系的活动。"① 就是说，游戏是真正的自由，是一个与现实世界——为生计左右的世界——迥异的、为规则所支配的闲暇世界。因而，闲暇活动的时间也是日常生活时间的一部分。

但是，假如闲暇世界与劳动世界之间失了界限，那么闲暇活动又会如何呢？对此，享有博学盛誉的法国学者卡伊瓦认为：在被生存本能支配的劳动世界，本能占有绝对的优势。竞技、猜赌、模拟、谜眩，四者的作用依赖于本能、从属于本能。运动选手不只为寻求快乐，演剧则是为获取报酬。但是，这里的竞技与演剧本质几乎没有什么变化。不同的只是当事人方面变了。对他来说，竞技和模拟不只在于消除疲劳、调剂劳动生活、调试情绪，它们也是生存的必

---

① [日] 祖父江孝男等《文化人类学事典》中译本第 280 页，陕西人民出版社 1992 年出版。

要劳动。游戏的质变，首先表现在对规约的毁弃。闲暇世界中的竞技和现实世界中的战争，就是以此为分水岭而区别开来的。此外，对游艺来说，参加者可以随时离去，现实世界中的竞争——比如战争——人们几乎无法摆脱。[①] 假日的时间限制，决定了假日游艺也是有时间限制的。除此特点外，假日作为休闲余暇的性质，也决定了假日游艺的休闲娱乐属性。反之，如果不顾限制地将假日游艺赋以商业色彩、作为生计活动，则会部分或全部失去其休闲娱乐的这种基本属性。但是，在现实生活中，尽管人们渴望全身心投入的那种有限时间内的假日游艺娱乐，却往往受制于自身的生计能力、消费水平而难以尽如所愿。为生计所迫，放弃、取消假日游艺休闲活动，也是不可避免的情况。

儿童时代大都没有生计的重负，除少量学习知识、技能时间外，都是用来游戏的余暇。尽情尽兴地玩耍，显示了童贞童趣。在承担生计重负之后，人们特别羡慕儿童游艺之乐，也就格外珍视有限假日的消闲娱乐，尽可能充分地利用有限的假日消闲时间，获取最大的游艺娱乐享受。

通常说"假日"，往往说成"节假日"，这是因为例行的假日大都是因各种节假日而安排的休闲时间，节庆日的活动，一向以游艺娱乐为基本内容。

中国历史上是个以农耕文化传统为主的民族，一年四季的农时节日，也就成了最基本的节假日。此外，再加上各种民俗节日，每年的节假日可达数十个之多。据庞元英《文昌杂录》的记载，宋代的节假日已达 76 日之多，年平均每 4.8 天为一个节假日，同现代

①[日]祖父江孝男等《文化人类学事典》中译本第 280—281 页，陕西人民出版社 1992 年出版。

每周五天工作日制度下的节假日总量比较，似乎略低一点。

传统节假日以民俗节庆日和农业生产岁时节日为本，因而其节假日的游艺娱乐活动便理所当然地受制于相应的节日民俗，富于节日民俗特点。中国节假日的传统游艺娱乐活动是十分丰富的。常例游艺娱乐略举如下：

春节：放爆竹，舞龙，舞狮，踩高跷等。

元宵节：赏灯，猜灯谜，扭秧歌等。

立春节：鞭春牛，吃春菜，舞春牛等。

二月二：踏青，挑菜，穿龙尾等。

上巳节：踏青，探春，流杯作诗，歌会等。

清明节：踏青，射柳，拔河，放风筝，荡秋千等。

端午节：赛龙舟，斗百草，采药等。

七夕：听私语，接牛女泪，放河灯，乞巧等。

中秋节：赏月，舞火龙，点塔灯，放河灯等。

重阳节：登高，赏菊，饮菊花酒，放风筝，打围，骑射等。

历代史籍文献中，有关传统节假日游艺娱乐活动的记载非常丰富。以打球为例，尚秉和《历代社会风俗事物考》卷四十《游戏·打球之时节及其规矩》载："自隋唐以来，打球多于春日，而寒食为此者尤多。白居易诗云，'蹴球尘不起，泼火雨初晴'，是其证。其详在岁时伏腊中。《事物绀珠》云：'球两人对踢为白打，三人角踢为官场，球会曰员（圆）社。'故韦庄诗，'内官初赐清明火，上相闲分白打钱'，盖打球时以钱为赌也。"[1]

清代梦香有诗记连州郡上元节舞火狮活动，序称："连州山僻小

---

① 商务印书馆（长沙）1938 年初版，1939 年再版。

郡也，而上元节灯火耀然，百戏具陈，以火狮子为最异。火狮子者，蒙木以布，作狮子像，人赤手棒之行。观者燃放爆竹累万成千，一时俱炸，声如殷雷，光如流星。棒狮者舞于火中，俄火愈列，则舞急。余于嵯商潘灵处见之，耳目震骇，几不能仰而视。为作此歌，惟恨笔弱，不能道其万一耳。"诗中写道："冬冬羯鼓响九逵，道旁万人观火狮。削木画布作狮像，嶒崚头角容恣睢。有时忽地起人立，来往惟任意所之。爆竹轰然响震霄，目眦欲裂涎流髭。倏见金露射万道，攫拿追逐相奔驰。盘旋左右兴酣甚，火鳞见爪神龙姿。奋威一吼有执热，抟象全力应在兹。红云变幻成一气，为狮为火殊难知。"云云。如此火暴、热烈而精彩的舞火狮，无疑会给连州小郡的上巳节休闲娱乐增添许多欢乐气氛。上巳本为古代被禊祈祥之节，宋代又加入了道教祭祀北极佑圣真君诞辰的内容。但是，世人上巳的游艺活动虽出自娱鬼神，实际上却是尽情地自娱自乐。

　　健康有益而又适度的假日游艺娱乐，对于日常劳作生活是一次次积极的调解，可以提高假后的工作效率和质量，否则会适得其反，两者之间呈正比关系。因而，合理选择和安排好假日游艺娱乐活动，意义不容低估。

二、缘人而别的假日游艺

　　现代社会生活的一个显著特点，是节奏快，从工业化社会到信息社会，节奏越来越快。在此条件下，调整工作时制，缩短工作时间，增加休闲空暇，无论对于增强人的身心健康还是提高工作效率，都是富有积极意义的措施。

　　休闲时间多了，如何安排好休闲娱乐活动便成了一个重要的社会问题。初行每周五天半工作日制及五天工作日制时，人们面对大为充裕的休闲时间所表现的手足无措，已是对社会学家的一种提醒。如何引导并指导人们安排好一年 30% 的公休节假日，既关系到全社会的生活质量也关系着社会经济发展。个中，倡导健康有益的游艺娱乐，是个不容忽视的问题。

　　常言说，"萝卜白菜，各有所爱"。人世间芸芸众生，文化修养、性格、职业、年龄、趣好，千差万别，游艺娱乐也因人而异。即或是公众群体性的游艺活动，亦非全员直接参与。古往今来，很难要求社会全体成员都同时投入到一两种游艺娱乐活动中去。一刀齐、清一色，在此行不通。

　　假日休闲娱乐，更主要是社会成员的个体性行为，而非强制性的统一行动。充裕的假日，丰富多彩、不断出新的游艺娱乐品类，为千差万别的社会成员的趣好，提供了广阔的选择空间，可以因时、因地、因条件、因一时心境进行能够投入、尽兴地游艺娱乐。

　　《庄子·列御冠》说的，"饱食而遨游，泛若不系之舟"，是为一种雅趣。《论语·阳货》中说的，"饱食终日，无所用心，难矣哉！不有博弈者乎？为之犹贤乎已"，也是一种雅趣。在古代，旅游、游览名山大川、对弈，以及射覆之类，均为有钱、有闲的"雅士游艺"。

　　又如传统上巳节日的"曲水流觞"作诗，亦非村夫野老游戏。上巳节水边聚饮以为能祓除不祥，或在环曲的水流放置酒杯任之顺流而下，杯停谁处，即行取饮。南朝梁人宗懔《荆楚岁时记》所说的，"三月三日，士民并出江渚池沼间，为流杯曲水之饮"，本此。此间，士人非但取饮，尚有即兴赋诗之乐。近代王羲之著名的《兰亭集序》所记，便是这种流杯吟诗之乐。序中称："永和九年，岁在癸丑，暮春之初，会于会稽山阴之兰亭，修禊事也。群贤毕至，少长咸集。此地有崇山峻岭，茂林修行；又有清流激湍，映带左右。引以为流觞曲水，列坐其次，虽无丝竹管弦之盛，一觞一咏，亦足以畅叙幽情。是日也，天朗气清，惠风和畅。仰观宇宙之大，俯察品类之盛，所以游目骋怀，足以极视听之娱，信可乐也。"宋代苏东坡《和王胜之》诗之二"流觞曲水无多日，更作新诗继永和"句，说的也是这种流杯作诗之雅趣。对于一般民众，上巳的游艺娱乐，主要就是踏青游春之类而无赋诗之趣。

然而，无论什么人，都各有其假日游艺乐趣。各得其乐。鲁迅笔下的《社戏》，生动地描绘了江南水乡社戏日的村民之乐。现代作家蓝翎的散文《听书琐忆》中，有段关于乡村冬闲农民们听说书的娱乐之趣。文章写道：

> 乡下冬天农闲，集会时间长，正是听说书的好时光。靠住家院墙的背风处，东一摊山东琴书（那时叫扬琴），西一摊河南坠子，空大的场上是打花鼓或耍把戏的专用地。唱琴书的要打琴敲板，唱坠子的要拉胡踩板，总得有张桌子、几个板凳，放把茶壶，摆个茶碗，紧拉慢唱，显得很文雅。大书一回一回地唱下去，这一集停步晚下集再听，或者赶到别的集上连着听。老唱家，老听众，彼此见面点点头，人熟了，唱到茬口要钱也容易，有的不等开口，早掏出来撂过去。收场了，艺人们去买点东西吃顿饭，遇到的是笑脸，有话没话地扯拉几句。

可知，雅士有其雅趣，俗人亦自有其衷情投入的俗好，各得其所，各有其乐。

公休假日，人们都各自从日常生计移情于其平生所好或一时兴之所致的游艺娱乐，怡心养性，充实而愉悦，岂不是一种难得的幸福！反之，百无聊赖，这每周至少两天的休闲时光，便成了一种因空虚而致的烦恼、痛苦。

三、假日游艺与亲情友谊

中国古代有种游戏，投壶。据说，它是从射箭演变来的。即在一定的距离之外，把箭投向壶中，以投中率来评定胜负。所用之矢（箭）为三种，室内用的长两尺，堂上用的长两尺八寸，庭中用的长三尺六寸，壶乃酒壶。济源泗涧沟汉墓出土有这种壶，南阳东汉画像石有投壶图。相传，投壶游艺出自春秋时士大夫以此代射练习弧矢技艺，尔后演变为宴客悦宾游戏，负者饮酒。《左传·昭公十二年》载："晋侯以齐侯宴，中行穆子相。投壶，晋侯先，穆子曰：'有酒如淮，有肉如坻。寡君中此，为诸侯师。'"《后汉书·祭遵传》亦载："遵为将军，取士皆用儒术，对酒设乐，必雅歌投壶。"知其为文人儒士的宴客游戏。

既为宴客游戏，又是儒士雅艺，投壶便被规定了许多烦琐礼仪。据《礼记·投壶》说，"投壶之理，主人奉矢，司射奉中，使人执壶。主人谓，某有枉矢哨壶，请以乐宾"，然后方能操作。对此，汉代以《史记》著名青史的司马迁，在《投壶仪节》中专有评议。其称：

> 投壶可以治心，可以修身，可以为国，可以观人。何以言之？夫投壶者不使之过，亦不使之不及，所以为中也。不使之

偏颇流散，所以为正也。中正，道之根柢也。圣人作礼乐，修刑政，立教化，垂典谟，凡所施为，不啻万端。要在纳民心于中正而已。观乎临壶前矢之际，性无粗密，莫不耸然恭谨，志存中正，虽不能为，人可以习焉，岂非治心之道与一矢之先犹一行之亏也。岂非修身之道欤！兢兢业业，谨终如始，岂非为国之道欤！

司马氏之言，虽未免有牵强附会之嫌，却也说明其认识到游艺娱乐的教化和陶冶情操功能，即寓教化于娱乐游艺之中。时下，我们不是仍看中寓教于乐么！

在此，我们要说的是，投壶游戏的娱乐功能之外，在当时是以此作为联络游艺的一种交际活动。或言之，很多游艺娱乐亦具有社会功能。

节假日期间，人们暂时摆脱工作学习的紧张节奏，轻松愉快的娱乐之际，也是家庭亲友或享天伦之乐，或交流思想感情的极佳时机。

老话道，"钱越赌越薄，酒越喝越厚"。健康、文雅的假日游艺娱乐，可增进亲友情谊，可创造出超乎娱乐游艺本身的融洽人际关系的欢乐，大大提高寻常游艺活动的社会价值。

通过适当的假日游艺活动，不只可缩短人与人之间的距离，交融情感，甚至可以于潜移默化之中解除芥蒂、化解恩怨矛盾。忘情、尽兴的游艺娱乐活动中，能叫人忘却烦恼、放松紧张戒备心理，相互对以儿童般纯真无邪的欢笑。此外，正是解除平日芥蒂、化解恩怨的天赐良机佳境。此间的点滴谦让、关照乃至认同，均会产生"心有灵犀一点通"之妙，成为增进友情的无形桥梁或纽带，奇妙尽在嬉戏之中。

世上"两小无猜"的情谊，大多都滋生于儿童的童贞嬉戏之中。

现代社会的文明进程中，家庭结构已逐渐脱离传统的血缘亲族聚居的大家庭形式，四世同堂、五世同堂聚居的情况已经非常少见。代之者，多为两辈人的三口之家，或三代同堂。城市化的发展，以及现代楼寓对传统大杂院共处的居住方式的取代，邻里关系也出现了淡化势态。社会生活节奏的加快，市场经济的影响，也一定程度疏远了同事的交往。

在此情况下，节假日休闲时间的增加，无疑为改善传统人际关系提供了很好的时空，适当得体的游艺娱乐自然成了一种微妙而有效的媒介形式。

假日里，平素无暇经常探望另居老人的子女，偕妻带子去探望双亲，一同做几样适宜家庭成员的娱乐性游戏，小魔术、手影、桥牌等，或教子女为其爷爷、奶奶、姥姥、姥爷表演几样小节目，说几段笑话，或全家郊游野炊，嬉闹欢笑之中充满了天伦之乐，给人以幸福美满的享受。

几位喜欢钓鱼的同事、朋友，相约于某个假日聚于水边垂钓，切磋钓技、交流经验，轻松愉快，其乐融融。

一时产生点误解或芥蒂的同事、同学，经朋友侧面做些劝解，都邀到一起过个假日，做几样大家都能参与的开心游戏，忘情投入之际一切就都自然冰释，再见面搭话也就坦然毫无尴尬窘态矣。个中，游戏既充当媒介，也当了催化剂的角色。现代交际舞，有人又称之为"交谊舞"，也含有这个意思。

情侣初识，彼此尚还腼腆，约会于假日，一同到公园游艺场，玩玩碰碰车，坐一回冲浪车，有惊无险的欢乐过后，一切便随意自如起来，话也多了，如同旧识一般进入角色。

有人本性格内向，一旦做了官，便会一脸正经，很难同部下坦诚交往。利用假日，邀到一起，轻松忘情地游乐一番，即或是玩扑克输了带头钻一把桌子、贴一脸纸条，在场众人畅怀同笑，很快就拉近了距离，上班后工作便格外轻松融洽。这种平易近人的假日娱乐，为之塑造了极好的形象，而非"掉价"。

当然，假日休闲本当"消闲"，即或是消闲之中的具有游谊调解功能的消闲，亦不应失之本来意义，否则也就无从谈起"休闲"了。

但是，利用"消闲"中的游艺娱乐为日常生活服务，或使之成为本含内容，亦无可厚非。消闲在于提高生活质量，消闲的附加内容可以丰富消闲，虽是日常工作学习的延伸，亦在于提高生活质量；相辅相成，具有互补功能。

近代和现代均有利用游艺博戏（赌博）来行贿的做法，玷污了休闲游艺。例如，一如宋明时有人以珠宝金质名帖相投，变相取悦、行贿；时下亦有以送花、赌输名目的行贿手段，或利用种种游艺名目半明半暗地进行肮脏交易。不过，总不能因此而否定其交际功能，情感不当掩其本来功能特点。

以健康的假日游艺娱乐求取正当的功利，还其本来面目，理所当然。既能因之行恶，又能行善，何不让它多多行善呢！多多益善哉。

四、业余爱好与假日游艺

"闲余何处觉身轻，暂脱朝衣傍水行。鸥鸟亦知人意静，故来相近不相惊"。这是唐代宪宗李纯时宰相裴度的一首《傍水闲行》诗。在政务烦冗的宦海沉浮中，他渴望着清静安宁的独处意境，成为一种业余情趣。

生计之余，人总要有点什么业余爱好，这样，消闲时光乃至一生的生活才能够充实，富有情趣。

著名文史掌故作家郑逸梅先生，一生喜欢集藏，举凡名人书札、制笺、扇页、书法、书册、画幅、竹刻、墨锭、砚石、印拓、柬帖、名片、照片、稀币、铜瓷玉石等，均有相当品位和数量的收藏品。这些业余情趣丰富了他的生活，也充实了他的工作，相得益彰。

文化人的生活本已是令人羡慕的丰富多彩，其十分充实的生活亦包括各种业余爱好的情趣。

著名作家、老报人周瘦鹃酷爱花木、瓶供，乃至兼为颇有成就的园艺家。他在苏州开辟的周家花园，吸引了许多名人前往一饱眼福。

老舍喜欢养花，深悟养花的乐趣。一篇题为《养花》的散文也清丽如花。他说："我爱花，所以也爱养花。我可还没成为养花专家，因为没有工夫去研究与试验。我只把养花当作生活中的一种乐趣。"

世纪老人夏衍，集作家、翻译家、电影理论家和社会活动家于一身，其业余集邮也十分有名，多有珍稀精品。

台湾大学教授、作家台静农说："余之嗜书艺，盖得自庭训，先君工书，喜收藏，目濡耳染，浸假而爱好成性。"终成书法家。

作家秦瘦鸥热爱戏剧，版画家力群爱好打网球几十年，端木蕻良晚年喜养青萍；京剧艺术家袁世海不仅爱看戏，还爱书法、绘画、养花，当不挂牌的家庭郎中；张君秋把业余绘画视为"不可缺少的精神食粮"；诗人李根红、牛汉、孔孚皆痴迷石趣；作家鲁琪喜欢垂钓；作家蓝翔痴于藏筷，撰出《藏筷说箸》《筷子今古谈》等专著，创办了中国首家筷箸收藏馆。

他们如何体悟这些业余生活情趣的呢？

集学者、作家于一身的张中行说："我是常人，没有佛家那样求灭的大雄之志，而还想化苦为乐，至少是不苦，左思右想，前经历后经历，觉得可行的一条路还是弄几方砚，需要看看的时候看看。这种闲情，如果一定还要用广告式的大话吹嘘一下，那就无妨说，砚是文房之物，知足于文房，也就可以少为新潮所动，见发财而心寂然，闻卡拉 OK 而足寂然，我行我素了吧？"

诗人艾青集藏兴趣广泛，诸如小工艺品、葫芦、海螺、椰子壳、核桃壳、动物化石，皆在其内。他说："我喜欢这些东西，常常废寝忘食。格言说'玩物丧志'。我也的确为它们消耗了时间。但是，它们转移了我过于疲劳的思维活动，使我的脑子得到了充分的休息。大自然是慷慨的。所有这些都是它的馈赠，它的施舍。我从这些东西得到了美的享受，因之，我也更爱生活。"

舞蹈理论家、编导傅兆先说："人有爱好，才有人生乐趣。所谓爱好，其实就是人生精神力量的支柱，个人生活乐趣的源泉。我平生专注的专业爱好是舞。我的业余爱好可谓广泛……多爱好使我广见闻、广交友、乐天派、感到世界很美好，活得挺有意思。不过当工作繁忙和年龄见老时，不得不被迫地强化了爱好的选择性，一些业余爱好逐个地解除了，后来，连影剧也少看了，非专业的书也少读了，可唯有一个爱好 50 余年来兴趣不减，那就是看武侠小说，年过 60 的我还特别开设了一个武侠小说专柜。"

作家鄂华说："这些爱好是游离于他们的生活与事业之外的，因此把它们叫作业余爱好，但对于一个作家来讲，它们确实是他的事业和生活的有机的一部分。正是它们的丰富多彩，构成了生活的丰富多彩，也构成了作家创造的作品世界的丰富多彩。"

无论怎样，丰富多彩的业余情趣是一个人生活中不可缺少的有机组成部分。从蛮荒远古到喧嚣的现代社会；文化人、政治家也好，僻居山野的农民也好，都各有其切合自身条件的业余生活兴趣。

现代生活的快节奏冲击着业余生活，而实行缩短工时制度又为发展、活跃业余消闲生活创造了更为有利的条件。

相对比较集中的节假日，可供人们自由支配，从事自己所喜欢的业余爱好。这些业余爱好在充裕的假日里得以自由驰骋，成为假日游艺消闲的主要内容。

节假日的规律性，为合理、适度地安排各种业余游艺活动提供了便利和保证，一向忙里偷闲的业余爱好变得从容、潇洒起来，假日生活便更为充实、富有情趣。

"活得真累"，似乎已成了时下流行的一句口头禅。除却生计、家庭、人事、心理等因素外，利用充裕的假日消闲活跃业余爱好，无疑是一种极妙的调解。

现实生活中，人们常常有这样的体验：当你初次到一个地方去时，觉得路很远很累，走熟了，也就不那么觉得累了。一人寂寞独处易觉时间过得慢、烦躁不安，一人独行总觉路途遥远、疲倦，实际上都有着心理因素的作用。以五彩缤纷的业余情趣充实一年几近三分之一的节假日消闲时光，有助于改善人的心理素质，提高适应现代社会生活的自我调解能力。

英国教育家洛克在《教育漫话》中谈道："娱乐并不是懒惰，娱乐是换一种工作，把疲倦了的部分舒畅一下的意思。凡是认为消遣不是困难与辛勤劳动的人，他便忘记了猎人的早起、苦骑、受热、受凉、受饿种种情形，但是打猎是被看作最伟大人物所常用的娱乐。"因为，"身体和精神交替进行有益的锻炼，使已经疲倦了的身心部分常常可以得到放松而恢复活力"。使业余爱好占有充裕而有规律的节假日消闲时间，既可助于恢复疲倦的身心，更为重新投入日常的主业劳作增加活力。个中，发展业余兴趣所及的连续性活动，是最好的假日游艺内容。如果将具有连续性的业余爱好，同其他即兴的、随机性的游艺娱乐合理安排，适当调剂，不失为活跃假日消闲的好办法。

20 世纪 80 年代以来，中国的集藏、工艺等民间业余爱好的假日休闲活动空前活跃，甚至一些人退休再次就业之后仍然坚持不懈。沈阳市一位祖父、父亲都是塾师的 65 岁老会计师，书法、篆刻是他数十年的唯一爱好。最近，他利用 8 年的节假日和早晚业余时间，用蝇头小楷手抄了《三国演义》和《红楼梦》两部巨著。他说，写起字来宠辱皆忘，情绪好，身体也好。①

充裕、规律的节假日生活，为发展、活跃多姿多彩的业余爱好提供了广阔天地，各种业余爱好不仅以其游艺娱乐的消闲功能潜在地改善社会生活质量、提高社会劳动生产力，亦将直接为社会奉献出多姿多彩的文化艺术成果，乃至创造出具有历史意义和世界意义的奇迹。

①《沈阳日报》1995 年 4 月 29 日第 3 版。

假日游艺消闲生活是一片需要开发、繁荣的绿洲，是维持文化生态平衡的重要方面。

提高假日游艺娱乐文化质量给社会、给人类带来的综合效益回报，将是令人惊叹的丰厚。

中国游艺娱乐民俗说略

通常说，玩耍游戏是儿童的天性。其实，人的儿童时代和少年、青年、中年及老年时代都各有不同年龄特点的游艺娱乐，有的游艺甚至享用终生。可以说，游艺娱乐是人生和生活最基本的重要内容之一。英国政治家、历史学家说过，"人生最好有一种正当的娱乐，即使没有财富，也能拥有快乐"，恐怕也是这个意思。不过，仅有一种娱乐远远不够，丰富多彩的人生需要无数种游艺娱乐，否则将枯燥乏味得难以想象。即如17世纪英国作家詹·豪厄尔《谚语集》中写下的："终日埋头工作而不去玩耍，聪明的孩子也会变傻。"

一、游艺娱乐是人生一种需要

人类可以制造机器，可以造出智能人，但人类永远是人类，而不是机器。

人类制造机器、智能人的目的在于为自身很好地生存服务，同时也是在争取更多的余暇来游艺娱乐享受人生，提高生活的质量。

即或是机器，也需要休歇、保养和调整，何况是人呢？消闲娱乐、健康的游艺，是人类必要的休整，一种养生之道。人类生活质量的高低标志之一，是游艺娱乐的质量水平。

对消闲游娱的追求，是人的一种本性。

《孟子·告子上》说，"食、色，性也"，虽说其中也含有娱乐成分，但并不完整，还应包括游艺娱乐。或可云："食、色、娱，性也"。《礼记·杂记》记录了约公元前 5 世纪时孔子的一段著名言论："张而不弛，文武弗为也；弛而不张，文武弗为也。一张一弛，文武之道也。"所谓"文武之道"，一般指周文王、周武王的治国修身之道和西周的礼乐文章。在此，孔子说的是劳作与消闲娱乐的交替、调解。

无独有偶，19 世纪末、20 世纪初的苏格兰诗人、剧作家约·戴维森，将工作与娱乐的关系譬为大自然的昼夜交替：

> 黑夜过去是白昼，白昼过去是黑夜，
>
> 时间的节奏就是如此安排；
>
> 工作之后是娱乐，娱乐之后是工作，
>
> 宇宙的秩序就是这样井然。
>
> （《吹笛人·戏剧》）

一如昼夜之阴阳交替、一张一弛，劳作与休闲娱乐的调解也是人类生活的必然规律。谁违背了这个规律，都将受到生活和生命的惩罚或报复。即或极不善娱乐或同世俗娱乐绝缘的人，尽管其过着苦行僧似的枯燥、刻苦生活，也都有其特定的娱乐（自娱）调解方式。

或认为，游戏是生活的抽象，现实的幻想，劳动的模仿，剩余精力的排遣。不无道理。

当人们从少年儿童"成人"之后，承担起了作为社会正式成员的责任和义务，消闲的时间和方式、内容都发生了深刻变化。于是，在社会生活的重负之下，非常渴望重归失去的妙药的话，那便是投入、忘情地游艺娱乐。20世纪初法国哲学家阿兰在《关于幸福的语录》中谈道："事实上，人类最大的快乐莫过于去做自己嗜好的行动，只要看孩子们的游戏就会清楚这一点。大家在一起玩球，挤香油，拳打脚踢。虽然有时会带污垢或伤痕，但是完全是出于孩子们的热望，是他们所怀念的事。那些棒打、疼痛、疲劳早已置之度外而成为称心如意的快乐。"游艺娱乐的幸福，在于它能够调解身心乃至改变人的精神面貌。能够使自己像孩子似无忧无虑，忘情、投入地游娱欢乐，实在叫人向往、羡慕。不过，这并非梦幻中的幸福，是可以努力实现的。只有将这种梦寐所求变为现实，生活才会充实、幸福、青春永驻。

事业、奉献，使人生活充实，游艺娱乐也是与之相伴的充实生活的内容，任何极端的强调都有失偏颇，都有悖生活的本来意义，是不科学的。如同生活不能没有爱和爱情一样，生活也离不开游艺娱乐。

游艺娱乐的起源的本身，也从另一视点说明它是人们生活的一种基本需求。

获取生活资料的生产劳动，是人类维持生存的最基本生活内容和需求，人类的游艺娱乐也正是伴随这种劳动和需求而产生的。即如冯特的《伦理学》所认为的："游戏是劳动的产儿，没有一种形式的游戏不是以某种严肃的工作做原型的。不用说，这个工作在时间上是先于游戏的。因为生活的需要迫使人去劳动，而人在劳动中逐渐地把自己力量的实际使用看作一种快乐。"

19世纪文化人类学家的研究，也证明了上述见解。著名的文化人类学奠基人之一爱德华·泰勒，在其代表著作也是这一学科诞生的标志的《原始文化》第三章《文化遗留》中写道："当我们以民族学结论的观点来研究儿童和成人游戏的时候，在这游戏中，下面的这种情况首先使人们吃惊，即其中许多仅仅是重要生活事情的滑稽性的模仿。类似这样的，如现代孩子们玩的宴客、骑马和上教堂的游戏，在蒙昧人中主要的儿童娱乐是模仿那些孩子们在以后若干年将郑重人事的事情。由此可见，他们的游戏就是他们当前的功课。"文化人类学家注意到，因纽特人儿童的游戏是用小弓箭射靶子和用雪盖房子，他们用向母亲要来的打火绳的断头来给他们用雪搭成的小猎屋照亮。澳大利亚儿童的玩具就是小型的飞去来器和标枪。由于他们的父辈保留着通过暴力从别的部落中抢夺妻子的极端原始的习俗，因而"抢婚"的游戏是当地男女儿童最常玩的游戏之一。当苏格兰的男孩子在做"轻敲扭打"的游戏时，他们互相揪住对方额前的头发问："你是我的人吗？"孩子们不知道这种游戏是得到一名奴隶的古老象征方式，它一直在民间游戏中留着。又如供摩擦取火用的木钻，众所周知，是许多原始部落或古代部落家庭生活通常应用的，而在现代的印度人中间，它还继续作为随时点燃纯洁祭祀之火的一种手段。这种木钻在瑞士发现是玩具形式的残余。儿童们像因纽特人所认真做的那样，借助木钻燃火取乐。在瑞典的哥得兰岛，人们还记得在古代以野猪作牺牲的礼物，至现代则成了一种游戏。在这种游戏中，年轻小伙子们穿上化妆用的衣服，并往脸上抹上黑涂彩，以裹着毛皮置于板凳上的孩子表演牺牲，在他嘴里放有一束麦秆，想是代表猪鬃的。

中国古代传统游艺，亦显示了这种游艺源于劳动生活的历史轨迹。

击壤，是将一块鞋状木片侧放在地上，于三四十步处用另一块木片对其投掷，以击中为胜。直至 20 世纪 50 年代北方儿童类似的"打瓦"游戏，仍保留了击壤游戏的古制遗风。汉·王充《论衡·刺孟》载："传曰：'有五十击壤于路者'。观者曰：'大哉，尧德乎！'击壤者曰：'吾日出而作，日入而息，凿井而饮，耕田而食，尧何等力！'"这种简单、古朴的游戏形式和乐趣，是原始先民以石块为武器防御和猎取动物为食的写照，它就是当时原始劳动生产活动所派生的古老娱乐行为。

《红楼梦》第 62 回有一段关于"斗草"游戏的描写："大家采了些花草来，兜着坐在花草堆里斗草。这个说，'我有君子竹'；这一个又说，'我有美人蕉'。这个又说，'我有星星翠'，那个又说，'我有月月红'。……"斗草又称"斗百草"，是一种源自古代农耕生活的儿童游戏。南朝梁·宗懔《荆楚岁时记》已有记载："五月五日，四民并蹋百草，又有斗百草之戏。"唐·白居易《观儿戏》诗写道："弄尘复斗草，尽日乐嬉嬉。"郑谷《采桑》诗亦云："何如斗百草，赌取凤凰钗。"

二、源远流长的传统游艺民俗

游艺于乐源于远古先民的劳动生活，并伴随人类社会的发展和文明的进程，形成了无数种富有民族色彩和地域特点的游艺民俗。可以断言，游艺民俗是伴随人类社会始终的一种基本的文化形态。

在汉语中，据现存可见文字记载的有关游艺娱乐的概念，是很古老的。例如："游艺"始见于《论语·述而》，"志于道，据于德，依于仁，游于艺"，指游憩于礼、乐、射、御、书、数六艺之中以为乐趣。《韩非子·难三》篇已见"游戏"说："管仲之所谓'言室满室，言堂满堂'者，非特谓游戏饮食之言也，必谓大物也。"《晋书·王沈传》亦言及："将吏子弟优闲家门，若不教之，必至游戏，伤毁风俗矣。"《诗·郑风·出其东门》："缟衣如荼，聊可与娱。"诗中之"娱"的意思亦即娱乐，《楚辞·远游》中"娱戏"，则进一步指娱乐游戏，即"轩辕不可攀援兮，吾将从王乔而娱戏"。古代泛称乐舞角抵杂技等游艺为"百戏"，如《后汉书·安帝纪》："乙酉，罢鱼龙蔓延百戏。"

据考古发现，西安半坡村仰韶文化遗址的许多儿童墓葬的随葬器物中，有被认为是当时儿童玩具的石球、陶球，是投打弹丸游艺玩具。这种儿童玩具，恰是当时重要的狩猎工具。可以认为，后世以及当代仍流行的许多种传统球类游艺，大多存在由此流变衍生的轨迹。纵观古今各种传统游艺娱乐形式的生成流变，其本源多出自生产劳动、对抗竞技、宗教、节庆、保健和消闲等。

源自农耕渔猎畜牧的游艺　除前面论及的击壤、投打弹丸之类，现代仍十分流行的如渔歌、采茶舞等，不胜枚举。狩猎、垂钓游艺习俗直接模仿、重现古老的渔猎生产而来。古代帝王多有游猎娱乐制度。温庭筠《鸡鸣埭曲》描写道："南朝天子射雉时，银河耿耿星参差。铜壶漏断楚初觉，宝马尘高人未知。"王维《观猎》诗描写了唐代一位将军狩猎游乐的情景："风劲角弓鸣，将军猎渭城。草枯鹰眼疾，雪尽马蹄轻。忽过新丰市，还归细柳营。回看射雕处，千里暮云平。"

　　源自对抗竞技的游艺　　主要出自对防御人兽的进犯和战争情景的模仿。这类游艺中最典型的，当属对弈（棋类）和武术等竞技游艺。所谓"弈"古指围棋。《说文解字》释云："弈，围棋也。"晋·张华《博物志》说，围棋为尧舜创制。春秋时围棋很流行，出现了许多名家高手。《孟子·告子章句上》载："弈秋，通国之善弈者也。"围棋中的攻、杀、截、冲、断等用语，据认为源于军事术语。汉·马融《围棋赋》径谓，"略观围棋，法于用兵"。至于象棋，更是直接再现了军事与战争。角力亦本于军事。《礼记·月令》载："孟冬之月，天子乃命将帅讲武，习射御、角力为'百戏'之一。"

　　源自宗教活动的游艺　　比较突出的例子是舞踏。远在周代制度中，已设有职掌祭祀礼仪中舞蹈的官职，名曰舞师。《周礼·地官·舞师》载称："舞师，掌教兵舞，帅而舞山川之祭祀；教帗舞，帅而舞社稷之祭祀；教羽舞，帅而舞四方之祭祀；教皇舞，帅而舞旱暵之事。凡野舞，则皆教之。凡小祭祀，则不兴舞。"舞师的这一职能，是从巫师中分离而来。甲骨文的"無"字即"舞"亦即"巫"，古代所相通，是因为原始宗教中的巫师以舞娱神、通神，巫本善舞，舞蹈艺术主要源头之一即巫舞。《说文解字》称："巫，巫祝也。女能事无形以舞降神者也，像人两袖舞形。"至今，这一古风仍保存在许多民族的宗教活动中。社会、庙祀、祭祖等民俗活动的演习等游艺娱乐，乃此古风之遗。相传夏禹祭祀时有种舞蹈步法名为"禹步"。近据专家的最新研究认为："这种舞蹈是以八卦的图式来规范的。概言之，即以阴阳为纲纪，以八卦的方位作为舞蹈动作运动轨道的标向，以五行来定位，并同巫词咒语相结合，形成它特有的程准。八卦图式在这里起到了舞谱的作用。我们因名之曰'八卦舞谱'。它或许是我国乃至世界上最古老的一种舞谱。"

　　源自节日的游艺　中国历史上有过多少个节日，是个难以确数的问题。不过，古今节日的类型还是可以大体分别的，如岁时节日、农时节日、纪念节日、祭祀节日、庆贺节日、宗教节日、社交游乐节日等。如同各种节日都伴有丰富多彩或特定的饮食民俗活动内容，游艺娱乐也几乎是大部分节日民俗活动的一项主要内容。俗语道，"无酒不成席"。也可以说，没有饮食和游艺，娱乐不成其节。例如，春节放爆竹、贴春联，元宵节灯会、灯谜，立春鞭春牛、舞春牛，上巳节流杯作诗，清明节射柳、踏青，端午节赛龙舟，中秋节赏月、拜月，重阳节登高、赏菊、菊花酒会，等等。有的节日游艺可能早于某一节日已经出现，但是当其成为一种节日游艺民俗之后方得以广泛传承扩布，如端午节龙舟竞渡民俗，早在南朝梁·宗懔的《荆楚岁时记》中已有记载："五月五日……是日竞渡。"但据《事物原始》引《越地传》说："竞渡之事起于越王勾践，今龙舟是也。"1976 年广西贵县落泊湾出土的西汉竞渡纹饰铜鼓图案，亦生动地表现了竞渡活动。不过，其流行最广的仍是作为端午节游艺民俗事象，民间传说还将之同纪念屈原联系在一起，影响甚广。

　　源自保健民俗的游艺　这类游艺活动主要是各种体育锻炼性质的游戏，大多以劳动生产或军事技术行为脱胎而来。例如射箭，原本冷兵器时代的狩猎和军事活动，至现代兵器取代了传统冷兵器之后，射箭便主要作为一种传统体育健身运动和游艺活动保存下来。中国古代的足球运动蹴鞠，早在殷代甲骨文中有所记载，司马迁《史记》亦记载齐国的"临淄甚富而实，其民无不吹竽、鼓瑟、弹琴、击筑、斗鸡、走狗、六博、踏鞠者"。汉代南阳画像石中刻有当时女子蹴鞠图像，这说明其自古就是一项流行颇普遍的健身游艺娱乐活动。

源自消闲等其他民俗的游艺　自古以来消闲的主要方式是游艺娱乐，其中又以各种智力游戏和博戏为主。谜语、歌舞、集藏、鉴赏等消闲娱乐均由来已久。20世纪80年代以来风靡的麻将游戏，一时成为颇盛行的消闲游艺，乃至民谣中道出"打麻将可一宿不睡""到处一片穷和声"的讽谏与慨叹。消闲游艺中的陋俗是赌博，赌博同娼妓、乞丐、吸毒并称危害社会的四大公害。消闲中利用各种游艺赌博，由来颇久，自古以来举凡斗鸡、斗鸭等，几乎均与赌博有染。古代博戏盛行，甚至有的因此而得宠或招致杀身之祸，堪谓消闲赌命。据《史记》载："宋湣公与南宫长万博，争。公怒辱之，曰：'吾始敬若，今子鲁囚也。'长万病此言，遂以局杀湣公。"历史上这类事件不少。

三、丰富多彩的游艺娱乐活动

自古以来，中国到底有多少种游艺娱乐？恐怕是很难说得清的数目。古代泛称曲艺杂技为"百戏"，亦只是个虚指之数而已。

一部中国玩具史关于民间玩具的分类法，已经十分复杂。依性能分，有节令玩具、观赏玩具、音像玩具、益智玩具、健身玩具、实用玩具；依制作材料分，有泥、布、竹木、纸、金属、食品、陶瓷及多种材料的综合玩具数种；依艺术风格分，可分传统的、地方的和当代的；依使用对象分，又有低幼、少儿、成人和老人玩具。

玩具出自游艺需要，还有许多游艺娱乐不需玩具，如角力、远足之类，制造玩具的工艺类游艺使用的工具不应属于玩具。玩具分类且如此复杂，给古今游艺分类显然也就更不容易了。

为展示中国传统民间游艺的基本概貌，且就其内容、形式分作体育竞技、曲艺杂技、民间文学、智力游戏、歌舞戏曲、书画美术、鉴赏集藏、工艺制作、语言文字、动物趣斗、驯养观赏及猎捕游览，凡12种类型。

体育竞技类　以健身及对抗性竞技为主，如射箭、角力、技击、蹴鞠、竞渡、游水、马术、冰嬉、武术等。

民间文学类　以听、说、传、编等方式参与活动，如笑话、歌谣、谜语、谚语、打油诗、故事、传说、民歌等。

智力游戏　以参与为主，兼有观赏娱乐特点，如翻绳、九宫格、围棋、象棋、斗草、麻将、藏钩（猜物）、猜枚、拇战（划拳）、双陆、博戏、骰戏等。

歌舞戏曲类　或参与，或观赏，如龙舞、狮舞、灯舞、对歌、京剧、评剧，以及粤剧、沪剧、吉剧、黄梅戏、河北梆子、湖北渔鼓、吕剧、二人转等地方戏曲。

书画美术类　创作、观赏，如书法、篆刻、国画，以及指书、指画、剪纸、雕塑、竹雕、根雕、年画等。

鉴赏集藏类　藏书，藏书画、藏砚、藏金石碑版、藏名人器物及各类古董、工艺品，及收藏鉴赏于一体。

工艺制作　以操作为主，享创作、技艺创新之趣，如根雕、陶艺、漆艺、瓷艺、器物工艺等。

语言文学类　以汉语、汉字为游艺材料，如字谜、藏词、歇后语、回还诗、藏头诗、诗蛊等。

动物趣斗类　以驯兽禽虫竞斗为趣，如斗鸡、斗鸭、斗牛、斗鹌鹑、斗蟋蟀等。

驯养观赏类　如饲鸽、养狗、养猫、养鸟、养鱼、种植花草，以及赏月、赏雪、赏雨等。

猎捕游览类　如围猎、捕鸟、垂钓，踏青、野炊，以及游览名山大川、奇洞、寺庙，凭吊古迹等。

自古以来，中华民族就是一个多民族的聚合体。就是人口最多的汉族，也是由古代多民族融合而来。至今，除汉族外，仍有 50 多个少数民族共同生活在这个多民族的中华大地上。

在历史上，许多传统民间游艺出自汉族而外的少数民族。唐玄宗视为"八音之领袖"的羯鼓，是出自古代羯族的游艺乐器，其形若漆桶，以小牙床为鼓托，以两杖打击，乐音高烈急促，最宜演奏节拍急紧短促的乐曲。唐·张祜《邠娘羯鼓》诗称："新教邠娘羯鼓成，大酺初日最先呈。冬儿指向贞贞说，一曲乾鸣两杖轻。"又如所谓"冰嬉"，是清代作为满族传统的体育游艺活动流行开来，今存之《冰嬉图》生动地展现着清代宫廷冰嬉表演盛况，此前的有关史料则颇少。

现代中国的各个少数民族，都保留着各自民族的传统民间游艺娱乐活动。

流行于海南岛黎族地区的"呕芭莱"，即吹树叶口技，颇简单而奇妙。或用手将一片树叶按于下唇边，用上下唇张合吐气吹奏曲调；或是将树叶夹于两拇指之间，利用双唇吐气及两掌张合技巧吹奏。

"阿克乔劳木"即"扔棍子游戏"，或称"抢木棍"，流行于新疆克孜勒苏柯尔克孜自治州，是一种节庆、婚礼上的传统游艺。是日月光下，参加游戏者合作 7 人以上的两队，猜中裁判手中握物的一队优先扔木棍。棍长约 20—25 厘米。当小棍被用力扔到远处草地上之后，双方队员即赶紧寻找，以先找到并放回原处小圆圈者为胜，依此循环进行。最后，输队要用布蒙双眼，四肢着地捡回圆圈中的木棍。参加者多为青年男子。

贵州苗族游艺"爬坡竿"，是把一根约 10 米长的碗口粗圆滑长木竿竖立在场地上，竿顶挂着一块熟肉、一葫芦酒，上下竿均不得身体贴竿而以手脚交替攀附移动，而要头朝下上竿，下竿时头不着地并迅速站稳，是一种较量速度和技巧的游艺。据苗族流传的叙事长诗《爬竿的来历》说，这项游艺出自纪念苗族英雄孟子右。孟曾是领导奴隶起义的领袖，牺牲后，人们在其墓前竖立一根长木竿，竿上置酒肉以祭奠，久之则演变为爬竿活动。

此外，如蒙古族的摔跤、放走，云南阿昌族的"耍白象"，赫哲族的口衔琴，贵州侗族的"抬官人"，台湾高山族的杵乐，朝鲜族的荡秋千、顶瓦竞走，土族的轮子鞦，柯尔克孜族的"马上拉力"，彝族的"阿西跳月"，土家族的"鸡形拳"，广西京族的"顶棍"，云南瑶族的"抛花包"，等等。每个民族都有着自己多姿多彩的传统游艺娱乐活动，都是中华民族传统游艺民俗文化宝库中的璀璨瑰宝。

至现代，随着社会经济、文化和科技的发展，以及海外游艺、消闲娱乐形式的传入与影响，既丰富了中国的游艺娱乐，也促进了固有传统游艺的流变或更新。尤其是 20 世纪 80 年代以来，电视节目、音像制品、电子游戏、交际舞、卡拉 OK 演唱、电子琴、电子玩具等，成为风行一时的热门游艺娱乐。与此同时，也出现了利用传统文化开发新游艺的势态，如八卦牌、甲子牌、星宿牌等，是新知识与传统智慧相结合的产物，但尚未获广泛认同，故流行不广。不过，可以肯定，社会的进步总要促生许多适合现实生活需求和时代特点的新游艺。游艺作为一种生活民俗形态，也是要不断地扬弃和创新，否则便会脱离其赖以生存的根基。

四、游艺娱乐的审美情趣

《书·旅獒》云："玩人丧德，玩物丧志。"自此，"玩物丧志"
成了一条警戒世人的著名箴言，意思是"以器物戏弄则丧其志"，
要人们切莫沉溺于游艺而不能自拔。

如同赌博，玩物丧志也只是游艺娱乐活动一个消极的负面现象
而已。游艺娱乐之所以是人类生活不可缺少的一种基本内容，一种
本能，则在于它的积极功能，除调剂生活外，还可以陶冶人的性情，
即怡心养性，给人以美的享受。中外学术界探讨游艺起源的一个不
约而同的视点，是美学，也说明着这个问题。

德国哲学家格罗塞在《艺术的起源》中谈道："游戏是介乎实
际活动与审美活动之间的过渡形式。游戏和艺术的不同之处，就因
为它和实际活动一样，常常追求一种外在的目的，而游戏和实际活
动的区别，却因为它本身也含有愉快的情感因素……如果我们要一
目了然于实际活动、游戏活动和艺术活动的关系，我们可以一种简
单的方法来帮一点忙，就是用直线来表示实际活动，用曲线来表示
游戏，用圆圈来表示艺术。"其实，游艺或游戏不仅包含着许多艺
术形式、艺术内容，其本身亦可视为一种艺术。游艺娱乐之所以具
有艺术的魅力，便在于它给人以愉悦、快乐，以及法国哲学家阿兰
所说的"游戏娱乐的幸福和令人神往"。当人们非常投入地进行一
项自己所嗜好的游艺时悠然呈现的欢畅和童真状态，即一种十分难
得的美的境象。因为，"凡是游戏，都是从想象世界求得精神上的

满足。在这一点上，它与艺术所要求的定向活动是一致的"。所以，当听到爱因斯坦有感于儿童游戏心理机制的复杂、深奥而发感慨，"认识原子同认识儿童游戏相比，不过是儿戏"，也就无须惊诧、以为危言耸听了。

历代文艺作品中，都有许多从观赏角度描写游艺活动的诗文，当然也都要抒发作者的感受。这些感受，无疑也从观赏的视点揭示着这些游艺的美学效应、情趣。

唐明皇有次在勤政楼前大张伎乐，罗列百戏。当时教坊的戴竿伎王大娘戴百余尺高竿，竿上安放木山，状瀛洲、方丈，并让一童子持绛色旌节在神山进出、歌舞。当时，年仅10岁的神童刘晏是秘书正字官，对此惊险奇艺赞叹不已，贵妃命题"王大娘戴竿"让他写首诗，他即脱口抒发了自己的一时欢感："楼前百戏竞争新，唯有长竿妙入神。谁谓绮落翻有力，犹自嫌轻更著人。"这首诗即王大娘戴竿给予一个十岁童子的艺术美。今天，当我们读这首诗时，仍可获得这样的信息。

据《明皇杂录》载，唐玄宗每次赐宴设酺则御勤政楼，由太常出乐相娱，府县教坊便大陈山车旱船，寻橦、走索，丸剑、角抵、戏马、斗鸡。唐代诗人《观绳伎》诗，于生动地描绘当时走索游艺的同时，作者的愉悦、赞叹等感受亦融于字里行间了。请看：

> 秦陵遗乐何最珍，彩绳冉冉天仙人。
> 广场寒食风日好，百夫伐鼓锦臂新。
> 银画青绡抹云发，高处绮罗香更切。
> 重肩接力三四层，着履背行仍应节。
> 两边丸剑渐相迎，侧身交步何轻盈。

闪然欲落却收得，万人肉上寒毛生。

危机险势无不有，倒挂纤腰学垂柳。

下来一一芙蓉姿，粉薄细稀态转奇。

坐中还有沾巾者，曾见先皇初教时。

如此惊险、自如的演技场景，如何不紧扣观众心弦！一首《观绳伎》将其游艺伎美永驻人间。

口技又名口戏，为传统"百戏"一种。清初林嗣环在其诗集《秋声诗》自序中，欲借口技艺人之"善画声"来自诩诗作。然而，其诗却远莫如关于口技的淋漓尽致的描述文字流传广远，堪谓精妙文章。序中写道：

京中有善口技者。会宾客，大宴。于厅事之东北角，施八尺屏障，口技人坐屏障中，一桌、一椅、一扇、一抚尺而已。众宾团坐。少顷，但闻屏障中抚尺一下，满座寂然，无敢哗者。

遥闻深巷中犬吠，便有妇女人惊觉欠伸，其夫呓语。既而儿醒，大啼。夫亦醒，絮絮不止。当是时，妇手拍儿声，口中鸣声，儿含乳啼声，大儿初醒声，床声，夫叱大儿声，尿瓶中声，尿桶中声，一时齐发，众妙毕备。满坐宾客，无不伸颈，侧目，微笑，默叹，以为妙绝。

未几，夫齁声起，妇拍儿亦渐拍渐止。微闻有鼠作作索索，盆器倾侧，妇梦中咳嗽。宾客意少舒，稍稍正坐。

忽一人大呼"火起"，夫起大呼，妇亦起大呼。两儿齐哭。俄而百千人大呼，百千儿哭，百千犬吠。中间力拉崩倒之声，曳屋许许声，抢夺声，泼水声，凡所应有，无所不有。虽人有百手，手有百指，不能指其一端；人有百口，口有百舌，不能

名其一处也。于是宾客无不变色离席，奋袖出臂，两股战战，
几欲先走。

忽然，抚尺一下，群响毕绝。撤屏视之，一人、一桌、一
椅、一扇、一抚尺而已。

文中穿插的口技听众（宾客）的种种反应，如"无不伸颈，侧
目，微笑，默叹，以为妙绝"，"意少舒，稍稍正坐"，以及，"无不
变色离席，奋袖出臂，两股战战，几欲先走"，均生动、逼真展示
了口技表演的艺术效果。至于林氏以此"善画声"来自诩，则无疑
是从中获得的更高一层次的审美情趣。

游艺娱乐的审美情趣潜在于参与、操作和观赏之中，发现、揭
示这种种情趣，有助于分辨健康游艺与消极游艺，认识其优劣。

好的并受人喜爱的游艺，有益身心健康，有助于调解和丰富生
活乃至人生。

毫无审美情趣或审美价值的游艺娱乐是无聊的，非但不是一种
享乐，反而是一种烦恼、痛苦。

高雅的游艺陶冶健康的人性和情操，同时也展示充实的生活和
心灵。

对于一个民族、一个国家来说，游艺娱乐也是其社会文明程度
与历史的投影。

奇特的端午节"克仗斗石"民俗探析

——在东北某地的田野调查

在中国的东北境内某地,至今仍存在着一种每年于端午节例行进行械斗性节日民俗活动的陋俗——宝鞍山端午节械斗性"克仗斗石"民俗。按照当地方言,称这种械斗性的节日"斗石"活动为"克仗"。经考察,其突出的特点是:

第一,尽管这种"克仗斗石"民俗活动并非本地所特有的"土特产",但每年例行在端午节这天进行械斗性的"克仗斗石"活动,数十年、上百年屡禁不止、延续不断,而且打伤之后不记仇、不报复的情况,这在全国迄今仍是一个比较罕见、奇特的民俗事象个案。

第二,尽管宝鞍山端午节"克仗斗石"民俗活动中不存在民族纠纷、宗教纠纷、家族纠纷或村与村之间的纠纷,但这种"械斗"的发生地处于两市、两县、两乡和两村相邻的结合部的山上地方,不便于协调处置、治理,是长期难以获得有效整治的重要客观因素之一。

第三,这种原本娱乐性的"斗石"活动,已经从本来是发生在一个村庄之内的内部娱乐活动,发展到两个邻村之间的活动,并于近年来进而发展到了附近村庄、邻近城镇乃至大都市的人都赶来参与的大型活动，已经往往多达一两万人之众。由于势态、规模的不断扩大，尽管对当地的生产、生活带来了一定的负面影响，但当地许多居民对此表现得并不十分反感，似乎还以此作为"一景儿"来炫耀，津津乐道，一些人乐得一年一度地"看热闹"。

第四，由于以往仅有的一两次媒体报道都造成了一定的扩大势态影响的负面作用，在当地党政机关已经成了一个极力回避的敏感话题。同时也由于这种械斗性的"斗石"活动是一年一度地发生，平时风平浪静、无声无息，因而以往的防控往往是一年推一年，未从根本整治上着眼，有关方面每年都处于疲于临时应付状态。

一、宝鞍山械斗性的"克仗斗石"陋俗的地理历史背景

宝鞍山和望宝山，是当地两座寻常的小山丘，两座山头。其中，一座形若马鞍的宝鞍山位于荣王屯村西南约 1 公里处；整个山体长约两公里，山脊为南北走向，海拔 159.7 米。另座望宝山在当地又称"王八盖子山"，位于芳台窝堡村西北 0.5 公里；山体呈椭圆形，原为古代的墩台和哨卡，一道古边墙的遗迹在山脚下向东西伸展。两山之间以宽约 20 米的自然形成的沟冲为界。

宝鞍山的山坡上，到处都是"飞来石"，有的地方一平方米竟达 21 块之多，这些石头在这一天里要被来回扔几十次，甚至上百次。石头被一代人又一代人扔来扔去，当地传说有了灵气。时间一久，便使"克仗斗石"活动笼罩上许多神秘色彩。

坐落在宝鞍山两侧的荣王屯和芳台窝堡村，是分别隶属于相邻

接壤的两个市、县和乡镇的邻村。两村相距大约 1.5 公里。

荣王屯村居住着 400 多户汉、满、蒙古族村民，现有村民 1100 多人，其中蒙古族人口约占五分之一，满族人口约占四分之一，其余则为汉族人口。

芳台窝堡村居住着 500 多户汉、满族村民，现有村民 1500 多人，其中满、汉族人口大约各占一半。

多年来，两村的各族村民一直和睦相处，可谓精诚团结，相扶、相帮。其间，各种互亲、互救的事例层出不穷。例如，至今仍为各族村民传为美谈的段老先生，为保护村民平安而不顾个人安危挺身与扰民的兵匪周旋、应酬，化险为夷；吴老大夫治病不问贫富，等等。尽管他们有的已经过世，但仍然留存在两村村民的口碑之中。

两村所属的两县一直以从两村中间穿过的柳条边墙为界，可两村并未严格地以地图上的界线作为村界。由于一些历史上延续下来的原因，芳台窝堡村很多耕地在荣王屯村区域内，甚至有的地一直种到荣王屯村村民的门前。宝鞍山虽在荣王屯村地域境内，但芳台窝堡村的牛羊与荣王屯村的牲畜也同在一山放牧。

两个村屯鸡犬之声相闻，炊烟互望，村路相接，村民互识，而且还多有亲戚关系。然而，当到了端午节"克仗斗石"这天，可就不分民族、不论亲疏远近了，你只要是站在那个山坡的"克仗斗石"人群之中，就是亲爹走错站到了对方的人群里，也免不得被"克"。当地方言，"克"也就是打。

许多年来，"克仗斗石"通常都首先是在早晨由一些十二三岁的男孩子们到山上相互"叫阵"，一边"叫阵"一边扔石头玩儿。大约到了 10 点钟之后，再由年纪稍长一些的小伙子们陆续把他们换下阵来，开始正式"克仗斗石"，实际上就像东北"二人转"的

"小帽儿"似的，仅仅才是下午正式"克仗斗石"的"预演"和序曲。约莫到了 11 点左右靠近晌午时分了，双方就会自动停"克"，各自回村吃过节饭。直到午后大约两点以后，几乎全村便都停犁、挂锄，连一些小商业门店也都关了门，纷纷上山去。两村通往山上的各条小路，男女老少络绎不绝，有兴冲冲去参加"克仗斗石"的，更多的则是去为本村一方"站脚助阵"和看热闹的。在接近两山的冲沟时，人流自行分成两支：一支是小伙子们，顺山坡走向冲沟边，开始对阵"克仗斗石"；另一支则是年长者和妇女们，顺山坡登上山顶"站脚助阵"和看热闹。"克仗斗石"已成为居住在这里的人们世世代代相传的端午节民间节日生活的一个组成部分。

起初的"克仗斗石"只是两村村民以石为兵，相互攻占对方的山头，如不尽兴，双方商量再拉开一定距离，开始再一轮的"克仗斗石"，如果万一"被俘"了，就被多人拉起四肢在山顶上"蹾屁股墩儿"，大家一阵戏谑、哄笑之后散去。当地把用来"克仗斗石"的石头称作"镖""飞镖"。"克仗斗石"的双方都有自己最能"克"的"镖头"。"镖头"往往技术好，冲在最前面，掷出去的"镖"嗡嗡作响。这时，年龄稍长的男子和一些年轻妇女还积极给"前线"运送"克仗斗石"用的石块。前呼后拥的人群随着"克仗斗石"队伍的进退而进退，或是忽左忽右地涌动。通常情况下，大约到下午 4 至 5 点钟左右，形成"克仗斗石"的高潮，然后自行结束。山沟间有一眼泉水，控制了泉眼的一方，也就得到了饮水和稍事休息的机会。汗流浃背的"克仗斗石"者，便可俯身去饮泉水。在宝鞍山南坡和望宝山北坡，一时间，乱石横飞，铺天盖地，稍有躲闪不及，就难免头破血流。

数十年来，村民们有被"克"伤、"克"残的，但还没有"克"

死过一个人。被"克"伤残的村民无怨、无悔也无恨，从不记仇、不报复，也不报官、索赔。"克仗斗石"的第二天，两村的村民往来如常，亲热如故，一切又都恢复了往日的平静生活，就像任何事情都没有发生过似的。

这一"克仗斗石"活动，很长一段历史时期只限于芳台窝堡村本村范围，荣王屯村参与得比较晚。这里最初只是仅有几户人家的小村子，地域广，人口少。到距今一百多年前，芳台窝堡村一带满、汉居民越过边墙，逐渐北迁，才出现了新的村落，即汉译所称的荣王屯村。"克仗斗石"由本村村民间的端午娱乐活动，逐渐地演变成两村之间的竞斗性、械斗性"玩玩"了。再后来，影响逐渐扩大，附近十里八村的"好事者"们，也纷纷赶来"凑热闹"；先是在一边看热闹，后来便不由自主地也纷纷参与到两方中间去了。互不相识的青年人本来是"观阵"凑热闹的，站在哪边就帮哪边"克"，进入"克仗斗石"现场便可相互间称兄道弟一见如故。用东北方言说，就好像都"自来熟儿"似的。于是，逐渐的，本地端午节这天"克仗斗石"的人群越来越壮大。近数年来，已经形成少则云集几千，多则上万人的庞大局面。远处的，方圆数百里的，甚至还有从沈阳、锦州等大都市开着车来的。届时，还有许多卖食品、杂货的商贩像"赶大集"似的赶来抢"商机"。

每到端午节前夕，两村家家户户的庭院大都停满了自行车、摩托车等交通工具。各家的火炕上坐着的亲戚朋友，很多都是提前赶来，既是探亲访友，又正好观看或是借便参与"克仗斗石"的。也就是说，端午节前夕家家户户的谈笑声，碰酒杯声，业已奏响了"克仗斗石"的"前奏曲"。

本地这种奇特的端午节"克仗斗石"民俗始于何时，并未见地方史志等文献记载。在调查访谈中，有的村民说，他如今已90多岁的奶奶从打记事儿起，就经历过这事儿；少说，也该有100多年历史了。还有的说，在本地，已经是延续300多年的过端午节习俗了。据两村七八十岁的老者们回忆，从"老满清"、伪满洲国、国民党和共产党拉锯，从土改、合作化、"文化大革命"，一直到现在，除了1960年和1961年人们饿得抬不起脑袋时才暂停了两年。还有两次因初五这天下雨而顺延到初六"克"的，那是1989年和1996年的两个端午节。除此而外，这里的"克仗斗石"从来就没有停止过。

二、宝鞍山械斗性的"克仗斗石"陋俗的现状和发展态势分析

近些年来，"克仗斗石"发生了很大变化，已远远超出了当地人说的"玩玩"的初衷，参与者已远非两村的村民。甚至，所用的"玩具"也逐渐更新换代或升级。20世纪70年代，开始发现有个别人用上了棒子；80年代时，已有身带管制刀具的"克仗斗石"者了；90年代，又升级为火药枪和高压气枪也出现在"克仗斗石"的人群中。恶战似的"克仗斗石"越来越激烈，往往造成双方伤残，其他损失也越来越严重。就这样，原本的一种地方性、"局域性"，小范围、小群体的，并无负面影响的节日娱乐民俗便逐渐演变成为一种有碍社会秩序的、具有负面影响的陋俗、恶俗。

从当地一位原市政法委领导同志的调查报告得知，"文革"期间，当地曾有人抬着毛主席像，举着毛主席语录牌，打着红旗，列

队于两山之间，试图以此来阻止双方例行的"克仗斗石"。结果在双方的飞石乱击之下，不得不喊着"下定决心，不怕牺牲"的口号，护卫着毛主席画像撤下山去。

1990年端午节，荣王屯村方面在"克仗斗石"中被"克败"，一个来自外地参与芳台窝堡村方面的青年，手持猎枪边追边放。结果，被追赶的人群中有人的嘴角被流弹打裂，有人的臀部中了弹，一直追到荣王屯村的西街。被"克败"的荣王屯村方面，不但参与"克仗"和看热闹的人都往回撤，山上散放的牲畜也都跟着往回跑。有一户农家的毛驴被惊呆了，主人把棒子打断了，驴仍在原地叫着绕着原地直打转转儿。直到后来驴的主人打碎了一只汽水瓶子，用玻璃瓶渣子扎破了驴屁股，那毛驴才清醒过来，跑回了村子。

1991年的端午节"克仗斗石"时，荣王屯村前街村民朱某，头带一只"柳罐斗"（一种柳条编的安全帽）冲在最前面，结果被芳台窝堡村方面掷来的石块打碎了"柳罐斗"，伤了头部，多年来经常"抽疯"，一"抽疯"就得用双手扶住双眼，否则两个眼球就会掉出来。经沈阳等地医院检查诊断，说是由于脑中淤血压迫神经引起的症状。然而，当近几年他这症状有了好转之后，每逢端午节仍要上山去观看那一年一度的"克仗斗石"，兴趣不减当年。

1992年，芳台窝堡村方参与"克仗斗石"的牛蹄洼村郜姓村民两兄弟，被荣王屯村方围住打倒，在他头部周围所掷过来的石块就有两土篮子。芳台窝堡村的村民宋某被棒子打坏了肝脏，自己花了七八千元才保了性命。

1993年端午节"克仗斗石"过程中，荣王屯村方面克败了芳台窝堡村方面，芳台窝堡村方面有三辆自行车未来得及撤走，结果就被荣王屯村方面给砸碎了，并在把车体分解之后又拿到山顶上给扔下来。

1994 年端午节"克仗斗石"时，芳台窝堡村宋姓村民父子四人，拿着铁锹、大镐冲进荣王屯村方面，把一个人的头打破了，血如泉涌，荣王屯村方面乃群起而攻之，一顿猛打把这父子四人打得有三人住进了医院。

根据以往的实地现场摄像资料、有关人员的现场观察，以及当地村民上访投诉和实地的调查访谈得知：

> 一旦克败，全线崩溃，不论男女老幼，统统慌不择路，有人失足从山上直滚下来，卖小吃的、照相的，也要紧急收摊，快速撤离。兵败如山倒，附近的庄稼成片被撤退的人们踩倒。不仅如此，近几年，"克仗斗石"出现了一个怪现象——拔青苗。在"克仗"的进退中，有的人把中指和食指叉开，形成一个"V"字，国际通行用以表示胜利，但在这里变成了毁青苗的动作。这时的季节是豆苗和花生苗的双子叶刚刚出土，加上几片嫩叶也只有一寸多高，把叉开的两指往幼苗上一卡，顺垄一路小跑，所过之处，小苗一律根朝天。青苗是农家人的血汗结晶，是一年衣食的希望，无辜的秧苗，变成了"克仗"的牺牲品，令人痛心疾首。有人上书省府，要求制止"克仗"，并对毁青苗行为进行严厉整治。

因而，当地的省和市、县政府决定，要对这一已经转化为群体械斗性活动，严重危害社会秩序的节日陋俗，采取措施予以治理。

1995 年的端午节，当地两县政府投入了大量警力，力图制止一年一度的"克仗斗石"。一位警员站到"两阵"的中间，在制止"克仗斗石"中与荣王屯村方面的村民发生口角，随之乱石加身，正欲后撤，又遭来自芳台窝堡村方面飞来的石头，最后竟然用枪护着头部脱离双方"克仗斗石"的中心地带。警方在未接到进一步行动指示的情况下，也只好开着前来"示警"的警车紧急撤离了"克仗斗石"的"交战现场"。

就在这一年的端午节"克仗斗石"中，荣王屯村村民李某小腿被石头打断，芳台窝堡方乘势追击，荣王屯村方由膀大腰圆的阮某背着李宝良往回撤，边撤边喊："顶住！顶住！"在上百人的护卫下好歹算是撤下阵来。众人一看"战友"受伤，群情激奋，又返身"克"了回去。一鼓作气地一直攻到芳台窝堡村街里，砸了后街村民宋某家的门窗玻璃，喝干了他家一大水缸的水。后进屋找水喝的人，一看缸里的水已经喝干了，一怒之下便用石头把那大水缸砸碎了。同时，还有人一把火点着后街的柴草垛。

1996年端午节前，结合当时正在开展的"严打斗争"，两地的乡镇政府加大了整治端午节"克仗斗石"陋俗的宣传力度，乡镇政府通过乡镇广播站进行"严禁端午节期间登山械斗"的广泛宣传，乡镇政府和公安派出所在两村的各个街道张贴了600多份油印和用毛笔书写的公告。不想，许多公告不知被谁在什么时候给扯成了碎片，墙上残留的纸片上的文字，已经不能连成句。六月十九日即这年端午节前一天上午，新贴在通往望宝山和宝鞍山必经的路口某村民家外墙上的一张用毛笔书写的公告糨糊还未干，一场雷雨很快就把公告冲刷干净。借此，当地就有人传说，咱这里从没有"打冤家"的说法，都玩了一千多年了，没听说过"打冤家"这个说法。芳台窝堡村某位村干部的老母亲说得更干脆："我们忙活一大年，就这么一天热闹热闹，政府管这事儿干啥！"

这年的端午节，从前一天开始下雨，端午节这天又下了一天雨，于是，一年一度例行的"克仗斗石"也不得不告暂停。不过，次日亦即五月初六的上午 7 点多钟，作为"克仗斗石"的"古战场"的宝鞍山和望宝山，就开始陆续聚集了许多人。荣王屯村有个青年人在两山间的冲沟旁跺着脚喊："昨天一宿没睡觉，憋坏了，今天非克不行！"一位姓包的老者说："我都是要死的人了，看了'克仗'好到阴曹地府去汇报。"结果，人们不顾公告上的"严禁"又"克"了起来。由于当地政府有关部门的预先工作，加上警方的介入，以及雨后山道、村路泥泞难行，参与"克仗斗石"的人仅仅是两村和附近邻村的村民，几乎没有外地人，因而规模比较小。尽管规模比较小一些，也仍然多达 5000 多人。"克"到傍晚时分时，荣王屯村方面有一位村民被芳台窝堡村方面"俘虏"去了，警方的一台警车在维持秩序过程中还挨了多次石击。

据了解，为了革除"克仗斗石"的旧俗，多年来，当地的乡、村基层政府组织曾经想了很多办法。合作化时期，两村的党组织经过商量，决定在端午节这天举办两村的篮球友谊赛。不曾想，双方队员在比赛中彼此竟然都说："还是少打两场吧，晚上还得克仗呢。"果不其然，球赛过后，晚上的"克仗斗石"仍照样进行。

据笔者一行 2001 年端午节期间亲赴宝鞍山当地实地考察时，在警方设在村里的指挥部得知，为制止这一陋俗的延续发生，两边的政府都预先就进行了预防的工作，如都事先发了通告，将上山"克仗斗石"明确视为违法行为。这一年端午节期间，仅是当地两市、县中的一方，就连续 3 天每日出动机关干部和警力 400 多人，70 多台车辆，分布在十数个路口、要道进行戒严、布控。尽管如此，端午节当天的上午，两边仍然聚集了近两万人。其中，有许多是例行特意前来看热闹的，当然也不排除有专门前来参与"克仗

石"的。其间，发生了一些小的冲突。有的小青年儿借着酒气，与
戒严的警察发生了冲突，当场抓了7个人，镇住了。有二三十人迂
回到南坡上要"克仗"，规模非常小，被警察撵下去，还往上上，
又撵下去，再往上上，反复有十来个回合。在荣王屯村访谈时，一
位张姓年轻村民告诉笔者说，"如果不制止，明年还得打。（每年）
就像过节似的，比春节还热闹。打到黑（天）拉倒（结束）。（到时
候）山上卖啥的都有，可热闹了"。①

宝鞍山"打仇家"似的"克仗斗石"陋俗的现状和发展态势说
明，这种陋俗已经在当地愈演愈烈。目前，业已不单单是当地两个
村子之间的那种民俗节日的娱乐性活动，已经成为扩散到周边众多
城乡人员参与的定期性、械斗性陋俗。而且，参与人员的成分、动
机、心理愈来愈复杂，愈来愈难以遏制，业已成为影响当地社会正
常生活和社会稳定、社会治安的一大隐患。如若一旦掺入当地或周
边城乡的其他社会不稳定因素，就极有可能形成直接关系社会稳定
的突发性事件。事实说明，宝鞍山端午节械斗性"克仗斗石"陋俗
的现状和发展态势已经发展到了不容忽视、亟待专项整治的时候。

三、中国古今相关民俗的历史背景及其启示

其一，古代"斗石"之类竞技游艺民俗的遗风。

"斗石"又称"掷石相斗"，是源于古代驱疫辟邪迷信的一种民
间竞技游艺民俗。据说，"俗信此举可驱逐疫鬼。在斗石中如有掷
伤出血者，家人反而欢喜，俗谓可终年无灾无病。以后发展到地区

---

① 本次实地调查，有梁启东研究员、王新副研究员等同行。

性的对抗，以异姓或不同地区的人进行相斗，规模大的常有上百人参加，并且由宗族出钱雇人搬运石头，相斗结果，往往造成重大伤亡。现已完全绝迹"。① 这种情形，即如我们在宝鞍山实地调查所知，认为那山上的石头"有灵气"，一不留神被石头击中出点儿血，"见了红"，则被视为可以驱逐疫鬼的吉利事儿。因而，人们趋之若鹜，即或有被"克"伤、"克"残的，也是毫无怨言，不记仇、不报复，也不报官、不索赔。由于是一种在驱逐疫鬼祈祥民俗心理驱使下的娱乐游戏，并非刻意攻击对方的对抗性生死战斗，所以，数十年来从没有"克"死过一个人。

像这样的节日"斗石"民间竞技游艺民俗，曾广泛流行于我国的福建、台湾等地。据清·陈盛韶《问俗录》卷三《仙游县·斗石》记载："元旦日，两村相率斗石为戏，起自幼童，厥后父兄俱至。始不过十余人，后乃数百人。有成伤者、血出者，捧头而走。异而归。妇子嘻嘻欢笑盈庭，曰：'庶几终年无灾病矣。'此风文贤里最盛。历年已久，未闻命案，斗案亦鲜。血去惕出，是之谓欤？然惟石累累，致良田变为石田，奈何弗禁？"其情形，与宝鞍山这里的端午节"克仗斗石"民俗十分相近。

又据记载，广东东莞地区，旧时也曾经流行过这种"克仗斗石"的民俗。②

东莞大朗长塘村与巷头、巷尾、求富路村有掷石头架的传统习俗。自明朝以来，每年从年初一到十五这个时间都要进行

---

①《中国风俗辞典·斗石》，上海辞书出版社 1990 年 1 月版。
②作者叶沃韩、张磊。见刘志文主编《广东民俗大观》上卷《宗教信仰·掷石头架》第 847 页，广东旅游出版社 1993 年 12 月版。

掷石头比武活动。人们认为举行这种活动就可以得到神明庇佑，消灾得福，添丁发财。

掷石头架，先由一班小童开始，然后青壮年参战，越掷人越多，数百人摆开长蛇阵，互相拼搏，甲方冲过来，乙方冲过去，彼此反复"冲杀"，比眼力、比智力、比气力。在"战斗"期间，老年男女在村中街头巷尾拾砖头泥块，挑到田头供作战斗的"弹药"。来自邻乡的群众，虽有不幸被掷得头破血流者，却从不动刀枪，掷完石头架后，各村和好如初，彼此在大朗圩市上买卖或在茶楼品茗，有说有笑，绝无敌意。传说哪一年石头架掷得越热闹、越激烈，那一年村民就越添丁发财。此俗至解放后停止。

地处东北的宝鞍山与位于东南沿海的仙游、东莞两地相距数千里之遥，而"克仗斗石"民俗活动在游艺形式、时间和民俗心理诸方面竟然都如此近似，实在是令人惊奇的"不谋而合"。凡此，足见这一游艺民俗流行地域之广泛，或说流行地域跨度之大。

应予指出的是，尽管这种民俗属于民间游艺性质，又带有某种良好祈愿的民俗心理，究其活动形式，不能不说带有比较原始的、野蛮的色彩，是一种极可能转化为群体械斗的野蛮性的游戏。宝鞍山端午节"克仗斗石"民俗发展的现状和趋势，业已显示了这种由"良俗"转化为"陋俗"或"恶俗"的"可能"的现实性。

其二，古来传统习惯法与"械斗"恶俗的遗风。

械斗，又称"打冤家""打仇家"，是旧时一些村落之间为解决民间纠纷或者是复仇，在缺乏公认的法则或共同认可的仲裁方式时所采取的通过械斗解决问题的方式，是一种野蛮的陋俗、恶俗。客观而言，这在东北地区，还是比较少见的现象。而且，不仅在东北地区有过，事实上在全国很多地区，特别是一些少数民族地区，都存在或是都曾经存在过这种陋俗，在有些偏远、落后的地区甚至还比较普遍存在。

曾有人指出，[①] "械斗是中国古代乡里生活中的一种恶习陋俗。它不是一般意义上个别人的持械相斗，也不是乌合之众的打群架，而是同居一乡一里或者散处各乡里的异姓家族之间因种种纠纷发生争斗，在得不到满意的解决的情况下，继而诉诸武力，聚众决定胜负的武装战争。这种发生在乡里的武装冲突与封建家族关系密切，故称乡族械斗"。据调查，直至 20 世纪 70 年代之前，我国个别偏远少数民族地区还存在着这种现象。

《中国歌谣资料》中收录的一首"苗歌"，把年轻男子"不怕打冤家"视为"英勇的行为"，就反映着旧时这种通过械斗解决纠纷的旧习惯法的遗迹。歌中唱道：

> 月下踏歌头上花，插柳避人为爱他。
>
> 固麦呵交寻常事，我郎不怕打冤家。
>
> （原注：固麦：吃饭。呵交：饮酒。）

在著名的近代历史文献《清稗类钞》中，就记载了数例各地"打冤家"的陋俗现象，例如：

> 《清稗类钞·风俗类·乐平械斗》："乐平属江西，人皆剽悍，辄以鸡豚细故，各纠党以械斗，而东南两乡为尤甚。其俗凡产

---

① 雷家宏《中国古代的乡里生活》第 79 页，商务印书馆国际有限公司 1997 年 7 月版。

一男丁，须献铁十斤或二十斤于宗祠，为制造军械之用。戚友之与汤饼会者，亦以铁三斤投赠。以故族愈强者，则军械巨炮愈多，惟用硝磺铁弹，无新式之火药弹丸耳。"

《清稗类钞·风俗类·闽广以人为鸟》："闽、广之人好械斗。未斗之先，尝雇人于他村，使为助，名曰鸟。先事立约，其约文云：'某某承雇某村鸟一百只，鸟粮每只日三百文，听天无悔。'盖讳死为飞也。斗时以鸟充前敌，虽杀伤不惜。"

《清稗类钞·风俗类·粤人有七好》："粤人有七好：好名，好官爵，好货财，好祈祷，好蓄妾，好多男，好械斗。"

《清稗类钞·风俗类·粤人好斗》：粤人性刚好斗，负气轻生，稍不相能，动辄斗杀，非调（原作"条"）教所能禁，口舌所能谕，尝有千百成群聚众械斗巨案。

究其来源，应当说是古代民间传统的习惯法中的野蛮遗风。在没有建立现代文明制度的时代，人们把它作为一种类似于"决斗"形式的解决纠纷的唯一手段，是一种貌似"公正"的习惯方式。

在今广东连南瑶族自治县等地，这钟"械斗"陋俗叫作"搞是非"，是一种聚众持器械进行格斗的活动。"该地在排（村）内各姓和各排之间往往因纠纷而械斗，故称。分排内与排外两种：前者要召开大会，约定械斗的时间、地点，并对误伤不参加械斗的第三者的赔偿做出规定。械斗一般都在白天内男子进行。男性不论老少均属杀戮对象。妇女不受侵犯，田间生产由妇女负责。直至双方伤亡过重，才由第三者老人调停和解，有持续一二年之久的。后者规模更大，往往采取突然袭击手段，封锁道路，截断水源，影响生产很大。械斗时，双方互相捉俘虏，械斗调停时，对等交换俘虏后，剩下的俘虏要以每人 36 块银圆的赎金赎回，被打死的无需赔偿命金。
此种排（村）际械斗往往延长到半年或八、九年之久。直至双方筋
疲力尽时为止。谈妥调停条件后，双方杀鸡饮血洒，言归于好，才
恢复常态"。①

旧时在四川凉山等地的彝族地区，这种"打冤家"械斗，大多
发生在奴隶主阶级（黑彝）之间。他们为了掠夺奴隶、牲畜和财
物，侵占土地，黑彝家支间或家支内部经常发生这类带有明显的血
族复仇色彩的械斗，其结果往往造成生产的严重破坏，人口的大量
伤亡。②

按照有关的民俗规约和民间习惯法，械斗中，往往不得伤害妇
女，妇女是观战者；至于男性则不论老幼，一律都是攻击的对象。
械斗结束，双方还要根据伤亡情况，达到对等为止，并交换或赎买
俘虏。

在广东的潮汕地区，曾经流行一种被民间称作"逆缘婚"的民
俗。在当地，这是一种同民间婚俗有关的"打冤家"民俗，同时也
是同婚俗相关、由于婚姻纠纷引起的"打冤家"旧俗。据介绍：

> 旧社会，媳妇跟丈夫或翁姑叔嫂因口角而动武，媳妇娘家
> 闻知，一般是来了解原因，讲情理，劝和解，认为这是女儿家
> 的"内政"，不能过多干涉。若是被打伤残，致死或自杀，娘
> 家便兴师问罪。若娘家是大族有钱有势者，将大动干戈，抄家
> 毁舍，索财赔命，叫打冤家。男家若是亏理，这种抄打，也得
> 人家同情；若是各有是非，双方常请公亲调解；若是女方无理，

---

①《中国风俗辞典》，上海辞书出版社 1990 年 1 月版。
②《中国风俗辞典》，上海辞书出版社 1990 年 1 月版。

因受伤残致倒人命，也多由公亲调理，务使双方面好过。若女方是"不明死"者（如因房事等"不知何因"而死者），在男方通报岳父母家后，娘家则先由家人亲属在探明原因后再定对策。来者常是女方母亲、兄弟、姐妹及一些强脚硬手，嘴尖舌利的亲邻。以利实施"文武之道"，为妇儿出气申冤，也讨个脸面。

即或是在旧社会，潮汕地区的这种"打冤家"，也是要想方设法进行化解的。据介绍：

> 在南澳县有这样的风俗——如果女婿家态度诚恳，女婿奉茶跪接岳母，如实述明妻子死因，岳母和悦改颜，口称"顺顺"等吉祥话，这桩命案就有可望和解。此时，女婿又再奉茶敬妻舅，即使妻舅怒气冲冲，将茶盘打翻，甚至打破碗盅，而口命"发家发福"等吉祥话，这桩命案也就十成可了结。女婿同样敬茶与妻姨，即使姨子哭哭闹闹，翻箱倒囊，将亡姐衣物打成包袱带走，也只是做个"兴师问罪"的脸子，并非真要结成冤家。再如岳母家有个未出阁的小姨子此日没有同岳母同来，还有可能促成一门逆缘婚。娘家往往考虑到女儿致死，非是女婿家恶意，而外孙们缺人抚养，就会改日带同小姨子上门来见姐夫，姐夫又有意娶之为妻，便由父母出面接待，在红色茶盘上放金耳环、金戒指各一对，捧至小姨子跟前，并双双跪下，小姨子若是捡起金耳环，就是愿意顶替姐姐之职，嫁与姐夫为"接枝"，这就是"逆缘婚"。①

---

① 见《潮网·潮汕民俗》。

20 世纪 50 年代初，著名作家马烽写过一篇小说，名字就叫作《村仇》①，描写的是由两个村子在旧时合伙开了一条水渠，但由于恶霸的从中挑拨，因为用水问题的纠纷长期结仇，不时地发生"打仇家"械斗。

需要指出的是，历代民间发生"打冤家"事件，其中都存在各种具体的背景和复杂的因素。甚至，往往被别有用心的人所利用。结果很可能就像那句古老的成语说的，"鹬蚌相争，渔翁得利"。被他人钻了空子，受害的总是无辜群众。例如，现代作家高云览的小说《小城春秋》第一章里所描写的那样："两族的头子都是世袭的地主豪绅，利用乡民迷信风水，故以扩大纠纷，挑起械斗。"

四、关于专项治理宝鞍山"克仗斗石"陋俗对策的初步思考

1. 一点基本看法。在现代，已经进入 21 世纪现代文明社会，"打冤家"陋俗已经同现代法制和现代文明的社会制度完全相悖。已经从一种古代愚昧野蛮时代的习惯法形式的陋俗，彻底演变成了与现代法制文明不能相容的恶俗，性质已经发生了质的变化。至少，可以说是有悖现代法制文明的社会失范行为。后果严重的，应当追究有关责任人所触犯法律的刑事责任。延续了多年的宝鞍山"克仗斗石"（打仇家）习俗，有来自方方面面的维系力量，这一习俗的存在，无论历史上还是现实中，在当地人们生活中有着特殊的地位和作用，强行禁止或革除是极其困难的。只能因势利导，移风易俗，

---

① 通俗读物出版社 1956 年 2 月出版。

为古老的"克仗斗石"传统习俗注入新的文明之风。同时还可以考虑利用"克仗斗石"这一独特的历史人文景观，开发当地的旅游资源，为改变山村面貌，发展地区经济服务。专项治理宝鞍山克仗陋俗，是维护本地社会稳定和精神文明建设的需要。这一专项治理目标如若如期顺利实现，也将会成为本省社会治安综合治理和精神文明建设等方面的工作的一项有影响的经验性成果。对于当地而言，还是"化害为利"的一个重要的契机。如果是一旦发生了"打冤家"之类的械斗，就应当及时揭露事实真相，团结大多数无辜受骗上当和受害者，破除狭隘的小群体观念，以大局为重，不偏不倚地、十分公正地依法严肃处理，打击那些少数恶意制造纠纷、挑动械斗的骨干分子。

2. 运用民俗学科学地处理民俗问题。应由民俗学等专家组成的专项课题组提供相应的可行性方案，尽可能地淡化其负面影响，从而为尽早妥善解决这一有碍社会稳定和社会风化的现象创造必要的、相宜的社会环境。要在相关地区，有针对性地强化社会公德教育和法制教育，积极采取预防措施，有针对性地从根本上化解和消除具体的纠纷和矛盾。要帮助人们"辨风正俗"和"移风易俗"，化害为利。决不能因为说那是一种古老的民俗，就应当保留或者是维护和姑息。就此而言，全社会都应有个清醒的认识。

民俗是一种具有"超稳定性"和传承性的社会文化。民俗学既是一门基础性学科，相对而言，也是一门具有很强应用性的科学。几乎每个人每一天、每一时都毫无例外地生活在一定的民俗文化传统之中。倡导健康民俗，摒弃各种陋俗、恶俗，移风易俗，前提是必须"辨风正俗"。民俗学是民众的学问，是社会的学问，本应回报给民众、全力为社会服务。不仅要关注过去的民俗传统，准确地描述其状况，更重要的是需要分析论证其为什么那样，探讨其作用于社会生活的生成、传承的功能机制和发展走向规律，乃至如何辨风正俗、移风易俗，充分发挥其在社会生活中的积极、有效的制衡调控功能，遏制、打击各种陋俗和恶俗。科学地通过"辨风正俗"来不断地"移风易俗"，推进文明进程，这是社会文明进程的永恒需要，是国家和地方政府在经济建设与精神文明建设中应予切实高度重视的事情，也是民俗学家们的首要社会责任。

应当看到，一种旧习俗的消亡，不是一朝一夕的事情。要因势利导，在有可能的情况下，或者是积极创造条件，化陋俗、恶俗为良俗。例如，在有条件的地区，也可以把"打冤家"这个陋俗，用作一种反映古代民俗遗存的表演性质的仪式，转化为民俗旅游活动中的一个项目，实现这一文化现象的"符号转换"，未尝不可以化害为利。或者，用一些比较安全、健康而又有趣的竞技性游艺活动作为替代，进行表演，展示传统民俗风貌。即如当地一位政协干部在一份建议中谈到的，"绵延 2000 多年的'斗石'习俗，有来自方方面面的维系力量，这一习俗的存在，无论历史上还是现实中，在当地人们生活中有着特殊的地位和作用，强行禁止或革除是极其困难的。只能因势利导，辟以新径，保留其形式，改革其方法，由当地群众和有关部门制定严格的规章和切实可行的制度，将古老的'斗石'传统习俗注入新的文明之风。充分利用'斗石'这一独特的历史人文景观，开发当地的旅游资源，为改变山村面貌，发展地区经济服务"。

3. 宝鞍山克仗陋俗近年来愈演愈烈，尽管省和当地有关方面每年都做了许多防控工作，但仍然处于稍有松懈便极可能失控的状况。尤其是，如若同当地和周边地区的其他不安定因素一旦结合起来，难免发生难以预见的群体性大面积的重大突发事件。因而，已经面临非根治不可的情势。可由省有关部门主持（牵头），组成由所在两市相关部门人员参加的"专项治理宝鞍山克仗陋俗领导小组"，形成从省、市、县、乡直至村的"五级一体"的专门指挥系统，立即制定并启动应急措施；从现在开始就"抓住时机，切换形象，化害为利，逼恶从良"，持续工作，力争三年内基本解决问题。

元夕月轮照碧空 大千人入水晶宫

——元夕冰雪灯会、"冰雪节"的冰灯民俗及其艺术探微

近年来，每当新年春节之际，中国的北方乃至西北和南方一些地区都纷纷刮起以观赏冰灯、冰雕和雪雕为主要活动内容的"冰雪节"之类的冬季旅游文化风暴。个中的主打活动，主要还是元夕的冰雪灯会。依照大自然的安排，"天时地利"似乎成就了地处中国版图北端的黑龙江理所当然地成为"冰雪节"的大牌所在。于是乎，哈尔滨"冰雪节"成了闻名全球的国际性冬季旅游文化品牌，哈尔滨也享有"冰灯之城"的美誉。

有关冰灯的"民间解读"

通常，对一件事物的解说，首先是以历史文献等"主流话语"切入，先入为主。那么，有关"冰雪节"的冰灯艺术及其工艺，基于它是一种民俗艺术，也就不妨先从"民间解读"切入。

冰灯，主要是流行于中国北方的一种古老的民俗艺术。由于黑龙江所处的独特的地理环境，往往被视为最早形成冰灯艺术的地方。

　　因而，我们在此也就"理所当然"地发现了相关的民间传说——有关冰灯的"民间解读"。

　　最为流行的传说，是相传在很早以前，在松花江流域的松嫩平原，每到冬季的夜晚，人们总会看到三五成群的农夫和渔民在悠然自得地喂马和捕鱼，他们所使用的照明工具正是用冰做成的灯笼。这便是最早的冰灯。据说，那时冰灯的制作工艺十分简单，只需把水放进木桶里冻成冰坨、凿成空心，再往里面放盏小油灯点燃，于是，就成了当地人们生产、生活里不可缺少的，寒夜里由冰罩遮挡用以抗拒凛冽寒风的常用照明工具，进而，也就当然成了新春、上元之夜寓有吉祥象征意义的可资观赏、娱乐的民俗艺术。

　　另一则民间传说，则出自曾经打造了"大清帝国"的满族文化。

　　相传，很久很久以前，松花江边上有个住了数百号满族男女老少的屯子。有一年不知从哪飞来一只九头鸟，这怪物一扇翅膀就刮风，那风刮得天昏地暗，砂飞石走，江水出槽，几搂粗的大树连根拔起。九头鸟还常常把人和牲口摄进洞去慢慢吃掉，弄得屯里人提心吊胆地过日子，一时间，就打乱了他们吃不愁穿也不愁，每日里种地、捕鱼的平静生活。屯子有个对九头鸟恨得咬牙切齿的青年，叫巴图鲁。这天，他约了几个伙伴，带上剑去除妖。可是，还没等他们找着洞口，就给九头鸟察觉了。那怪鸟猛劲拍打着两个翅膀，扇起妖风，毫不费力地就把他们一古脑都给吸进洞去。巴图鲁有些本事，幸好及时抓住了一根藤条，没被吸入魔窟。孰知，这藤条恰是一条雌蟒的化身。这雌蟒的妈妈、姐姐都被九头鸟给吃了。它救下巴图鲁，向他传授制服九头鸟的办法。据它说，"九头鸟那转圈的八个头只能吃食，不能看物，不打紧；只有当中的那个大脑袋有眼睛，那眼睛黑灯瞎火也能看清方圆几里内的东西，歇（邪）虎着呢。但有一宗，最怕亮光，有了亮光，就没咒念了"。不过，那"亮光"，却只能爬上星星山去取回两颗"天落石"（陨石），用一百个人的体温温红才行。雌蟒还自愿变成藤条帮他进入妖洞。

于是，巴图鲁把藤条往腰间一缠，起早贪黑、忍饥挨饿地就去找天落石。他历尽千难万险，终于找到了九头鸟所在的洞穴。然而，石头堵着洞口，缝隙很小，除非九头鸟往里摄人，很难进去。他想起了腰间的藤条，在藤条的帮助下将石头钻了一个洞，爬了进去。洞里黑咕隆咚，伸手不见五指。巴图鲁边摸边爬，把天落石掏出来，让洞里那些还没被九头鸟吃掉的人们轮着用手捂，直到天落石由热变红，由红变亮，光芒四射，把妖洞照得雪亮，刺得九头鸟睁不开眼睛，急得嘎嘎怪叫。说时迟，那时快，巴图列一手举宝石，一手握宝剑，窜到九头鸟近前，手起剑落，一鼓作气地连续砍掉了那八个脑袋，九头鸟扑通一声就跌倒了。谁曾想那九头鸟还没最后断气，从它脖腔里忽地喷出的污血都射到了巴图鲁身上，就乘机撞开洞口石头逃掉了。乡亲们得救了，勇敢的巴图鲁却活活给九头鸟的污血毒死了。

打那以后，尽管松花江边的这个屯子重又恢复了太平，可是，每逢过大年或正月十五，九头鸟在天擦黑以后还悄悄出来往院子里滴污血，谁不留神踩上就没个好。一些上了年纪的老人，想起巴图鲁当年降服九头鸟的绝招儿来。于是，在没有雌蟒的帮助上不去星星山，找不着天落石的条件下，就在门前点上灯笼吓唬九头鸟。灯笼的纸罩不结实，风大时还会被里边的灯火烧着。情急之下，有人就想了个新招儿，先把水装到桶里冻成空心的冰罩，再将灯或蜡放在中间，冰罩不化，灯也就不灭。明光光、亮堂堂的冰灯，很像巴图鲁千辛万苦找来的天落石。看见它，九头鸟躲得远远的不敢上前为患。当然，人们由此也更加怀念救命恩人巴图鲁。就这样，既为防范九头鸟驱邪消灾，也为了纪念恩人巴图鲁，每逢过年，这个屯子的大多数人家都点起冰灯。一来二去，正月过年点冰灯的习俗就传到别的屯子，传到城里，成了本地的节庆民俗。

显然，前一个冰灯传说，其底蕴在于满足人们生产生活需要的一种经验型"工具神话"。后一个传说，则是人们勇于向邪恶斗争，祈愿平安、祥和、幸福心理的写照。然而，祈愿总归是祈愿，只是一种由衷的美好愿望罢了。那么，现实生活中的冰灯到底是怎么一回事，其由来与意义又是如何呢？且看主流文化的解读。

明代诗话中的冰灯艺术

中国传统的上元灯会，又叫"灯市"，始于唐代而盛行于宋代。宋代诗人欧阳修有首著名的怀人之作《生查子》，将元夜灯会的美好情景与爱情联系在一起。这首脍炙人口的词咏道，"去年元夜时，花市灯如昼。月上柳梢头，人约黄昏后。今年元夜时，月与灯依旧。不见去年人，泪满春衫袖"。再如辛弃疾那"众里寻他千百度，蓦然回首，那人却在灯火阑珊处"，也是元宵灯会有感而发的脍炙人口名句，词名就叫《青玉案·元夕》。但那时南方都市灯会的灯，并非冰灯，而是"雪灯"。若追根溯源的话，冰雪灯会乃属传统的上元灯会民俗与冰雕艺术的有机结合。正如俗语道，正月十五雪打灯。

有人认为，"清代最值得一提的是冰灯。因为满族原本居东北黑龙江一带，气候寒冷而冰多，因此有冰灯之俗，清入主中原后，冰灯也传入中原"，其实不然。事实上，中国的元夕冰雪灯会游艺活动，非但不是哈尔滨一地的"专利"，不仅时下有很多地方都在纷纷举行适合本地自然条件的冰雪活动，即或是古代，祖国各地本就有着源远流长的以冰灯、雪灯观赏为主要形式的冰雪游艺传统。

例如，江南少雪，却未必就没有冰雪游艺。宋人周密《武林旧事·赏雪》中记载，当时的"禁中赏雪，多御明远楼"。事先在宫廷的后苑用雪雕制出"雪灯、雪山之类，及滴酥为花及诸事件"造型，然后则以金盆盛着送至明远楼上"以供赏玩"。孟元老《东京梦华录》卷一〇亦载："是月（十二月）虽无节序，而豪贵之家，遇雪即开筵，塑雪狮，装雪灯、雪口（原缺一字）以会亲旧。"由此可知，南宋时期，已经出现了类如北方冰灯的"雪灯"。无论在历史上"冰雕"与"雪雕"孰先孰后，就文献推知，"雪灯"可谓"冰灯"的雏形。至于清代周茂源《雪灯》诗描绘的"豹髓只楼冰"，尽管同是名曰"雪灯"，究其实则是"冰灯"之属。

"冰灯"之见诸文献记载，大略始于明代。明嘉靖年间（1522—1566），著名的抗倭英雄和文学家唐荆川（顺之）《荆川先生文集》卷一的一首《元夕咏冰灯》诗，以及绍兴人徐渭《徐文长佚稿》中辑录的咏冰灯诗，则是迄今所能见到的最早的有关"冰灯"的记载和实景描述。唐荆川诗中写道：

> 正怜火树斗春妍，忽见清辉映夜阑。
> 出海鲛珠犹带水，满堂罗袖欲生寒。
> 烛花不碍空中影，晕气疑从月里看。
> 为语东风暂相借，来宵还得尽余欢。

于此，且再一并移录徐渭的两首七律《咏冰灯》如下，共赏之：

一

夜堂流影倍生妍，刻挂谁秉冻未阑。

烛晕只疑杯水抱，火齐应落数珠寒。

薄轮逼焰清难觅，满魄生花洞可看。

复道余光能照胆，却令游女怯追欢。

二

玉枝丛里总称妍，径尺能消几夜阑。

对日水晶谁取火，生花银烛自禁寒。

共燃始觉琉璃避，但持还将雨雹看。

无奈阳和消作日，何人筵上解悲欢。

此外，明代一部《燕都游览志》中，还记述了在灯会上所见到的细剪百彩浇水冻制的冰灯。

清代冰灯艺术诗话

清代较早的冰灯诗作，当属收录于《昭代丛书》之中的，明末清初傅山（青主）总题为《冷云斋冰灯诗》的数首诗作。清末震钧《天咫偶闻》述及此事说，"《傅青主集》有冰灯诗一卷，然不过伐冰作屏，燃灯于内耳。今则愈出愈幻，遂有以冰为酒瓮、瓶罍、鼎彝之属，燃灯于内，高悬四座，观者叹其绝肖。此多酒肆，以代招牌，故尤妙"。傅青主其诗如：

银海迷离天水光，广寒宫殿斗明妆。

玉壶一点琅玕泪，滴断人间烟火肠。

凿得青光照古人，蠹编床上白磷霖。
遗忘对次频能记，不愧前贤雪月贫。

　　傅山的冰灯诗及其诗注，还为世人展示了当时的多种冰灯形制。例如一首诗注中写道，"借思得古怪树根，凿为盆盂搭之。村中友人言家藏柳根几块，槐杌无用，正欲烧火，许牵车取之，乃有柬友求枯树根作冰灯座"云云，其最终所得，显是一个漂亮的"根雕盆景冰灯"。此外，傅山还作有与其冰灯诗相映成趣的《冰赋》文章，"飞蜿蜒之低虬，宜陈之曲蜿之堂兮。照吸露之仙流，沃以白凤之膏兮"；"怜凄精之高洁，学匠石之运斤。凿栅栅兮积雪，列亭亭之玉人"。另外，从其《冷云斋冰灯诗序》所述，亦足见其对冰雪艺术之偏爱，也就无怪他一下子竟然作了那多首冰灯诗了，恐怕其也是历史上作冰灯诗最多的一位诗人。序云，傅山"生有寒骨，于世热闹事无问"，却对寒冬之季的冰灯情有独钟。届时，他亲自带人凿冰制作冰灯，"深夜归来，莹涵窗纸，森森送碎音，清净疑雪。披衣问之，正月与晋冰斗光耳。静对霜更赠答万状，竟不能为之剖胜负也，赋得冰灯月下看"。其于冰灯之痴，杨复吉为之所作《冷云斋冰灯诗跋》则借冰灯对其人格做有极贴切的阐发。跋云，"青主先生冷韵孤情，于冰独契。录中诗赋，类皆清寒入骨。洵非不食烟火人不能道只字也。秋暑郁蒸，快读一过，如挂北风图，不觉炎氛尽涤"。可知傅青主冰灯之好，恰与其人品之"冰清玉洁"相辉映。

　　"元夕月轮照碧空，大千人入水晶宫"，这是清代乾、嘉年间永定知县金德荣被谪戍新疆巴里坤（今新疆巴里坤镇）时所写的古风长诗《巴里坤冰灯歌》中描述冰灯的诗句。金德荣谪戍在此三年，看见住在那儿的山西典当商人郑某"每于岁之季冬，垒雪为冰灯"，在宽长各约十丈的地方，举凡山峰平原、亭台楼阁、玉屏、石壁、几案、人物造型，全都是"转冰为之"。他在冰灯里点燃巨烛，烛光映冰，晶莹剔透，光彩四射。每当元夕灯会期间，"城乡士女全集，观者如堵"。金德荣流放到这里三年，三次观看到这种奇观，认为自己"平生足迹几半天下，从未见此奇制"，甚至感叹即或是流放在此地也"不枉只身行万里"，从而写出了连同诗序在内多达496字的迄今仍堪称吟咏冰灯第一长诗的古风《巴里坤冰灯歌》。诗中咏道，"雪山高与天山接，上有万古不化雪。朔风一夜结作冰，裁雪妙手搏为冰。以矾入冰冰不化，以烛照冰光四射。五里之内尽通明，半月能教天不夜。元夕月轮照碧空，大千人入水晶宫……"。不过，在方履篯的笔下，冰灯景观更显绚丽而又富有朦胧之美。且看其《瑶华词》所咏：

> 瑶轮破浴，泾映铜华，怎飞来蛾绿。兰膏皅皅，浑来信，短梦琼楼生粟。罗帏对影，又斜逗，寒芝如玉。试问他内热三分，谁咏挂帘银烛？

> 青蛾镂雪归时，纵逼近黄昏，犹照心曲。明波助怨，应重见，并蒂芙蓉凝馥。东风旧信，漫催得，试灯期促。是碧钉为借头衔，替剪护花轻縠。

说起东北地区最早的冰灯诗，要属出自廖腾煌写于康熙五十年（1711）的《元宵有进冰灯者》。这首描绘当时沈阳灯会的诗中写道，"野人献春色，巧制上元灯"，"金骈光炯炯，玉简青棱棱"。甚至，乾隆皇帝也捉笔咏起冰灯来。单就其御制《冰灯联句》诗序，已为人展示了这位当朝国君眼里的冰灯奇景："片片鲛冰，吐清辉而交壁月；行行龙烛，腾宝焰而灿珠杓。"

值得一提的，还有清代流人笔下的齐齐哈尔冰灯。满族学者西清于嘉庆十一年（1806）被朝廷流放到了齐齐哈尔，在其成书于嘉庆十五年（1810）的《黑龙江外记》中记述了当时的亲眼所见，当地的"上元，城中张灯五夜，车声彻夜不绝。有镂五六尺冰为寿星灯者。中燃双炬，望之如水晶人，此为难得"，足见一个多世纪前的齐齐哈尔元宵灯会的热闹情景。至于专咏齐齐哈尔寿星冰灯的专题诗作，则可例举若干。嘉庆十四年（1809），遭事也被流放在齐齐哈尔的前礼部侍郎刘凤诰，在《龙江杂诗》诗中有"冰楼春彻四围"之句。同时的流人魏耘圃之《龙江杂咏》诗也有"朗彻冰座"之句。嘉庆二十二年（1817）流放来这里的浙江海盐人朱履中在戍所写的组诗《龙江百五钞》中，有一首专咏寿星冰灯的诗。诗云："元夜观灯走不停，村车磊磊也来经。蛮童姹女哗声脆，争看玻璃老寿星。"同治九年（1870），因受天津教案牵累流放至此的天津知府张光藻也有一首吟咏寿星冰灯的绝句。诗中写道："元宵佳节兴堪乘，吹到江风冷不胜。明月渐高人未散，街前争看寿星灯。"直至民国初年，时任《黑龙江报》主笔的魏额兰，也有同题诗作面世，诗称："元宵佳节试新灯，姐妹街头笑语应。却是谁家翻样巧？老人星挂一条冰。"从上述流人关于齐齐哈尔冰灯的描述，足见当年本地元夕冰雪灯会之盛，规模之大，影响之广，并不亚于当今的"冰灯之城"哈尔滨。

在明末清初湖北蕲州诗人顾景星（1621—1687）的《白茅堂集》中，也有一首题为《排冰箸雪中作灯》的冰灯诗。不过，蕲州人制作、观赏冰灯的时尚，同其他各地有所不同。蕲州地方的冰灯，是用结冰的竹筷作为骨架砌冰堆雪制成灯盏造型，外面再用雪加以涂饰，里面点燃蜡烛，置于庭院之中作为节日的点缀，供人欣赏。亦即诗中描绘的"排冰聚雪在庭中，垮蜡光涵影不红"，蕲州城家家户户院落中燃起冰灯的美丽、生动情景。此外，康熙年间的山西诗人傅山也曾专题写过《冷云斋冰灯诗》。乾隆、嘉庆年间，四川诗人张问陶曾写过一首专门描写冰灯的诗，题名就叫《冰灯》，诗云："黑夜有炎凉，冰灯吐焰长。照来消热念，凿处漏寒光。影湿星沉水，神清月里霜。三冬足文史，底用探萤囊。"

清代不止有"冰灯诗"，还出现了"冰灯文"。康熙六年（1667）正月十五日夜，陈五班在京师月下观灯，"见有以冰为灯者，大如斗，方圆异体，空其中，置烛，光莹莹然"，一时吸引得他"顾而乐之"，继而即兴写下了《冰灯记》一文。其后，毛会侯又有《冰灯赋》，对于冰灯的特点、制法以及燃灯效果等等的描写，可谓曲尽其妙。

冰灯艺术的工艺

冰灯作为一种民俗艺术品类，除了它所脱胎而出的比较原始的浇制冷冻冰灯以外，主要还是以冰雪作为材料的雕塑造型艺术。

关于冰灯的取材制作和工艺特点，粗略分别，大约可有三种。

一是以竹篾之类为骨架，淋水结冰成型，属于最为原始的浇制冷冻成型工艺。明末清初湖北蕲州诗人顾景星所述用结冰的竹筷作为骨架砌冰堆雪制成灯盏造型，再如雍正元年（1723），桐城方观承由东北的齐齐哈尔省亲归来流寓京师之际，他结集其近一两年诗作的《竖步吟》中，除有咏冰窖、冰担、冰床题材之外，专有一首

《冰灯》诗。诗云："巧凿阴山青，微分漫火温。……只伴金枝艳，谁从玉鉴论。高楼寒烬落，无那近朝墩。"诗前小序，则简略叙及了冰灯的制作工艺。诗序称："缚细葭为灯形，以水淋之凝结，透明可观"。

作为全国第一个有组织、有领导的冰灯游园会，肇始于1963年的哈尔滨大规模的冰灯制作和展出活动，当时是利用盆、桶等简单模具，采取自然冷冻方式制作了千余盏冰灯和数十个冰花。一经元宵佳节在兆麟公园展出，轰动全城，就形成了万人空巷看冰灯的盛大场面。当初的制作方式，正是最为原始的"淋水结冰成型"工艺。

二是镂冰为灯，如有清以来北京城冰雪灯会的冰灯。入清以来，北方各地的冰雪灯会时尚，也比较集中地直接展现于京都这样的首善之地。据清人夏仁虎的《旧京琐记》记载，清末当时每逢正月，北京城都要例行举办包括冰灯在内的各种灯会活动，甚至六部衙门也"不能免俗"，同样是热闹非凡，张灯结彩，名为"六部灯"。其"六部灯"之中，"有冰灯，镂冰为之，飞走百态，穷工极巧"。以后每逢正月十五，什刹海冰窖的工人还用什刹海天然冰制成中空的比酒坛稍大的立体椭圆造型的冰灯，灯内点上蜡烛，摆放在什刹海东沿义溜胡同西口的街头，供过往游人观赏。据大约成书于光绪中叶的《吉林通志》记载，位处黑龙江东南部、当时隶属于吉林的宁古塔，每当元宵节，"街市张灯三日，金鼓喧闻，燃冰灯，放花炮……是日男女出游，填塞衙巷，或步平沙，谓之走百步；或联快打滚，谓文脱晦气，入夜尤多"。《吉林纪事诗》亦载：吉林的沈钧平曾言及士大夫之家冬天"善作冰灯"，"镂八仙、观音等象于薄片，裁以作灯，夜燃烛放光，几如刻楮（刻纸）之乱真，其巧诚为不可思议"。时人有咏冰灯诗云，"玲珑剔透放光明，一片心同彻底清。仙佛镂空谁得似，美人狮象雪雕成"。时至民初，流放于此地的黄兆枚也留有像"元夜又惊联打滚，冰灯人影乱平沙"这样的诗句。再如嘉庆、道光之际北方长城沿口之外的"凿冰为灯者"，某些"豪侩（富商）且以巨冰，饰为灯屏，峰峦楼阁，望之逼真，尤为奇观"，均属此类。

明代张凤翼传奇剧《红拂记·仗策渡江》一出中有段对白，堪为成语"雕虫小技"的旁注。剧中人李靖说，"我自有屠龙剑，钓鳌钩，射雕宝弓，又何须弄毛锥角技冰虫"。大意是说，镂冰雕虫只不过是没多大价值的小小技艺，亦即"雕虫小技"罢了。殊不知，冰灯正是镂冰雕虫这类"雕虫小技"开始发展而来。

三是，为使冰灯保造型持久，采用了加矾工艺。例如前述《巴里坤冰灯歌》诗中咏及的"以矾入冰冰不化，以烛照冰光四射。五里之内尽通明，半月能教天不夜"，其工艺、效果尽然。

如果说，古代冰灯制作技术很是简单古朴的话，那么，如今我们所看到的冰灯虽然仍是以冰雪作为载体，却是应用着声色、光、形、电、动等现代科技，集雕刻、绘画、舞美、园林、建筑、文学乃至音乐等为一体的独特冰雪造园艺术，显然要比古代冰灯艺术远为复杂，业已成为世界民间艺术宝库中一枝绚丽多彩的奇葩。

关于元夕灯市与冰灯的人类学解读

如果说，古代冰灯制作技术很是简单古朴的话，那么，如今我们所看到的冰灯虽然仍是以冰作为载体，却是应用着声、光、电和甚至电脑自动控制等现代高科技手段，集雕刻、绘画、舞美、园林、建筑、文学乃至音乐等为一体的独特冰雪造园艺术的结晶。在表现范围上，除了传统的神话传说、民间故事外，更融进了几多现代元素。承载着三星高照、彩燕云飞、火树银花、神舟飞天等崭新的题材，在艺术家和能工巧匠手下，使松花江原生冰变成了一件件灵气活现的精美艺术品。

常言道，"人死如灯灭"。为何？因为火是人类生存的必需条件，灯象征着人的生命之火。可以说，这是人类共同的经验性意识与共识。法国人让·谢瓦利埃等编著的《世界文化象征辞典》有一条（见湖南文艺出版社 1992 年出版的中译本第 150 页）写道，每诞生一个小生命，柏柏尔的妇女就要在那婴儿的枕边点上一盏灯。婚礼上，也要在新娘的面前点上一盏灯，这盏灯在洞房里整夜不息，意在召唤游荡的灵魂投入新娘的怀抱化为新的生命。他们认为，"灯代表了人"。将灯献给圣殿，象征着自己的献身，意在祈愿神灵的庇佑。这种情形，在中国也一样。早在宋代，已有上元夜儿童"偷灯"意在祈愿生子的民间习俗。宋·陈元靓《岁时广记》卷一二引宋·温革《琐碎录》的记载说，"亳社里巷小人上元夜偷人灯盏……云偷灯者生男子之兆"。又如明代福建长乐籍的著名学者谢肇淛在其著名的笔记《五杂组》卷二写道："天下上元灯烛之盛，无逾闽中者。闽方言以'灯'为'丁'，每添设一灯，则俗谓之'添丁'。自十一夜已有燃灯者，至十三，则家家灯火，照耀如同白日。富贵之家，曲房燕寝，无不张设，殆以千计。重门洞开，纵人游玩。市上则每家门首，悬灯二架。十家则一彩棚。其灯上自彩珠，下至纸画，鱼龙果树，无所不有。游人士女，车马喧阗，竟夜乃散。"再如清末徐珂《清稗类钞·时令类》亦载，"淮安有送子之俗，恒在元宵后、二月初二前。凡年老无子及成婚多年而未育者，戚友咸送以纸糊之小红灯……他日得子，则有重酬"。类似的这种习俗，古今各地方志之中多见记载，足以说明其普遍。

相对纬度较低的南方而言，恶劣的北方自然地理环境，尤其不利于人类生存。但这里的人们同样有着对生的追求，对美好生活的热爱。在冬季里天寒地冻的生存环境中，象征着生命与热能的灯火，则自然而然地转换为冰灯形式，同样用以表达人们对生命和生活的热爱，对于美好事物的祈盼。于是乎，元夕的冰雪灯会也就理所当然地成为北方地区一种节日民俗活动。相对于纸灯而言，冰灯又别有一番风光景色。于是，也引得南方一些地方的人们制作起冰灯来。

三国时，曹植曾赞誉光禄大夫荀侯"如冰之清，如玉之洁"，于是后人便用"冰清玉洁"来褒扬人的德行高洁。现实生活之中，冰雪世界的"冰清玉洁"不可谓不美。但是，置身、流连于晶莹剔透、艳丽多姿、高雅脱俗的冰灯群中，面对冰奇灯巧、玉砌银镶的冰的世界、灯的海洋，那绚丽多彩的景象所营造的，则属于更加令人神往的境界，远非"冰清玉洁"所能及之的境界。世人往往用"冷美人"比喻一种女色和感受。其实，以冰灯艺术为主体的冰雪艺术，面对的却并不仅仅是"冰美人"的冷艳，反倒感受到了一种浓烈的、火爆的春色与生机。因为，人们在心清气爽之际，体悟的是阵阵春的气息，充盈着勃勃生气的生活的气息。雪莱有个名句："冬天来了，春天还会远吗？"冰雪世界异彩纷呈的冰灯，正是一束束迎春、闹春的火炬，"冬天里的一把火"。南方的四季不甚分明，寻春还是得到松花江畔的冰雪世界中来。

"欻嘎拉哈"：北方游牧民族的独特游艺

——从嘎拉哈与金兀术的传说谈起

　　民间流传甚广的《关东民俗二十怪》顺口溜里，有一句说的是"欻嘎拉哈决胜败"。"欻嘎拉哈"的"欻"，在东北话里读作"cuǎ"，白写作"抓"。"嘎拉哈"呢，是个满语词汇，指的是猪、羊等家畜踝关节上的距骨，亦即东北话俗称"踝拉骨"，或是膝骨。以此为玩具的"抓嘎拉哈"，是满族、锡伯族等北方游牧民族男女老幼都非常喜欢的一种古老的民间游艺，一种喜闻乐见的娱乐活动。

　　说其古老，不仅仅是文献里有记载，例如，清·纪昀《槐西杂志》载，嘎拉哈"作喀什哈，云塞上六歌之一，以羊膝骨为之"，徐兰《塞上杂记》亦称，"喀赤哈者，羊膝骨也……骨分四面，有要棱起如云者，为珍儿，珍儿背为鬼儿，俯者为背儿，仰者为梢儿"。另外，民间还有相关的传说。不过，最令人称奇的，则是流行在黑龙江绥化县（今绥化市）关于嘎拉哈的传说，竟然把这种民间游戏同金兀术联系到了一块。金兀术可是中国几乎家喻户晓的历史人物，一个向来是与英雄岳飞相对立的反面形象人物。被视为历史上"影响中国的100次事件"之一者，就有"岳飞抗金"。在"岳飞抗金"的历史舞台上，另一位著名的主要人物，正是金兀术。京剧传统剧目《牛头山》（又名"挑滑车"）、评书《精忠说岳传》的主要情节之一，乃是描写北宋时金兀术把宋高宗赵构围困在牛头山。两军交战之际，宋将岳飞诈败退下，被山头上看守宋军大纛旗的高宠瞥见，飞马下山接应，大败金兀术，并乘胜冲至山口。于是，金兀术急命金兵从山头推下"铁滑车"阻挡岳家军的进攻。宋将高宠奋力连挑了十几辆铁滑车之后，终因马乏力尽捐躯沙场。

那么，金兀术怎么就同嘎拉哈联系到一块儿了呢？原来，相传这作为玩具的嘎拉哈，竟然是从金兀术传下来的。

相传，作为金国开国皇帝完颜阿骨打老疙瘩（小儿子）的金兀术，自幼聪明伶俐，颇受额娘喜欢，但却非常任性、非常顽皮，难以管教。无奈之下，完颜阿骨打同意他自行外出去拜师学艺。然而，尽管金兀术"初生牛犊不怕虎"，连日里饱受饥渴苦累吃尽了苦头，却一时怎么也找不到门路，学不到本事。这天，他走到一个部落，正一边坐在一棵大树下休息，一边钦羡地看着那里猎人的狩猎绝技之时，一位刚刚用小木棒打死一只山跳儿（野兔）的白发老妈妈慈善地走了过来。老妈妈请他吃下热乎乎的山跳儿肉之后，指点他说，"只要你能撵上一只狍子，取来它的嘎拉哈，我就有办法让你成为一个最灵巧的人；你若再能用箭射死一头野猪，取来它的嘎拉哈，我就有法子让你成为一个最有胆量的人；你要是还能用扎枪扎死一头黑瞎子（黑熊），取来它的嘎拉哈，你就会成为一个最有力气的人"。老妈妈还同他约定，一旦他取得这三个嘎拉哈，就可以回到这棵大树下来找她。为了取得这三块嘎拉哈，从此，金兀术便老老实实地拜猎手为师，从一点一滴做起刻苦学习本领。

春来暑往，暑去秋至，冬去春来。转眼一度春秋过去，苦练学艺的金兀术虽然身子板儿又黑又瘦，倒是越来越结实灵巧了。于是，他决定试一试这一年来的学艺成绩。这天，正好在山上碰到一只狍子。那狍子眼见一把明晃晃的大刀砍下来，撒腿就一路狂跑。当它自以为这一阵风地狂奔已经把猎手甩掉了刚刚站下，却不想只见寒光一闪脑袋落了地儿。于是，金兀术取得了狍子的嘎拉哈。继续往前行进，又遇见一头被他惊动了的野猪，张着大嘴、呲着长长的大獠牙向自己扑来。他不慌不忙地张弓搭箭，迎着那野猪的大嘴稳稳地一箭射去，箭从野猪后脑穿出，自然也就给他留下了一副嘎拉哈。兴冲冲的金兀术接着往前走，真是幸运，没走多远，恰好就有一头黑瞎子站立着呼哧呼哧地舞着两只大熊掌，迎面奔过来。金兀术定了定神，憋住了劲儿，猛地一扎枪投过去，正中黑瞎子心窝打后背穿出。黑瞎子挣扎片刻倒地而亡，金兀术取得了第三枚嘎拉哈。

他带着狍子、野猪和黑瞎子的三枚嘎拉哈，兴奋地回到与老妈妈约定的大树下，老妈妈已经知道了似的正笑呵呵地在那等着他。老妈妈接过已经擦得干干净净的三枚嘎拉哈，要他朝上扔三下，再接住三下，然后说，"孩子啊，你已经成了一个最灵巧、最有胆量也最有力气的人啦！快回家吧，你阿玛和额娘等你都着急啦"。到了家，兄长们谁也不相信真会像他说的那样，经过逐个比试，这才服了气。不仅完颜阿骨打一家为金兀术高兴，也感染了女真各家，大家为了自身后代们都有本领、有出息，都效仿金兀术收集各种嘎拉哈，把嘎拉哈视为女真人的吉祥宝物，涂上红红绿绿等多种色彩，带在身边时时拿出来把玩。久而久之，就演变成了一种游牧民族独特的游艺——歘嘎拉哈。当然，把这种游艺的"发明权"归于金兀术，也是顺理成章的。宋将岳飞是汉族的英雄，作为满族先人的金兀术是女真族的英雄。历史上真实的金兀术，尽管几乎一生都在征战中度过，但史家说他"喜读书，暇则延接儒士，歌咏投壶，军民相安，有古良将风"，也接近史实。金兀术与嘎拉哈的民间传说，折射着满族对先民中杰出人物的崇敬心理。

如今，歘嘎拉哈仍然是满族、锡伯族等少数民族的传统游戏。每当春节到来，从正月初一到十五日，妇女便停下针线活，拉帮结伙地玩嘎拉哈。

据有关历史文献的记载，"歘嘎拉哈"最早是部落的男人们采用獐、狍、鹿、麋等的"嘎拉哈"作为玩具，以抛掷落下之后的倒、仰、横、侧来赌胜负为戏，所赌输赢的物品是猪和羊。直到17世纪初，清在沈阳定都以后，才逐渐地演变为妇女和儿童们的游艺活动。玩法也由渐渐地由单纯的抛掷改成了连抛带抓，竞技性的花样也比过去繁多了。例如，"火球儿""坐锅子""紧锅儿""慢锅儿""大把儿"，以及"大堆儿"等等。稍微复杂而又有趣的，则是"摈子""抓对""扒大堆""三漏一"和"倒肠子"等歘嘎拉哈加上钱码头的玩法。还有一种名为"老鸽子叼"的玩法，是把十数枚古铜钱捆扎在一起作为"钱码头"，再把嘎拉哈子儿撒在地面儿上。玩的时候，先把"钱码头"向上抛起来，抛的同时抓起一颗嘎拉哈子儿放到嘴边叼住，同时还要用手迅速接住"码钱头"。如此循环反复动作，直到抓净炕上的所有嘎拉哈子儿便为赢家。这种玩法，需要非常机灵和熟练的技巧。更复杂的，还有"辟白菜"等玩法儿，技巧要求也更高。所谓"辟白菜"，就是把"钱码头"和一个嘎拉哈子儿一起抛起的同时，还得迅速地抓起撒在地上的两个靠近的嘎拉哈子儿，反手接住钱码头，然后再去抓住抛起的那一个嘎拉哈子儿，交替进行。至于"摸花针儿"，乃属赢者惩罚输家的玩法了，赢者把输家的眼睛先蒙起来，把针扔到一边，要输家盲目去摸，直到摸到抓起来为止。如果赢家欲关照输家，则会暗示那针的方位；否则，就把针扔到摸不到的地方任凭其乱摸，众人看热闹取乐。至于众人分组玩儿，那玩法和规则就更加丰富多彩了。

例如，锡伯族的多人歘嘎拉哈方法，通常是分成三五人或八人、十人的人数不等的两三个组，实行分组对抗竞赛。比赛时，把上百或数百枚嘎拉哈子儿一并撒在地面上，然后各自一边向上抛去元宵大小的铁球儿，一边趁那铁球儿没落地之前用手迅速地往口袋里抓装嘎拉哈，同时，抓嘎拉哈时，不能碰到其他的嘎拉哈，抓在手里的嘎拉哈也不能掉下来。否则，就属违规，前功尽弃了。此外，还必须稳稳接住落下的铁球，接不住铁球也不得分。最终，是以各组抓装的嘎拉哈最多或最先达到事先约定的数量分胜负。

别有情趣，如今已经很少见到的，是徐兰《塞上杂记》记述的"弹嘎拉哈"玩法儿。《塞上杂记》载："为此戏者，先记一骨为马儿，以二骨卜地分甲乙，珍先于鬼，背先于梢。甲以骨若干，对抛于地，珍、鬼、背、梢从其类以弹之，间有竖立者，愁必负其类之难得也。中则取者弹此而击，彼则前之所取，皆罚出不中。乙检余骨，复抛而弹，终计所得之多寡为胜负，马儿为人得去，倍数以续。"也就是说，所谓的"弹嘎拉哈"，则是用右手拇指、中指扣外把一枚嘎拉哈，弹向同样面型的另枚嘎拉哈，使之相碰，即为赢得这枚嘎拉哈。如碰不到或碰到不同面型的或碰到了两枚以上的其他嘎拉哈，则为失手，轮由其他玩者再弹。两人或多人轮流往复，直到把按预先约定设置的全部嘎拉哈赢尽，以多者为胜。

在我国东北地区，由于满汉等民族文化数百年来的相互交流与融合，加之这种妙趣横生的歘嘎拉哈游戏，它对场地等条件要求比较简便，已经逐渐成为本地多民族普遍喜爱的游艺娱乐民俗活动。多民族的参与，当然也会使这项娱乐的玩法规则，不断丰富、出新。

七、经济生活

中国市集说略

商人赖以存在的基地是市场。

商人在市场这个广阔的大舞台上进行经营活动，以其各自的专长技艺尽情地表演着一幕又一幕的连续剧，成功与失败，喜怒哀乐，酸甜苦辣，尽在其中。即如俗语所说，"商场如战场"。商海竞游，时沉时浮，有如千舟竞渡争夺锦标，恰如战场。商海，亦即市场；市场，是包括经纪人在内的商人的舞台与战场。

那么，作为中国商人舞台与战场的市场是从什么时候、怎样产生的呢？

一、"集市"考略

所谓"集市"，就是进行商品交易的市场。"市场"这个用语，始见于南唐（公元 937—975 年）史官尉迟偓（音 wò）的《中朝故事》一书，"每阅市场，登酒肆，逢人即与相喜"。汉语的"集市"一词比"市场"这个词出现得还晚一些，始见于明代常州人蒋一葵的《长安客话·狄刘祠》所记，"京师货物成趋贸易，以席为店，界成集市，四昼夜而罢，俗呼狄梁大会"；所说系当时都城长安（今西安）的集市贸易盛况。但是，与"集市"意思相近的"市集"之说，已见之于元代的文献，如《元史·刑法志三》所记："诸在城及乡村有市集之处，课税有常法。"有趣的是，如今用作"集市""市集"简称的"集"，在文献记载中比前两者都早。例如，唐代诗人杜甫《述古》诗之一有句："市人日中集，于利竞锥刀。"

集市、市集或集，既指定期定地方的商品贸易活动，也兼用作其活动的地点。"赶集"，是去参与集市贸易活动；集镇，则是因商贸活动相对集中的乡村以非农业人口为主的居民聚居区。至今，我国北方还有一些以"集"为地名的地方，如山东的夏津县有村名张集，安徽的符离集等。唐代中叶以来，以"集"为称的地名，多系因是集市贸易地而形成的集镇。

"集"字本义为鸟栖止于树，并由此衍生会聚之义，即如《说文解字》所释，"群鸟在木上也"；宋代徐锴的《说文系传》进一步解释说，集就是"众集也"。集市贸易是一种定期定点聚散的经济活动形式，其聚合与分散，皆为专门称谓用语。清代梁绍壬《两般秋雨盦（音 ān）随笔》卷三"集虚"条说："乡城聚众贸易之处，北人曰'集'，从其聚而言之也；南人曰'虚'，指其散而言之也。"由于汉语同音假借的习惯，指集市、集镇的"虚"也写作"墟"。例如，北宋人钱易《岭南新市》："端州以南，三日为市，谓之'墟'。"元代周达观在《真腊风上记·贸易》中写道："国人交易皆妇人能之……每日一墟，自卯至午即罢，无铺店，但以蓬席之类铺于地间，各有常处。"真腊，明代万历年间改名叫柬埔寨。周达观在元代元贞元年（公元 1295 年）随元使赴当时的真腊进行访问，

至大德元年（公元 1297 年）返国。他是元代永嘉（今属浙江）人，
因而采用我国南方把集市称作"墟"的习惯来记述当时真腊的集市
贸易。对于"墟"，清代刘献廷《广阳杂记》卷二中，亦有具体说
法："后世市谓之墟，归市曰趁墟；言有人则嚣，无人则墟也。"考
之"墟"字本义，是指大山丘用之指"集市"，除其与"虚"音同而
假借缘故外，山丘不也是土石堆聚之状吗！

清宝坻人李光庭在其《乡言解颐·市集》中，对"集市"（市
集）所作阐述可资参考。文称：

> 古者日中为市，盖以日中为齐集之时。集者，言人与物相
> 聚会也。路远者，披星戴月，陆骑水舟。路近者，冒日冲风，
> 肩挑背负。迫交易而退，则夕阳在山，人影散乱矣。冯驩语孟
> 尝曰：君独不见夫朝趋市者乎？明旦侧肩争门而入，日暮之
> 后，过市朝者掉背而不顾，非好朝而恶暮，所期物亡其中也。
> 市朝朝字音潮，言市之行列有如朝位也；幼时读肆诸市朝语
> 未详，师亦未分解，今始释然。城内之集在单日，一日集东学
> 街，三日集南大街，五日集西大街，七日集北大街，九日集东
> 大街。四乡之集，一、六在新集与大口屯（讹为搭各屯）、新
> 安镇、八门城（讹为把门城）。同日、八在新开口及黄庄。五、
> 十在黑狼口（讹为黑否口）。又口东庄有小集，以四、八。廿
> 年前，厚俗里之方家庄新立市集，以五、十。吾乡林亭口（讹
> 为林定口，天津人则谓之银定扣）集期以二、七。他集之置货
> 处未详。林亭则二日粮市在东街，七日在西街，鱼市在大街东
> 阁，菜市、席市在南街，麻市、草帽在东栅栏外之火神庙，骡
> 马市在文昌阁后。凡物皆有经纪。《后汉书·左原传》：郭太语

之曰："段干木，晋国之大驵。"注：驵，子郎反，会也。谓合
两家之买卖，如今之度市，即乡人之所谓经纪也。村庄之赴市
集曰赶集，即南人之趁墟也。远者谓赶集，恐不及也。近者曰
集上去。闲日则曰上街。街有三：中谓大街，南曰南街，又曰
南后头，北曰北街，又曰北后头。东街头垒小瓮，圈安门上，
有堞有楼，谓之东栅栏。西街头如之。无北栅栏。南栅栏较低。
于大街中间建高阁，供关帝，谓以镇火。此为热闹之地，有相
争者，则曰到阁儿底下讲讲去。阁儿底下，如县城之幢子上也。
阁西通北街，有王家过道，通南街，有李家过道。阁东通北街，
有盐店过道、张家过道，通南街，有陈家过道。过道者，小胡
同也。盖皆当年住家之通过道，岁久易主，则为通行之道。故
解造房者，不作通过道，为此故也。街外之北河，由丰台、芦
台可以达天津。陆路则四达不悖。故虽非冲要，而货物丛集。
乡言"货到街头死"，言路远至此，则不得不卖，且有经纪把
持之，虽欲居奇而不能。又曰河里无鱼市上取，盖自他处来售
者，不必近河之鱼，无惑乎山人足鱼也。他物称是。

此外，集市在各地还有称作"场""亥"之类名目的。称作
"场"，汉代已有先例。班固著名的《两都赋》中已经写到："九市
开场，货别隧分。"至现代，四川等地仍用这种叫法。郭沫若是四
川乐山人，他在《我的童年》第一篇中写道："每逢二、四、七、
十的场期，乡里人负担着自己的货物到街上来贩卖。"作家沈丛文
自传中也写道："小河边到了场期，照例来了无数小船和竹筏，竹
筏上且常常有长眉秀目脸儿极白奶头高肿的青年苗族女人。"所谓
"场期"，即集市贸易的日期。

清代学人褚人获《坚瓠四集》卷三有一篇《市名》，记述、解释各种集市名目颇为详细，且抄示如下：

> 市井之区，交易之地，其名各省不同。南方谓之牙行，北方谓之"集"，谓百货集于此也。声转亦谓之"积"，西蜀谓之"疾"，岂"疾"即"集"之误耶，或言欲其交易之疾速也。岭南谓之"虚"。柳宗元诗："青箬裹盐归峒客，绿荷包饭趁虚人。"王安石云，"花间人语趁朝虚"；黄庭坚云，"荷叶裹盐同趁虚"，义或取夫市朝满而夕虚也。一曰虚而往、实而归也，或谓古"虚"、"墟"字通用。又有谓之"亥"者，南昌有常州亥，则因亥日为市。元稹谪（音 zhé）通州，白居易诗云："寅年篱下多逢虎，亥日沙头始卖鱼。"后人有《东南行》云："亥日饶虾蟹，寅年足虎狼。"长籍云"江村亥日常为市"，山谷亦有"鱼收亥日妻到市"之句。南中诸夷谓之场，每以丑卯酉日为市，故曰牛场、兔场、鸡场云。

二、"市井"探源

无论叫集、墟、场，说到底其性质都是市，即集市、市场。而且，唐宋以来的集市、墟市，主要是指设在村镇上的规模较小而非每日常设的小型定期贸易市场。即或因此而形成的集镇，亦与一般城市在规模上有所区别，即大小之分。这种区别，从古至今未改。《中华人民共和国国务院关于城乡划分标准的规定》中明文规定："城镇可以再分为城市和集镇。"

但是，"市"的最初规模也是很小的，即或当初未叫"集"或"墟"，其规模、形式也是很相近的。一如由集市而形成集镇，"市"之设也是形成城市的主要因素，城市的主要功能之一便在于商品的集散流通。例如南京、扬州等古代著名都市，都是商贸繁荣的商品集散地。

西晋皇甫谧编著的《帝王世纪》中，有一则"放虎入市"故事。故事说，夏的末代君主桀是个极其荒淫暴虐的君王，为了取乐，将圈中饲养的老虎放入市场，吓得市上人们大声喊叫着奔跑躲避，桀则十分开心地大笑。若依此说，那么，至迟于公元前16世纪的夏代末年中国即已形成了市场。不过，此说迄今尚有待获得考古发现或确切文献记载的实证性支持。

先秦典籍中所言"祝融作市"之神农氏祝融

比"放虎入市"更早的有关"市"的起源之说，是见载于《吕氏春秋·审分览·勿躬》等先秦典籍中的"祝融作市"说。《易经·系辞下》则说神农氏一方面"斫（音 zhuó）木为耜（音 sì），揉木为耒（音 lěi），耒耨（音 nòu）之利，以教天下"，从事农业生产，同时创建商品贸易市场，"日中为市，致天下之民，聚天下之货，交易进退，各得其所"。东汉·高诱在《吕氏春秋》和《淮南子》的有关注释中说，祝融亦即神农氏。但许多典籍文献说神农是炎帝，而《山海经》等又说祝融是炎帝的后裔，如《海内经》所记："炎帝之妻，赤水之子听訞（音 tīng yāo），生炎居，炎居生节并，节并生戏器，戏器生祝融"，两人相隔数代。在无实证确认的情况下，上古神话传说尚只能视为古人口耳相传的臆断。尽管如此，"日中为市"之说，已透示了有关原始市集的一些信息。

现存典籍文献确认的，是西周时期已设立了管理市场的"司市"等职官，说明当时业已形成了市场。否则，即无必要设专门职官了。《周礼·地官》中记述的各种管理市场的官员，各有分工，各司其职，各负其责。例如：

司市：掌市之治教、政刑、量度、禁令。以次叙分地而经市，以陈肆辨物而平市，以政令禁物靡而均市，以商贾阜货而行布，以量度成贾而征儥（音 yu），以质剂结信而止讼，以贾民禁伪而除诈，以刑罚禁虣（音 bào）而去盗，以泉府同货而敛赊。大市日昃（音 zè）而市，百族为主；朝市朝时而市，商贾为主；夕市夕时而市，贩夫贩妇为主。凡市入则胥执鞭度，守门市之群吏平肆，展成奠贾，上旌于思次以令市。

质人：掌成市之货贿、人民、牛马、兵器、珍异。凡卖儥者质剂焉，大市以质，小市以剂。

廛（音 chán）人：掌敛市絘（音 cì）布、总布、质布、罚布、廛布而入于泉府。

贾师：各掌其次之货贿之治，辨其物而均平之，展其成而奠其贾，然后令司虣：掌宪市之禁令，禁其斗嚣者与其虣乱者、出入相陵犯者、以属游饮食于市者。

司稽：掌巡市，而察其犯禁者与其不物者而搏之。

肆长：各掌其肆之政令。

泉府：掌以市之征布，敛市之不售货之滞于民用者，以其贾买之，物楬（音 jié）而书之，以待不时而买者。

凡此可见，西周当时非但已形成了市场，而且对市场的管理制度还比较规范、完备，反映了一时市场的发展水平和制度形式。据今存文物所见，秦、汉时司市官吏使用有"市印"。

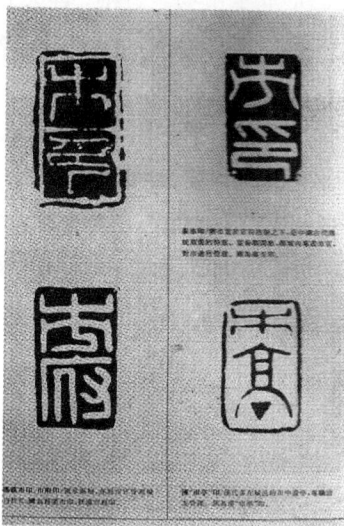

秦代都城管理市肆官员的"市印"

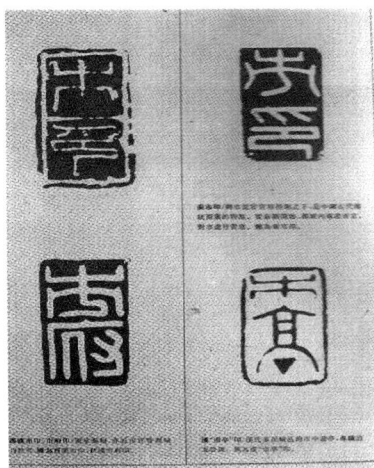

汉代城邑管理市肆官员的"市亭印"

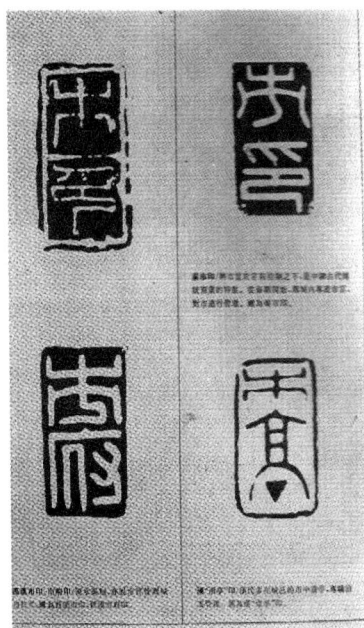

西汉城邑管理市肆官员的"市印"

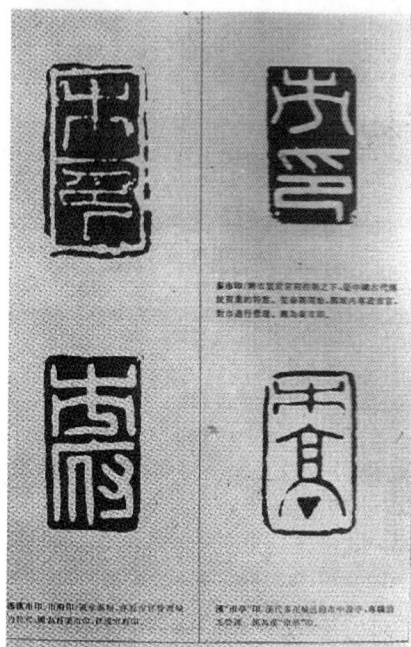

西汉城邑管理市肆官员的"市府印"

　　清末邹容在《革命军》中说道："外国之富商大贾，皆为议员执政权，而中国则贬之曰'末务'，卑之曰'市井'，贱之曰'市侩'，不得与士大夫为伍。"商贾何以卑称作"市井"或"市井之徒"，原来是本于古称城中市场为"市井"。

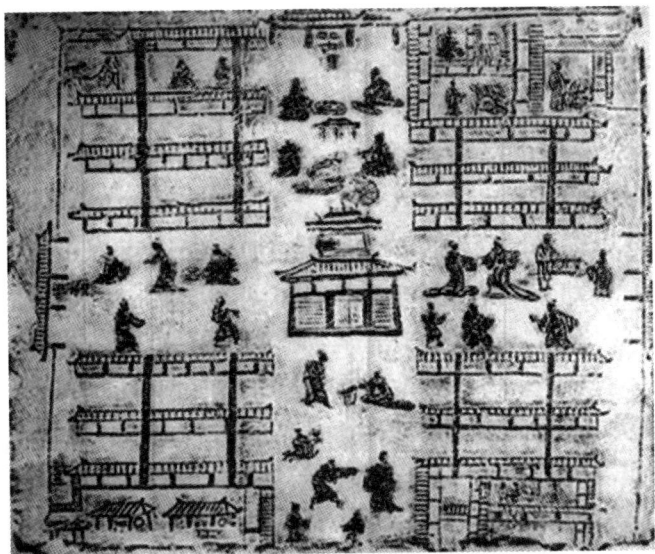

成都市郊出土的汉代画像砖《市井图》

四川广汉县出土的汉代画像砖《市井图》

四川彭县出土的汉代画像砖《市井图》

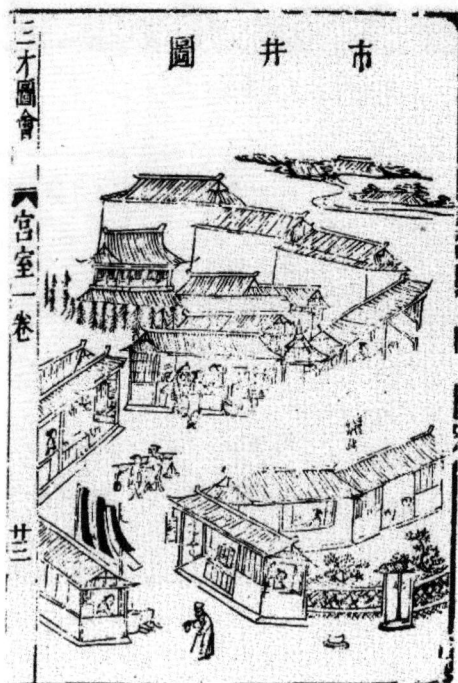

明代王圻《三才图绘·宫室》中的《市井图》

"在东方国家中，城门或集市在一个相当长的历史时期中扮演了一种分配日常生活必需品的制度性机制的角色。在今天的中亚、苏丹一带的市场上我们也能看到这种作用"。[1] 那么，中国古代又何以"市场"为"市井"呢？对此，古来诸说不一，解释有数种之多。主要的有如下几种：

一是仿造井之制设立市场说。《管子·小匡》载："处商必就市井。"唐代尹知章注云："立市必四方，若造井之制，故曰市井。"又《国语·齐语》亦载："处商，就市井。"

二是因井田立市说。汉代何休对《公羊传·宣公十五年》"什一行而颂声作矣"一语的注中说："因井田而为市，故俗语曰市井。"唐代徐坚等编的《初学记》卷二四亦载："或曰：古者二十亩为井，因井为市，故云也。"

三是总称说。《汉书·货殖传序》："商相与语财利于市井。"对此，唐·颜师古注称："凡言市井者，市，交易之处；井，共汲之所，故总而言之也。"

四是就井上清洗货说。《诗·陈风·东门之枌（音 fén）序》唐·孔颖达疏引汉应劭《风俗通》语说："俗说：'市井，谓至市者当于井上洗濯其物香洁，及自严饰，乃到市也。'"

五是井边交易说。《史记·平准书》："山川园池市井租税之入，自天子以至于封君汤沐邑，皆各为私奉养焉。"对此，唐代张守节《史记正义》注称："古人未有市，若朝聚井汲水，便将货物于井边货卖，故言市井也。"

总括上述诸说，主要是"因井设市"说。但是其"井"已非单

① [日] 栗本慎一郎《经济人类学》中译本第42页，王名等译，商务印书馆1997年版。

纯汲水之井，而同井田之制直接相关。唐代李贤在为《后汉书》作注中，已经注意到了这一点。他引述了《风俗通》"俗说市井者，言至市有所鬻卖，当于井上洗濯，乃到市也"之后谈道："谨按《春秋井田记》：人年之十，受田百亩，以食五口。五口为一户，父母妻子也。公田十亩，庐舍五亩，成田一顷十五亩。八家九顷二十亩，共为一井。庐舍在内，贵人也。公田次之，重公也。私田在外，贱私也。井田之义，一曰无洩地气，二曰无费一家，三曰同风俗，四曰合巧拙，五曰通财货。因井为市，交易而退，故称市井也。"清代著名学者赵翼在《陔（音 gāi）余丛考·市井》中也认为，"此说较为有据"，是很有道理的。如此看来，唐代尹知章关于《管子》"处商必就市井"的注解的仿造井之制设市的见解，亦应理解为春秋时代井田制规定的"八家九顷二十亩，共为一井"而"因井为市"，这样才符合历史。

唐代诗人刘禹锡在被贬为连州（今广东连县）刺史期间曾写过一首《插田歌》，"冈头花草齐，燕子东西飞。田塍望如线，白水光参差。农妇白纻裙，农夫绿蓑衣。齐唱田中歌，嘤伫如竹枝。但闻怨响音，不辨俚语词"，题下有引辞云"连州城下，俯接村墟，偶登郡楼，适有所感，遂书其事为俚歌"。个中的"村墟"，亦即村市，乡村集市。即如宋人吴处厚《青箱杂记》第三卷所言："岭南谓村市为墟。柳子厚《童区寄传》云：'之虚所卖之。'又诗云：'青箬（ruò）裹盐归峒客，绿荷包饭趁虚人'即是也。盖市之所在，有人则满，无人则虚，而岭南村市，满时少，虚时多，谓之为虚，不亦宜乎！"

综上可见，古代初起的"市"，即如后世村镇的"集市"。最初是"日中为市"，至西周时则发展为具有相当规模和比较规范的固定市场，分为早、午、晚三市。而且，《周礼·地官·司市》中，亦明确记载，当时已形成了职掌市场交易中质剂的"官牙"——质人，即官府指派的经纪人。经纪人制度的形成，说明了西周农业经济的市场已比较发达、繁荣。

三、集宗教、贸易与娱乐为一体的传统集市——庙会

北京清末隆福寺庙会（引自 [日] 青木正儿《北京风俗图谱·隆福寺庙会》）

北京清末夜市摆摊小贩（引自 [日] 青木正儿《北京风俗图谱》）

烟画：清末北京天后宫庙会

　　除一般的农村集市、城市集市外，庙会是集宗教、贸易与娱乐活动为一体的传统集市，是一种多功能的综合性民俗形态。

　　在现存历史文献中，"庙会"一词始见于汉代，即《后汉书·张纯传》中所记"元始五年（公元5年），诸王公列侯庙会，始为禘（音 dì）祭"。说的是西汉平帝末年的一次王公诸侯的庙祭聚会。在当时，是否存在集市贸易活动，这一点尚无文献说明。直到清代，"庙会"一词方明确用来表示集宗教、娱乐与贸易为一体的传统集市活动这种民俗形态。例如，清·张培仁在《妙香室丛话·财运》中说："京师隆福寺，每月九日，百货云集，谓之庙会。"在清代，庙会又称"市会"，如富察敦崇《燕京岁时记·东西庙》载："自正月起，每逢七、八日开西庙，九、十日开东庙。开庙之日，百货云集，凡珠玉、绫罗衣服、饮食、古玩、字画、花鸟虫鱼，以及寻常日用之物，星卜、杂技之流，无所不有，乃都城内之一大市会也。"足见一时庙会盛况。

　　庙是供奉祭祀先祖、神佛和先贤的建筑。

　　祭祀兼娱神娱民的原始宗教性质的庙会活动，要比《后汉书》记载的"庙会"早得多。其直接的起源，是发生于原始的祖先、天地以及先贤的崇奉祭祀，具体则源于古代的庙祭和郊祀。寺庙建筑，为庙会活动提供了相应的场地。南北朝尚佛以来，佛教寺庙大兴，进一步繁荣了庙会活动。唐宋以来城镇经济的繁荣，则进一步促进了庙会与商贸的结合，使之切实成为集市性的庙会。因而，明清以来又称庙会为"庙市"。例如，明代话本小说《二刻拍案惊奇》卷三中说："京师有个风俗：每遇初一、十五、二十五日，谓之庙市。凡百般货物俱赶在城隍庙前，直摆到刑部街上来卖。"清代陈维崧《瑞鹤仙·慈仁寺松》词中亦咏道："只新来庙市，喧豗（音 huī）蹙（音 cù）踏。"

　　庙会以各种神庙为依托，举凡神祀诞辰、祈吉禳（音 ráng）灾之类，均是举行庙会的缘由。北宋东京汴梁（今开封）的相国寺，甚至每个月举办五次庙市，尤其突出了庙会的集市贸易功能。宋代孟元老所撰《东京梦华录》卷三，记述了当时"相国寺内万姓交易"的情景：

　　　　相国寺每月五次开放万姓交易，大三门上皆是飞禽猫犬之类，珍禽奇兽，无所不有。第二三门皆动用什物，庭中设彩幕露屋义铺，卖蒲合、簟席、屏帏、洗漱、鞍辔、弓剑、时果、腊脯之类。近佛殿，孟家道院王道人蜜煎，赵文秀笔，及潘谷墨，占定两廊，皆诸寺师姑卖绣作，领抹、花朵、珠翠头面、生色销金花样幞头帽子、特髻冠子、绦线之类。殿后资圣门前，皆书籍玩好图画及诸路罢任官员土物香药之类。后廊皆日者货术传神之类。寺三门阁上并资圣门，各有金铜铸罗汉五百尊、佛牙等，凡有斋供，皆取旨方开三门。

2008 年 10 月本书作者摄于开封大相国寺

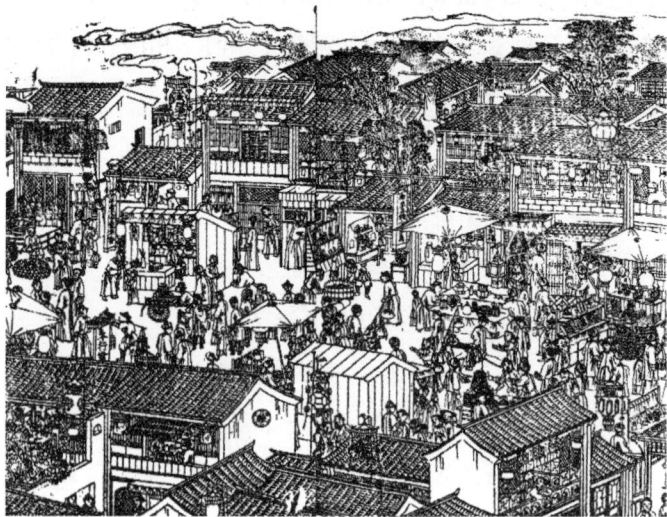

集市贸易

据载，明代北京的城隍庙庙会是当时城内诸庙会最为热闹的一个，远近闻名。每月朔望和农历廿五日，均为城隍庙庙会日子。届时，城隍庙左右街商贾毕集、人满为患。"大者车载，小者担负，又其小者挟持而往，海内外所产物咸集焉"。举凡日用百货、僧道用品、工匠的工具、梨园艺人的乐器、农具、兵器、文房四宝，无所不有。这个城隍庙会尤以书画古董贸易最具特色，皇宫内廷的剔红、填漆旧器物和宣德炉、成化年间瓷器之类，尽可从庙市觅得。（据蒋德璟《游宫市记》和吴溥《送司训徐君序》载，《明文海》）至清代，北京的庙会，主要是每月初三的土地庙会，初四、五的白塔寺庙会，初七、八的护国寺庙会，初九、十的隆福寺庙会。（枝巢子《旧京琐记》）

清代以来天津以天后宫为主要建筑依托的"皇会"，是当地曾盛行了200多年的大型庙会。乾隆年间第二次三月皇会期间，"买卖齐声喊，喧哗有万千。乱嚷嚷，早听见'冰糖梅苏丸'。一群村媪踮街前，河沿上早来了香火船，手持竹竿，身穿布衫，靠定阑干，人人等把抬阁看"（杨一昆《皇会论》）。光绪年间，天津皇会仍热闹非凡，盛况不减。"鸣钲考鼓建旗纛（音 dào），寻橦（音 chuáng）掷盏或交扑。鱼龙曼衍百戏陈，更奏开元大酺曲。笙箫筝笛弦琵琶，靡音杂遝（音 tà）听者哗。老幼负贩竞驰逐，忙煞津门十万家。……津门近海鱼盐利，商舶粮艘应时至"（沈存圃《皇会歌》）。

清代以来，天齐庙庙会是沈阳的一大著名庙会。清·缪润绂《沈阳百咏·天齐庙会》咏道：

圣会开时芍药肥，碧霞宫阙绣成围；

游人恰比寻香蝶，齐向花丛艳处飞。

按：娘娘庙在天佑门外街东，四月十八日碧霞元君娘娘圣会，百珍竞列，埒于天齐庙。会期前后五日，游女云屯，游人鳞集，托言进香，实借以娱目耳。《召南》之诗曰："有女怀春，吉士诱之"。如是，如是。

春山螺黛髻龙盘，浪逐狂风去不安；
刻意戒严偏遇险，进香人最艳妆难。

按：天齐、娘娘二会日，士女纷纷上庙。从中有衣衫首饰特逞别才者，而狂童之狂动辄蜂拥而前，偎倚之不足，而群捧之，必尽兴玩弄而后已。有地方之责者，此风宜早遏也。

清末民初沈阳小东关天齐庙会

至于位于沈阳城里故宫北面钟鼓楼之间的老商业街"四平街"（今谓"中街"），则有如常年庙会。

20世纪初的沈阳的中心商业街四平街（中街——大约1915年时期）(《东北第一城：沈阳往事》)

　　唐代诗人杜牧诗曾咏道，"南朝四百八十寺，多少楼台烟雨中"（《江南春》）。南朝尚佛兴寺十几个世纪以来，举国各类寺庙不计其数，以此为依托的各地规模、形式不等的各种庙会亦无可数计，构成中国传统集市的一大类型，也是传统民俗文化别具特色的一大景观。

　　除一般庙会而外，还有一种行业庙会。唐宋以来，中国工商诸行开始形成以职事群体为本的同业行会。同业行会的会所，往往就设在其行业祖师庙内，或设祖师神位于会所殿堂之上。甚至有许多行会的名称，即径以"庙""祀""殿"等为名。例如清代湖南长沙酿酒、糟坊业的"杜康庙"，角盒花簪业的"火宫殿"，武冈染纸作坊业的"梅葛祀"之类。行会组织的信仰兼制度民俗之一，则是每逢祖师诞日或特别约定的日期举行祭祀活动和聚会。这种行业庙会，除当行从业者竞相参加活动外，同时也吸引了许多业外人等前往观瞻。会间除举行祭祀仪式、进行公议行规等事务外，通常要有演戏酬神及聚饮之类娱乐活动。届时，一些市井商贩则前往招揽生意进行贸易活动。行业庙会规模大小不一，但亦属集宗教、娱乐和商贸活动为一体的庙会。

四、丰富多彩的岁时节日集市

庙会主要是以寺庙为依托、以宗教节日为会期的民俗活动。除此之外，各种民间岁时节日，也是集市贸易活动所习惯采用的日期。

传统岁时民俗节日，有的是祭祀的节日，有的是喜庆或纪念性节日，有的是娱乐性节日，而过节的形式则主要是宴饮、聚会、娱乐和休息。节前或节日期间的集市，既是满足节日期间各种活动和生活物资供应需求的商贸行为，赶集也兼为节日期间的一种休闲娱乐活动。因而，节日的集市也是各种娱乐业为社会服务的重要场地。南宋时京都临安（今杭州）的清明节时，"公子王孙富室骄民踏青游赏城西，店舍经营，辐凑湖上，开张赶趁"（《西湖老人繁胜录》），系因节日游艺民俗活动之需而形成的节日集市。

中国是个多民族国家。许多少数民族的重大节日，同时也兼为盛大的商贸集市。例如云南白族的"三月街"，蒙古族的"那达慕大会"，甘肃、青海等地的"花儿会"，广西壮族的"三月三"等，都是盛大的节日集市。

云南大理白族的"三月街"又名"观音节"，据有关史志文献记载形成于相当于唐代永徽年间（公元650—655年）的南诏时期。

明代李元阳编撰的《云南通志》说:"三月三日至十五日,在苍山脚下贸易各省市之货,自唐永徽间至今,朝代累更,此市不变。"明代一部《白国因由》亦称:"善男信女朔望会集,于三月十五日在榆城(今大理)西搭蓬礼拜方广经……年年三月十五日,众皆聚集以蔬食祭之,名曰祭观音处,后人于此交易,传为观音街,即今三月街也。"又有《滇中琐记》载称:"大理三月街,古称观音市,在西门点苍山下……按此市实昉于唐永徽年间,相传观音以是日入大理,后人如期焚香顶礼,四方风闻咸来瞻仰,遂以成市。"可知,"三月街"的形成与佛教影响有关,但它并非因宗教节日而成的庙会,突出的是节日娱乐、交际和集市贸易的特点。大理三月街,"盛时百货生易颇大,四方商贾如蜀、赣、粤、浙、桂、秦、黔、藏、缅等地,以及本省各州之云集者殆十万计,马骡、药材、茶市、丝棉、毛料、木植,磁、铜、锡器,诸大宗生理交易之,至少者值亦数万"(《大理县志稿》),其盛况有如"长安灯市"(《滇系》)。

广西壮族以及侗、布依、水、仫佬、毛南、苗、瑶等民族每年农历三月初三举行的"三月三"歌仙节,相传是因纪念壮族歌仙刘三姐而形成的。歌仙节期间,人们赶歌圩、搭歌棚,举办歌会赛歌,青年男女们在对歌、碰蛋、抛绣球等游艺过程中谈情说爱。侗族在这一天斗牛、斗鸟、对歌、踩堂还抱花炮,所以又称"花炮节"。节日期间,也同时进行物质交流商品贸易活动,从四面八方云集而来的商贩和交易者就地摆设货摊,往往是山上对歌、山下赶场,歌节兼为集市。

浙南地区畲族,每年秋收时节都例行举办"抢猪节"。相传,这个节在于纪念曾帮助人们饲养好猪的马氏娘娘。过节这天,由节日的主持人"迎神头"请戏班在马氏仙宫连续演戏七天七夜。到了最后一天晚上戏停之后，村民们都急忙回家杀猪，将杀好洗净的猪绑在木架上，只等马氏仙宫传出一声猪叫，便立即抬着猪奔宫跑去，以期抢得"首猪"，俗信是预示来年养出大肥猪的吉兆。俟全村各户的猪依次到齐并按先后次序排放好后，即进行评猪，将评选出的最大的"大猪"和最小的"昌猪"披红挂彩、鸣鞭奏乐送回主人家，其余各自抬回。是夜，各家邀集亲友欢聚宴饮，名为"杀猪福"。宴毕，主人根据客人来时所送红包中的钱数，按当时市价分别称好一份份猪肉交各自带回去。如今，"抢猪节"的节日活动内容除例行民俗仪式外，更多的重在生猪或猪肉的贸易，使之成为专门进行猪的交易的节日集市。

中国实行改革开放以来，各地方凭借本地区的历史文化、民俗文化等人文与自然资源，举办丰富多彩的文化节，据估计多达2000余个。这些文化节的一个共同的宗旨，是所谓"文化搭台，经济唱戏"，尽管名称不一，实乃"经济文化节"。有的一年一届，有的两年一届，有的地方每年都有几种文化节交替举行。光是首都北京一个地方，就举办过北京国际风筝会、北京中国艺术节、中华民俗风情百乐艺术节、北京文物节、北京桃花节、圆明园踏青节、密云冰雪狂欢节、八大处重阳登山节、香山红叶节、大兴西瓜节等。有些商场、酒店，也以办节形式开展促销或广告宣传活动，如北京中国大饭店德国啤酒节、北京天坛饭店的啤酒节、北京王府饭店的慕尼黑啤酒节等。全国比较著名的新兴经济文化节，如山东潍坊国际风筝节、辽宁大连国际服装节、黑龙江哈尔滨冰雪节、山东国际孔子文化节、河南洛阳牡丹花会等。这些经济文化节，是放大了的节日集市，是传统节日集市民俗适应当代社会发展的一次大发展、大会演。

五、历史悠久的彝族十二兽集场

在地图出版社 1956 年出版的《中国分省地图》的黔西大方县（旧为大定县）境内，标有"羊场""鸡场"之类的地名。一般不谙其俗的外地人，仅将其视为普通地名符号而已。殊不知，其"场"乃集市所在，其集期便是"羊日""鸡日"。在清道光三十年（公元1850 年）重修的《大定府志》卷十三中，记载着当地众多的十二兽名集场，且移录其中一段以见一斑。

> 在常平里者四，曰福集厂猴场，在六甲，距城三十里，申日集。白车河马场，在八甲，距城六十里，午日集。茨冲牛场，距城五十里，五日集。严沙河羊场，在七甲，距城四十里，未日集。在时丰里者五，曰巴婴河猪场，距城七十里，亥日集。米裸狗场，距城九十里，戌日集。阿佐蛇场，在五甲，距城八十里，巳日集。阿戛羊场，距城七十里，未日集。阿女猴场，在八甲，距城西二十里，申日集。在岁稔里者六，曰白觉虎场，在七甲，距城一百五十里，寅日集。杨梅村羊场，距城西百二十里，未日集。都革蛇场，距城百里，巳日集。

根据 1921—1982 年出版的有关地图所标地名统计，贵州彝族的十二兽集场共有 45 个，分布于 24 个市县，云南彝族的十二兽集场共有 201 个，分布于 58 个市县。这些十二兽集场可大体分为四种基本类型。一是旷野集场，如云南南华县西南角兔街区与景东县大龙街区接壤偏兔街区一侧的小寅街，设在兔街河畔的峡谷河滩地上；贵州威宁西北部高海拔地区的狗街，设在四周都是深山老林的荒坪上；武定县西境插甸鸡街集场，设在松林之中。因而，这类集场又俗称山场、乡场或露水街。这类集场没有任何固定的市场设施，集市期间人们从四方赶来进行交易，集散人散场空。二是草棚街，情况与旷野集场相近，但在场地上搭设有简易的固定货棚、货架，集期多为六或十二天一集但无人定居其间，集散人散棚室。三是瓦房街，集场建有瓦房住宅、店铺，有商贩居住，通常六天一集。集市期间，这里的商贩经营日用百货、生产资料以及餐饮等服务项目，同时低价收购土特产与其他集场进行购销贸易。四为集镇，如南涧县南境的虎街，有两条平行的南北街市，两侧各有一条岔街与之连通，格局呈"井"字形街市。街市上居住有一部分完全脱离农业生产的商贩，开设了各种店铺，每逢虎、猴两日为集日，间隔五天。街市西北有虎街山神庙，庙内立有"母虎日历碑"。各地来赶集者也同时祭奠山神。又有滇东宜良坝子西南端距县城 15 里的羊街，有两条十字形街市，占地约 2000 平方米，有经商居民 35 户，手工业生产者 14 户，逢集时还有 30 余户屠宰户，集期为羊、牛、狗、龙四日，间隔仅两天。因市场设施建设分类的这四种彝族十二兽集场，依次反映了彝族集市的发生、发展、变化轨迹，其集期间隔多寡变化即其进步的一种基本标志。楚雄彝族自治州首府，即由原碌城与虎街融合而成为"集无虚日"的古鹿城，进而发展成为今天的楚雄市。其实，这是中国集市与城市发展历史的一个缩影。

所谓"十二兽集场"，实际就是以十二兽纪日为集期的集市。这种滇、黔彝族的集市形式和得名，与其以十二兽纪日的历法制度直接相关。

中国滇、黔彝族历法用以纪岁、纪日的十二兽与汉族的十二生肖相同，即鼠、牛、虎、兔、龙、蛇、马、羊、猴、鸡、狗、猪。所不同的是，汉族十二生肖以鼠居先，而彝族的十二兽历以虎为首。

汉族的十二生肖同彝族的十二兽纪岁、纪日，都是出自原始动物崇拜的原始历法制度民俗。彝族十二兽历法的十二兽排序以虎为首，源自彝族古老的虎图腾崇拜民俗。而且，彝族以母虎为图腾，显然是母系氏族社会的原始文化遗存。滇西南哀牢山上段地区的南涧、南华、楚雄、双柏等州县彝族自称为"罗罗"，男人自称"罗颇"，女人自称"罗摩"，"罗"即当地彝语"虎"的译音。有的村寨，即以"罗摩"为名——"母虎村"。"哀牢山"在《景东县志》中记作"文乐山"，均系彝语"大虎山"的译音。每年正月（虎月）初八至十五，彝族要过虎节。

在哀牢山上段的南涧彝族自治县南部虎街有座山神庙，庙中曾立有一座彝文的《母虎纪日谱》碑，亦即《母虎日历碑》，碑文是从左至右分两行直书着以母虎为首的十二兽纪日序。山神庙中，还绘有纪日十二兽壁画。每隔三年岁首虎日，这里都举行一次大型祭祀活动，祭祀仪式由"朵西摩"即女祭司主持，以象征母虎神。祭祀时，要在碑题和纪日十二兽居首位的"虎"字上用鸡血或羊血粘贴一些女发。另外，在纪日十二兽中的马、羊、牛、鸡、狗、猪六兽的彝字上面，分别粘以该兽的兽毛。按彝族民间传说，是由于虎神的保佑其远祖才猎获这六兽并将之驯养为家畜。狩猎时若猎得穿山甲，则将甲壳分别粘在"虎"和"龙"（穿山甲）字上面。

十二兽历法是彝族的原始文化遗存，也是人类最古老的原始历法之一。以十二兽纪日制度来规定集场日期、命名集场，这一事实的本身便是彝族集市历史悠久并保存着远古民俗遗风的重要实证。

有人研究了市场机制与交易规模的关系后提出，"从墟场一类的乡村基本集市，到集散型集市（大集市），再到中心集市，（集镇、城镇或镇市），是集市社区城镇化的主要道路，但不是唯一的道路。

因为，任何低一级类型的集市向高一级集市转化都要受到许多客观条件的制约，有些是可以转化的，有些不但根本无法转化，甚至还可能因人为的城镇化而使之失去存在的价值。城镇化是现代化的内容之一，乡村集市的城镇化，也就是乡村社区的现代化"。集市这一古老的传统市场形态在其发育及成熟的历史过程中，促生了市场经纪人并形成了广阔的商业竞技舞台。

中国经纪人史略

在异彩纷呈的古今商业贸易舞台上，诸行百业的经营者各显神通。

在批发商、零售商以及行商坐贾等各类经商者中，有一种活跃于诸行百业商品交易过程中的"二传手"——中间商，通称经纪人。

从古老的集市贸易到现代集约化、规模化或专业化的商品大市场，都离不开经纪人这种中间商的经营活动。而且，社会越发达、市场经济越活跃，也使经纪人的作用显得越发重要。

中国有着历史悠久的农业社会历史和深厚的农业文化。农业文化传统的一个负面意识，是重农抑商。由于重农抑商观念的作用，加之传统商品市场缺乏科学规模，"奸商"几乎成了社会对商贾的总体印象，即所谓"无商不奸"。个中，尤以对专事"投机倒把"的中间商印象最为恶劣。旧日俗语所说"车、船、店、脚、牙，无罪也该杀"，即可见一斑。

然而，历来社会的经济发展、市场繁荣都离不开商业活动和商贾的作用，当然也离不开中间商这一环节。中间商的历史，几乎从古代集市贸易形成就开始了。

一、五花八门的"经纪"称谓名色

现今所谓的"经纪人"之说，始见于明代文献。在冯梦龙编的《古今小说·史弘肇龙虎君臣会》中写道："夫人放买市，这经纪人都来赶趁，街上便热闹。"当时也省称为"经纪"，如《金瓶梅词话》第十六回："一日西门庆会了经纪，把李瓶儿床后茶叶箱内堆放的香蜡等物，都称了斤两。"又如第六〇回："崔本专管收生活，不拘经纪买主进来，让进去每人饮酒三杯。""经纪"一词，在古代有"通行"意义，如《淮南子·原道训》："经纪山川，蹈腾昆仑。"对此，汉·高诱注称："经，行也；纪，通也。"用指中间商经营行为，当系就其沟通交易双方的活动而言。

有的说法认为中国的经纪人始于牲畜市场交易中名为"驵"（音 zǎng）的中间商，如《淮南子》记述到的战国时魏国有名的大驵段干木，"最初只限于牲畜交易等少数行业，到唐代已广泛参与各行各业的交易"。其实不然，早在公元前16世纪末的西周的比较规模化的市场活动中，业已出现了以管理市场职官为身份的官府指派的经纪人——质人；而且，质人参与并掌管包括牲畜在内的各种商品交易活动。《周礼·地官·质人》："质人掌成市之货贿，人民、牛马、兵器、珍异，凡卖儥者质剂焉。"可知，随着古代市场管理制度的形成，即产生了经纪人制度。

星不行。（妖星也）含德之所致也。（含德也）夫太上之道，生萬物而不有，（不以為己有也）成化像而弗宰。（宰，主也）跂行喙息，蠉飛蝡動，待而後生，莫之知德；（不知德之）待之後死，莫之能怨。（不怨也）得以利者不能譽，用而敗者不能非。收聚畜積而不加富，布施稟授而不益貧，旋縣而不可究，纖微而不可勤。累之而不高，墮之而不下，益之而不眾，損之而不寡，斲之而不薄，殺之而不殘，鑿之而不深，填之而不淺。忽兮怳兮，不可為象兮；怳兮忽兮，用不屈兮；幽兮冥兮，應無形兮；遂兮洞兮，不虛動兮；與剛柔卷舒兮，與陰陽俛仰兮。昔者馮夷、大丙之御也，乘雲車，入雲蜺，遊微霧，騖怳忽，歷遠彌高以極往，經霜雪而無迹，照日光而無景，扶搖抮抱羊角而上，經紀山川，蹈騰昆侖，排閶闔，淪天門。末世之御，雖有輕車良馬，勁策利鍛，不能與之爭先。是故大丈夫恬然無思，澹然無慮，以天為蓋，以地為輿，四時為馬，陰陽為御，乘雲陵霄，與造化者俱。縱志舒節，以馳大區。可以步而步，可以驟而驟，令雨師灑道，使風伯埽塵，電以為鞭策，雷以為車輪，上游於霄雿之野，下出於無垠之門。劉覽偏照，復守以全。經營四隅，還反於樞。故以天為蓋則無不覆也，以地為輿則無不載也，四時為馬則無不使也，陰陽為御則無不備也。是故疾而不搖，遠而不勞，四支不動，聰明不損，而知八紘九野之形埒者，何也？執道要之柄，而游於無窮之地。是故天下之事不可為也，因其自然而推之；萬物之變不可究也，秉其要歸之趣。

汉代高诱注本《淮南子》卷一《原道训》中所见“经纪”一词

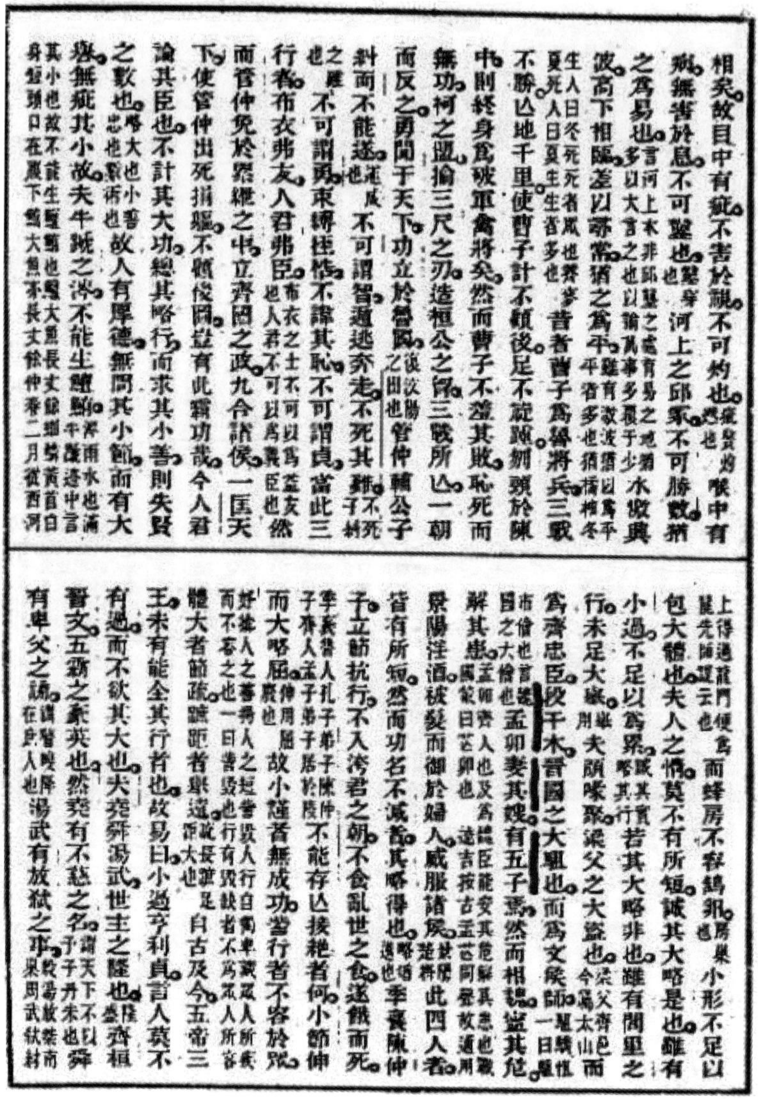

汉代高诱注本《淮南子》卷十三《泛论训》中有关晋国“大驵”（马经纪）段木子的记述

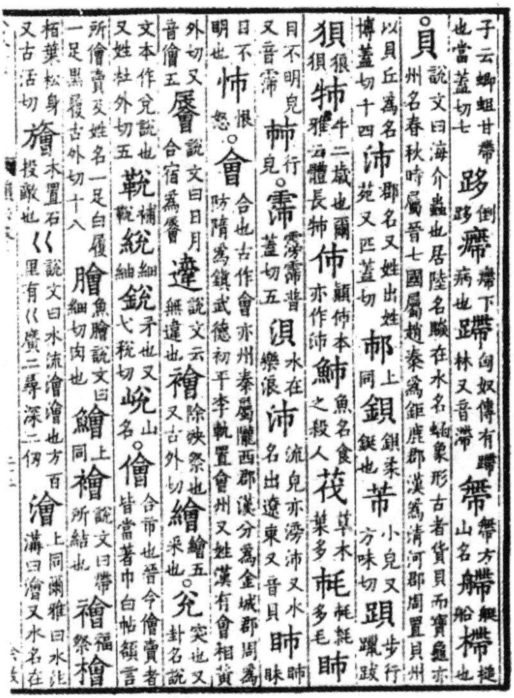

图6 《宋本广韵·十四泰》中关于"侩"的释文

《宋本广韵·十四泰》中关于"侩"的释文。《大宋重修广韵·去泰》:"侩,会合市人也。"

古代说合交易为"侩"（音 kuài），始见于南朝梁陈之际顾野王所撰《玉篇·人部》:"侩:合市也。"因此，也用指中间商经纪人，如宋代陈彭年等奉诏增广重修《切韵》而成的韵书《大宋重修广韵·去泰》:"侩，会合市人也。"通常泛指商人，《宋本广韵·十四泰》中关于"侩"的释文:侩，原本是经纪人的称谓。《淮南子·泛论训》:"段干木，晋国之大驵（音 zǎng）也。"汉·许慎注:"驵，市侩也。言魏国之大侩也。"

瞿秋白在《〈乱弹〉代序》中谈道:"固然，乾嘉之世的绅士中已经搀杂了些盐商驵侩——郑板桥之类的名士所瞧不起的。"泛称市侩、经纪人为"驵侩"，是从其专指牲畜交易经纪人发展而来。驵，是好马，因称马市中间商为驵侩，又别写作"驵会""驵阓""驵狯"等。《史记·货殖列传》："通邑大都酤一岁千酿……佗果菜千钟，子贷金千贯，节驵会。"南朝宋裴骃集解引《汉书音义》："会亦是侩也。"《汉书·货殖传》"节驵侩"，唐·颜师古注云："侩者，合会两家交易者也。驵者，其首率也。"北齐·刘昼《新论·因显》写道："故若物无所以因，良马劳于驵阓，美材朽于幽谷。"《新唐书·王君廓传》："君廓，并州石艾人，少孤贫，为驵会。"宋·吴曾《能改斋漫录·辨误》："《刘贡父诗话》谓今之谓驵侩为牙，谓之互郎、主郎，主互市也。"《唐韵正》则认为："《中山诗话》云：'古称驵侩，今谓牙，非也。'刘道原云：'本称互郎，主互市'。唐人书'互'为'乐'，似'牙'字，因讹为'牙'耳。"明·谢肇淛（音 zhè）《五杂俎·地部二》："驵狯之徒，冒险射利……今之茶什五为奸商驵狯私通贸易。'驵侩又作"侩驵"，如宋·黄庭坚《送吴彦归番阳》诗句，"诸子厌晚成，蹭学要侩驵"，多用来泛称商贾。亦称"侩父"，如清代黄景仁《六州歌头·愁》词句："倘是伧才侩父，休相觑（音 qù），雅昧平生。"

宋代一部《明公书判清明集》有一篇胡石壁的《治牙侩父子欺瞒之罪》判牍，其中说道："大凡求利，莫难于商贾，莫易于牙侩。"意思是说，经纪人比一般其他商贾获利容易许多。其所谓"牙侩"，即经纪人。经纪人称"牙侩"始自唐代。唐·谷神子《博异志·张不疑》中载："数月，有牙侩言，有崔氏孀妇甚贫，有妓女四人，皆鬻之。"明代仍有用者，如叶宪祖《团花风》剧第二折即有"你待去风月场为牙侩"之语。

　　唐代以来关于经纪人的正式称谓，主要是"牙""牙人""牙商"之类，即所有"市牙"。唐·薛用弱《集异记·宁王》："宁王方集宾客谭话之际，鬻马牙人麹神奴者，请呈二马焉。"《旧唐书·卢杞传》："市主人、牙子各给印纸，人有买卖，随自署记，翌日合算之。"《旧唐书·安禄山传》亦载："（安禄山）及长，解六番语，为互市牙郎。"

　　经纪人为何称作"牙"呢？原来竟是由于一时字误而以讹传讹，居然约定俗成，流传了千百年。据认为，此"牙"系"互"字之误。"互"，即"互市牙郎"之"互"。所谓"互市"，相互贸易，居间商人称作"互郎"。"牙郎"乃"互郎"讹衍而来。宋·刘邠（音 bīn）《贡父诗话》谈道："古称驵侩，今谓牙也。刘道原云：'本称互郎，主互市，唐人书互为牙，因讹为牙。'理或信然。"其"古称驵侩"并未穷源，而最早是称"质人"，刘道原的考辨还是对的，是许多学者的共识。又如清·褚人获《坚瓠四集》卷三说："牙本作'互'，以交互为义；'互'字似'牙'，因讹为'牙'；牙音似'衙'，又讹为'衙'。"韩愈《广州》诗云"衙时龙户集，上日马人来"是也。"牙"与"侩"均指经纪人，故复合为"牙侩"。

　　清末民初，上海俗称经纪人为"掮客"。吴趼人《二十年目睹之怪现状》第九回："上海的这些露天掮客真正不少。"周而复《上海的早晨》第一部："朱延军成了西药掮客。"掮，本指以肩扛物，用称经纪人，当含常言所谓"一手托两家"之义。

　　现代口语又称经纪人为"跑合的"，如孙犁《风云初记》二十："这客人像一个退休的官员，又像一个跑合的商人。"近年来又有所谓"对缝的"之说，显系缘"跑合的"而言，即"跑合对缝"作中间商。有的也直称为"介绍人"或"中间人"。

二、形形色色的各类经纪人

如果说古今有关经纪人的称谓五花八门真不少，那么，活跃于各种集市或交易活动中的各类经纪人则可谓形形色色。

首先，从经纪人的本身经济所有制性质而言，有官、私之分。

属官府委派或指定的经纪人或经纪人组织机构，是官牙，余者则属私牙。在中国经纪人历史上，向以官牙为主，私牙为辅。尤其是关系国计民生或利益丰厚的商业行业，如盐、粮等的经纪人，都以官牙垄断为主要流通渠道。

"官牙"一词始见于明清。《明会典》卷三五载，朱元璋于明初曾旨令"天下府州县镇店去处，不设有官牙、私牙"。清·袁枚《新齐谐·牙鬼》："男子官牙刘某，吞布价而花销之。"但是，官牙之制却远非明清时才出现，而是西周时最先见于文献记载的即为官牙，即《周礼·地官》中记述的"质人"。

"私牙"一词始见于元代。元·刘致《端正好·上高监司》套曲中唱道："私牙子船弯外港，行过河中宵月朗。"此例说明，至迟在元代或元以前便出现了官牙、私牙之分。其实，唐代的邸店即兼具私牙性质。《淮南子·泛论训》所记"晋国之大驵"段干木，当是见诸典籍史书的较早的私牙。

唐代都城长安东西两市诸行密集，"市内货财二百二十行，四面立邸，四方珍奇，皆所集积"（宋敏求《长安志》）。邸即"邸店"，"居物之处为邸，估卖之所为店"（《唐律·名例·疏议》）。邸店又称"邸舍""邸阁"，东晋、南朝时期业已出现，至唐代随市、行的发展而普遍兴立，类如后世的货栈、批发商店。唐代长安、洛阳等一些大都市中，邸店都达数百家之多。古代邸店为专业货栈，乃官办。《礼记·王制》"古者公田藉而不税，市廛而不税"。汉·郑玄注："廛，市物邸舍，税其舍不税其物。"唐·孔颖达疏："廛谓公家邸舍，使商人停物于中，直税其所舍之处价，不税其在市所卖之物。"在客商进店存货或洽谈交易过程中，邸店主人便往往充当中间商并以此赚取租金而外的经纪人佣金。例如，"鬻两池盐者，坊市居邸主人，市侩皆论坐"（《新唐书·食货志四》）。

其次，从经纪人居间经营的内容来看其行业类型。

古往今来，几乎所有作为商品进入市场贸易流通者，均有经纪人居间经营。即或是政府控制的统购统销商品，亦直接或间接地由官牙居间调控供销。

西周时代市场管理职官中的官——质人，不分商品种类而统一"质""剂"，综合居间经营管理。但是，随着社会分工的日趋细化和商品生产流通的日渐专业化，尤其是隋唐"行"及同业行会及专业市场的出现，经纪人的专业分工也愈发专业化、具体化。因而，形成了各种兼营多种商品和专营性的居间经纪人，出现了不同行业类型的经纪人。

今据文献所见最早的专行经纪人是汉代马市的驵侩，其后晋有大驵段干木，唐代安禄山少年时也曾充当驵侩，以至后世泛称经纪人为"驵侩"，如宋·孔平仲《孔氏谈苑》所谓"今人谓驵侩为牙"。而且，还将"驵竖"作为经纪人的鄙称。况周颐《蕙风词话续编》卷一："右词数阕，当时踢球唱赚之法，借有概略，犹有《风》《雅》之遗意焉。犹贤乎己，是之取尔。讵谓今日等于牧奴驵竖所为哉？"市侩恶棍乃称"驵棍"。明·谢肇淛《五杂俎·事部三》："盖我朝内臣，目不识字者多，尽凭左右拨一二驵棍，挟之于股掌上以鱼肉小民。"欺诈则谓"驵诈"。南朝陈徐陵《在北齐与杨仆射书》："日者通和，方敦囊（音 nǎng）睦，凶人驵诈，遂骇狼心。"有些地方马侩奉祀"灵官马元帅"为行业神，行中流传有相马经和相马图。清末《三教源流搜神大全》卷五所载"灵官马元帅"，系养马、贩马、马经纪共同奉祀的神祇图。民间兽医传抄的《相良马图》（上图）、《相马旋毛图》（下图）所录"马经"，也是驵侩的相马贩马经验。

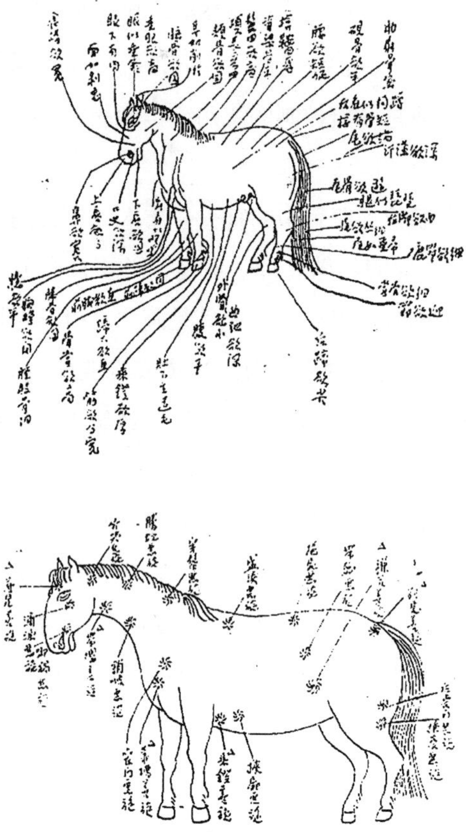

民间兽医传抄的《相良马图》（上图）、《相马旋毛图》（下图）所录"马经"乃马牙相马贩马的经验总结（原刊《中国民间工艺》第 4 期）

南宋都城临安城内米市有米牙。宋·吴自牧《梦粱录》卷一六载："杭州人烟稠密，城内外不下数十万户，百十万口。每日街市食米，除府第官舍、宅舍、富室，及诸司有该俸人外，细民所食，每日城内外不下一二千余石，皆需之铺家。然本州所赖苏、湖、常、秀、淮、广等处客米到来，湖州市米市桥、黑桥，俱是米行，接客出粜……城内外诸铺户，每户专凭行头于米市做价，经发米到各铺出粜。铺家约定日子，支打米钱。其米市小牙子，亲到各铺支打发客。"

书籍字画市场的中间商称"书侩"。唐·李绰《尚书故实》记载："京师书侩孙盈者，名甚著。盈父曰仲容，亦鉴书画，精于品目。豪家所宝，多经其手。"

介绍佣工、职业的经纪人，称"荐头"，开设"荐头店"。明·周履靖《锦笺记·争馆》："昨日听见姜裁话，个向邹家还未有先生，旧年听我卖葛个何老女，惯向渠家走动，须索寻渠做个荐头。"清代小说《官场现形记》第四八回："荐头正为太太说要拿他当窝家办，吓得心上十五个吊桶七上八下落。"至现代，仍不乏这种行业经纪人。叶圣陶《隔膜·一生》中写道："伊进了城，寻到一家荐头。荐头把伊荐到一家人家当佣妇。"旧时北京有多家专事介绍女佣的荐头店，名叫"老妈店"或"老妈作坊"。北京话俗称女佣为"老妈子"，故名。设老妈店，开业前必须呈报警察局备案，领取开业许可证后方能挂牌经营。

旧时贩卖人口者称"人牙子"。《红楼梦》中多处说到"人牙子"，如第四十六回："心里想要再买一个，又怕那些人牙子家出来的不干净。"第八十回："快叫个人牙子来，多少卖几两银子，拔去肉中刺、眼中钉，大家过太平日子。"同回又写道："我即刻叫人牙子来卖了他，你就心净了。"人牙子实际就是人贩子。曹禺《原野》剧第二幕："大星的爹为你妹妹把那人贩子打个半死。"

贩牛经纪人为"牛侩"，其居间说合交易活动即"侩牛"。东汉有个隐居不仕者名王君公，即以侩牛为生计。《后汉书·逸民传·蓬萌》载："君公遭乱独不去，侩牛自隐。时人谓之论曰：'避世墙东王君公'。"李贤注云："侩谓平会两家买卖之价。"

贩牛经纪人的居间说合交易，古称"侩豕（音 shǐ）"。宋·王谠（音 dǎng）《唐语林·容止》："比至鬻豚（音 tún）之肆，见侩豕者。"

旧时烟叶行贸易，官府多未指派经纪人。但一些经纪人见个人有利可图，则以非法的私牙身份从中居间牟利。清乾隆十四年（公元 1749 年），时任山东潍县县令的名士郑板桥曾于潍县城隍庙大殿立了一座《潍县永禁烟行经纪碑》。碑文中说："查潍县烟叶行本无经纪，而本县莅任以来，求充烟牙执秤者不一而足，一概斥而挥之……"

布行有"布牙"。清顺治十六年（公元 1659 年）四月，苏松两府曾刊立"禁布牙假冒布号告示碑"。清·叶梦珠《阅世编》中记载："前朝标布盛行，富商世贾操重资而来市者，白银动以数万计，多或数十万两，少亦以万计。故牙行奉布商如王侯，而争布商如对垒。"

渔牙是渔市的经纪人。《水浒传》第三八回写戴宗和李逵陪宋江在琵琶亭上饮酒观景，其醒酒汤用料并非鲜鱼而是腌鱼，味道不佳。为此，酒保解释说，"今日的活鱼还在船内，等鱼牙主人不来，未曾敢卖动，因此未有好鲜鱼"。而这里的渔牙子就是后来成为梁山好汉的"浪里白条"张顺。李逵到江边等到张顺过来，为之"凑扰十数尾"金色鲤鱼，然后张顺则"自点行贩，吩咐了小牙子把秤卖鱼"。

清末傅崇矩（公元1875—1917年）编撰的《成都通览·成都之执业人及种类》中，记有"人经纪""房贩子""银市经纪"等市肆经纪人类型。

> 人经纪：即人贩子也。凡雇请女仆及乳母，则托人经纪介绍之。该人贩从中取钱，并能代人觅购使女及聘妾等事。凡贫家有女鬻女者，多住在人贩子家，种种为难，多方索取。凡鬻女者，每百金入手，人贩应索扣二十金，饭钱宿钱在外。在前省外之到省买女口者，往往被若辈圈套，动遭讼事。现经警局查禁，若辈稍知敛手。省城凡四十五人。

> 房贩子：省城凡七十三人，买卖房宅，从中介绍，索谢礼者也，局门甚多。

> 银市经纪：银市分东市、南市二处，从中得谢。省城凡七十九人，经警局发有规则。经纪人亦名"老大"，即平银者也，每银一锭抽钱四十文。背钱者名"老二"，每一千文取一二文。

旧时北京房地产买卖、租赁的中间商叫"房纤手"，其经纪活动称作"拉房纤"；其低价购进房产，经过装饰后高价售出，称作"倒饰房"（方言又谓"捣腾房"）。其说合交易的佣金比例，通常是"成三破二"，即说合成交后购方付佣金3%，售方付2%，房纤手即总得5%。若售方事先声明不付佣金，称作"净赇（音 qíng）"，这部分佣金由房纤手同购方商议提高佣金比例。旧时上海类似的经纪人，俗称"白蚂蚁"，专事充当房屋顶租交易的介绍人以收取佣金。

明清时，供应宫廷需用物品的商人、采买人称"买办"。明·田汝成《西湖游览志馀·贤达高风二》："近者，买办行于外府，骚扰遍于穷乡。"近代外商进入中国后雇用的采买或代理人沿用了"买办"之称。林则徐《批荷兰国总管番吧臣请发给红牌下澳禀》："并因夷馆中买办工人，欲引奸夷逃走，是以将其撤去。"后来，买办逐渐发展成为外商与华商之间贸易往来的中介人和代理人，即独立的中间商，按照合同规定的份额比例收取佣金。

中国的经纪人中不仅有男性，还有一部分女性经纪人。南宋·吴自牧《梦粱录》卷十九《顾觅人力》中写道，在当时都城临安（杭州）城里，"如府宅官员，豪富人家，欲买宠妾、歌童、舞女、厨娘、针线供过、粗细婢妮，亦有官私牙嫂，及引置等人，但指挥便行踏逐下来"，说明女经纪人亦有官、私之分别。宋·洪迈《夷坚甲志·妇人三重齿》："妇人曰：'我在此饥困不能行，必死于是，得为婢子，幸矣。'乃召女侩立券，尽以其当得钱，为市脂泽衣服。"清·纪昀《阅微草堂笔记·槐西杂志四》："家人知主妇，事必有变也，伪向女侩买出，而匿诸尼庵。"个中"女侩"，即女经纪人。宋代又有"妇驵"之说。米芾（音 fú）《书史》载："姑苏衣冠万家，每岁荒及迫节，往往使老妇驵携书画出售。"女经纪又称"牙媪（音 ǎo）""牙婆"。宋·无名氏《异闻总录》卷一："婢昏然不省忆，但云因行至一桥迷路，为牙媪引去，迫于饥馁，故自鬻。"《水浒》第二十四回："王婆笑道：'老身为头是做媒，又会做牙婆。'"《醒世恒言·两县令竞义婚孤女》："（石壁）遗下女儿和养娘二口，少不得着落牙婆官卖，取价偿官。"女经纪除经营女红外，主要是充当人贩子做妇女儿童等人口生意的中间商。因而，女经纪的生意兴旺，往往成为荒乱灾年的标志之一。《续资治通鉴·宋太宗太平兴国二年》载："初，右监门卫率府副率王继勋分司西京，强市民家子女以备给使，小不如意，即杀而食之，以槽椟（音 huì dú）贮残骨，出弃野外，女侩及鬻棺者，出入其门不绝，民甚苦之，亟命雷德骧往鞫之。继勋具服，所杀婢百余人。乙卯，斩继勋并女侩八人于洛阳市。"

居间说合交易，往往费力少而获利丰厚，所以市井帮闲无赖亦趋其利而插手其事。宋·吴自牧《梦粱录》卷十九《闲人》所谓"涉儿"所为，便属此类："又有一等手作人，专攻刀镊，出入宅院，趋奉郎君子弟，专为干当杂事，插花挂画，说合交易，帮涉妄作，谓之'涉儿'，盖取过水之意。"

三、历代经纪人制度略说

据《周礼·地官·质人》记述可知，中国历史上最早的经纪人制度实行的是官牙制，由"质人"对市场中的各种交易强行进行居间管理，逐项发放质剂为凭。其中，成交的奴婢、牲畜等大宗生意采用长券，称"质"；兵器等小宗生意采用短券，即"剂"。"质剂"为竹木制成，由官府监制并加盖官印，成交后一分为二，交易双方各执其一为凭。领取质剂需缴税，谓"质布"。

历代政府均实行商贾领帖注册制度，牙商自在其中，获得制度的许可方为合法经营。唐代规定："市牙各给印纸，人有买卖，随自署记，翌日合算之。有自贸易不用市牙者，验其私簿，投状自集。"（《旧唐书·食货志下》）《旧唐书·卢杞传》亦记载："市主人、牙子各给印纸，人有买卖，随自署记，翌日合算之。"当时规定，凡于市场经营货物，均需经过经纪人居间交易方许成交。即如唐明宗天成元年（公元 926 年）敕文所说："在京市肆，凡是丝绢斛斗柴炭，一物已上，皆有牙人。"发给注册牙商的"印纸"，即经营执照，后世称作"牙帖"。核发执照的主要目的在于收缴牙税，缴纳有关税捐之后方可领得"牙帖"。清·黄六鸿《福惠全书·升迁·查税契》载："其每年收税底簿及更换牙帖，俱宜查缴，不得存留。"又史致谔《禀左宗棠书》中亦写道："上年釐税之外，尚有另办户捐、牙帖等捐。"唐律所说"翌日合算之"，亦为捐税。

　　牙商向政府缴纳的税为"牙税"。宋·李心传《建炎以来朝野杂记甲集·财赋二·经制钱》载："三年冬，遂命车南八路提刑司，收五色经制钱赴行在……增添田宅牙税钱。"又称"牙契税"。宋·洪迈《容斋随笔·田宅契券取直》："今之牙契投税，正出于此。"叶适《经总制钱一》亦称："得产有勘合，典卖有牙契。"又《黄子耕墓志铭》："通判卑辞借系省，预敛牙契，常为殿矣。"其牙税税额，从宋·俞文豹《吹剑四录》所载，略见一斑："牙契钱者，人间买田宅，则投印契书。嘉祐（公元 1055—1063 年）末，每千输四十；宣和（公元 1119—1125 年）末，陈亨伯经制增五六十；绍兴（公元 1131—1162 年）初，孟富文总制又增为一百，以之十五入经制，三十二钱半入总制，三十二钱半入留州。"

　　经纪人在大宗交易中，既为中介人，又兼立契保人，故又名"牙保"。宋·王溥《五代会要·市》："如是产业、人口、畜乘，须凭牙保，此外并不得辄置。"宋·张邦基《墨庄漫录》卷四："于舟尾得皂绦（音 tāo）一条，系文字一纸，取观之，乃雇舟契也，因得其人姓名及牙保之属。"此外，《元典章·户部五·典卖》亦规定："凡有典卖田宅，依例亲邻、牙保人等立契，画字成交。"这种"牙保"之"契"，相当于西周"质人"发给成交双方的"质"。

牙商向官府缴纳"牙税"，亦向成交双方收取佣金，即"牙钱"。对此，历代文献亦有见证。宋·苏辙《论蜀茶五害状》中说："卖茶本法止许收息二分，今多作名目，如牙钱、打角钱之类，已收五分以上。"又宋·朱熹《措置赈恤粜籴事件》："寻常客人粜米，必经由牙人方敢粜；常被邀阻，多抽牙钱，是致不肯往粜。"此后的《元典章新集·刑部·杂例》载："局院站赤、百户头目、里正、主首、牙行人等，因而取要钱物，取论招状，断罪追赃。"明代汤显祖《紫钗记·伤感》剧中有此对白："（侯）一对钗儿百万钱。（堂）牙钱要分取十三千。"举凡诸例，多似对牙商佣金存有微议。事实上，历代均不乏牙商滥收佣金之事，但亦不可因此否定其应收佣金。西周"质人"身为职官，所收"质布"亦兼含税及佣金在内。牙商作为商人的一种，其主要是以收取佣金作为获利来源。既依法缴纳"牙税"，自当依法收取"牙钱"。

历代对经纪人实施的管理制度，首要在于"牙帖"及"牙帖税"的核发与收缴。清康熙三十二年（公元 1693 年）佛山地方政府颁令"饬禁私抽设牙"。清光绪十一年（公元 1885 年）五月十四日上海《字林沪报》所载《论捐牙帖》公告，即为显证。移录如下：

> 总办江苏牙帖捐局，松江府上海县正堂莫，为会同出示晓谕事。照得本局本县奉松沪捐厘总局宪转奉督抚宪行，准部咨会议筹饷一折，奉懿旨：依议。钦此。抄录原奏条款，行会一体认真举办。当查奉发条款内开议，今推广牙帖捐输，并令烟酒行店，一律入资给帖。札饬本局，合同本县督率员董赶速查明，所辖境内无帖私开，以及顶名影射诸色牙行，各有若干，

刻即逐细访查确定，先行造册呈送，勒限十日内，催令一律遵章捐帖。如再逾限不领，即由本县发封押闭，照例遵办，以儆效尤，仍将遵办缘由县复。此次通饬之后，各该印委，倘再置之不理，定行择尤详请记过，撤任不贷，等因，到局县。奉此。查苏省劝办牙帖，行之已久。惟所辖松太各属，无帖白拉，冒名顶替，以及蒙庇私牙开各色牙行，在处皆有。前经迭奉严饬，认真清查，业经酌议整顿加罚，并追缴废铁章程，禀奉抚宪批饬通行各属，会同员董严加整顿，分别勒限追缴押闭。复又迭次札催遵办各在案。兹以现值边防需饷万紧，特奉大部奏准，行令遵照指饬，通行遵办。断难再任违延。所有白拉顶替各户，亟应彻底根查，均应一律限令遵奉部示，按户纳帖，以裕饷源，不容仍前观望，有妨大局。除先移请松江府太仓州分饬各属一体遵照，暨严饬劝办员董，迅速上紧查明禀办外，诚恐商民未能周知，合行会同出示晓谕。为此仰各色牙行人等知悉：自示之后，如有私开，未经领帖，以及租帖顶替之户，着即照限赶紧赴局，照章分别捐领。如再任意迁延，本县定即遵奉宪饬，先行发封押闭，照例惩办，决不稍从宽贷。该牙户等要知需饷防御，原以保卫身家起见，各宜争先恐后，亟图踊跃。倘有不肖奸商，包揽霸阻情事，定即立予严惩，勿贻后悔，各宜凛遵毋违，特示。

光绪十一年五月初十日示

清光绪十一年（公元 1885 年）二月，法军攻陷谅山，侵占了镇南关（今友谊关）；三月，法舰侵犯镇海海口；四月，法舰攻踞澎湖。这一边关吃紧局势，亦即上述告示中所说的"现值边防需饷万紧"，"该牙户等要知需饷防御，原以保卫身家起见，各宜争先恐后"纳捐领办牙帖的背景。在是年八月二十九日《字林沪报》所刊载的《查吊牙帖》报道中，又可略见当时沪上牙商佣金额度比例及不法牙商滥收高额佣金实例。报道全文如下：

> 前报载泰昌冰鲜行主俞桂堂投上海县，控同业公顺行影戳牙帖，增收行用（佣金）等情一案。前日由差提集原被人证，解候晚堂莫邑尊讯问。据俞桂堂供：同业公顺行，实系影射牌号，况我业向例客商买卖扣佣五分。今查公顺有多收二分行用之事。然历来并无七分之用，实于市面有碍，求请究断。邑尊命提公顺行主胡云甫至案。据供：开设公顺鲜行，照章捐帖，并非租赁而来。邑尊问：尔行开有几年？每年做若干生意？答称：已开四年，终年结算，可扎六万光景。邑尊谓：尔行何以多收二分行用？答称：均照大概章程，不敢多收，请求明察。邑尊谓：尔既捐帖开行，事无不合，着即将牙帖缴案查核。饬将公顺行主胡云甫交保，俞桂堂斥退。惩治不法牙商，早有先例。来代《名公书判清明集》卷十一胡石壁判牍《治牙侩父子欺瞒之罪》即为一例。这篇判牍载："颜文龙不远千里，兴贩货物，投托李四之父子，前后赢馀其牙钱，亦必不少，颜文龙意其可托，遂以银、会寄于其家，取守会以为证，自谓他日必可执券取偿。岂料李四父子全无信行，遽欲从而于没之。及至到官，乃谓保正立双头文字，系是寻常富室欺凌愚民之所为。"结果被判"欠负之罪轻，欺瞒之罪大，李七五、李四杖一百，押出府界，仍监还所欠钱银"。无信牙商终落得应得下场。

凡此，可窥一斑。

古今集市及各类市场为经纪人提供了生存的空间和展现才华的舞台。于是，经纪人们便在这舞台或说竞技的"战场""擂台"上尽情驰骋、演示，呈现了千百年来一幕幕正剧、丑剧和悲剧、喜剧乃至闹剧。这也是一种人生历史的大舞台，人生的生动历程。

中国拍卖业源流探析

在世界上，拍卖是一种古老的、特殊的商业贸易活动，其特点是以公开竞价对特定的物品进行加价竞买作为特殊的交易方式。一部世界拍卖史，是以人口的拍卖作为开端的。据认为，远在公元前1000—前700年的古希腊荷马时代，就出现了拍卖奴隶的活动。[①]但是，世界上见诸历史文献记载最早的拍卖活动，是著名的古希腊历史学家希罗多德（约公元前484—约前425年）在《希腊波斯战争史》中关于古巴比伦（公元前1894—前729年）婚姻市场上拍卖新娘的记述[②]，距今已有大约3000年的历史。公元193年，古罗马皇宫卫队长在夺取了佩提纳克的皇位之后，竟然把皇位给公开拍卖了。当时的大富翁马卡斯以大约相当于500万美元的竞价，战胜了佩提纳克的岳父获得了皇位。在英国，有文献记载的拍卖活动始于查理二世时代（1660年）。当时，英国绅士阶层参与拍卖活动甚至成了一种时尚。

有人提出，"欧美拍卖之风影响中国，始于近代鸦片战争前后，特别是清道光年间（1821—1850）。在此之前，拍卖在中国一直是空白"[③]。那么，中国最早的拍卖活动和拍卖业始于何时，是如何形成的呢？其形成的源流与社会历史文化背景是怎样一种轨迹和脉络呢？这是以往有关中国拍卖研究的著述中，往往被忽略或其说不一的一个问题。在此，略作一番探析，谈点一得之见就教于各家。

---

① 《不列颠百科全书》英文版第二卷第742页，1973年。
② 中译本题为《历史》事见第264页，商务印书馆1959年版。
③ 李沙《拍卖行》第14页，中国经济出版社1995年版。

一、"拍卖"与"拍卖业"

拍卖又称"竞买"或"竞卖",是一种带有典型市场经济色彩的特殊的商品交易方式。现代拍卖,通常是指由拍卖机构在一定的时间和地点,按一定的章程和规则,通过公开竞价而定价金的方法,将出卖人的财物售给出价最高的应买人的一种商品交易方式。

1996年颁行的《中华人民共和国拍卖法》第一章第三条,对"拍卖"的概念,作了这样的规定:"拍卖是指以公开竞价的形式,将特定物品或者财产权利转让给最高应价者的买卖方式。"或言之,拍卖的主要特征,是竞价、竞买。那么,中国从什么时候出现的拍卖活动呢?如同中国的典当业肇始于南朝佛寺的寺库,如今见诸文献最早的中国的拍卖活动,也出自古代的佛寺。只不过是,典当在唐代就已经走出寺庙形成了一种社会上的专门行业,而拍卖却滞后了十几个世纪,直到清代末年,方才在外资拍卖行登陆本土的背景下,形成有别于寺庙"唱卖"的一种专门性商业贸易行业。鉴此,出现比较晚的中国现代拍卖业的发展史,可分为前后两个阶段;一是从清末民初中国第一家现代拍卖行的出现,到20世纪50年代末(1958年天津最后一家拍卖行歇业)以后,这一行业消失;二是以1986年11月广州拍卖行成立作为这一行业的复出标志到现在。前一个阶段尽管长达半个多世纪,但其发展的顶峰时期,全国的拍卖行合计也不过二十多家。然而,仅是第二个发展段即从1986年至1995年的短短10年间,经当时的国内贸易部审核公布的拍卖行,就已经多达133家,是前一阶段80余年的四五倍。1996年7月5日,第八届全国人民代表大会常务委员会第二十次会议审议通过的《中华人民共和国拍卖法》,为现代拍卖业的规范有序发展,提供了有效的法律依据。在这部吸纳、兼容了古今中外拍卖经验和操作规则的现代拍卖法中，仍然可以看到其从古代"唱卖"之类拍卖活动发展而来的历史轨迹。

二、发端于古代印度佛教处分亡僧遗留衣物制度的中国寺院"唱卖"

1931 年，著名的敦煌学家向达先生在《国立北平图书馆馆刊》第五卷第六号上发表的《敦煌丛钞》中，披露了当时国立北平图书馆馆藏敦煌写本"成字 96 号"《目莲救母变文》卷子的背面，有一则手抄本的资料：

> 法律德荣唱紫罗鞋两，得布伍佰捌拾尺，支本分一佰五十尺，支索延定真一佰五十尺，支索政会一佰五十尺，支图福盈一佰五十尺，赊二十尺……僧政愿清唱绯绵绫被，得布壹仟伍佰贰拾尺，旧□壹仟尺，支图海明一佰五十尺……金刚唱扇，得布伍拾伍尺……法律道英唱白绫袜，得布叁佰尺，又唱黄画帔，得布伍佰尺，支图道明一佰五十尺，支本分一佰五十尺……

这则手抄在《目莲救母变文》的背面的原始资料由此披露后，立即引起了文史学术界的注意。1934 年，向达先生又在所发表的著名学术论文《唐代俗讲考》的"僧人之唱小曲"专节中，对这则珍贵的手抄文献作了诠释，认为这是"当时僧人书为人唱曲所得布施同分配的账目"，并指出，"账内记有所唱各种小曲的名目，如紫罗鞋两……唐代僧人为人作法事以外，并也唱一种小曲，以博布施"，云云。① 时过 40 余年之后，四川大学张永言教授发表的一篇论文指出，敦煌文书中的这则抄件乃是一篇"唱衣历"，而非"僧人之唱小曲"；其中的"唱"字并非演唱歌唱之"唱"，而是估唱、唱名、唱票之"唱"。是在分卖亡僧遗物时唱出所卖物品的名目、数量、价格等，即所谓的"唱衣"。另外，抄件中出现的"法律""僧政"之类，均为寺庙中僧侣的职衔，不应同僧徒的法名相混同，如"愿清"就是僧人的法名，等等②。唯惜向达先生早于1966 年含冤逝世，已经无法读到这翔实可信的考释了。

　　从西汉末年佛教传入中国，迄今已有 2000 余年了。在古印度佛教"本土化"成为"中国佛教"的历程中，不仅佛教文化对中国政治、经济、文化影响的层面十分广泛、深刻，也为本土社会生活引进了一些新的事物。其中，拍卖的初始形态——"唱卖"，即发端于古代印度佛教处分亡僧遗留衣物的制度。在一些印度佛教律藏经典中，可以看到明确记载有关处分亡僧遗留衣物办法的规定。例如，在辑录印度佛教戒律的《摩诃僧祇律》卷三一，所规定的处分亡僧遗物的三种方式中名为所谓"贸易分受"的第三种方式，就是唱卖。又如《十诵律》卷三中也谈道："佛言：'从今日听众僧中卖衣，未三唱，应益价。'益价时，比丘心悔：'我将无夺彼衣耶？'佛言：'三唱未竟，益价不犯。'"就是说，所要出让的亡僧遗留衣物的"分受"对象亦即"竞买人"，是寺院的僧众；寺中的僧众要通过三次"益价"性的唱卖来竞买，以增值的形式向寺内出让这些亡僧的遗留衣物。那么，如何处置唱卖所获得的收益呢？按照律藏

---

① 见《燕京学报》，1934 年第 16 期。
② 《关于一件唐代的唱衣历》，《文物》1975 年第 5 期。

的有关规定，除了要清还该僧生前的债务、付给其生病时护理者一定的报酬外，其余的就作为寺产归寺院僧众共同所有了。

佛教经典《百丈清规·住持章》亦载，僧人圆寂，所有随身衣钵，请书记师抄录"板账"，监院、职事、书记及看护病僧的人等签押，物件留丈室或寄存内库房，命秉公有德者保管，以俟"估唱"，也称"唱衣"。届时，由僧之唱和，分配亡僧三衣等物。亡僧生前若负债，或为给付疗养、丧葬等费用时，一般皆由维那预先评定遗物价格，集合僧众而竞售让渡之，称为估唱、提衣、估衣，或称卖衣。

三、唐代以来中国寺院"唱卖"

著名的法国汉学家谢和耐（Jacques Gernet），在其 1956 年发表于《法兰西远东学院学报丛刊》第 39 卷上的博士论文《中国五—十世纪的寺院经济》中，比较早地注意到了中国古代寺院中的唱卖活动，并且明确地认为这是拍卖性质的交易行为。他根据公元 7 世纪道宣和尚《四分律删繁补阙行事钞》的有关记述，"强调了在中国寺庙中进行的唱卖的习惯"，认为"这种习惯在那里流行的时间要早得多，很可能是从五世纪就开始了"。[①] 若依此论断，中国的寺院的唱卖亦即拍卖，当肇始于南朝佛寺，迄今已有大约 1500 多年的历史了。然而，遗憾的是，迄今尚未发现能够支持这一论断的确切历史文献作为佐证。现存历史文献中，尤其是在敦煌文献中，多可见到唐代以来有关寺院唱卖的记载。道宣和尚从唐高祖武德九年（公

---

① 中译本第 110 页，甘肃人民出版社 1987 年版。

元 626 年）起对《四分律》的研究注疏，以及后来的一些文献表明，"唱卖"一直是唐以来迄至元代中国佛教寺院处分亡僧遗留衣物乃至其他财物的习俗惯制。例如，在今存国家图书馆的《目连救母变文》（编号成字 96 号）背面的那段关于当时寺院唱卖亡僧遗留衣物情形的记述。（详见前引）可见，当时寺院唱卖亡僧遗留的衣物时，是由"法律""僧政"等寺院中的"管事"的僧人分类唱卖的，而且竞买的众僧多是以属于私产的布匹以物易物的方式进行交易，是把布匹作为交易的流通物品，并且还有少量的赊欠。又如五代时的《清泰三年（公元 936 年）河西都僧统算会账》（编号伯 2638）中亦载，"巳年官施衣物唱得布贰阡（千）叁佰贰拾尺"，亦然。敦煌文献中保存了相当数量的名为"唱衣历"或"析唱账"的这类唱卖账目，如《各寺布施及僧人殁后唱衣历》（编号伯 3410）、《僧人析唱账》（编号伯 269）等[①]。

至公元 8 世纪，创立中国佛教禅宗一代寺规的怀海（公元749—814 年）大师在编写《百丈清规》是否就已经根据旧律把"唱卖"制度正式列入，因该书原本没有完整地保存下来，不得而知。但是，在元代至和二年至四年（公元 1136—1138 年）刊布的由德辉和尚编修的《敕修百丈清规》卷六，十分清楚地记述着寺院唱卖的具体操作规则："荣毕（śavya），后堂司行者覆住持、两序侍者。斋罢，僧堂前唱衣，仍报众挂唱衣牌……维那（Karmadāna）解袈裟（Kāsaya）安磬中，却换挂络。堂司行者依次第拈衣物，呈过递与。维那提起云：三'某号、某物、一唱若干'。如估一贯，则从一百唱起。堂司行者接声唱，众中应声，次第唱到一贯。"《敕修百

---

① 详可参见高国藩《敦煌民俗学》第 35—36 页，上海文艺出版社 1989 年版。

丈清规》卷三所载僧亡之后的"唱衣"具体程序如下：

> 至期僧堂前。或法堂上下间设大众坐位。中间向里里安长卓。置笔砚大磬其上。鸣僧堂钟集众。首座与主丧分手。两序大众坐位。中间向里里安长卓。置笔砚大磬其上。鸣僧堂钟集众。首座与主丧分手。两序大众次第而坐。丧司维那知客圣僧侍者向主丧位坐。维那念诵云（留衣表信。乃列祖之垂规。以法破悭。禀先达之遗范。今兹估唱用表无常。仰凭大众念。清净法身毗卢遮那佛。云云）毕开笼出衣钵。依号排席上。请提衣佛事毕。维那鸣磬一下。白云（扶唱衣之法盖禀常规。新旧短长自宜照顾。磬声断后不得翻悔。谨白）若法衣多添留遗嘱。次第呈衣。维那拈唱丧司合干人贵在公心主行。维那定价打磬。行者瞻顾前后。唱定名字。知客写名上单。侍者依名发标。唱衣毕。结定钞数主丧金单。交钞取衣不得徇私减价。主丧力主其事。今多作阄拈甚息喧争。其法用小片纸。以千字文次第书字号。每一号作三段。写于上仍用印记关防。量众多少。与丧司合干人封定。至期呈过主丧。两序首座开封知客分俵堂司行者捧盘随侍者。侍者剪取其半。置盘内毕。以盘置首座侧。安水盆于下抖匀。维那拈衣唱价讫。首座临时呼一童行。信手拈盘中半阄。递与首座。开看字号分晓。说与堂司行者。喝某字号。众人各开所执半阄。字号同者即应。如不愿唱此号衣物则不应。三唱不应。首座以半阄投水盆中。再令撮起半阄。复唱起。应者堂司行者往收半号。到首座处对同。报与维那称云。某物唱与某人。鸣磬一下。知客上单。侍者发标。供头行者递与唱得人。衣物仍旧入笼次第唱毕。维那鸣磬一下。回向云

（上来唱衣念诵功德。奉为示寂堂头和尚增崇品位。十方三世
云云）众散各自照价持标取衣。三日后不取者依价出卖。造单
帐。唱衣古法（见大众章）

单式　尚头和尚示寂谨具衣物。估唱钞数。收支于后

单式　尚头和尚示寂谨具衣物。估唱钞数。收支于后

一收钞若干（系某件唱到）

一收钞若干（系某项收到）

一支钞若干（系某项用度）

一支钞若干（系某项支使　逐一列写）

已上共收钞若干

共支钞若干

除支外见管钞若干（准斋七追修僧行经资用）

右具如前

年　月　日丧司行者　某　　具

呈 把帐执事人两序典丧各书名会押

视其情形，显然与现代拍卖颇相类似。

四、宋代以来的"估衣"业

杨联陞《佛教寺院与国史上四种筹措金钱的制度》谈道，"可
以推断元末以来，拍卖已在寺院中日渐销声匿迹了"，"中国市集的
估衣贩子在将衣物展示于手上的同时，通常也都唱出货品的性质与
价格以便引人注目。这就叫作'唱故衣'……唱故衣很可能是受到

佛教寺院的唱衣的影响"，云云①。杨氏所言不无道理，但应指出的是，这种"唱故衣"尽管与"唱卖"有其相近之处，却往往主要表现为减价甩卖的交易性质。

估，在汉语中可谓"价值"，如晋葛洪《抱朴子·审举》："悬爵而卖之，犹列肆也；争津者买之，犹市人也……中正、吏部并为魁侩，各责其估，清贫之士，何理有望哉！"当价值确定之后又行提价，则谓"抬估"。如《新五代史·王章传》："命有司高估其价。估定又增，谓之'抬估'。"古谓商贾为"估人""估客"，谓市场为"估市"，谓商船为"估舟"，与此不无关系。唐·元稹《估客乐》诗所咏的"估客"，即为一般商贾。

宋·孟元老《东京梦华录》卷二《东角楼街巷》："近北则中瓦，次里瓦……瓦中多有货药、卖卦、喝估衣、探搏饮食、剃剪纸画、令曲之类，终日居此，不觉抵暮。"其"喝估衣"，亦即后世北京的说唱叫卖估衣。《金瓶梅词话》第十六回写道，"这贲四名唤贲地传，年少，生的百浪嚣虚，百能百巧。原是内相勤儿出身，因不守本分，打出吊入，滑流水，被赶出来。初时跟着人做兄弟儿来；次后投入大人家作家人，把人家奶子拐出来作了浑家，却在故衣行做经纪。……西门庆见他这般本事，常照顾他在生药铺中秤货，讨中人钱使"。可知，旧时的故衣行是雇佣经纪人从中联络生意的。

明代佚名氏《如梦录》②中，曾多处记述当时开封的"估衣店""估衣铺""油缎估衣"以及"四面皆卖布估衣"等事项。

唐代诗人元稹《估客乐》有道，"一价市头语，便无邻里情"。其"市头语"，乃市肆商贾的当行隐语行话。据宋人曾慥的《类说》

---

① 见《国史探微》第 212 页，辽宁教育出版社 1998 年版。
② 清·张凤台辑《三怡堂丛书》本，中国书店，1990 年 5 月影印。

卷四引唐代佚名《秦京杂记》语云，"长安市人语各不同，有葫芦
语、锁子语、纽语、练语、三折语，通名市语"。由于缺乏文献实
证，唐代那诸行市语的确切情况如何，是否也包括有估衣行的隐
语行话，不得而知。不过，清人翟灏《通俗编·识余》所录明清米
行、丝行、绸绫行、典当、杂货铺等诸行"市语"之中，却清楚地
保留着当时"故衣铺"的一至九数的数目隐语行话，即"一大、二
土、三田、四东、五里、六春、七轩、八书、九籍"。其"故衣"
之"故"，显系"估"之讹衍。估衣铺、估衣摊所经营的衣物，一
向以旧衣物为主，"故衣"与"估衣"音同，乃望文生义者也。

清代一部署称"羊城旧客"，印行于光绪二十四年（1898）的
《津门纪略》卷十《货殖门·绸缎庄》一节，记述了"瑞林祥元
记""魁升"等当时津门的十二座绸缎庄，其中就有八座设在"估
衣街"地段。据是书的散见记载得知，这"估衣街"上除了江西会
馆、山西会馆和万寿宫，还有蔚泰厚、新泰厚、百川通、志诚信和
乾盛亨五家"汇业"，仁记、仁昌和恒利三家金店，义生厚、荣聚
和德信厚三家钱庄，西裕兴洋布庄，万全堂、仁育堂药店，集义栈
客寓，估衣街口另有一个"果市"。凡此可见，当时的津门估衣街
该是个多么繁华的商肆所在。另据卷九《洋务门》记载的"火车站
脚行运送货物价目"表得知，当时从火车站到估衣街运送货物的价
格，"每百斤按津钱发给"是一百六十文，比到另一个商业街"针
市街"还少二十文。可见，这个估衣街的交通还是比较便利的。不
仅估衣业繁荣一时，当街市肆的其他各业也十分繁荣。近人胡朴安
《中华全国风俗志》所录描述旧时天津"估衣街"的竹枝词中唱道：
"估衣街上古衣多，高唱衫裙何几值，檐外行人一回首，不从里坐

也来拖。"①

《老残游记》第八回写道："因在估衣铺内，选了一身羊皮袍子、马褂，专差送来。"这种称作"铺"的"估衣铺"，显然不是街头摆摊设点的"行贩"，而是"坐商"。

清·夏仁虎《旧京琐记·市肆》："质肆岁以正月查其满期之货，估衣行咸往购取，谓之号货。皮货估衣集于前门东之珠市口以迄打磨厂，其曰冬大市者为估衣陈列之地，晓集午散，诈伪百出。"又，李静山《增补都门杂咏·市廛门·估衣铺》："裙衫袍褂列成行，布帐高支夏月凉。急事临身多绕路，怕听争问买衣裳。"又，佚名《燕台口号一百首》描述估衣摊说："街前镇日乱邀呼，四季衣裳遍地铺。还价问渠可着恼，大家拉倒莫含糊。"又，学秋氏《续都门竹枝词》："马褂边镶如意头，对襟更欲效时流；估衣铺内心机巧，旧面翻新利倍收。"

国家图书馆收藏的清代民间艺人画稿《北京民间生活彩图》的第七一图，为《卖估衣图》。图中题词云："此中国卖估衣之图也。其估衣俱系穿旧，自当铺或小市各处买得，四季单、夹、皮、棉、纱各色衣服，在街市设摊售卖，名曰估衣。"至于估衣业的说唱叫卖吆喝，亦别有特色。其情其景，从清代蒋士铨在《忠雅堂诗集·京师乐府词·唱估衣》中的描述，可窥一斑："古庙官街各成市，估客衣裳不在笥，包裹捆载重如山，列帐当衢衣满地。数人高立声嘘呵，唱衣价值如唱歌。相夸奇服极意态，千衣百裳身上过。手足江疲唇舌燥，欲买还看衣带票。短长宽窄称其身，缔绣文章从所好。衣新衣旧阅人多，人往人来取衣较。"佚名氏《燕市百怪歌·卖估

衣者》亦描述说："远闻叫声声，婉转颇可听，衣服两大堆，件件来回经。"

从上述史料可见，中国传统商业活动中的"估衣业"，显然即如杨联陞先生推断的那样，"很可能是受到佛教寺院的唱衣的影响"，同寺院的"唱卖""分卖"性质颇为相近。只不过，寺院的"唱卖""分卖"出让对象主要还是寺院的僧众，而上述则属于开放形式的市场交易活动。

五、清以来的拍卖和"卖叫货"

专事以拍卖作为主要经营活动的拍卖业，在中国出现得比较晚。据记载，清道光元年（1821年），英国的东印度公司发运的一批印花布"在广州拍卖脱手"[①]，这是有关中国拍卖业活动的较早的文献记载。又据认为，中国历史上的第一家拍卖行，是英国一家大拍卖行于清同治十三年（1874年）在上海开设的子公司——鲁意斯摩拍卖公司[②]。两年后，亦即光绪二年（1876年），第一家由国人创办的拍卖公司也在上海注册开业，真正开创了中国拍卖业的历史篇章。在此之前，中国虽然没有形成拍卖行业，并不意味着就没有过"拍卖"活动。

清末裴荫森《购置练船疏》中所写到的，"其船托英商天裕秧行拍卖，洋平番银四千元"；以及郑观应《盛世危言·银行下》中

---

① 见严中平《英国资产阶级纺织利益集团与两次鸦片战争史料》，载《经济研究》1955年第10期。

② 陈开欣等《典当与拍卖知识入门》前言，上海社会科学院出版社1993年版。

谈到的，"合同各执，载明气先，如过期不换，即将所押之物拍卖偿抵"，均反映了清代末年我国已经引进并接受了西方的"拍卖"做法。

又据《津门纪略》卷九的记载，当时津门业已出现了由外商主持的、俗谓之"卖叫货"的拍卖行。书中《洋务门·叫卖》记述说："拍卖亦曰'叫卖'。凡华洋家什货物，俱可拍卖。先期粘贴告白，定于某日几点钟。是日先悬旗于门。届时拍卖者为洋人，高立台上，以手指物，令看客出价，彼此增价争买，直至无人再加，拍卖者以小锤拍案一声为定，即以价高者得货耳。俗名'卖叫货'。"

这类"卖叫货"，显然已经属于市场交易行为的"拍卖"活动。英国东印度公司发运的一批印花布"在广州拍卖脱手"，则是中国历史上在本土发生的较早的拍卖活动。不过，无独有偶，这种拍卖活动，可同明代话本小说中的描述有"异曲同工"之妙。

明代冯梦龙所辑话本集《醒世恒言》卷八曾写道，明代嘉靖年间（公元1522—1565年），江苏吴江县有一位缫丝、织绸技艺颇高的工匠名叫施复，每当他把产品"拿上市去，人看时光彩润泽，都增价竞买，比往常每匹平添许多银子"。尽管其中写到了"竞买"的字样，而且是"益价"增值了，但仍然只是传统的讨价还价式的一般交易，尚非现代意义上的叫价、竞买那种拍卖交易方式。《醒世恒言》卷一八《施润泽滩阙遇友》亦写道："（话说嘉靖年间）……施复到个相熟行家（按：收买丝绸的牙行）来卖。见门首拥着许多卖绸的，屋里坐下三四个客商。主人家站在柜身里，展看绸匹，估喝价钱。施复分开众人，把绸递与主人家。主人家接来，解开包袱，逐匹翻看一过，将秤准了一准，喝定价钱，递与一个客人道：'这施一官是忠厚人，不耐烦的，把些好银子与他。'"

其"估喝",是指现场当众估定价钱,当众喊出,即下文所谓"喝定价钱"。至于"估喝""叫价"以及"增价竞买"等等,业已同现代拍卖形式相近似。

六、中国现代拍卖业出现较晚而又很早式微的缘故

1840 年鸦片战争以后,随着西方资本主义国家剩余物资的大量向中国倾销,商品经济开始猛烈地冲击中国封建经济闭关自守的大门,自然经济逐渐趋于瓦解。1874 年,英国最大的一家拍卖行在我国当时商品经济发展较快的上海开设了一家远东子公司鲁意斯摩拍卖公司。随后,英国的瑞和洋行、罗森泰洋行,法国的三法洋行,日本的新泰洋行,以及丹麦的宝和洋行等,也先后纷纷来上海挂牌开展拍卖业务。自此,现代拍卖业在中华大地正式登陆。

早在 1000 多年前,中国就从古代印度佛教引进了现代拍卖业的雏形"唱卖",但一直未能走入更广泛的社会经济生活,长期徘徊、限定于寺院内部的经济活动之中,直至清末当西方拍卖业正式进入中国之后,才迟迟地形成属于本民族经济的拍卖业。之所以如此,应当说,其缘故,首先主要是长期以来国人的传统商业文化观念在作怪。按照本土的传统商业贸易习惯,是在讨价还价的过程中完成交易的,甚至在马市、古董行等一些行业一向存在"袖里吞金"方式的近似"黑箱操作"的交易方式,并不习惯这种拍卖式的交易形式。唐初的道宣和尚在《四分律删繁补阙行事钞》卷下曾经訾议道:"今时(在寺院)分卖(唱卖),非法非律,至时喧笑,一何颜厚!"显然,他反对在寺院这样的"净地"进行"唱卖"喧嚣却因

已经相沿成习而无可奈何，而这种观念也并未脱离传统商业交易观念的影响。因而，具有直接讨价还价交易过程的典当业从唐代就进入了社会经济生活，拍卖业却恰恰相反做不到这一点。对此，即如美国学者理查德·恩袼尔布雷等在《拍卖、投标和定约的实践与理论》（1983）中谈到的，"这种销售方式（拍卖）在东方根本不受欢迎，因为讨价还价才是人们的传统"。长时期以来市场经济发展的落后，传统交易观念的守成性和公开化、透明化的公平交易观念的淡薄，正是中国现代拍卖业出现较晚而典当业形成较早的主要缘故。

同时，旧中国的商品经济发展迟缓，也是中国现代拍卖业没有发展起来而又很早即式微的一个主要缘故。因而，即使是当时经济最为繁荣的上海，直到 1949 年时也仅有 25 家拍卖行，而且规模都很小，只能搞些小拍卖。到了新中国成立，国家按苏联模式推行计划经济，产品实行统购统销，几乎所有的商品都严格限价。并且，在当时的社会环境之下，拍卖制度被视为资本主义事物而遭到否定。于是，具有较强的商品经济色彩的拍卖行业，也就没有了生存的条件。1956 年时，北京还有一批拍卖过木材等的拍卖行营业，而上海的 7 家拍卖行，经"公私合营"后转业。1958 年，全国最后的一家拍卖行在天津歇业。至此，中国现代拍卖业结束了她的一个时代。

1986 年，作为全国改革开放前沿"阵地"的广州，率先在全国成立了第一家拍卖行，从而拉开了中国拍卖业尝试复出阶段的序幕。1996 年，《中华人民共和国拍卖法》颁布，标志着中国拍卖业开始进入了规范发展的新时代。

综上可见，中国拍卖业发端、形成的源流与社会历史文化背景，如果用几句话来大体概括的话，则显示了这样一种轨迹和脉络："发端于古代寺院，辗转于唱卖、估衣，创始于穗沪外商，式微于计划经济，复出于经济改革，发展于商品时代。"

　　个中，中国拍卖业经历了唐代寺院"唱衣"向世俗的转化，是中国拍卖业的一个漫长的"早期启蒙"过程，从而出现了与之相类似的市场化商业活动"估衣业"，清代中叶以来的"卖叫货"和外商拍卖行的登陆，为中国现代拍卖业的正式形成进行了"重新启蒙"。两次"启蒙"，以及中国市场经济一波三折的发展与确立，最终催生了当代中国拍卖业发展的历史新时期。

传统行会制度与现代行业管理

在考察研究世界史时，欧洲行会制度一向是颇引人注意的一个社会经济现象。遗憾的是，在考察介绍中国历史的时候，对于世界上历史最为悠久而自成传统特色的中国行会制度却未引起足够的注意。在鸦片战争之后的中国早期现代化进程中，中国传统行会制度借鉴了西方行会制度的优长，一定程度上适应了社会和经济进步的变革要求。而今，面对当代经济体制乃至政治体制改革的社会现代化新阶段，有一项课题已经受到国家决策行政机关和有关社会科学学者们的关注，这就是中国传统行会制度与现代化行业管理。具体言之，是通过考察、研究、分析国际上行业管理经验得失和中国传统行会制度发展史，科学地认识和决策解决在市场经济条件下政府主管部门职能的调整与转变后，如何对经济等行业组织及其活动行为调控监管。

首先，略说中外行会史上的行会制度。

在世界史上，见诸文献较早的是中古时代拜占庭（东罗马帝国）的行会组织。一部《市政录》，汇编了公元9世纪末及10世纪初（886—912年）君士坦丁公证人、金银首饰匠、银行、丝绸服装商、麻布商、生丝匠、肥皂商、屠夫、猪肉商、鱼商、饮食店主及承包商等 20 种行业行会的规章和政府有关法令。英国等其他西欧国家的行会，大都始创于公元 12 世纪之后，主要经历了商人行会、手工业行会和公会三个主要的更替式发展阶段。

中国的行会制度，是在从周至隋千余年市场管理制度基础上形成的，至唐初始见于历史文献记载，迄已有 1300 多年历史。唐代以来历代行会的名称因时代、地域及行业群体而异，多达 20 多种，如行、团（团行）、作、市、会、堂、庙、殿、宫、阁、庵、社、院、馆、帮、门、祀、公，以及行会、同业公会、协会、公所、会馆等。其中，以唐代所称的"行"为最早。

英国等一些西欧国家中世纪行会的产生，是各行同业出于抵制、反抗城市封建领主掠夺，维护从业者自身利益的需要；相反，拜占庭的行会主要是行业主的组织，是国家用以控制税收、维护国家财政收入的一种组织形式。这一点，同比其早约两个世纪的中国唐代行会产生的社会背景很相近。唐初，以政府行为建立行会制度，主旨在于通过诸"行"行首贯彻法令，协办向业户征缴赋税、科买、和雇以及定价等事务。例如，唐德宗贞元九年（公元 793 年）二月二十六日敕令称，"自今以后，有因交关用欠陌钱者，宜但令本行头及居停主人、牙人等，检校送官，如有容隐，兼许卖物领钱人纠告。其行头、主人、牙人，重加科罪"。因此，当时行会的行首大都由官府指定，即或是本行业推举产生者，亦必须获得官方的认可。中国行会制度的这一传统，一直延续至清末民初。也就是说，中国行会从其形成开始，便兼含协办或代行政府某些行业监管职能的性质。直至明清以来，中国行会制度方才开始增加或逐渐突出了协调内外竞争、维护会员利益的互助功能。

14 世纪末 15 世纪初，随着英国封建制度经济的解体和资本主义制度经济的形成，在社会制度和经济体制变革的背景下，行会制度为公会制度所取代，既顺应市场经济活动的需要亦促进了市场经济的发展。英国从行会到公会制度的更替，不是名称的随意改变，而是在市场经济活动中商人支配生产的生产关系的变革，是市场经济机制作用下的必然结果。有趣的是，中国行会制度的产生早于西欧约两个世纪，而其变革却比英国公会的形成反而迟了大约两个世纪。什么原因呢？根本在于中国的封建制度经济崩溃得晚，资本主义经济制度在中国登陆较迟。直到鸦片战争之后清末民初，中国的行会方才开始随着早期的现代化进程，在西方商会、在华洋商商会发展的影响下，出现了行业性、区域性的全国性各个层面的整合，开始向现代行业公会、商会方向迈进。清光绪二十九年十一月二十四日（公元 1904 年 1 月 11 日），清政府商部奏准仿照欧美及日本等资本主义国家设商会组织办法，颁行了《商会简明章程》26 条，开始改革传统行会为资本主义经济社团组织。当时商部奏称："纵览东西诸国交商互市，殆莫不以商战角胜，驯至富强，而揆厥由来，实皆得力于商会。商会者，所以通商性、保商利，有联络而无倾轧，有信义而无诈虞。各国之能孜孜讲求者，其商务之兴，如操左券。中国历来商务，素未讲求。不特官与商隔阂，即商与商亦不相闻问；不特彼业与此业隔阂，即同业之商，亦不相同。计近数十年间，开辟商埠至三十余处，各国群趋争利，而华商势涣力微，相形见绌，坐使利权旁落，寝成绝大漏卮。"因此，奏请颁行建立商会法规以"振兴商政"。从当时统治者视点对行会制度改革的认识尚属浅薄难及实质，但已属时代推动下的难得举措。进入民国之后，相继制定颁行了一系列有关法规，如《商事公断处章程》（1913 年），《商会

法》（1915 年），《商会法施行细则》（1916 年），《工商同业公会规
则》（1918 年），《修正工商同业公会规则》（1923 年），《工艺同业
公会规则》（1927 年）等。凡此，虽说受封建或半封建半殖民地社
会制度条件的制约而难以实行中国行会的本质性变革，尽管比西方
迟滞了约两个世纪，仍不失为历史性的进步。

　　下面，讨论关于政府主管部门职能转变后对经济等行业组织及
活动的调控与监管问题。

　　20 世纪 40 年代末之后的 30 余年，中国实行社会主义制度下的
国家计划经济体制。在此社会背景条件下，传统的行会制度已不符
合现行社会经济体制，因而很快就废除了。少数名为行业协会、商
会的组织，多属政治性社团或因特定需要而设，基本上不具有行业
协会的本来意义。

　　20 世纪 80 年代以来，随着经济体制改革的发展，相继出现了
一些地区性、全国性的行业协会或跨行业的经济协作组织，主要活
动是沟通信息、协调经济活动、产品评奖等，但大都尚未切实发挥
行业管理功能。

　　20 世纪 90 年代中期以来，随着市场经济运行机制的确立与逐
渐规范化，政府尤其是经济主管部门职能的转化，已经成为时下社
会经济体制改革乃至政治体制改革的当务之急。政府原有职能转化
之后，政府职能主要是依法行政，按照国家大政方针和市场经济规
律进行监管、调控。那么，对于几乎完全进入市场进行独立自主经
营的各类经济实体该如何管理呢？简言之，广泛建立并充分发挥各
类行业协会组织的行业管理功能，将政府转变职能后的某些精简下
来的原有部分职能转化进入行业协会的职能范围。为此，中国现代
化进程发展至当今阶段，亟待在传统行会制度基础上，借鉴国际上

一些发达国家经验，建立中国现代行业协会制度和实行科学、严格的行业管理体制。

从一定意义上说，不实行现代行业协会制度和行业管理体制，政府职能转变、精简政府机构设置乃至反腐败等改革举措都将难以落实，尤其会阻滞培育、完善科学的市场经济运行机制。因而，建立、实行现代行业协会制度和行业管理体制，是社会改革发展的现实需要，是当今时代的呼唤。

如何建立中国现代行业协会制度和科学的行业管理体制呢？

首先，是借鉴古今中外的成功经验。中国是世界上实行行会制度最早的国家之一，有历史悠久的行业管理传统和经验。发掘、总结历史经验，借鉴欧、美、日本等国家和中国香港、台湾地区的成功经验，切实结合国情实际，从现代化战略出发，完全可以建立起适应社会要求的中国现代行业协会制度和科学的行业管理制度。可以说，早在唐代就已实行的政府通过诸行行会管理工商业市场的制度本身，在今天仍然会给我们许多有益的启示，颇值得发掘研究。有的发达国家政府的经济部门通过数千个行业协会来监督，调控多种市场的经营活动，其涵纳的经济实体类别相当于我国政府机构改革前 10 多个部门分管的范围。类似的成功经验，很值得我们借鉴。

其次，健全、细化相关法规，确保行业协会制度和行业管理体制的实施。实行行业协会制度和行业管理体制，直接关系国家及各地区的政治、经济秩序，涉及范围广泛，影响深远，有其特殊性，因而有必要在现行有关社团管理法规和工商等行政法规的基础上，制定实施有别于政治、学术或一般社会团体的相应专项统一法规和地方法规。通过专项法规明确行业协会的性质、注册、组织办法、经政府审核认定的协会章程和规约的法律地位，各级政府管理行业

协会的权限、方法及形式等。在有关法规中要明确各类各级行业协
会的义务，以及政府依法赋予的固有职责、义务和有关协办或代行
职权。

第三，全国建立各级、各类行业协会管理体系网络。根据国家
制定的有关法规，将全部经营性经济实体一律纳入相应的行会组织
管理之中。每审核注册一个新的经营性经济实体的同时，即依法强
制其成为相应具体行业协会的会员单位。对于某些特殊的经营实体，
采取特殊管理办法，不便或暂不具备条件组建特殊行业协会者，其
管理可依法个案处理。行业协会制度，原则上以实体所在地方分业
管理为本，分为全国、省（直辖市、特别市）、市、县（区）三级
管理系统。某些特殊、特大实体，依法由国家或省（市）有关组织
机构进行组织管理。协会办公、活动经费，以会员缴纳的会费或协
会本身的其他经营收入为主，政府给予适当的必要财政补贴。

第四，关于行业协会的基本性质、职能。现代行业协会，应是
除政治、学术等社会团体而外的，具有经济法人资格的经营性经济
实体的同业（有的为相近、相关联行业）组织；既是社团法人单位，
亦属经济组织法人单位；是会员单位生产、购销等经营活动的协调、
自律和管理组织，也是协助政府有关部门依法行政的机构。政府有
关部门依法向协会派驻联络员之类人员，对协会重大事务进行原则
性指导、协调，沟通信息。行业协会依法协助政府管理经营性经济
实体，建议、参与或协助立法机关和政府制定、修订有关法规，反
映行业经营情况和会员的要求；政府联系经营性经济实体及其法人
代表的主渠道，也是政府宏观调控市场经济、依法规范市场活动的
主要协助机构。

学术研究要基于历史，更应着眼于现实和未来，科学理论研究

要有实践性和前瞻性。在进行关于中国行会史的研究中，从传统制度联系到现实社会发展实践，借此进行一点粗浅讨论，提出一得之见，即根据市场经济的需要在政府职能转变的条件下建立现代行业协会制度实行行业管理的粗浅思路构想，且供讨论研究和有关方面决策参考。

中国保安业史略

在历史进程中，社会的现代化是超越传统的进步过程和结果。在一定意义上说，现代化是对传统文化的否定。但是，并非全盘否定，而是在既存的传统文化环境制约下有选择地继承和扬弃的超越性进程。在这一进程中，一些传统事物由于现实社会生活的需要，往往会被现代化推陈出新，赋予新的活力。

曾有过 500 多年历史而一度匿迹半个多世纪的中国保镖行业，在 20 世纪 80 年代以现代保安业的崭新面貌涌现于内地，进入现实生活，从而使这一传统行业在现代化进程中获得了新生。

以武力、武士充当护卫保护人财安全的做法，古已有之，无论是战时还是平时，其例不胜枚举。然而，保镖作为一种行业出现，其历史尚非很久远。明代历史文献中开始较多地见到散于官方档案文书中的奏疏乃至《金瓶梅词话》等各类文献关于镖行的直接文字记载。《金瓶梅词话》中，几处写到西门庆除开有绫缎铺、药材铺等买卖外，还开着"标行"，并以"标船"运送货物。有关文献虽然很少，但已可说明当时镖行已作为一种社会行业存世了。

中国镖行滥觞于明代的"标兵"受雇护卫军饷或巨商大贾重赀

的活动，以及布商雇佣武力护卫贩运标布，护卫成为特定的市场，进而成为一种护卫职事行业。形成于明代的中国镖行，伴随清代票号护运业务和其他人身财产安全护卫之需而发达一时。

清季以来，有关镖行的文献多了起来，至今仍可见有当行抄传的《江湖走镖隐语行话谱》《清代镖行江湖隐语行话秘典》存世。此间，镖行业务已分为行程保镖和看家护院两大类，行程保镖又有陆路与水路之分。从皇都北京到南北各商埠码头，大小镖局很是不少，甚至在河北冀县李家庄附近的小小绢子镇上，也设有许多镖局或大镖局的分号。光是京城，便设有多家，其中会友、永兴、源顺等比较著名者，素有"八大镖局"之称。最有名的会友镖局，在南京、上海、天津、西安等地设有多处分号，盛时有镖师达1000多人。

继唐宋之后，明清是民族工商业进一步发展繁荣时期。由于交通不便，路途又时遭盗匪劫掠袭击，直接威胁着商贾行旅的人财安全，于是便促生了进行有偿保安服务的保镖行业。

在火器还不发达的冷武器时代，传统武术技艺是人们赖以自卫防身和进攻的主要手段。除投身行伍、设馆授艺而外，镖行的出现无疑为习武者又开辟了一条立世谋生的用武之路，使武士们得以直接服务社会，谋生自立，并促进了中华传统武术的发展。以大刀、形意拳、八卦掌著称武林的王子斌、李星阶、梁振普等，都曾是一代有名的镖师。以连手短打（即"勾拐子"）著称的拳师刘占山，即出自其世代镖师的家传，其祖父、父亲都是恃武保镖的镖行从业者。著名的秘宗拳第六世传人霍恩第（霍元甲之父），当年也曾为富商充当镖师。

镖行生意，不仅是受雇为商旅护送人财，还为朝廷、官府运送皇杠饷银，并根据需要为达官富绅看家护院。清代盐法道等官衙发往外地的巨额现银，便多请镖局护运。一代重臣李鸿章的宅院，由会友镖局派镖师护卫。在走镖活动中，镖局也代理商号发往各地的汇款，兼办汇款业务。嘉庆年间在京城经商的山西等地的生意人，年节往家捎钱时，也多从镖局运现，虽要付酬金，却比较安全可靠。

在清朝的对外经贸活动中，镖行也被雇请护送出洋货船，即如吴炽昌《客窗闲话·难女》所载："余舅金氏，以大海之洋行为业，自置洋船五，在东西洋贸易。每船必有标客，以御盗贼。"《清稗类钞·技勇类·洪峻与三等羁斗》亦称："时有巨商贸贩外国，苦海盗，聘洪护镖。"

此外，妓馆、赌局为了不受侵扰，也往往雇镖师维护其经营秩序。著名的镖局顾及声誉，不屑为这种下流娱乐行当服务，他们便从一些小镖局雇用镖师。甚至，向有偷拿库银名声的库丁，为提防有人路上勒银，也求助于镖局，雇请镖师往返护卫。

旧时镖行的镖师，除雇主而外，便主要是同可能劫镖的各种盗贼打交道，千方百计地防止失手丢镖。交通工具简陋，道路险恶，盗贼出没其间，因而走镖途中充满了艰难和风险。镖师以武功为资本，但光凭武艺高超还不能保证走镖的安全、顺利，还必须以机智同匪盗周旋，笼络江湖感情，进而送礼买路。如果一遭结仇伤了和气，难免招致报复或故意作对袭扰，镖行在明处总要奔走四方，而匪盗在暗处行踪不定，防不胜防。因而，镖师遭遇劫匪时，总是首先以好言好语攀交情，晓以江湖义气，请求对方放行，实在不行才迫不得已地"以武会友"进行交手。因此，镖行往往"认敌为友"，当面承认保镖这碗饭是盗贼给的，因为如果无贼劫道就不会有人雇武士保镖了。于是口上要说"穿的朋友衣，吃的朋友饭"，尊称对方作"当家的"。镖局多有长年奔走往返的固定路线，就必须设法同沿途的各路绿林拉关系，请求关照，对方到镖局住地办事，镖局不仅热情款待还必须保证其来去安全，相互之间默契相处。

根据走镖活动的特点和经验，镖行形成一系列以当行事物为内容的行业规矩，诸如插镖旗、喊镖号、谙熟江湖隐语行话等等。插镖旗、喊镖号，既可通报沿途江湖朋友关照放行，又可威慑那些零散强盗不敢贸然劫扰。谙熟江湖隐语行话，不仅可以此证明镖师是江湖中人的身份，更在于这是同江湖盗贼进行言语交际的必要工具，没有"共同语言"便谈不上江湖义气了，也就只能刀戈相见决一雌雄了。一旦有过几次失手丢镖，这家镖局的生意也就难以维持了。因而，各种当行规矩多是以对付江湖上的"暗挂子"（有武术的盗贼）为内容，并且以尽可能不发生冲突为基本策略。

尽管镖行不愿同盗贼冲突结仇，若一旦交涉不通或遇到不理会江湖义气那一套的劫镖者，也只有凭武艺相抵了。而且江湖尚武，往往是以武会友，武功不好便无法立足。所以，当镖师非得有真本事的"尖挂子"不成，镖行的形成便聚集了无数民间武林高手。近世众多的武侠小说，有很多便围绕镖行活动的演义故事，以镖师作为传奇故事中的武侠人物。白羽（宫竹心）的《十二金钱镖》《武林争雄记》《狮林三岛》《毒砂掌》等著名作品，便是直接以镖行活动为题材的，堪称武侠小说中的镖行武侠系列。

推重侠勇是中华武林的一个基本传统，镖师中著名武侠甚多。清末北京源顺镖局的大刀王五，便是在近世武林颇负盛誉的富有进步意识的武侠。或因镖行多武侠之故，许多有关武侠的著作中多可见镖师形迹。商务印书馆 1961 年出版的冷风所编《武侠丛谈》，第二篇便是钱基博先生写的《老镖客》。是篇写道："陶育臣尝为予言：

关东巨盗，都魁悍武桀，甚非江淮间穷民迫饥寒为盗者比也。故巨贾豪商挟资出其地者，辄不吝厚币延聘护行武士。其人大率持镖三寸许，制以精铁，锐其末，掷击人数丈外，无不中，世称之为镖客。"末又云："予又闻之育臣曰：尝访友某轮船局，适有镖客乏资向索贷，见其以镖上掷，中庑下椽头，倒挂于其上，骈两指逆插入计柜，洞焉。柜故制以坚木者也。叠五十钱，以指撮其两端，力搦之，中四十八钱碎为半，而指近摄之两钱，转能完好无损。予之半银饼，乃重取一镖，击前掷挂椽头之镖，中其柄，齐堕下，各承以一手，持去，其伎亦精矣。"文章记述了一位佚名镖师的飞镖绝技。然而，陶育臣氏以为镖师因善飞镖而得名，却是一种很多人所共有的误解。

飞镖是武士们常用的暗器，便于随身携带而且用起来灵活，是一种杀伤力较强的小型兵器。很多镖师擅长使用飞镖，但不是一律使用或会用这种兵器。镖师的"保镖"，不是保护飞镖，而是以事先议定的人财物等作为护卫的对象。保镖，系相对夺镖而言。若无夺镖的危险，就无所谓"保镖"了。

究其实，保镖、夺镖之"镖"，本字当为"标"字。成书于明代万历年间的《金瓶梅》，均写作"标行""标船"。有清以来的有关文字，亦多写作"标"，很少写作"镖"的。直至清末梁启超的《中国地理大势说》中，仍写作"响马标客"。一部镖行中秘传的《江湖走镖隐语行话谱》钞本，有 11 处涉"镖"字者便 5 处写作"标"。

"保镖"相对"夺镖"而言，而"夺镖"本作"夺标"。考其民俗语源，则出自兴始于中国古代南方竞舟游艺的争夺锦标习俗。锦标，即锦旗，是竞舟获胜的荣誉标志。至今所谓"锦标赛""夺标""招标"之说，仍属袭用其本义。唐·白居易《和春深》诗中所谓"齐桡争渡处，一匹锦标斜"，张宽《端午词》中的"段家桥下水如潮，东船夺得西船标"等，说的都是这种传统的竞舟夺标游艺民俗。唐代时，卢肇中了状元之后，曾应邀观看竞舟，一语双关地隐喻他"果然衔得锦标归"，谓其科场夺标及第。江湖推重侠勇武斗，将盗贼劫掠和武侠护卫人财隐喻为"夺标"与"保标"，既合情理，又通俗形象，富有情趣。于是，在镖行行事中便生出"标行""标客""标车""标船""标旗""保标"等种种当行用语来。进而，又因许多标师善用飞镖而将"标"误会为"镖"，导致了脱离其民俗语源本字的语义错位现象。个中，以镖行武侠为题材通俗小说的流行，致使这种误解加深，民国以来便约定俗成地把"保标"写成"保镖"了，并以此类推开去，相沿至今。民初虽仍有写作"标局"者，如夏仁虎《旧京琐记》卷七所载"贯市李者以标局起家"，但已较少见了。夏氏曾在清末及民初两代官府为官，仍旧用"标局"正统写法，悉属自然。

民国十年（1921），著名的北京会友镖局关张。与此前后，北京许多镖局都随着镖行的衰落而结束其经营，镖师们纷纷改行谋求别的生计，有的设武馆授徒，有的到娱乐场卖艺，有的弃武经商。北京前门外于同治年间创办的三义号镖局，改业为三义客店。会友镖局的一代著名镖师李尧臣先是教武术，后则以开茶馆为生计。这时，虽然有的年轻镖师仍旧受雇为人保镖，但已非原镖局的派遣，而是零散的个体活动。现代交通运输和热兵器的发达，以及民国以来的外强入侵和连年的国内战争，无疑是历时 500 多年中国传统保镖行业结束的基本原因。

20 世纪 80 年代中期内地保安业异军突起，一时遍布南北各地，生意兴隆，虽然不失为 500 多年的传统保镖业的遗风，却是具有新质的保安服务行业。例如：旧时镖局是民间武士自行组建经营的，当代保安公司则是由政府有关部门控管的。旧时镖局常常采取同盗贼相互默契关照的手段或凭武力来维持生意，当代保安公司则根据有关法规维护经营活动秩序或担任安全守卫任务，协助司法机关防御、制止和打击有关的违法犯罪行为。旧时镖局是富有封建色彩的江湖武士自由职业组合，而当代保安公司作为在公安部门直接领导下的安全服务企业，无论从业人员素质、护卫手段、装备还是经营管理，都同镖局有着质的区别。为适应现代化建设的需要应运而生的当代保安业，正以全新的面貌谱写着继传统镖行之后的中国保安史上崭新的一页，既是对传统保镖行业的否定，也是对历史的继承与超越。

保镖与保安的本质，是护卫人财物安全，并由此而生成社会化的服务业"镖局"及其职业。其核心词，是"护卫"。"护"者，《说文解字》卷三言部："护，胡故切，救视也。从言蒦声。"《段注》："救视也。《尚书·中候握河纪》：'尧受河图，伯禹进迎，舜、契陪位，稷辨护。'注云：'辨护者，供时用相礼仪。'《周礼》注亦云：'辨护'。《萧何世家》：'数以吏事护高祖。'""卫"者，《说文解字》卷二行部："卫，于岁切，宿卫也。从韦、帀，从行。"《康熙字典》的系列引证：《广韵》："卫，护也。垂也。加也。"《篇海》："防也，捍也。《玉篇》："护也。"《公羊传·定公四年》："朋友相卫。注：'相卫，不使为讎所胜。'"就其护卫人财物安全这一本质而言，保镖与保安的行为、活动古已有之，只是未如明清时代成为一种社会化的服务业"镖局"及其职业。

只要是人类社会的"丛林法则""适者生存"生存条件存在，

自卫与寻求自我保护的护卫行为、活动就必然存在。那么，可以说，只要是社会有所需求，这种行为、活动乃至社会化的服务业"镖局"及其职业必然存在，或是以各类流变的形式存在并发挥其固有的功能。

　　考察、研究中国古代镖行产生、发展和衰落的历史轨迹，既在于分析、认识它所展示的文化传统，更在于必要的否定、继承和超越，服务于现实生活，开拓未来。

修订"中国镖行史"的创获与故事

——《中国镖行：中国保安业史略》修订版自序

推敲一下，这部小书题之曰《中国镖行史》，似乎更为简明切题。但是，作为修订版，还是一仍其旧吧。

从最初进入读书和学术研究开始，我就养成了一个习惯，一个选题做完了、发表了，一部书写完了、出版了，仍然会持之以恒地关注、跟踪与其相关的研究动态，相关的文献资料信息，借以反思或深入地探索。这个过程，是在为修订旧作和接续的研究做必要的准备。同样，手头一些酝酿许久甚至是还未动笔写作，或是已经着手撰写的未完成的书稿，大都是如此长期跟踪性思索、积累而来。

就本人有限的所见所闻，近20年来，先后有数种镖行题材专门著作和数十篇专论、专题文章，以及影视等文学作品问世，既反映着社会对这一事物的关注，也为本次的修订提供了较大的借鉴与参考空间。对此，本人深表敬意。

不过，这并非说，本人以往发表的文章、出版的著作都是深思熟虑的结果。有的，由于适逢种种机缘，甚至是"急就章"，且暂补缺，展示出来，接受方家和读者的检验，再伺机谋求修订完善。这部小书，从《中国镖行》到《中国镖行：中国保安业史略》，到这次的修订版，均属于如此过程。这次的修订版过后，仍然期望还有继续修订的机会。只有是时间精力不允许了，只好算是无奈的最终定稿矣。这本书，亦然。

追求真理与新知，是人类永恒的美好宏远愿景。庄子云："吾生也有涯，而知也无涯。以有涯随无涯，殆已！已而为知者，殆而已矣！为善无近名，为恶无近刑，缘督以为经，可以保身，可以全生，可以养亲，可以尽年。"历史的经验和常识告诉人们，尽管可以非常勤勉刻苦不畏艰辛，具有恒心大志的定力，但是囿于人生短暂，时间精力的有限，欲求读书与学术追求的穷尽，不啻为"天方夜谭"。追求学术的穷尽，唯锲而不舍孜孜以求而已，永在路上，永远处于进行时，是历代相承的事业。因而说，期愿本次修订，能够成为中国镖行史研究的又一个新的接力点，新一阶铺路石。

这个修订版付梓在即，有些话要说给读者。题内必说的话（修订说明），与本书相关的话（如前后的版次由来），以及因修订引起的话（此间专题展陈设计与本次修订的互动相长），等等，乃一并成了这个修订版的自序。

一

首先，本序首要必说的话，是作个修订说明。本次修订，在篇幅上，增加近半，是"增订"。更重要的是"修订"方面。本次的"修订"，除改正一些舛讹之外，主要做了五件事。或言之，是《中国镖行：中国保安业史略》修订版的五项创获。

一是，首先通过理清、论证，进一步明晰和坐实中国传统保安业镖行（保镖行业）发生发展的起讫时间。

修订版某页有个页下注特别说明，本书所谓的"镖行"是涵盖具体的"镖局"在内的保镖行业的概称，泛指行业整体。

中国传统保安业，发端于明季，繁盛于清季，存在于明清两季，清末民初没落消亡，时间段都属于冷兵器为主体的武力时代。关于中国镖行的起源或说发端，这是个一向众说纷纭的公案。其突出的争议焦点，在于是否发端于明季的问题。本次修订中梳理了一下，目前至少有七种说法。其一，镖行源自明代"打行"说；其二，滥觞于"标兵"说；其三，滥觞于明代护卫标布说；其四，标行始见于《金瓶梅》说；其五，发端于清代"票号"说；其六，发端于明末清初"反清复明"革命说；其七，发端于清代"神拳"张黑五说。我所作出的结论是，明季形成的护卫行业市场催生了镖行，清季得以繁盛发展。这一点，进一步坐实了本书出版关于这个镖行发端于明季的主张。

其次，进一步爬梳阐释了明清两代镖行行业状况及其特点。

接续上面话题，这也就是明代的"标兵"受雇护卫军饷或巨商大贾重资的活动，以及布商雇佣武力护卫贩运标布，护卫成为特定的市场，进而成为一种护卫职事行业。形成于明代的中国镖行，伴随清代票号护运业务和其他人身财产安全护卫之需，形成了以押运钱财货物为主兼事人身安全护卫或看家护院的社会化、商业性保安机构镖局而发达一时。

第三，通过考证，解析了中国传统保安业史上的几个现象问题或公案。诸如武侠小说中的镖行，关于"镇远镖局"，慈禧率"两宫西狩"出逃获得光裕镖局接待、保护逸闻公案。

镖行的镖局、镖师作为冷兵器时代的一种职业，在武侠小说中几乎是不可或缺的人物构成要素。比如宫白羽、王度庐、金庸以及古龙的多部镖师题材长篇武侠小说，之所以选择镖局和镖师作为小说主要人物，显然，主要在于镖行武士在受雇护卫人财物的过程中，多有不畏凶险、忠于职守、惩恶扬善事迹，是构织引人入胜的神秘、曲折的惊险故事的优选素材，镖局、镖师与现实存在真假难辨。其中的"镇远镖局"，犹如《红楼梦》所说的"假作真时真亦假，真作假时假亦真"。我写到，中国历史上，有十几个以"镇远"为名的地方。黔东南古镇镇远历史上曾有镖局或即名"镇远镖局"，古代曾以"镇远"为名的山海关如今仍存在名为"镇远镖局"的旧址。据认为，北京近郊古北水镇司马台长城脚下清末曾有一个"震远镖局"的所在，但非"镇远镖局"，现已辟为旅游景观。"震"与"镇"虽有一字之别，均潜涵了威震四方的意蕴。据介绍，山海关现今有个"镇远镖局"遗址，沈阳还有个当代武术家刘宝瑞开办的"振远镖局"，相传他曾是营口"镇远镖局"的镖师。

至于慈禧率"两宫西狩"出逃获得光裕镖局接待、保护逸闻公案，本书通过发掘爬梳和辨析十几种记述和散见的史料，提出足可以构建出一个基本属于"闭环"式的史料证据链，可以用来佐证"光裕镖局"当时的存在及其与"贯市村"的关系，以及"两宫西狩"途径贯市村并受到村民和光裕镖局东家接待、保护这个基本史实。同时指出，出逃北京途经贯市村受到村民和光裕镖局东家的接待、保护所展现的，在国难当头之际，无求回报而倾其所有接待"国君"的忠肝义胆，其实质在于对国家江山社稷的忠诚，是爱国爱家之举。

第四，突出关注了镖行的属性和官府的镖行管理，尽管可资利用的历史文献有限，所用篇幅不多，但因其并非游离于官方制度之外，不可忽略。

关于保镖与保安的本质，我认为，其本质是护卫人财物安全，并由此而生成社会化的服务业"镖局"及其职业。其核心词，是"护卫"。就其护卫人财物安全这一本质而言，保镖与保安的行为、活动古已有之，只是未如明清时代成为一种社会化的服务业"镖局"及其职业。只要是人类社会的"丛林法则""适者生存"生存条件存在，自卫与寻求自我保护的护卫行为、活动就必然存在。那么，可以说，只要是社会有所需求，这种行为、活动乃至社会化的服务业"镖局"及其职业必然存在，或是以各类流变的形式存在并发挥其固有的功能。

官府的镖行管理，一向少有法律法规。镖行的镖师，多属侠勇之士，人员参差不齐，虽然镖师崇尚武士的"武德"，讲究所谓"江湖规矩"，亦不过仅仅是一种"道德约束"而已。因而，走镖过程往往会发生"侠以武犯禁"的失德情况。关于官府的镖行管理，可以说可资利用的历史文献十分有限。从晚明崇祯年间山东东兖东路署总兵官刘源清上书奏请朝廷"募保标之兵"以救急的奏折，到《山西布政使严瑞龙为请严禁保镖胡作非为事奏折》，中国第一历史档案馆典藏的巡警部档案存北京外城巡警总厅专门制定《管理镖局枪支规则》，以及业内外有关人士的回忆，乃至一些著名镖局博物馆展示的清代镖局执照，文献稀少，但仍可以说明，作为一个客观存在并运营中的特种行业，镖局同样被纳入政府的管理视野，也要像其他工商诸行那样向官府备案、获准、请领执照以及纳税。历史证明，脱离政府制度许可范围的任何职事行业均难以生存和发展。镖行自不例外。

第五，增辑了数种珍稀文献加入附录。

无论宏观还是微观的历史阐述写作，史料是第一要素。或言之，无扎实可据的史料，不成其史。具有丰富的史料，是述史论史最基本的前提。在中国历史上，仅存明清两季的镖行历史短暂，而且位居诸行百业之末，制度层面管理关注有限，极少能进入历代官方档案。即或是业内种种规范和隐语行话的传承扩布，大都是以口耳相传为主。经本人发掘、收藏并整理的《江湖走镖隐语行话谱》《清代镖行江湖隐语行话秘典》，则显得非常珍稀宝贵。世人所知镖行，大多是明清两季各地民间传说故事和武侠小说的演绎。在此前提下，研究中国镖行，显然很是艰辛不易。因而发掘整理有限的各类文献，很重要的过程是必须鉴别史料文献，进而区别为可信并可作为佐证者，和仅仅可视为辅证者，或供一般参考者，主观上在阐述时需要有所体现。正因如此，对于有些重要的论述和史料，在本书尽可能地在行文中详为引录的同时，加大了附录文献的篇幅。目的在于，本书述史论史的同时既可以为读者扩大一些实证性的了解，也为有兴趣深入进行本专题研究的方家，提供一些专题文献。

辑存的这些珍稀专题文献，无论署名或是佚名的，均是原编者、作者或整理传布者的劳绩。梁任公有言，"夫学术者，天下之公器也"。诚哉斯言，史料，亦应成为学者共享之器。辑存的本身，是对其作品被视为学术研究"公器"的一种特别肯定与嘉许，本人和读者自当向他们的劳绩表示礼敬。本书的初版，作为附录，包括首次揭示了本人发掘整理的《江湖走镖隐语行话谱》；这次的增订版，附录本人发掘收藏和整理的《清代镖行江湖隐语行话秘典》，亦属首次揭载。主旨，皆在于此。

此外，在卷首和正文，增添了60余幅图片，作为以图证史的参考。

二

关于本书前后的版次的故事。

事实上，这个话题是有关本书版次的一次检讨。

这部小书，自 1996 年上海三联书店的初版到今日，已经 25 年了，也就是说，过去了四分之一世纪。如果从辽宁古籍出版社 1994 年 9 月作为《江湖内幕丛书》一种的出版，还要早两年。严谨点儿说，现在的这个修订版，应当算是第三版。

出 1994 年那一版的初稿，是时为当时策划主编丛书的中国社会科学院某学者所约，不料突发变故，再经时任《中国文化报》编辑的某女士转为联系并决定连同所约多种书稿，一并交由上海三联书店改原丛书名为《中华本土文化丛书》陆续出版。此即上海三联书店《中华本土文化丛书》的由来。本人的《中国民间秘密语》一书，计划由此出版于 1992 年。然而，经我推荐列入这套丛书的陈山的《中国武侠文化》于 1992 年出版之后，仍不见本人先已交稿的这部镖行史出版。此间，正好辽宁古籍出版社向我组稿，并决定以《江湖内幕丛书》为名出版一套我的个人文集式的丛书。实在说，尽管以此为文集丛书的名称感到不尽人意，但能一次性推出个人文集，不失为很令人心仪的事情。出版社看重的是可能吸引书籍市场的订数发行量，无可非议也。再说，本人的研究选题，诸如当时业已出版的乞丐史、典当史、秘密语等，均与“江湖文化”密切关联。经对简单的考量和友人相劝，遂同意了出版社的决定。于是乎，包括先后已经出版过不久的《中国乞丐》（1990）、《中国隐语》（1990）、《中国典当》（1993）三种书，连同尚未出版过的《中国镖行》和《中国招幌》（2000 增订版题为《中国招幌与招徕市声：传统广告艺术史略》）合计五种，无论是否出版过与否，一律改为四个字的书名以求整齐划一，一并以《江湖内幕丛书》为题作为个人文集出版了。

翌年，《社会科学辑刊》（1995.2）的《辽海书镜》栏目发表的评论说，辽宁古籍出版社独具慧眼，推出了一套由曲彦斌先生撰著的《江湖内幕丛书》，从而将中国江湖与市井文化的科学研究有力地推进了一步，为读者奉献出一批非主流文化研究的优秀学术成果。这套丛书共同的特点是，均为该领域抉隐发微的拓荒之作。这套丛书俗事探雅，抉隐发微，均属作者近年学术研究的力作，其科学价值不只在于探究历史，还在于切近现实生活，富有时代意义。其中特别介绍说，《中国镖行》是我国首部传统保安业史专著，除论述了镖行起源、行事、镖行与江湖社会、镖师的侠骨与武德等史事外，还探讨了当代保安业兴起的有关理论问题。尤为可喜的是，作者通过考证首次提出了"镖行"之"镖"本当作"标"的新见解。总之，这套丛书可以说是补缺的书，别致的书，颇有价值的书。事实已证明，其以独到的视角，翔实的论述，新颖的见解，受到学术界和广大读者的青睐。

但就这套书的封面、版式设计和装帧设计来讲，据实言之，我很不以为然，可谓很差。据当时的社长亲口向我谈道，曾推荐参评一个什么奖未果。我不禁哑然失笑，对他说，且不论书本身的内容质量如何，单就装帧设计和极差的校对来讲，怎么会有可能评上奖呢。实话实说，这套书，除特别必要，迄今我仍羞于主动赠人，实在拿不出手。对于从事专业学术研究未久的自己来讲，仅仅算作出版过一套个人文集是了。急功近利的虚荣之举，悔之晚矣。

随后，上海三联书店方面关注到了这次的出版，提出异议；但未对其中先由其出版的《中国民间秘密语》易名为《中国隐语》同样收入了文集提出异议，强调的是本当由其如期出版的《中国镖行：中国保安业史略》，以《中国镖行》为题收入文集先行出版。究其实，出版社拖期未能如约按期出版，违约在先，已经无权做出质疑啦。尽管两年之后，他们还是出版了《中国镖行：中国保安业史略》，校对、印制得很近人意。

毋庸讳言，在此事情上的事后自我反思，感到在签订出版合同的技术上，的确存在瑕疵，未事先作相关约定。只看到不少作者的个人文集、选集，通常都新著旧著一起编入，甚至也包括另行同时出版单行本的著作。老实讲，当年刚刚出版了几本书的我，哪里会虑及那么多。经过咨询，长了见识。自那以后，每次再签署出版合同，都特别注明"甲方编辑出版个人文集、丛书使用本书，不受本合同制约"之类字样。

此即关于本书应当算是第三版的版次故事。对于关注书籍版本的朋友来说，算作本书版次的一个花絮吧。

三

因修订引起的话（此间专题展陈设计与本次修订的互动相长）。

在对本书选题持之以恒地关注、跟踪与其相关的研究动态，相关的文献资料信息，借以反思或深入的探索的积累过程中，穿插了一个作为"语言民俗景观博物馆"中的"中华锦语（秘密语）主题博物馆"的《传统保安业的软武器：江湖隐语》的专题展陈设计。

这个设计即以前期的研究成果《中国镖行：中国保安业史略》

作为主体素材文本，意在将多年里这项学术研究转化为博物馆的专题展陈，以另一种形式给观众提供一种专题知识。

设计之初，我联想到了 20 世纪末，多年研究"游民文化"卓有成绩的王学泰先生，曾在一篇题为《"老新党"齐如山》（《读书》1997.7）文章中，谈及《中国镖行》。文章说：

> 有一次在电视台谈电视的作用，我说历史故事片，特别是历史文化片是有个传播历史知识的任务的，而且应该传播正确的历史知识，不能像过去的戏剧和通俗小说，所传播的大多是错误的历史知识。如最近有几部电视剧、电影涉及京师镖局。他们把镖局写得都很正规化。就连我看到的方彪先生的《镖行述史》和曲彦斌先生写的《中国镖行》也有这种倾向。实际上中国历史上即使正当的工商业的制度化程度也很低。像"镖行"这种主要由游民靠自己的武艺和江湖上的"字号"而经营的行业，更是极不规范，就靠江湖信义行事。齐如山有篇《镖局子史话》就说，镖师们完全是"硬碰硬全凭字号"。顾客委托镖行保镖手续非常简单，他们送去的被保护运输的银子连收条都不开。而且商家送去的银子往往就是用麻布包裹缝好，挂一个布条，写明送交某处某字号收，下面书明某号托字样。镖行不仅不看银子的成色，而且连秤都不过。包裹也不加封。如果镖行私自打开换入假银，也无证据。这里不是靠制度而是完全靠信誉。齐先生说这些年来也没有听说用假银子讹诈镖局子的事情；也没有镖局子偷换银子的事情。这就是江湖上最高道德——信义所决定的。像这类的记载是很多的。

当年，看到文章所说像"最近有几部电视剧、电影涉及京师镖局"那样，"把镖局写得都很正规化""就连我看到的方彪先生的《镖行述史》和曲彦斌先生写的《中国镖行》也有这种倾向"，感到是对拙著的误读。愚以为，大众娱乐性影视、通俗文学等作品，反复把镖局镖师题材纳入视野，反映这是一个令世人很感趣味的话题，一个历久弥新的话题。如此这般，学术界则有责任为之提供平实而切合事物本元的史实与评述。因而，在着手进行这个专题展陈设计时特别注意这一点，注意规避不要像"不能像过去的戏剧和通俗小说"和那"几部电视剧、电影涉及京师镖局"那样，"传播的大多是错误的历史知识"。王学泰先生所言，亦不失为有益的提示。

文章所言——像"镖行"这种主要由游民靠自己的武艺和江湖上的"字号"而经营的行业，更是极不规范，就靠江湖信义行事——感到有一定道理，但不尽然。即如前面谈过，镖师从业者的素质成分参差不齐，所崇尚武士的"武德"和所谓"江湖规矩"，不过是一种"道德约束"而已，走镖过程发生"侠以武犯禁"的失德情况悉数自然。不过，并非普遍这样、经常如此，否则，职事和行业难以为继，也就难以支撑明清两季数百年的运营和存在了。这也是，借此所应补充阐明的事实。

文章言及的方彪先生的《镖行述史》，也让我想起当时读到白化文先生为之所写序言［随后以《镖行兴衰的信史》为题刊于《北京日报》的理论周刊（2005.2.12）］，谈到"此书可能空前绝后——以前的人没有写过，以后的人写不出来"，"本书中说，镖行最早创建于清代康熙末年，到20世纪20年代结束。这就使我们知道了，有些武侠小说中所写明代的镖行，是犯了时代错误的。本书中说，镖师与强盗是截然不同的两种人。镖行绝不容许强盗改行做镖师。而许多武侠小说中，强盗因受镖师感化等因由而当了镖师的事是有的"。有鉴于文章因循是书的观点，认为"有些武侠小说中所写明代的镖行，是犯了时代错误的"的失当言论，记得我曾为此专门与白先生通了个电话，进行讨论，还特意赠寄了一部拙著小书。

两件花絮似的小事，令人真切地感到，追求史实不易，客观平实地传播史实亦不易，让世人接受史实同样不易也。《传统保安业的软武器：江湖隐语》的专题展陈设计过程，尤其令我注意在苦心经营另辟新径的这个知识窗口，力求准确、清晰地给人以相关的专题知识。

在进行《传统保安业的软武器：江湖隐语》的专题展陈设计的待定稿之际，着手这个修订版的写作，又是别有收获，感受到了两者的互动与相助相长。专题展陈设计有如一次修订书稿之前的备课，修订书稿的过程则是对设计稿的审订与调整，获益匪浅。写入展陈设计初稿中的一些新发现、新思考，为修订版预先提供了必要的思路和启示；《中国镖行：中国保安业史略》修订版的五项创获，更为专题展陈设计提供了增删修订的学术根据与相关内容。两者视角各异的互动与相助相长，让人获益良多。

一篇修订版自序，本愿给读者更多的相关信息。根本是一个期愿，修订版继续恳请读者和方家的指正，以期再次修订。

作者

2021 年 6 月 12 日，适值旧历辛丑年端午节前两日灯下于沈阳北郊邨雅堂

八、草根文化

中国江湖文化略论

无论哪个民族或国家，或者实行的是何种社会制度，都存在着主流文化与非主流文化相伴依存的现象。而且，古往今来，在各种非主流文化层面中，几乎都存在着同主流社会相谬的社会群体所具有的潜性文化链结。在中国，这种潜性文化链结，我暂称之为"江湖文化"。

一、拨云撩雾辨怪圈——江湖社会的源流与范围

所谓"江湖文化"，是江湖社会的文化。

所谓"江湖社会"，在传统上是泛指以医、卜、杂技、武术等技艺为生计谋生于各地的自由职业者的松散群体。

一说到"江湖"，人们往往首先想到的是侠和匪盗、江湖郎中、江湖艺人、看相算命先生，则在于这些都是古来江湖社会的主要行当，即江湖行话所说的"巾""皮""瓜""李"。显然，他们是江湖社会的本来主体。

考溯起来，江湖社会的这四种主要行当，均有其悠久的历史。

先说"巾行"，既巫卜星相业。

英国人类学家爱德华·泰勒认为："巫术是建立在联想之上而以人类的智慧为基础的一种能力，但是在相当大的程度上，同样也是以人类的愚钝为基础的一种能力。"[①]远在殷商时代，业已流行有龟卜、骨卜，殷墟甲骨卜辞即其实物证明。在周代，则设有专门职掌巫卜的官职，并以此参与国政。一部《周易》，汇集了古代巫卜与卜筮的基本思想和方法论，一向被巫卜星相业奉为圭臬宝典。

从原始宗教的占卜活动，到近代文明社会，巫卜星相始终是民间信仰习俗和宗教的重要内容。当国家机构不再设立巫卜职官之后，其从业行为便全部转化为一种民间性质的社会知识活动，活跃于各类世俗生活之中。迨至当代，由于仍存在一定的消费市场，因而这种职事仍然时隐时现、或明或暗地存在，报刊上不时刊出因巫卜迷信而发生惨剧的报道。

其次说"皮行"，即行医卖药的江湖行当。

中华传统医药学出现颇早，著名的医学经典《黄帝内经》，据认为最初成书于战国时代。殷周时代的许多下层巫师，已是集巫与医一身的"巫医"了，是"江湖郎中"的始祖。在现代医院出现之前，除宫廷设有太医院外，民间医药设施主要是私人诊所、药房（多有坐堂医）以及流动行医卖药的走方郎中。走方郎中行踪不定，往往发生见利忘义贻误、坑骗患者而不负责任的事。明清以来江湖皮行的隐语行话，多可印证其当行种种骗术。例如：自称戏子而专门游走乡村行医卖药的，称作"收包"；卖假龙骨，称"凄凉子"；

---

①《原始文化》中译本第 121 页，上海文艺出版社 1992 年版。

卖吊虫丸的事先趁无人之际把饭粒、虫子倒在摊旁，伪造患者服药后吐虫现场以显示灵验，称作"倒毛水"，等等。

再说"李行"和"瓜行"，即表演戏法、杂技等所谓"卖艺"的一行。

此行包容范围比较杂乱，什么跑马卖解、变戏法（魔术）、说唱、拉洋片、练武术之类，均属李行之列。究其原始，亦即古代所谓"百戏"。在清末，"李行"专指各种戏法，余为"瓜行"或称"挂子行"。瓜行既包括打把式卖艺，也指设馆传授武术或凭武艺保镖护院。然而，作为江湖行当，无论"瓜行""李行"，均同古代"百戏"相缘。

社会的发展，致使职事分工日趋专业化和复杂化。纵观诸般江湖行当，都是诸行人等借以存世谋生的生计方式。在社会职事分工日趋复杂的形势促使下，江湖行当也呈现出"五花八门"兼容并存的局面。于是，本指古代兵法中"五花"和"八门"阵法的"五花八门"，也成了各类江湖行当的泛称。五花——金菊花：卖花女，木棉花：江湖郎中，水仙花：歌妓，火棘花：杂耍艺人，土牛花：脚夫、玩拳练棒打把式。平门：说唱，团门：走街卖唱、行乞，调门：扎彩、鼓吹，聊门：戏班剧团。

所谓"八门"，一向说法不一。其中的一种说法，是指"金、皮、彩、挂、平、团、调、柳等八个行当生意"。具体说，就是：一门巾，又叫"金点"，是江湖上占卜相面行当总称，并有哑金、啃子金、饿金、袋子金等具体分别；二门皮，卖草药者；三门彩，变戏法者；四门挂，江湖卖艺者；五门评，说书评弹者；六门团，街头卖唱者；七门调，搭棚扎纸者；八门柳，高台唱戏者。

其实，无论"巾、皮、李、瓜"还是"五花八门"，均未能囊括全部江湖行当。例如匪寇、盗贼、骗子手、人贩子、赌徒、娼妓、毒贩、镖师、武侠等，以及旧时的秘密结社、民间宗教、聚义豪杰，无不以江湖中人或江湖生意自诩。甚至，连剃头匠也以其是走江湖生意而自豪。明代《永乐大典》中的《净发须知》中，记录着许多当行盘道隐语行话，如"南州走遍北州游，三千里外也曾游。七千草镇留踪迹，无过刀镊最风流"；"推位坐、第三宫，个中别是一家风。每随访道江湖客，响出招牌有大功……昔日罗真曾教我，五湖四海尽知名"。此外，在外经商的生意经中，尚有一部著名的《江湖必读》，介绍路途常识，传授应付世事艰险之道，也是一种走江湖经验。

显然，江湖社会是一个包容着多种生计职事群体的复杂现象。它以古代的巫、医、百戏为源头，进而形成了以侠武为主要势力的巾、皮、李、瓜四行，从而构成了江湖社会的基本职事行当。至"五花八门"阶段，其范围不断扩大，一是出自原有行当的分工日细，或由此衍生诸多行当；再即广义地包括了一时同江湖社会较有瓜葛、联系较广的一些行业，严格讲，当属江湖社会的边缘部分。凡此，合而构成了光怪陆离、半明半暗的混沌怪圈——江湖社会。

由于江湖社会混杂而游离不定，通行诸多当行规矩、隐语行话，因而使人感到很是神秘。由于江湖行当多有欺骗龌龊和强横残暴，所以令人不免恐怖与鄙视。相反，亦因江湖社会常有仗义行侠之举，又给人生出许多敬佩仰慕之情；当身陷厄境或眼见不平之际，会盼望有江湖义士挺身而出、拔刀相助、铲除不平。江湖社会留给世人的这种印象和相悖的心理，已足够说明其复杂的程度。然而，也毋庸讳言，世人对江湖社会最为深刻的印象，则是其所具有的黑社会性质的方面。

西方社会学者曾提出："隐语远不仅仅是语言的特定形式，它们反映了一种生活方式……它们是研究有关心态、对人们和社会的评价、思维方式、社会组织和技术能力的关键所在。"① 宋代以来出现的各种"丐帮"，便是江湖上的一种黑社会群体。在"江湖"这块混沌、朦胧的神秘大幕之后，活跃着丐帮、诈骗、抢劫、贩毒、贩卖人口、暗娼、赌博团伙、暗杀、秘密宗教、帮会以及走私等多种黑社会群体，是危害社会的黑势力。历代江湖社会的舞台，往往受制于其自身固有的邪恶势力，亦即黑社会势力。所以，世人往往将黑社会等同于江湖社会，虽然未免过于绝对化，却也不无道理。由于邪恶势力的活跃，越发使江湖社会染上了黑社会色彩，使之成为良莠混杂的流氓社会。

除黑社会一面外，江湖社会也有其光明的一面，即不乏英雄豪杰，甚至干出惊天动地的事业，青史流芳。如宋代梁山泊起义军，一百零八位江湖好汉中，有许多便是出身于黑社会的人物。

二、五花八门众生相——江湖文化辨析

江湖社会，是个反主流政治社会的社会群体，因而，江湖文化是一种同主流文化相悖的非主流文化现象。

江湖社会众生相五花八门，其所编织出的江湖文化亦光怪陆离。概略地辨析江湖文化，主要表现为这样一些特点：

（一）鱼龙混杂，良莠不齐

从江湖诸行基本生计而言，其源头可追溯至古代的巫、医、

①① 戴维·W.摩洛《投骰赌徒的隐语》，《美国政治社会学年鉴》1950 年第 269 期。

百戏；但就江湖文化的主体意识来说，其源头则在于武侠文化。汉·荀悦在《汉纪》中谈道："游侠之本，生于武毅不挠，久要不忘平生之言，见危授命，以救时难而济同类，以正行之者谓之武毅，以失之甚者互为盗贼也。"江湖社会及其文化，也正是这样侠盗同源、一体两面并往往相互转化。汇集在梁山泊"替天行道"杏黄旗下的众江湖好汉，有着各自的出身背景和投奔聚义厅的动因，其群体成分的芜杂也使其文化成为复杂的混合结构。每逢处理内外事务，尤其是遇到关系群体命运、共同利益的关口，往往出现分歧乃至纷争或者火拼。历时愈久，其矛盾便愈加突出、激烈。这是因为，虽然同聚于一杆义旗之下，但各自原本的出身阶层、职业性质、道德取向、价值观念、文化素养等，均千差万别，甚至差别颇大；而且，有的是出于无可奈何而被"逼上梁山"来的，有的是来助朋友一臂之力的，有的是来谋求生计的，有的欲由此称雄江湖，有的为了复仇，有的为了报恩，有的则将此作为日后发迹途径，等等。

江湖社会五花八门、三教九流，兼容这优劣纷杂的文化因素和文化形态。即或"九流"亦有三六九等，上九流是：一流皇王二流圣，三流隐士四流仙，五流文官六流武，七公八卿九庄农；中九流是：一流举子二流医，三流风鉴四流批，五流丹青六流相，七僧八道九琴棋；下九流是：一流门皂二流巫，三流牙行四流尼，五流花婆六杂用，七窝八贼九娼妇。各地流行说法虽异，但江湖社会诸行人等多居中、下九流。各种行当，皆有其当行文化传承，尽管芜杂纷乱，却有一个共同的主导倾向，即具有强烈的反主流文化意识。这种共性文化意识贯穿于江湖诸行生意之中，主要表现便是以流氓欺骗作为谋生手段，什么以次充好、以假充真、以无充有以及软硬兼施，乃至色相、暴力，应有尽有。在非主流文化群体中，都不乏反主流文化意识。江湖文化群体的反主流意识，主要表现为市井无赖的流氓意识和流氓手段。透过旧时流传于江湖某些行当的秘传法典，其十足的流氓气便可一览无遗。

然而，江湖社会也并不都是流氓群体，那些以对抗江湖流氓恶行为职事的行当，如以武侠为主要从业者的保镖业，尽管其同对手有着千丝万缕的江湖关系，而其职事活动的性质毕竟是顺乎社会要求的，具有正义倾向，是以正制邪。此外，一些游走四方的行业，为了免受江湖邪恶势力的侵扰伤害，以及保护当行生计利益，也往往吸收、采取一些江湖文化形式，如盘道验证身份，使用江湖行话等。有的便跻身江湖，如理发业；有的虽不在江湖行当之内，却亦传有走江湖的自卫经验，如《客商规鉴论》《江湖必读》之类。《江湖走镖隐语行话谱》，则是江湖社会内部两种文化、两种力量抗衡的典型实证。

（二）黑白交织，变幻游离

江湖社会诸行，门派林立，除某些秘密结社内部组织结构比较紧密外，其余大都处于松散的游离状态。江湖诸行各门以及秘密结社中人际关系结构的一个共同的特点，即以师徒关系为基本链结。横向以师兄弟或兄弟姊妹相称，纵向长辈为师伯、师叔、师父、师爷、祖师之类，师门关系俱参照宗族、家庭结构，同门犹同宗。

同行萍水相逢，往往问祖询宗，攀讲江湖情义。《江湖走镖隐语行话谱》开篇便道："江湖黑语，师兄弟三人所传。齐云获愿，祁明走标，徐忠访友。后分为四挂：内挂，外挂，明挂，响挂。所吃者，名为英雄饭；穿者，名为好汉衣。到处，师兄称号。若要吃饭，上坐徽篇。饭不过三碗，酒不过三杯，接送盘费不过十吊。"

即或路遇劫镖的匪贼，也要攀交情、拉关系，说明"我乃线上朋友，你是绿林兄弟。你在林里，我在林外，都是一家"，"五百年前俱是不分"，甚至，镖师还会向贼人承认，自己穿的是对方赏的衣，吃的是他赏的饭，目的在于说明"明挂子"（镖师）同"暗挂子"（盗贼）都是同宗武林兄弟，彼此要看在江湖情分互相关照。这样一来，就黑白交织、是非混杂了。

在江湖上，门派之争，生计之争，恩恩怨怨，是非曲直，纠葛在一起，很难理清。因而，其人际关系变幻游离，既复杂又不稳定。由于各自谋生，行踪不定，除同门外，即或同行亦难以相互了解很多。今天救命救难的恩人，很可能正是前番结怨仇家的至爱亲朋。恩怨归一，则难辨是非曲直，更难理清情义纠葛。于是，或借此隐遁他乡以求解脱，或别立门派另谋生计，或以脱离江湖作为了结，也可能混战蛮干，在江湖社会舞台上演出种种戏剧性故事，衍生出许多令人动情的奇妙传说，让局外人或后世去臆断评说。

（三）尚侠重义，讲究规矩

尚侠重义，是维系江湖社会人际关系的精神支柱，道德规范，是非准则。

讲究规矩，是制约江湖社会生计活动的行为规范，维护当行群体利益的手段。

唐代李德裕《豪侠论》中说："夫侠者，盖非常人也。虽然已诺许人，必以结义为本。义非侠不立，侠非义不成。"江湖社会中人虽然未必"非常人"，而只是不为世俗所重甚至鄙视的中、下九流者辈，但他们无论从事何等行当，都崇尚侠义。因为，只有向游侠那样"其言必信，其行必果，已诺必诚，不爱其躯，赴士之厄困；

既已存亡死生矣，而不矜其能，羞伐其德"，流落江湖的谋生者们方可能互相关照并赢得世人的同情与认可，方能安身立命。

《韩非子·五蠹》中说，"侠以武犯禁"，是因"其带剑者，聚徒属，立节操，以显其名，而犯五官之禁"，属于"暴傲之民"（《六反》）。这些，也正是江湖社会的写照。作为反主流政治的江湖社会，往往不把时政法规放在眼里，而是将侠义作为其道德规范、是非准则，视为江湖人的至高无上的人格标准。因而，"不仗义""不讲义气"，便成为江湖社会责备人缺乏道德、人格卑贱的代称；反之，则是一种礼赞。所谓"江湖义气"的核心，是"侠义"。

将"侠义"具体化，其含义是：讲信誉，重名节；不畏死，不惧险，舍己助人；讲交情，重友谊；不贪敛，不居功自傲，乐施而不图报，以及以德报怨，等等。诸行江湖规矩，无不以此为准则和规范。《江湖通用切口摘要》中说："凡当相者，大都皆出门之人，一时尴尬，缺少盘费，同道中可以借移钱文一二百之数；不必同是一业，只须同是相夫，或同是巾行，名曰统详子。……凡我先到其地，已开生意。适后来一同行同道者，如若各做各之生意，地小人稀，未免两伤，即赠彼数十文或一二百文，看事行事，见机而行，彼即立刻动身往别处去。倘不去亦可，但不准开生意矣。"诸行各门，均有种种当行规矩，无不以江湖义气和生计利益为本，从而构成江湖社会的基本秩序。

应该说，江湖社会所推重的"侠义"以及以此为本的多数规矩，本来是健康的，体现了人们追求公理正义、互相帮助、安居乐业的积极愿望；要求做好人，行好事，除暴安良。这同如今社会所倡导的助人为乐、扶正祛邪、做好人好事这种道德规范，也是相通的。因而，古往今来，人们一直对"侠义"持赞赏的态度。然而，恰亦因江湖社会鱼龙混杂、黑白交织，"侠义"亦往往被歪曲、践踏，为邪恶势力所利用，被种种丑行黑幕所玷污，不免失之本色，变得复杂起来。

（四）或俗或雅，雅俗兼通

俗语说，"猪鼻子插葱——装相（象）"，喻指装模作样，亦即"装佯"。在生活中，一般的装相，并非难事。但是，若真要惟妙惟肖地装作江湖相夫，却并非易事。因为，江湖相夫五花八门，哪一行当都各有专门知识，当相者亦各有其规矩和言行仪态习惯。深悟一行未必很难，诸行皆通则谈何容易。其中颇难把握者，便当属江湖文化的俗中有雅、或俗或雅之度。

上流社会、正统观念均认为江湖事物低俗、卑贱，而江湖社会亦不乏崇雅抑俗意识。稍一考察江湖诸行行业祖师，不难发现其中很多都属于主流社会的雅士，如唐明皇（梨园）、魏征（评书）、东方朔（相声）、吕洞宾（娼妓）、伍子胥（乞丐）、鬼谷子（星相）、郭璞（堪舆）等。江湖中人，多出身卑微，知书识字者稀少，手抄秘传的各种行中秘本虽俗字、别字俯身可识，却半通不通地满是书卷气。《江湖切要》所辑明清江湖隐语行话，亦不乏利用经典构造用语之例。如"亲戚类"中，"继父奖日；今改莫顾，取《诗》，谓他人父之意"，出《诗·魏风·硕鼠》第一章的"三岁贯女，莫我肯顾"；又如，"孝子曰日略，今改为二十四，此孝顺之孝也。又曰允违，取'庶见素冠'章义，此带孝之孝也"。凡此，均渗透着崇雅抑俗的正统意识。

秦汉以来，朝廷已不设专门执掌占卜的官职，但历代却多有延聘著名江湖术士侍候于殿前之例，直接参与朝政大事。江湖武士，更是皇室、官吏极力笼络用为护卫的人才，清代的材官便多由江湖武士充任。至于宫廷庆典、祭祀、戏曲、杂技百戏表演亦是不可或缺的内容。被视为"不登大雅之堂"的江湖行当，竟常常堂皇入室，甚至充当重要角色。为适应这种或俗或雅的生计要求，便形成了江湖文化俗雅兼通的现象。唐代崔令钦《教坊记》中写道："诸家散乐，呼天子为崖公，以欢喜为蚬斗，以每日长在至尊左右为长人。"即属此类例证。艺妓直接为皇室、达官服务，多有戒律，要格外小心，于是有关事物便例行进入了当行隐语行话。俗亦难，雅亦难，唯有或俗或雅、雅俗兼通。

江湖文化内涵丰富，形态、层面均复杂多变。其特点亦难把握。上述四点，可略见一斑。

三、是非纠葛难评说——江湖社会的功罪是非

江湖社会群体芜杂，生计行当众多，涵盖、波及的社会层面广泛，黑白交织，充满了阴错阳差，而且又具有较强的流动性，富于变化。这些因素纠葛盘错，致使很难截然评断其种种是非功罪。所以，只有因时因事历史地辩证分析，不可一概而论。

巾行，亦即星相业。其经典《周易》博大精深，蕴含着丰富的哲学思想和历史文化内容。然而，历来操此业者却鲜有精通易理的学问家，多属骗财手段。旧时广东江相派所传秘本《英耀篇》中所谓"敲、打、审、千、隆、卖"六字经验，便道破了个中天机，而利用"媒子"牵驴做戏更是其一贯的辅助手段。因而，"江湖术士"尽管有经验多寡、手段高低之别，究其实质，不过是江湖骗子而已。

皮行，亦即游走江湖行医卖药一行。在医疗保健设施不发达的时代，民间行医卖药的皮行确属社会所需，历代著名医圣、药王，便属皮行中人 。至今，传统中医学的人才、秘方等，仍有许多沉积于民间，有待发掘利用。然而，以假医、假药骗财，令人真伪难辨，乃至造成悲惨后果者，却大都是江湖郎中们的传统把戏。在人们求医求药心切的情况下，他们往往乘人之急而每每得手，中饱私囊。

相对巾、皮两行而言，李、瓜二行虽然亦不乏欺人伎俩，却是以技艺专长挣钱的生意。而且，其性质不在于骗，是以实在的功夫给观众以娱乐或艺术享受。即或在现代社会生活中，各种富有传统特色的民间戏曲、曲艺、杂技艺术，仍然为人们所喜闻乐见，都堂而皇之地从市井村野登入现代艺术殿堂。

旧时代，武术功夫可以被打家劫舍为匪作盗所用，同时也是仗义行侠或保镖护院的必备技艺。即或在现代化武器兵备十分发达的社会里，武术也不仅仅是一种传统的健身、竞技体育项目，而且也是保安业从业者所必备的技艺。武术馆、武术学校在为保安业、武装警察培训专门武士，保安学校也把武术训练作为学员的必修功课。

江湖社会至为复杂的，莫过于具有秘密宗教色彩的帮会。考诸各种秘密帮会的人员构成，除农民、城市贫民、手工业者、小商贩、杂佣以及无业游民等外，其骨干多为走南闯北见识广的江湖人物，如武士、占卜者、江湖郎中等。在政治上，他们多同统治当局格格不入，甚至以推翻当局为号召。例如天地会，便以反清复明为宗旨。这些秘密帮会有一个共同特点，即富有江湖社会的传统色彩，其道德意识、是非规范、行事规矩，多以江湖文化形态为模式。如尚侠重义，使用江湖隐语行话，虽有变异而不失其本。在中国近代社会史上，秘密帮会是江湖社会的一系突出势力。"它们的影响伸展到中国人民生活的各个领域，尤其影响到政治、宗教、商业、工业、群众运动和犯罪的底层社会。他们的活动，既有反抗封建政府和外国侵略的一面，也有充当帝国主义和反动统治者的帮凶的一面；既有建立自卫组织反对盗贼匪帮实行保镖的一面，又有直接从事掠夺、绑架、诈骗、贩毒等罪恶活动的一面"。[①]其也显示着黑白交织的两面性和复杂性。无论是中国国民党领导的资产阶级民主革命，还是中国共产党领导的新民主主义革命，秘密帮会都曾经是被争取和利用的一支社会力量，并为之做出了一定的积极贡献。对于江湖社会来说，无疑是其历史上应予肯定的光辉一页。

然而，尽管如此，江湖社会所进行的劫掠、诈骗、贩毒、走私、凶杀、拐卖人口等种种危害社会基本利益和秩序的犯罪恶行，却是难以抹净的污秽。这些举世共诛的流氓黑社会罪行，全然失去了其所奉行的"侠义"精神本色。如此这般"行侠"，无异于犯罪。江湖社会的堕落变质，便是沦为流氓黑社会，彻底丧失其本来的"侠义"。尽管其内部可能仍然讲究"江湖义气"，但那已质变为服务于犯罪活动的精神工具。在当代，这种趋向越发鲜明起来。

江湖社会流传有一句老话，叫作"天不灭相"；意思是说，江湖生意是灭绝不了的。在一定意义上说，事实往往被其不幸言中。

为什么"天不灭相"呢？根本在于总有人买账。即如一种商品，如果社会上没有了它的消费市场，就只有销声匿迹，厂家就要转营其他生计了。然而，现实生活中的种种江湖骗术仍然十分活跃，而且大都是沿行数百年、上千年的老伎俩、旧花样，甚至是为普通人

[①] 蔡少卿《中国秘密社会》引言，浙江人民出版社 1989 年版。

了解的常识，却仍然不乏有人上当受骗。

如果把刘汉太的《中国的气概群落》（江苏文艺出版社 1987 年版）、嘉宝的《江湖黑话》（百花洲文艺出版社 1991 年版）、刘静生的《当代江湖秘录》（中国华侨出版社 1993 年版）等纪实作品所记述的种种事象，同 20 世纪 30 年代云游客（连阔如）那部《江湖丛谈》（北平时报社 1936 年版）所展示的种种江湖内幕对照一番，则会使人惊叹不已——江湖文化、江湖生意竟然有如此顽强的传承力量，今昔如一。面对现实，的确令人触目惊心。

江湖文化中的一些优秀成分，已为传统民间文化所吸收，是中华民族文化的宝贵财富。江湖文化中的糟粕，以及危害社会基本利益的种种丑恶事物，则有待铲除，从而使之获得净化。

我在《中国乞丐史》卷末说过："乞丐及相应的流氓意识公害，对于国计民生和精神文明建设，都是一种潜在的恶性冲击。面对乞丐的历史与现实，探索不同历史条件下滋生乞丐的国情与政治文化环境，制定相应的法律与政策，从物质与精神采取双向的切实可行的措施，综合治理并清除产生乞丐的种种社会弊端，已成为一项十分急迫、必需而又艰难、伟大的社会工程。"（上海文艺出版社 1990 年版）净化江湖文化，清除江湖社会的种种罪恶，又何尝不是如此呢！

中国的江湖社会及其文化，宏博而芜杂，历史悠久而又颇有现实性，诸因素纠葛交织，种种迷津，难得一朝析透。以往有关江湖文化的学术研究不多见，然而却是一个具有历史、文化和现实意义的研究领域，于此试为略论，以期引起注意，抛砖引玉而已。

中国乞丐问题论略

小引

　　20世纪90年代初，上海文艺出版社出版的一部被视为填补社会生活专门史的拙著《中国乞丐史》，曾在海内外引起了较大关注。新华社、《解放日报》、《新民晚报》、《浙江学刊》等相继刊文评介。次年，台湾出版了本书的繁体字版《中国乞丐纵横谈》。《文汇读书周报》1990年7月21日发表了上海文艺出版社原社长、著名出版家江曾培题为《开拓补缺，亦庄亦谐——读〈中国乞丐史〉》的评论，认为"这是一本补缺的书，一本别致的书，一本颇富价值的书……有益于对整个社会文化作全面而深入的把握，表明我国社会文化专史的研究，明显地拓展到江湖下层社会了。"次年，台湾云龙出版社出版了本书的繁体字版本。这本页数并不很厚重的乞丐史，全书共分10章，前两章主要阐明了作者考察、研究乞丐和乞丐史的原因以及对乞丐这一特殊群体的基本评价。第三章到八章的内容侧重于史，以大量翔实的事例介绍了乞丐的发展史，但为了读者的阅读，尽量不直引史料，而是夹叙夹议，从而避免了行文的呆板。第九和第十章则是偏重在史论，从而使读者对乞丐这一特殊的群体有更深刻的认识。当然，也有人对我为乞丐这个群体作史，或是采用专题论述而不是像通常按年代顺序写史的做法，不以为然。"仁者见仁，智者见智"是也。关于乞丐问题研究，除《中国乞丐史》外，我还发表有专论《中国传统社会群体研究：乞丐群体的历史考察》（系国家"九五"重点图书选题出版规划项目《中国社会史论》的一节，第732—750页，湖北教育出版社2001年版）。

拙著小书《中国乞丐史》出版13年后的2003年，关于乞丐问题再起波澜。不过，这次的波澜已不仅仅局限在学术界，而是引起了全社会的关注和全国人大、国务院的特别重视。2003年4月25日，《南方都市报》关于《被收容者孙志刚之死》的深度报道，在社会各界引起强烈反响，人们开始对收容遣送制度进行深刻反思。8月1日，《城市流浪乞讨人员收容遣送办法》被废除，新的《城市生活无着的流浪乞讨人员救助管理办法》正式施行，全国各地救助站逐步建立。继而，新办法实施数月之后，许多城市出现了流浪乞讨人员明显增多的现象。于是乎，一些城市纷纷出现"禁乞"的呼声。广州，出台了在火车站禁止乞讨的规定，还将要尽快研究一套在某些特定区域内禁止乞讨的规定。成都，市救助管理站发出《致市民的一封信》，建议市民不要直接向街头流浪乞讨人员施舍钱物。北京，《北京市轨道交通运营安全管理办法（送审稿）》，公布在"首都之窗"网站上征求市民意见。其中的第20条规定禁止在车站出入口、车站和列车内乞讨、卖艺、吸烟、躺卧、擅自销售物品，从12月6日起王府井金街开始清除"四类"人员。于是，在《新京报》等媒体上引发了争议。就这样，乞丐问题成了时下备受社会关注、敏感而又十分棘手的一大社会问题。

解决乞丐问题事关重大，直接关系着社会秩序的稳定和发展进步，也是社会文明程度的主要标志之一。但是，毋庸讳言，对于任何时代和任何制度下的国家和政府，都是一个十分敏感而又棘手的问题，都不是仅凭一朝一夕之功、一蹴而就就能顺利处置好的事情，都需要有个逐步渐进的过程。我认为，目前亟需组织一次由民政、公安和精神文明建设等相关部门相互配合，联合组织有关专家进行中国现代乞丐问题的专项调查研究，通过全国范围的调查和有针对性的专项个案调查，摸清基本情况与数据，为分类综合治理、制定相关政策、完善相关法规，提供切实有效的依据与建设性意见。同时，也会有理有据地澄清一些似是而非的事实，避免某些貌似公正的不健康舆论的误导。

科学理智地认识乞丐现象和乞丐问题，客观地探析乞丐成因，界定性质与类型，从产生的根源和人员成分、行为趋向上分别不同性质的乞丐，是正确面对和处置乞丐问题的关键环节。为此，建议国家有关部门组织有关专家就综合整治"乞丐问题"开展专项研究。这里，且联系时下的一些现象和媒体的舆论谈点看法和建议。

一、乞丐问题之所以棘手和复杂化，主要在于乞丐群体成分构成的良莠并存、鱼龙混杂

从古至今，乞丐都是一种良莠并存、鱼龙混杂的复杂群体。大略分别，主要为三种构成情况。

首先，是"原发型"乞丐，或说"本来意义"上的乞丐。这种

乞丐，主要就是那些因为遭受灾害、疾病、特殊变故、落难或失业等等不幸，而一时无助沦为乞丐者，属于松散无组织、个体的非职业化的乞丐群体。这是最基本的乞丐群体，也是备受善良人们怜悯和乐于资助的"原发型"乞丐，或说是真正意义上的乞丐，是人们思想意识中"本来意义"上的乞丐。这种乞丐，应属于得到社会关怀和积极救助的群体。西汉·扬雄有感于"邻垣乞儿，终贫且窭"愤愤不平，而撰《逐贫赋》。唐代元结《丐论》亦云，"夫丐衣食，贫也，以贫乞丐"，道出了贫困是产生乞丐的根本要因。据一份调查显示，目前内地街上行乞者，第一类属于真正因自身无力解决食宿，无亲友投靠，正在城市流浪乞讨度日的人员，但这样的人只占流浪人员总数不到 5%（《香港大公报》2003.12.30）。文明社会的社会保障和社会救助制度，所应保障和救助的，正是由于上述缘故可能沦为乞丐和已经沦为乞丐的人们。其他类型的乞丐，往往之所以伪装成这种"原发型"乞丐，便在于易于博得善良人们的同情和帮助。

至于历史上还有一些像武训之类的"义丐""丐中隐士"之类，尚不构成社会的"乞丐问题"，或是媒体上报道过的"大款"怀揣钱袋行乞，均当属于另作别论的"另类现象"。

其次，是非组织化的职业乞丐。乞丐群体的复杂化，首先在于其职业化。旧时关于"三教九流"的"九儒十丐"之说，正是乞丐职业化的写照。就现实而言，非组织化的职业乞丐大都是因为好逸恶劳、游手好闲成习，进而自甘暴弃，加之在世人的怜悯资助下很容易不劳而获地得以生存，甚至除了脸面不好看而外，往往还比从事自身条件所及的其他谋生方式收入快、收获大，"有利可图"。因而不思进取，甘愿以行乞作为谋生乃至"赚钱"的手段，于是就成了职业化的乞丐。类如一些依靠行乞购置房产、发家致富的例子，媒体每有曝光。"乞讨致富"影响所及，从亲友、家族到邻里，甚至一些地方乡村还出现了全村多数人结伴集体四出各地乞讨的情况。在"笑贫不笑娼"等愚昧没落思想意识的影响下，有些职业化乞丐于是可笑地自我解嘲说，乞讨要饭总比为娼还"体面"得多吧！事实上，职业化的乞丐，有哪位还"要饭"呢？其乞讨的是可以积累、消费使用的钱财，并非借以果腹充饥的"残汤剩饭"。职业化乞丐欺骗、亵渎了世人的善良与慷慨救助，世人的善良与慷慨救助反之也助长了乞丐的职业化倾向，成为人们面对具体乞讨现象很难做出正确选择的社会性难题，一对不易处理的矛盾。

第三，是组织化的职业乞丐。组织化的职业乞丐的一个显著表征，是结成特定的职业团体。一当职业化乞丐形成特定的组织，也就极易成为社会犯罪的边缘群体或进而沦为犯罪群体。宋代以来，开始出现"团行""茶会""保生会""穷家行""范家门"以及"杆子"等等各种名目的"丐帮"组织，亦即职业化乞丐的行会性质组织。即如《东京梦华录》卷五记述北宋东京汴梁（开封）民俗说："其卖药卖卦，皆具冠带。至于乞丐者，亦有规格。稍似懈怠，众所不容……街市行人，便认得是何色目。"旧时河北宁津县（今已改隶山东省）"穷家行"，分为"死捻子"和"活捻子"及"杆上"三大支系。死捻子为穷家行的正宗门，奉范冉为祖，并依乞讨形式分作"花搭子""武搭子"和"叫街"三行，其大首领称"当家"，小头目叫"篓子头"。活捻子为小绺，小偷小摸。杆上是炮手，为红白喜放炮邀赏。宁津穷家行自有隐语行话、行规。在初入穷家行时，要举办"拜杆"仪式。拜杆时必须有师傅、明师、引师三人参加。红朝上、黑在下摆上一个尺抱长的黑红杆，在座的轮流双手抱壶饮酒，给师傅磕头，然后由师傅告知徒弟是多少世，明师、引师及师傅姓名，都属哪一门。通常加入穷家行，要有半年的考验期。（《穷家行》：载《近代史资料》第 58 号，中国社会科学出版社 1985 年版）类似情景，甚至一直延续到时下的职业化的乞丐群体。诸如由"丐首"组织打手监督他人变相行乞，从中收取"丐捐"牟利的情形，时下在各地屡见不鲜。

组织化的乞丐职业群体形成之后，从群体的内部械斗、火拼，到走街串巷兜售假药、假货，强行代人擦洗车辆，以及采用故意制造交通事故或碰坏东西进行讹诈性索赔等各种方式变相乞讨，乃至有组织、有预谋的强乞硬夺、哄抢、诈骗、盗窃、抢劫，受雇寻隙复仇，充当打手、杀手等等犯罪行为便时有发生，极易转化成为对社会危害更加严重的黑社会性质的犯罪团伙。因而，组织化的乞丐职业群体往往是社会的一大隐患。至于一些混迹于乞丐群体的黑社会性质的犯罪团伙，由于其流动性大、隐蔽性强，对社会治安的危害也更大。

二、中国历史上的种种"乞丐政策"

乞丐现象作为一种人类历史上的社会问题，由来已久。中国历史上的"乞丐政策"，体现了一种有针对性的区别对待"分而治之"的原则。

对于本来意义上的"原生型"乞丐，历代均以救助为本。

《管子·轻重乙篇》说，"路有行乞者，则相之罪也"，已经把救助乞丐视为为政者的责任。因而，历代帝王大多将赈济贫乞视作当政的功德恩泽，如南朝齐武帝，于永明五年（487 年）正月诏赐孤老贫病粮饩；北魏孝文帝，于太和十三年（489 年）夏四月诏以升楼散物赐贫老者；北周武帝，于建德六年（577 年）二月下诏给以病残孤老、不能自存者衣食，等等。唐开元二十三年（735 年）时，开始设置病坊收容乞丐，后来即据佛家以施贫为悲田之说改称为"悲田院"，在元杂剧中记作"卑田院"。至宋代，又设"漏泽园"专事丛葬因战乱死亡无人认领或家贫无葬身之地者，流乞者死去可由官家归葬于此。当时，还设有"居养院""安济院"等场所，均属"悲田院"性质。《宋史·食货志》载："京师旧置东西福田院，以廪老、疾、孤、穷、丐者，其后给钱、粟者才二十四人。英宗命增置南北福田院，并东西各广官舍，日廪三百人，岁出内藏钱五百万给其费，后易以泗州施利钱，增为八百万。"有清以来，各地分设的乞丐处、花子院之类收容乞丐机关，多为丐头把持，成为帮会、地痞等黑社会的活动据点。

由于乞丐问题被执政者视为政绩之一，社会也将之看作一方风土人情，因而历代各地方志的风俗志中则多述及乞丐情况，但作为政绩来记述。《金志》称广西浔州"男子务耕读，妇女守闺范，崇尚廉耻，风土温厚，虽凶年亦无乞丐"；而"平乐廛市居民多东粤及全州人……民但务农，不谙商贾，无厚积，亦无繁费，故途罕乞人"。福建的《永定县志》说，"贫者栽山种畬，而鲜行乞于市"。云云，皆将有无乞丐作为考察一地风俗内容之一。

北洋政府时期，曾经设立"游民习艺所"作为内务部的直属机构，颁行的习艺所章程规定其任务是"专司幼年游民之教养及不良少年之感化等事项，以获得有普通知识、谋生技能为宗旨"，试图以此作为解决儿童乞丐问题的措施。从 20 世纪 20 年代，资产阶级民主革命家、教育家，曾出任孙中山革命政府秘书长、广西省长、北京政府司法总长和多所大学校长的马君武提出："救贫行政分为贫民救济及贫民警察二者。前者包括一切救护贫民之事，后者乃保护公众使不受贫民之累，或使社会逸避因贫穷所起之危险。属于贫民警察之事，如限制居住处所，外来人不能自给且不能养其家属者，行使地方放逐权，强迫懒惰人工作，禁止流氓乞丐及滥行施舍，监查受救助人之生活等等。"（马君武《失业人及贫民救济政策》第83页，商务印书馆1929年10月初版）

对于职业化的乞丐或有组织的职业乞丐，历代均采取强制性专门管理与依法惩治并用的政策。

乞丐问题直接关乎一方社会治安。近人胡朴安《中华全国风俗志》下编《湖北·武昌乞丐之恶俗》载："乞丐者流，霸道强横，非洞其道者莫治；然亦有道也。大小红白事，必为彼等设席，少不遂意，辄倾席毁具，碎碟破碗，必主家道歉，另为设席乃已。嫁娶育儿之家尤甚，然亦视其家之境遇，贫者不往也。来时燃二五鞭一挂，小鞭也。一丐道吉祥，余皆和之。席终出酬金，谦辞遣去，偿鞭钱也，实数百倍于鞭值。丧家非作吊宴客不临，至一随主人意，不争也。彼等不常盗，若遭丧事，共来界椽，虽有至要事莫敢辞。唯须丧族跪而礼之，一饭即去，不受酬也。"为了治理职业化的乞丐或有组织的职业乞丐滋扰之患，历代均采取强制性专门管理与依法惩治并用的政策。

一如自宋代开始，实行设立"丐头"管制丐帮制度。清代亦然，大抵以县为治，各有管理乞丐的行帮首领即丐首，而对于"外来流丐，保正督率丐头稽查"（《清史稿·食货志一》）。据清·顾震涛《吴门表隐》附集亦载，嘉庆、道光年间，苏州"乞头名门甲，城中有三十二股半，分管之，又有太保、徒犯、朱九林等名色，甚陋"。像这般有相应分支组织和丐头的丐帮情况，在清季已十分普遍。例如《上海碑刻资料选辑》（上海人民出版社1980年出版）收录的几件作为官府法令的碑文。

道光二年（1822）六月三十日《上海县为禁止流丐成群结党滋扰告示碑》云："嗣后如有前项恶丐成群结党，恃强硬讨，夜不归厂，聚宿车棚，滋扰地方，许该保甲扭禀解县，以凭究办。如丐头故纵容隐，一并重惩，毋违！"（碑原在上海县新庙镇）

道光四年（1824）十一月二十五日《上海县为严禁流丐结党盘踞扰累告示碑》云："嗣后如有恶丐结党盘踞，恃强硬讨，乘机肆窃，滋扰地方，许保甲扭禀解县，以凭究办。如丐头故纵容隐，一并重处。"（碑原在上海县新庙镇）

道光二十三年（1843）七月二十八日《青浦县永禁流丐勒诈滋扰告示碑》云："嗣后如有丐匪勾结土棍，借端勒诈，以及盘踞抢窃滋扰等项不法者，许即指名禀县，立拿严究详办。倘地保丐头得规徇庇，或经访闻，或被告发，亦即提案究革，决不宽贷！"（碑原在嘉定县安亭镇）

道光二十五年（1845）《松江府为禁流丐土匪勾结盘踞强索肆窃告示碑（奉宪永禁丐棍碑）》云："嗣后如有丐匪土棍勾结盘踞，以及强索肆窃等不法情事，许即指名禀县，立拿严究详办。该处地保、丐头，仍不时稽查约束，毋任滋扰。倘敢纵容包庇，一经访闻或被告发，并即提案究革，决不宽贷。"（碑原在上海县诸翟镇）

同治十二年（1873）十一月二十四日《严禁恶丐结党强索扰累闾里告示碑》云："为此示仰该处居民及地保、丐头人等知悉：自示之后，再有前项恶丐，结党强索，扰累居民，许即拿解有司衙门，

严行究办。"（碑原在青浦县）

据同治七年（1868）十月《上海县为庙园基地归各业公所各自承粮告示碑》的记载得知，当时设在那里的二十一个诸行业公所中，则有一所"花神楼丐头公所"。又如徐珂《清稗类钞·乞丐类·丐头》的记述，"各县有管理乞丐之人，曰丐头，非公役而颇类似之。本地之丐，外来之丐，皆为所管理，出一葫芦式之纸，给商店，使揭于门，曰罩门。罩门所在，群丐不至。其文有'一应兄弟不准滋扰'字样，或无文字而仅有符号。商店既揭此纸，丐见之即望望然而去。盖商店所出之钱，即交丐头，由丐头俵分于诸丐。丐若径索之于商店，可召丐头，由其加以责罚。其于（余）人家，则听丐自乞，间亦有揭罩门者"。

三、辨风正俗，清除乞丐问题对社会的精神污染——流氓意识

历代，人们往往习惯于从贫困、灾荒等经济原因去探寻产生乞丐的根源，将其作为社会是否富庶、人民是否安居乐业，乃至政治是否开明，是否有政绩的一种标志。因而，古今中外凡此种种乞丐政策，大都属于"短期行为"或装点门面粉饰太平式的权宜之计，均非治本之策。当代乞丐潮势头，一部分属于因物质贫困所致的原始型乞丐，而相当一部分则是精神贫困者。乞丐潮及相应的流氓意识公害，对于国计民生和精神文明建设，都是一种潜在的恶性冲击。面对乞丐的历史与现实，探索不同历史条件下滋生乞丐的国情与政治文化环境，制定相应的法律与政策，从物质与精神采取双向的切

实可行的措施，综合治理并清除产生乞丐的种种社会弊端，已成为一项十分急迫、必需而又艰难、伟大的社会工程。

《中国乞丐史》在通过反思中国乞丐史探析"乞丐与中国文化"时谈道，"既要具体地根治乞丐现象，又要从文化传统中清除与产生乞丐有密切关系的流氓意识，应该是一项双向同步进行的社会综合治理工程"。如果只是注意了问题的一个方面，忽视了物质条件而外的社会意识、精神文化的潜在力量与效应，将行乞当作致富途径，乃至富后更生乞讨欲望的许多事例，即正在印证这一问题。清人称王有光在《吴下谚联》中，谈到他不同情乞丐的根本原因在于"流丐伎俩"皆"贪而无义"，乞丐群体意识的基本轨迹与本质特点，是一种流氓意识。当今许多省都有一些"乞丐之乡"。某地"乞丐之乡"的名言是"讨饭三年，给个县官也不换"。当地的时尚是乞讨，甚至认为"不会讨钱的女人不是好女人"。甚至，在一些比较著名的"乞讨之乡"，还悄悄地形成了专门向外出行乞者出租残疾人或儿童作为行乞道具的隐形的"新产业"——"租赁乞讨业"。

四、马克思当年就具体社会背景下乞丐问题所发言论，并不影响当代中国就乞丐问题建立或完善相应的法律法规

娼、赌、毒、乞，这一向被喻之为"四大社会毒疣"的社会现象，无论何种社会制度和时代，都是令人非常头痛的社会问题。之所以如此，则在于其同文明相悖而同时又与社会犯罪直接相关联，是一种挥之不去的社会顽疾。特别是，如若稍有处置不当，还往往

引发各种相关的社会问题，直接关系着社会秩序的稳定。

不久前，有人就马克思《资本论》第一卷第 24 章《十五世纪以来惩治被剥夺者的血腥立法》论及的，包括禁止流浪者行乞在内的"血腥立法"，认为"为了让一部分人方便，便剥夺另一部分人的生存权利，并不正当"；"对于乞丐问题，第一应该积极争取应对之策，想出解决的办法，第二是要尊重他们的行乞自由"（梁发芾《从"行乞罪"看"禁乞立法"》，《中国经济时报》2003.12.16）。是的，马克思当年说过："由于封建家臣的解散和土地断断续续遭到暴力剥夺而被驱逐的人，这个不受法律保护的无产阶级，不可能像它诞生那样快地被新兴的工场手工业所吸收。另一方面，这些突然被抛出惯常生活轨道的人，也不可能一下子就适应新状态的纪律。他们大批地变成了乞丐、盗贼、流浪者，其中一部分人是由于习性，但大多数是为环境所迫。因此，15 世纪末和整个 16 世纪，整个西欧都颁布了惩治流浪者的血腥法律。现在的工人阶级的祖先，当初曾因被迫变成了流浪者和贫民而受到惩罚。法律把他们看作'自愿的'罪犯，其依据是：只要他们愿意，是可以继续在已经不存在的旧的条件下劳动的。"但这并不应成为影响当今有关乞丐问题立法的理由或说"戒律"，除了理论的探讨与历史的借鉴而外，这同当代中国就乞丐问题建立或完善相应的法律法规并无直接的必然关联。

需要注意的是，马克思在说上述一段话时也注意到，即或是英国的"亨利八世时期，1530 年"，也"允许年老和无劳动能力的乞丐行乞。但对身强力壮的流浪者则加以鞭打和监禁"，"他们要被绑在马车后面，被鞭打到遍体流血为止，然后要发誓回到原籍或最近三年所居住的地方去'从事劳动'。多么残酷的讽刺！"一个时代有一个时代的情况，一个国度也有一个国度的国情与文化传统。要知道，在现行政治制度背景下，以《城市生活无着的流浪乞讨人员救助管理办法》为前提原则的其他相关立法，都不失为整治乞丐问题的积极的措施。这一点，也正是如今建立或完善面对乞丐问题的相应法律法规并无直接的必然关联的最重要分别。也只有依法解决乞丐问题，才能使那些真正由于种种缘故一时被迫以行乞谋求生存的弱者，具有最无奈也是最本能的求生机会和手段，使之得到应有的"生存权利"与"行乞自由"，也才会从制度上保障弱势群体的基本人权，尽可能地减少类似"孙志刚悲剧"的发生。

五、乞丐问题，需要多方面联手有针对性有分别地依法综合治理

乞讨行为从来都不是一种被社会道德或国家法律所倡导的行为。假设"行乞自由"可以视为公民的一种法定权利，也并非无度滥用，它的界限是对于公共秩序与公共安全等公众利益和国家利益的影响，是对这种自由的最基本的规范限度。

关注乞丐的人权与行乞自由，同样也应关注更多人的不受侵扰，以及维护社会生活的正常秩序。强乞硬讨，妨碍了他人的自由，也妨碍了社会生活的正常秩序。对于一个文明社会来说，积极救助那些由于遭受灾害、疾病、特殊变故、落难或失业等不幸而一时沦为乞丐的无助者，是社会的一种责任。至于具体的社会成员是否愿意救助某个具体的乞丐，是否厌弃某个乞丐，是其个人的自由选择。个中，即或是正当行乞，行乞者的行乞方式、不幸遭遇等具体情况，

以及他人的感受、他人自身的境遇、即时的心情等，均不失为乞丐能否受其救助的复杂因素。当然，其中还包括道德的因素。

有人提出，为甄别真假乞丐不妨颁发乞讨证。据知，清末"江苏之淮、徐、海等处，岁有以逃荒为业者，数百成群，行乞于各州县，且至邻近各省，光绪初为最多。其首领辄衣帛食粟，携有官印之护照，所至必照例求赈。且每至一邑，必乞官钤印于上，以为下站求赈之地。若辈率以秋冬至，春则归农。盖其乡人，辄为无赖生监诱以甘言，使从己行，以壮声援。求赈所得，多数肥己，余人所获，不及百之什一也"。（《清稗类钞·乞丐类·上海有粤籍之丐》）原来，发"护照"行乞，并非当代创制，清末即已流行。如今旧话重议，不仅很难行得通，或是"假乞丐牌照也许会风行"，更重要的是缺乏法律根据。就现行法律而言，所谓"行乞权"并非受法律保护的一项公民基本人权。

以现行法律法规作为依法治理乞丐问题的基本规范，也就是坚持法制文明，有针对性、有分别地依法综合整治。要依法面对和处置乞丐问题，既涉及执行相关的现行法律法规，同时也关乎对相关现行法律法规的完善。比如，许多有组织的职业化乞丐动用儿童和残疾人作为行乞手段或"道具"，显然触犯了《中华人民共和国青少年保护条例》和《民法通则》中的未成年人保护条例，以及《中华人民共和国残疾人保护法》。

尤其需要提出的是，依法综合整治乞丐问题绝非民政部门一家的事情，还需要公安司法以及精神文明建设等相关部门的密切合作。例如，对于原生性乞丐，主要由民政部门依据《城市生活无着的流浪乞讨人员救助管理办法》等法规予以及时有效的救助；对于那些职业化的乞丐尤其是有组织的职业化乞丐，则需由公安司法机关根据民法、刑法等法规，采取有效措施予以审处，涉嫌犯罪者便及时予以惩处和打击。至于在那些"行乞成风"的地方，精神文明建设等相关部门，则应加强社会公德教育，帮助那里的公民"辨风正俗"，扬弃职业乞讨陋俗，树立自尊自爱风气，帮助他们振奋精神激发自强自立精神创业致富。同时，社会保障部门，则需积极帮助各地特别是贫困乡村建立和完善社会保障体系，形成切实有效的保障机制，为之创造自助自救的基本条件和能力。

乞丐：另一种生活方式

——令文明"头痛"的形形色色乞丐

随着《城市流浪乞讨人员收容遣送办法》的废除，和新的《城市生活无着的流浪乞讨人员救助管理办法》在施行中遭遇了种种麻烦与尴尬，乞丐问题业已成为当前社会和舆论关注的一大热点社会问题。除了相关法律法规的不尽完善或缺失外，造成这些尴尬和麻烦的原因之一，便是乞丐群体的鱼龙混杂、良莠难辨。或言之，往往都是乞丐的"异化"造成的。而这些"异化"，自古以来就早已形成了一种扭曲的轨迹。

本来意义上的"乞丐"，学术上称作"原生型乞丐"，主要是指那些因为一时的生活境遇所迫而将行乞作为谋求生存的无奈的权宜之计；一旦生活境遇改变，便即行放弃行乞这种谋生方式。人们伸出援助之手同情、怜悯和帮助救济的是这样的乞丐。救助这样的行乞者，当然也都成了古往今来历朝历代政府的一种社会职责。这种乞丐，应属于得到社会关怀和积极救助的群体。西汉·扬雄有感于"邻垣乞儿，终贫且窭"愤愤不平，而撰《逐贫赋》。唐代元结《丐论》亦云，"夫丐衣食，贫也，以贫乞丐"，道出了贫困是产生乞丐的根本要因。据一份调查显示，目前内地街上行乞者，第一类属于真正因自身无力解决食宿，无亲友投靠，正在城市流浪乞讨度日的人员，但这样的人只占流浪人员总数不到 5%（《香港大公报》2003.12.30）。文明社会的社会保障和社会救助制度，所应保障和救助的，正是由于上述缘故可能沦为乞丐和已经不幸沦为乞丐的人们。其他类型的乞丐，往往之所以伪装成这种"原发型"乞丐，便在于易于博得善良人们的同情和帮助。"异化"了的"乞丐"，只是以乞讨作幌子，骗取世人的同情与钱财，甚至行种种犯罪之实。

职业性乞丐群体从业者的来源或说择业操业的原因有多种。首先是因灾祸疾病、境遇不幸等原因所致贫穷困厄而沦为乞丐者，这部分人群中有些由于长久不能转变更适宜、更好的谋生方式，于是只好长期以行乞为业而成为职业性乞丐以苟且生存。唐代段成式《酉阳杂俎前集·诡习》中记载，唐代宗李豫大历（766—779）年间，东都天津桥有个失去两只手的残疾乞儿，用右足夹笔，写经乞钱。书写前，他都反复把笔抛掷起一尺多高不曾失落，意在引人关注。所写的字都是"官楷"，比用手写的还好。像这个乞儿，因手残而以足写经作为乞讨手段和生计，即属职业性乞丐。其次，有些市井无赖之徒厌恶劳作之苦甘以乞丐为事乐得逍遥自在无拘束。例如《皇明条法事类纂》卷四五所载，明代北京市井有些乞丐系"游手好闲，不务生理，强横少壮之徒"，夜间随处歇宿，日里则沿街强乞酒食财物，逢有盗贼便"随同打劫"。实际上有些无赖子是借行乞为名作恶乡里。如清嘉庆《南平县志》卷二一〇所记，当时福建一些流氓无赖"身穿好衣，借乞为名，聚众十人，恶讨强乞"。第三，因落魄或特殊原因甘心为职业性乞丐遁于丐众之中。清李笠翁在小说《乞儿行好事，皇帝做媒人》中，写到了这类情况："家亡国破之时，兵荒马乱之际，料想不能丰衣足食，大半都做了乞儿。

闻得南京立了弘光……卑田院中的隐士，熬不得饥饿，出来做官的，十分之中虽有八九分，也还有一二分高人达士，坚持糙碗，硬着衲衣，宁为长久之乞儿，不图须臾之富贵。"有的则属玩世不恭的心理变态现象。如《清稗类钞·乞丐类·王某乐为丐》所记："王某，华亭人，家富，为相国文恭公琐龄之曾孙，幼文员外之孙，行乞于市，心所乐也……父母闭之，则抉扉遁；絷之，则断绠逸。夜即卧于市中之石上。"第四，则是为了谋取义举而自甘行乞。比较著名的例子是清末山东堂邑县义丐武训，他积毕生行乞之资兴办义学。其"以兴学著于时，故名之曰训。昼行乞，或为人转磨负绳。乞所得，锱铢不费，即馒之洁白者亦必干之以易钱，疾病寒暑不识也。行乞时，不呼大号，高歌市墟村集间。歌无多，数语而已"，歌词中往往有"修个义学"之语。

俗谓"丐帮"的职业性乞丐群体的紧密型组织，始见于中国工商市井诸行行会纷立的宋代。《东京梦华录》卷五记述北宋京师汴梁（开封）民俗时写道："其卖药卖卦，皆具冠带。至于乞丐者，亦有规格。稍似懈怠，众所不容。"当时京师乞丐冠带衣饰为何种"规格"，是书尚未言及。从宋·陈襄《州县提纲》所记常平义仓赈济事得见，当时乞丐有"丐首"管理，而且"丐首"已为官府所认可。

宋代工商市井诸行行会组织多以"团"、"团行"为名，当时乞丐组织亦称之为"团"，丐首称"团头"。明·田汝成《西湖游览志余·委巷丛谈》载，宋代时，"杭丐者之长曰团头，虽富，而丐者之名不除"。又冯梦龙《情史·绍兴士人》："绍兴间，有士人，贫不能婚，赘入团头家为婿。团头者，丐户之首也。"从冯梦龙编的《古今小说·金玉奴棒打薄情郎》中所写，可见宋代乞丐组织的一般情形。

明清以降，乞丐组织的名称已不用"团"为名，各地有称"会""行""门"者，不尽一致。如明·张翰《松窗梦语》卷一称，当时北京的盲人乞丐结有"茶会"组织，每"会辄数十人"之多。明·徐复祚《一文钱》剧中言及某城市同城乞丐依城门划分为东西南北四方，亦即四帮。旧时乞丐一行总称"穷家门"、"穷家行"，行中门下又因团体组织不同而分成若干"门"，旧时河北正定的乞丐有四门，奉范丹为祖师的名范家门，奉江南康花子为祖师的名康家门，奉宋仁宗母后李后娘娘为祖师的名李家门，奉穷秀才高文举为祖师的名高家门，皆因所奉当行祖师之别而组成不同派别的群体组织。据云游客《江湖丛谈》说，清末民初京津一带的穷家门"乞丐群体"，称其门为六大支派，即："丁、高、范、郭、齐、阎六姓是也。"河北宁津县（今属山东省）的"穷家行"分作"死捻子""活捻子"及"杆上"三大支系。死捻子为穷家行的正宗门派，奉范冉（丹）为祖师，又按乞讨的形式分为"花搭子""武搭子"和"叫街"三行，大首领统称"当家"，小头目叫"篓子头"。活捻子为小绺，小偷小摸。杆上的是炮头，专事为举办红白喜事人家放炮邀赏。旧时东北地区的丐帮组织中，大小头目颇多等级，最高的首领称大筐，其余依次为落子头、帮落子、扇子、舀子、破头、相府、小落子、吃米的、硬杆、软杆，等。

历代的乞丐组织除民间帮会性质者外，公开设立的均须获官府认可，其丐首也要获官府的认可而成为协助或代表官府管理乞丐的人物。宋代的团头、明清以来各地方的丐头的存在，基本如此。丐首对于各区域内的乞丐，有绝对的权威。新来的乞丐，必须先替丐首服役，或是每天向丐首交纳"丐捐"若干。宋代以来，尽管原生性乞丐每有出现，但在大小丐帮组织潜在割据地方的状况下，已经难以生存，大都要就范入伙才能得以获取行乞谋生的机会。于是，丐帮群体往往也就成了一个藏污纳垢并滋扰危害社会的流氓集团。明清以来流氓乞丐群体中流行的隐语行话，有许多直接反映着他们骗乞的本相。例如：伪作瘫叫花子行乞谓之"披街"，佯作落难求乞谓"搭相"或"沐猴"，书写假情状博人哀怜者谓"磨街党"，带女人求乞谓"观音党"，伪作带孝求乞谓"丧门党"，持手本讨钱谓"古相"，哭诉不幸或冤情求乞谓"诉冤党"，托神求乞谓"童子党"，作揖求乞谓"丢圈党"，谎称夫亡或丧妻行乞谓"打单子"，佯作访亲不遇求乞谓"脱轴头"，充哑人行乞谓"画指"，佯作生病求乞谓"描黄"，谎称逃难行乞谓"寻伴子"，长占一地乞讨谓"跪点"，等等，一经破译，尽为职业乞丐集团的流氓骗乞或强乞硬讨的伎俩，是宋代以来乞丐职业化、集团化蜕变为流氓犯罪群体的显证。即或是在当代，也是花样翻新。例如，从内部的械斗、火拼，到走街串巷兜售假药、假货，强行代人擦洗车辆，以及采用故意制造交通事故或碰坏东西进行讹诈性索赔等各种方式变相乞讨，乃至有组织、有预谋的强乞硬夺、哄抢、诈骗、盗窃、抢劫，受雇寻衅复仇，充当打手、杀手等等犯罪行为时有发生，极易转化成为对社会危害更加严重的黑社会性质的犯罪团伙。因而，组织化的乞丐职业群体往往是社会的一大隐患。至于一些混迹于乞丐群体的黑社会性质的犯罪团伙，由于其流动性大、隐蔽性强，对社会治安的危害也更大。

《管子·轻重乙》所谓"路有行乞者，则相之罪也"。形形色色"异化"了的乞丐，则实在令文明"头痛"。鉴于此，历代政府治理乞丐这一社会问题均采取了正面救助安置和惩治其不法行为以强化社会秩序两种对策。为此，古代官府则只好通过官方认可的地方乞

丐组织和丐首管理规范乞丐群体行为。这种做法，一直是宋代以来
至清末民初沿袭的一种例行制度。清季上海的几种禁止乞丐滋扰
告示碑文中，均可为一般文献而外的印证。例如：道光二年（1822
年）六月三十日《上海县为禁止流丐成群结党滋扰告示碑》云："嗣
后如有前项恶丐成群结党，恃强硬讨，夜不归厂，聚宿车棚，滋扰
地方，许该保甲扭禀解县，以凭究办。如丐头故纵容隐，一并重惩，
毋违！"又如同治十二年（1873年）十一月二十日《严禁恶丐结
党强索扰累闾里告示碑》亦称："为此示仰该处居民及地保、丐头
人等知悉：自示之后，再有前项恶丐，结党强索，扰累居民，许即
拿解有司衙门，严行究办。"云云。或正因如此丐头制度所致，当
时沪上的乞丐组织得以同其他工商市井诸行一样，跻身于行会公所
聚集的城隍庙建有合法的同业公所"花神楼"，占地面积三分三厘
六毫，据当时此地21个公所占地多寡的第19位，其次的末二位为
铜锡器业和羊肉店业公所。

蒋兆和的《流民图》，是蒋兆和一九四二至一九四三年在北京创作的巨幅长卷

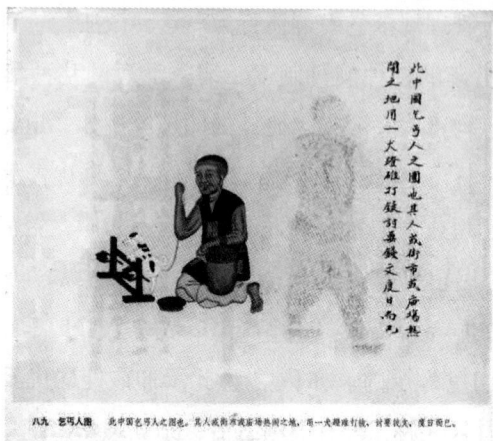

清代民间艺人画稿《北京民间生活彩图》之八十九图《乞丐人图》

九、附录

被钩沉的更小单元的历史：民俗学家曲彦斌访谈

《辽宁日报》2008 年 4 月 25 日星期五文化观察版

本报记者 许维萍

选题视野密切关注现实社会生活，努力让学术贴近现实生活。

民间文化视角，是探析社会文化的本原、发生、发展以及流变轨迹的最直接渠道。

民间文化视角对于文化研究具有还原本原的不可替代的科学意义。

在不同的视角不同的立场下，历史写作者会呈现给读者迥异的历史面貌。通史在搭起历史走向的大框架后，再不能将隐匿于时间深处的历史细节展现，而专题史，则正可丰满历史的血肉。前些时，记者发现了两本很有趣的专题史书———《中国乞丐史》《中国典当史》，在那里，非主流历史掀开了神秘的面纱，以一番全新的面貌让读者看到了历史的另一面。为何要写这样的史书，这样的专题史书与当下的社会生活有何相关，记者找到其作者辽宁社会科学院民俗学文化学研究所所长、《文化学刊》杂志社社长曲彦斌先生，请这位涉猎了乞丐史、典当史、行会史、保安史、经纪史、拍卖史、生肖史、隐语行话史、招幌和招徕市声史、俗语史等等专题史领域写作的学者谈谈他对专题史的认识，以及他对史学研究和社会现实生活的联系的看法。

记者：作为一位民俗学家，却成为很多专题史的第一位研究者，并以学者的视角写出了许多领域的第一部专著，这既需要学术眼光，又需要有筚路蓝缕开路的勇气和开疆拓土的能力。您是以何为契机开始关注这些非主流历史领域的？

曲彦斌：语言学、民俗学，在直观上似乎与乞丐史、典当史、保安史、行会史等"风马牛不相及"。可以说，我就是在这些看似"风马牛不相及"的事物和学术领域之间，寻找到了一种内在联系的链条与切入点，进而形成了自己独特的研究视点和方法。

事实上，我的有关典当等专题史的研究在20世纪80年代末就已经开始了，1993年就出版了专著。缘故有二。一是我的学术研究基本思路决定了会有这样一个机会。二是典当这个事物的性质及其与社会生活的关系本身，决定了与我学术研究选题的缘分。

我觉得，作为在偏居一隅的地方社科院从事基础学科和基础理论研究的学者，应以本身专长、优长的研究领域为基础，让选题视野密切关注现实社会生活，努力让学术贴近现实生活，适应时代发展的需要，尽可能地使基础研究为现实的社会发展需要服务。这是我多年来所奉行的科研选题思想。因而，我既关注辽宁地域文化、地域方言，也关注改革开放以来一些缺少基础研究支持的、与本专业直接相关的、具有全国性的意义的基础研究选题。我的专长，是运用"民俗语言学方法"来发掘、考据和梳理微观的民俗史、社会生活史个案研究。比如，高占祥同志主编的一套书，选题列有"经纪人"，编委会多方寻找合适的作者，最后，山东大学的同志推荐了我，于是，就写出了第一部中国经纪人史。其他如乞丐史、招幌史、保安史等，都是这样"出笼"的。

典当是现代银行业的源头。但在中外历史上，一直是非主流的民间金融行业，一个与民间社会生活密切相关的民间行业。在研究民俗语言、民间隐语行话和乞丐史、招幌史、保安史过程中，我已经发现和积累了许多有关典当的文献资料。有些还可以说是很独到的、珍贵的稀见文献。我本人是在典当业复出的两年后正式着手典当研究的。中国内地的典当业复出于1987年末，是当时一大社会新闻。我随即就开始进入专题研究状态。1991年1月20日，20多万字的《中国典当史》书稿杀青。当天，我在跋文中谈道："时下，适值典当业刚刚复兴之际，亟需在充分调查研究的同时展开必要的理论研究，以利有关政策、制度的制定，指导其健康发展，在现实社会发展中发挥应有作用。在此意义上，本书的出版，正是在于完成一项基础性的准备工作。为现实服务，亦即我研究这一课题的初衷之一，期待它能发生这种效应。"后来，一系列的典当研究及其社会影响，从此拉开序幕。把我们基础研究性质的典当史研究一下子就导引到了直接的应用性研究，以此为开端，我从社会风俗史、社会生活史视点切入的、属于基础性研究的典当史研究，开始进入了直接为现实社会发展服务的应用性理论研究。对于研究者来说，这是一个很大的转折。

记者：中国虽可称为是史学大国，但下层社会的专史少得可怜，像"乞丐史"等都是社会文化史上的空荒之地，您在开拓这些领域时遇到了哪些问题？在写法上有哪些创新？

曲彦斌：著名编辑家江曾培在《文汇读书周报》发表关于《中国乞丐史》的评论认为："这是一本补缺的、别致的书，一本颇富学术价值的书。"因为，"历代有关史籍，都是以社会上层文化专史为多"，而"作为乞丐史方面的发轫之作"的这本《中国乞丐史》的问世，显然"有益于对整个社会文化作全面深入的把握，表明我国社会文化专史的研究，明显地拓展到江湖下层社会了"，使人获得了"从一般正史中得不到的东西，增强对社会复杂性的认识"。古今中外的传统史学作品基本上都是叙述史。中国古代著名的史籍《左传》《史记》《汉书》《资治通鉴》等，虽然分别采用了编年体、纪传体、通鉴体，或者是纪事本末体，但都以纪事、记叙为主。

但《中国乞丐史》其写法上一反传统的以记述为本的常规叙述方式，采取了一种比较新颖的"夹叙夹议，史中含论，亦庄亦谐，在具有情趣的叙述中寄寓着认真的思考"的写法。

记者：在这些专题史中，您运用民俗语言学方法找到了探索下层社会文化的钥匙，这与以往历史研究的视角与方法有很大的不同，这一方法作为您个人在语言学的研究中发现的门径，是如何应用到您研究的专题史如乞丐史、典当史、行会史等这些边缘领域历史的研究中的？请您做些详细的解读。

曲彦斌：近年来，我在进行民俗语言学的研究过程中，曾就所直接涉及的一些语言文化现象做了部分专题研究，如副语言习俗、数文化及民间秘密语等，并每次都试图从人类文化的多维视野来扩展和深化这些研究。尤其是对民间秘密语的研究，更使我对社会下层群体亚文化的了解眼界大开。作为民间秘密语的隐语，"远不仅仅是语言的特定形式，它们反映了一种生活方式……它们是研究有关心态、对人们和社会的评价、思维方式、社会组织和技术能力的关键所在"。例如，囚犯是由于违反法律而成为异常人，他们就有某种隐语。流浪者和乞丐，跟主流文化格格不入，因而也具备某种隐语。对我们来说，关键在于懂得限于特定亚文化及其群体内所使用的语言，其成员是在主导文化之外的。懂得隐语是了解有关亚文化或亚文化群体的关键所在。民间秘密语是亚文化群的语言代码，透过这种代码，不只可以认识下层社会文化诸层面，甚至还可以清楚地反射出上层文化的一些层面。就是在这种考察中，秘密语像钥匙一样为我打开了洞察江湖社会秘密的门扉，成为一个别有洞天的文化视点。

乞丐不只有隐语流行，尚有所谓"丐帮"之类组织，用钥匙打开门径之后，要深入了解乞丐社会群体，单凭隐语的破译、剖析就不够了，必须全面而深入地去考察研究其中的人与事、组织形式、秘密规矩、信仰、价值观念，乃至行为规范、活动情况。尤其将之置于广阔的社会历史、文化背景中进行科学的综合剖析，将不仅具有学术价值，尚具有重要的现实意义。

记者：如果说正史或有文献记载的历史为我们了解过去的历史搭起了骨架，专题史的研究就为我们丰满了历史的血肉。从专题史的微观视点切入社会文化的深层结构——民间文化和雅文化——之中，探析社会文化的本原、发生、发展以及流变的轨迹。这对文化研究的意义是怎样的？

曲彦斌：我多年的学术工作，主要是三个学术领域，即语言学、风俗史和辽宁地域文化的研究。而且，又主要是民俗语言学和社会生活专题史的微观研究。

在此过程中，我试图"另辟蹊径"，选择一些以往学人涉猎较少、鲜为人注重而又颇具固有价值的近似"空白"的课题，从抉隐发微入手，进行实证性的研究。我以为，这种坐冷板凳式的选择，不但是进一步研究的基础工作，亦兼可通过拓荒填补某些文化史的空白，为促进文化史的研究做些知识积累。显然，对于弘扬中华民族传统文化，乃至促进人类多元文化的交流，均有其一定的实际意义。个中，"民俗语言学"学说的提出，亦是由这类实证性研究中产生，并以实证性方法进行基本理论构建的。

随着社会的发展，尤其到了社会生活趋向现代化的今天，典当业的"济贫"性质已渐为其他的社会设施或经济结构机制所取代；而曾以此为基调派生的调剂缓急的社会作用，却日趋突出起来。而且，当代中国内地新兴典当业的服务对象，以个人与中小企业并重，甚至有的偏重于为企业调剂缓急，处理资产和原材料、滞销产品服务，也显示了其仍然富有生命力的功能。这种社会需要，如果以其他设施或通过其他渠道去解决，似乎多有不甚便利之处。除出现经济改革大环境的契机而外，其自身的固有功能，是典当业复出待兴的一个极重要因素。因为现行社会经济结构与运行机制中，尚需要这种特殊的、适合本土文化传统的灵活的随机性调剂设施。

当时，适值典当业刚刚复兴之际，亟需在充分调查研究的同时展开必要的理论研究，以利有关政策、制度的制定，指导其健康发展，在现实社会发展中发挥应有作用。在此意义上，这本书的出版，正是在于完成一项基础性的准备工作——为现实服务。我这项研究的初衷之一，也是期待它能发生这种效应。

民间文化位处社会文化的深层结构，是一个民族、一个国家社会文化最真实、毫无掩饰——近乎"赤裸"状态的原生态文化。透过各种形态和载体主要体现为民俗的民间文化，可以显现其文化的本原。民间文化视角，是探析社会文化的本原、发生、发展以及流变轨迹的最直接的渠道。因而，民间文化视角对于文化研究具有还原本原的不可替代的科学意义。上千年的《诗经》、乐府等文化经典研究史，早就证明了这一点。

记者：研究历史的目的不仅在于了解过去，更在于为当下服务。您认为研究这些边缘专题史的当下社会意义是怎样的？

曲彦斌：对于下层社会生活史、风俗史的诸种选题，我曾经先后涉猎了乞丐史、典当史、行会史、保安史、经纪史、拍卖史、生肖史、隐语行话史、招幌和招徕市声史、俗语史，等等。个中，乞丐、典当、行会、保安、经纪、隐语行话等许多方面，都与"流氓文化"相关联。如今，在上述研究的基础上又开始涉足"流氓文化"课题，仍将是采用业已形成的老办法，从与之相关的民俗语汇、关键词考索切入，逐步深入、展开就是。

以典当研究为例。我在国内比较早地涉猎了典当史的研究并随即就切入了应用典当学的研究，从专门史研究创建了"中国典当学"理论框架，让业内人士和媒体惊呼小小的"当铺"竟迈进了科学殿堂，成了一门学问。社会发展进步的渐进过程中，不是与过去的历史截然割断的，总是要有一些现象、事物重复出现，总要唤起历史的社会记忆，进行历史的反思和解读，接受现代文明的检视和选择。历史的文明进程，并不可能把以往的社会创造完全淘汰，大多数的智慧结晶都要继承下去，或者赋予新的内涵、新的形式，为现当代社会需求服务。即或是必将为历史淘汰的事物，也要反复经受汰选和检验。专题史的微观性研究成果，往往会满足这种需要。事实上，很多专题史研究都具有这种现实意义。

记者：这些专题史的研究已经在您的影响下，发展为学科研究，请您介绍一下它们的广泛影响。

曲彦斌：台湾著名的《新史学》杂志，在《中国乞丐史》出版之后，立即发表了长篇评论。《中国典当史》等典当学著作问世之后，又及时发表了评介商榷文章。可以说，两书都曾引起了学界的极大关注。这也是我始料不及的。一部《中国民俗研究史》（王文宝著）中，总计述及我以及与我直接相关的学术著作、学术活动、学术机构等多达十六七处。其中，评述或述及我的近十种社会风俗专题史著作。

1997 年 11 月 25 日，辽宁社会科学院中国典当研究中心成立，这是我国历史上第一个也是国内迄今为止唯一的一个公立的典当科研机构。新华社向全国播发了新闻通稿，国内一些典当行就是以新华社的消息为线索，找上门来请求给予咨询服务。研究中心在多年的研究中创立了多项第一。因为研究成果丰富，一些国家监管部门和行业组织的全国性、地方性典当会议、行业活动，纷纷邀请我们出席。国务院先后指定的典当业监管机关中国人民银行、国家经贸委、商务部，从修订典当管理法规、组织相关活动、专题调研，到历次全国性的专业培训、培训教材的编写和审定，几乎都要邀请我们参加。